2019年度国家社会科学基金重大项目

"中国西北科学考查团文献史料整理与研究"

(批准号：19ZDA215)阶段性成果

2020年度中央财政支持地方高校改革发展专项资金项目

"西北科考团文物文献整理保护与研究"

阶段性成果

2024年度新疆哲学社会科学创新团队

"中国现代西北科学考察文献整理与研究"

项目成果

新疆维吾尔自治区社科基金项目

"考古实证中央政权对新疆的有效治理"

（批准号：24&TD001）阶段性成果

北京大学中国古代史研究中心
新疆师范大学西域文史研究中心 编

古道西风

袁复礼教授诞辰130周年纪念文集

朱玉麒　刘长星　主编

凤凰出版社

图书在版编目（CIP）数据

古道西风 ：袁复礼教授诞辰130周年纪念文集 ／ 朱
玉麒，刘长星主编. -- 南京：凤凰出版社，2024. 12.
（中国西北科学考查团丛刊）. -- ISBN 978-7-5506-4348-2

Ⅰ. K826.14
中国国家版本馆CIP数据核字第2024E2S365号

书　　　名	古道西风:袁复礼教授诞辰130周年纪念文集	
主　　　编	朱玉麒　刘长星	
责 任 编 辑	张永堃	
装 帧 设 计	陈贵子	
责 任 监 制	程明娇	
出 版 发 行	凤凰出版社(原江苏古籍出版社)	
	发行部电话025-83223462	
出版社地址	江苏省南京市中央路165号,邮编:210009	
照　　　排	南京凯建文化发展有限公司	
印　　　刷	江苏凤凰通达印刷有限公司	
	江苏省南京市六合区冶山镇,邮编:211523	
开　　　本	787毫米×1092毫米　1/16	
印　　　张	25.25	
字　　　数	568千字	
版　　　次	2024年12月第1版	
印　　　次	2024年12月第1次印刷	
标 准 书 号	ISBN 978-7-5506-4348-2	
定　　　价	258.00元	
	(本书凡印装错误可向承印厂调换,电话:025-57572508)	

Ancient Road and West Wind:

Essays Commemorating the 130th Anniversary of
Professor P.L. Yuan's Birth

Edited by Zhu Yuqi & Liu Changxing

PHOENIX PUBLISHING HOUSE

袁复礼教授在吉木萨尔三台烧房沟
恐龙化石发现地（1930年）

《中国西北科学考查团丛刊》弁言

　　1927年,中国西北科学考查团的成立,揭开了中国现代学术史上考察大西北的序幕,也成为中国学术界以科学的方法从事丝绸之路研究的发轫。

　　考查团又称中瑞西北科学考查团(The Sino-Swedish Scientific Expedition to the North-Western Provinces of China),是一个由中外科学工作者平等合作、在世界范围都享有盛誉的科学考察团体。考察历时8年,分为两个阶段:第一阶段是1927年5月至1933年秋,由"中国学术团体协会"和瑞典探险家、地理学家斯文·赫定(Sven Hedin,1865—1952)合组的"中国西北科学考查团",由北京大学教授徐炳昶(1888—1976)和斯文·赫定分别担任中方和西方团长,以骆驼为主要交通工具,在我国西北地区进行了科学考察;第二阶段是1933年10月至1935年2月,由民国政府铁道部组织和出资,斯文·赫定领队的"绥新公路查勘队",以汽车为交通工具,勘察内地到新疆的公路路线,包括对沿线进行的科学考察。考察涉及的学科众多,包括气象、地质、古生物、地理、民族学、考古学等;考察的地域也非常广泛,涉及内蒙古、甘肃、新疆、青海和西藏等多个省份。

　　在自然条件恶劣、西北政局动荡的环境下,考查团的成员们克服重重困难,以严谨的态度开展科学工作,取得了众多令人瞩目的成就。例如:袁复礼在新疆天山北麓发现的恐龙化石、贝格曼(F. Bergman)在弱水发现的大批居延汉简和在罗布泊发现的小河遗址、霍涅尔(N. Hörner)和陈宗器对罗布泊的调查等,当时就是轰动国际学术界的重大成果;而丁道衡发现的白云鄂博大铁矿和郝德(W. Haude)等人收集的气象地理资料,对我国西北地区的经济建设、航线开辟、公路交通和"丝绸之路"的复兴都有积极影响。考查团还采集了许多生物标本,拍摄了大批山川、湖泊、河流等自然景观的照片,由于环境的变迁,这些资料许多已经成为独一无二的珍品。

　　西北科考团从成立到合作研究的方式以及取得的成果,都在中国学术史上留下了划时代的独特印记,成为新时期在全球化学术生态下从事科学研究值得借鉴的重要模式。通过他们的考察,增进了人们对中国西北的人文、地理环境更为全面和科学的认识。考查团还在合作考察的过程中,为中方青年学者提供了野外实践机会,从而为中国培养了优秀的专业人才,在中国近代科学发展史上意义深远。

　　中国西北科学考查团的成果与影响,一直受到后世的尊重。在欧洲,从1937年至20世纪90年代,先后出版了11大类56卷报告——《斯文·赫定博士领导的中国西北科学考查报告集》(*Reports from the Scientific Expedition to the North-Western Provinces of China under the Leadership of Dr. Sven Hedin*);一个被称作"斯文·赫定基金会"的组织(The Sven Hedin Foundation),至今仍然在研究和弘扬着这次考查团外方成员的成果。

在中国,中方学者的研究成果,因随之而来的战争影响,未能结集出版,而是以各学科专著或论文的形式分散发表,如:袁复礼《新疆准噶尔东部地质报告》、丁道衡《绥远白云鄂博铁矿报告》、李宪之《东亚寒潮侵袭的研究》、刘衍淮《历史年代中亚气候变化的证据》、郝景盛《青海植物地理》、陈宗器《罗布淖尔与罗布荒原》、黄文弼《高昌砖集》《高昌陶集》《罗布淖尔考古记》等。此外,尚有多种中外考查团员所著考察游记出版行世。这些著作,一直是我们从事西北地区科学研究的重要文献。

改革开放以来,中国西北科学考查团的成就逐渐受到重视,在西北科学考查团成立的70、80、90 周年,在北京和西北科考团经过的区域,都会有不同程度的纪念活动,催生了考查团后人研究父辈贡献的图书文献的出版。20 世纪 90 年代,以"西域探险考察大系"为代表的丛书,较多地翻译了中国西北科学考查团外方团员的探险著作,使得学界对于此次考查团的了解日渐深入。2005 年,中国科学院知识创新工程项目也成立了"中国西北科学考查团科学考察活动综合研究项目组",出版了《中国西北科学考查团综论》、《中国西北科学考查团专论》的研究著作,成为新时期西北科学考查团研究具有学科意义的破冰之作;一批以考查团学术史为题的博士、硕士论文也在高校不断涌现。

2012 年,为了纪念黄文弼先生在新疆这片热土上奉献的一生心血,其后人将黄先生生前使用和珍藏的图书文献,无偿捐赠给新疆师范大学。以此为契机,新疆师范大学成立了"黄文弼中心",以开辟中国西北科学考查团历史的永久性展览、从事持续的西北学术史研究为己任。而中国西北科学考查团的学术活动,也是北京大学校史上光彩夺目的一页,出现在1927 年的中国西北科学考查团,正是以北京大学为核心的中国学术团体协会呼吁成立的中国历史上第一个由中外科学工作者平等合作的学术团体,考查团首批 10 位中方团员,北京大学的参加者多达 7 人,他们从红楼出发,开启了北京大学丝路考察与研究的征程。

由于这样的因缘,从 2012 年起,北京大学与新疆师范大学即开始了中国西北科学考查团学术史的合作研究,北京大学中国古代史研究中心教授朱玉麒受聘担任黄文弼中心首任主任。2019 年,以朱玉麒教授为首席专家的团队申请"中国西北科学考查团文献史料整理与研究"项目获得国家社科基金重大项目立项;2024 年,以黄文弼中心现任主任吴华峰教授为领军的新疆维吾尔自治区哲学社会科学创新团队"中国现代西北科学考察文献整理与研究"组建。关于中国西北科学考查团学术史的研究工作,正在全面展开。

"中国西北科学考查团丛刊"是北京大学中国古代史研究中心与新疆师范大学黄文弼中心合作团队创建的整理和研究中国西北科学考查团学术成果的园地。本丛刊将分设"资料编""翻译编""研究编",陆续出版中国西北科学考查团中方成员的学术资料、外方成员考察论著的中文译本、西北科学考察学术史的研究成果,为丝绸之路的研究、为中国西北的开发,提供近百年前中国西北科学考察的经典文本。

朱玉麒　吴华峰
2024 年 5 月 9 日

目　录

学术研究编

文献资料编

CONTENTS

Writings & News

读懂父亲的一生（代前言）

袁　方

斗转星移，光阴荏苒，家父已驾鹤西去 37 年。2023 年底是他 130 周年诞辰日，为此我们姐弟商定写一篇怀念文章。此文由我执笔，两位姐姐修改而成。

在我们眼中，父亲是一个勤奋工作、平易近人的教师，在家言语不多，从不宣扬自己的工作成绩，因此，对于他的学术成就，我们知之甚少。直至"文革"结束后，通过 1982 年庆祝中国地质学会成立 60 周年和 1983 年地学界为袁复礼 90 寿辰举行庆祝会的盛况，尤其是中国地质大学 1993 年出版的《桃李满天下——纪念袁复礼教授百年诞辰》一书，读了父亲几代同事和学生的纪念文章，从他们的切身感受中，才知道父亲的具体教学工作、学术成就和团结协作、开拓进取的精神，深受感动，也才理解为什么每年的元旦和春节，有那么多批老学生来家里问候。

一

2000 年前后，我们姐弟陆续退休，才有时间对尘封了三四十年的父亲的"新疆工作室"散存资料进行清理。在一个书柜中，我们找到一张两米多长的《中国西北科学考查团旅行路线总图》(1∶200 万 比例尺)，推测是父亲 1934 年编成，由绘图员李士杰、汪纯明以晕澹线法清绘，图上标出了考查队大队及中方七名团员的考察路线和矿产、化石、考古地点等，是一份之前从未见过的珍贵的总结性图件。于是我们决定把它捐给地质博物馆保存，又把该图的缩微图截成 11 幅，载于《西北科学考察的先行者——地学家袁复礼的足迹》一书。该书参加了 2007 年中瑞两国合办的"中国西北科学考查团八十周年纪念展"之学术研讨会。那次展览，瑞方展出了版型统一的 56 册考察报告、13 册游记和 1 卷珍贵的纪实电影。

父亲对地形图非常重视，认为它是表现地学成果的载体，也是一切科学工作和国防的基础。早年考察时，他亲手测绘各种地形图，诸如仰韶村遗址地形图(1∶4000)，1∶1 万至 1∶5 万的详查地形图、路线图、地质剖面图，而缩绘的 1∶50 万至 1∶100 万的小比例尺图则能提供全貌或方便随文刊载。西北科学考查团期间，他作为代理团长多方搜集有关的地图资料,返北平后 1933 至 1936 年间编撰了"新疆 1:50 万山形水系图"16 幅(北疆 9 幅,南疆 7 幅),亦由李士杰、汪纯明以晕滃线法清绘,准备提供给中方团员及后来人当底图使用,惜面临日寇侵华危机无法印刷,直到 1944 年在昆明时,才托人在美国印制了 300 份。此图后来发挥了作用,一部分于 1949 年送解放军总参谋部供进驻新疆使用;1951 年,其中 50 套又被送交中科院副院长陶孟和(由于 1950 年"中国学术团体协会"结束工作,明确科考研究交中科院接收)。出于对地形图的重视,1932 至 1937 年父亲任清华大学地学系主任期间,还亲自讲授过"地形测量学""地球投影""地质制图学""地形地貌学"等课程。另,1950 年父亲把侵华日军遗弃的朝鲜中部地形图一套(1946 年在北平卖花生的小地摊上购得)献给总参谋部供志愿军使用;1951 年签署西藏和平解放协议后,政府组织进藏地质工作队,父亲把赫定修订过的 1:20 万全套西藏地形图送给队长李璞,还把珍藏的 1:100 万美军航空测量地形图和刚收到不久的 Norin(那林)著《西藏西部—喀喇昆仑地质志》借给加入工作队的助教朱上庆使用,这是当时唯一的图件资料。可见父亲对地形图的重视,以及盼望祖国强大的迫切心愿。

二

早年听母亲埋怨,父亲在编新疆地形图上花费精力过多,影响了他对于考察成果的整理和发表。其实,父亲在随时代变迁而工作变动后,总是先投身新任务,再抽空整理研究西北考察资料。抗日南迁中丢失了他精选的十几箱标本(包括磨好的岩石薄片 400 片),致使研究中断八年。幸好近百箱采集品由"中国学术团体协会"的沈兼士教授辗转藏于辅仁大学地下室才得以保存,抗战胜利回北平后,父亲在清华大学重新开始了整理研究。1950 年"协会"结束工作,明确西北科考之研究交中国科学院接收;应父亲要求,考古所派杨圣泉、杨秋涛两位先生前来协助对各类标本进行清理造册、誊写及绘图等工作,并把植物化石、动物化石、考古采集品连同其产地、产状、附图等说明资料,一并分类装箱,分别送往中科院下属的各研究所,只留下少数以充实校内博物馆和实验室陈列。1952 年院系大调整,父亲调至北京地质学院,学院为父亲保留了一间"新疆工作室"。此项移交工作一直到 1958 年才多次分批完成,唯独岩石标本全部留下以供父亲继续研究。

父亲在 1948 至 1956 年期间,发表过五篇对北疆、一篇对绥远的地质、地层、构造、地质运动等方面的总结性文章,唯独《新疆准噶尔东部火山岩》一文迟至 1983 年才发表,其经过细节最近才读懂。这得益于近年来新疆师范大学征集的西北科学考查团中方团员家属捐赠的先人著作、野外记录簿、图件、照片等大量原始资料,以及近两年我们与北大朱玉麒教授共同对所涉父亲资料的解读。涉及新疆岩石标本采集编号的"野簿第七册"(1929 年,160 页)和两大袋不完整的初稿(袋面标有火山岩分带研究、妥善保存、1963 等字样,共

86 页)中,记载有数百块岩浆岩标本及薄片的编号[①]、产状、肉眼描述、薄片鉴定、岩石定名等详简不同的记述,还列出 13 块标本 SiO_2、Al_2O_3、Fe_2O_3、FeO、MgO、CaO、Na_2O、K_2O、H_2O^+、H_2O^-、TiO_2、P_2O_5、MnO 的化学含量全分析表,18 块标本的 SiO_2、TiO_2 含量对比,23 块标本的 Al_2O_3 含量对比等半分析结果,7 块光谱半定量分析对元素 Cr、Cu、Mn、Zn、Pb、Si、Y、Yb 含量分析的结果。其中提到薄片已初步鉴定约 70 片,待鉴定 50 片,又补送数十块送去化学分析及磨制薄片。可见,早在 1929 年的野簿中,父亲就从外文书籍抄录了 7 页(55 种)岩浆岩的化学全分析成分表,1963 年初稿袋中又抄录了 15 页(125 种)外文岩浆岩的化学全分析成分表,作为对岩浆岩定名及成因分析的参考。在这些残稿中父亲已对该区岩浆岩分带作出初步判断。后来父亲由于"文革"中断了工作,在 1978 年复职后,又得到岩石教研室刘金钊、杨慕华老师重新对补磨的薄片做出镜下鉴定,曾仲泽、杨博光老师完成了岩石成分的化学分析,父亲才对初稿作修改补充,于 1983 年发表在《地球科学》杂志上。由此可见父亲对写论文一丝不苟的严谨态度,做到了他对学生的嘱咐:"论文量不在多,但对所研究的具体问题和范围,必须有所发现,并有明确见解,使后人从事同一范围的研究时,必须加以引用。"

同样,其他几篇先发表的总结文章,也得到精通某类古生物同事的协作;对各种动植物化石的研究、定名和确定年代,参考了外国学者的资料,最后才建立了天山以北的两组地层标准剖面,探讨了该区的地壳运动史。尽力打下良好基础,不至于误导后人,这是父亲治学的愿望。

三

1938 年母亲携我们姐弟 6 人辗转香港、越南到达昆明与父亲会合,又因 1940 年日本占领越南,昆明告急,西南联大将大学一年级迁往四川叙永,全家随父亲坐货运卡车,经贵阳、重庆,又乘江轮至泸州转小木船到叙永。1941 年战况好转,返回昆明。几度搬迁,颠沛流离,1942 年才由昆明郊外回城内定居,我们姐弟四人正式进入联大附小读书,直到 1946 年 7 月西南联大解散。那时年幼,只知道父亲忙于教学,大部分时间是带领学生野外实习和进行矿产调查,一出去就几个月。还记得他讲过在野外考察中有意显示腰间佩带的装有地质罗盘和气压计的皮盒,并声称是手枪和子弹,以震慑土匪的暗探。有时他从野外回来,会带给我们几件岩石标本,有手指大小的透明水晶晶体,易掰成表面平滑光亮菱面体的方解石晶体,含方铅矿、闪锌矿、黄铁矿的闪亮晶体,还有可以剥成薄片的大片云

---

① 岩石标本编号采用以时段为经(第一位数字)、行程路线为纬(第二、三位数字)的四位数字系统,第四位是在该路段按序采集的标本号,同一地点的多块标本则以后缀编号。由于新疆地广人稀,地名也稀少,所以野外笔记本上还记有驻地编号加以补充。这样的岩石编号系统既有时间先后,又有路线辅以驻地号控制位置,所以考察路线虽多次交叉重叠,仍能在数千块标本中找到某岩石标本的采集地点,便于日后研究,体现了父亲工作的细致严谨。

母,都让我们爱不释手。也许就是这些无声的熏陶,我们姐弟四人偏爱理工科,有三人在考大学时报考了地质学院。

父亲一生博览群书,始终重视学校图书馆的建设,张罗订购图书、杂志,充实馆藏。直到"文革"后,他还去王府井新华书店、外文书店、内部影印书店为学院选购新书,自己也购买了不少。1978 年后行动不便,改为圈注每期国内外新书预告,供图书馆参考。因此他能了解地球科学前沿动向,引导后辈跟上步伐,晚年还在助手的帮助下指导研究生。他一生走遍大半个中国,掌握了很多地质资料,非常博学,人称"活字典",很多人有问题都愿意找他,他也能给予满意的回答。

父亲在教书育人的同时,还十分关注国家的需要,随时投身艰苦的资源调查和研究中。抗日战争期间的 1938 年 1 月,应资源委员会要求,父亲在湖南平江、桃源、常德、沅陵一带考察金矿,写了一篇《湘东湘西金矿视察报告》上交。1938 年 8 月,资源委员会再次请他考察西康的金矿,父亲调查了盐边、盐源、木里、盐东、冕宁、会理、德昌、米易一带的情况,这项工作持续了一整年。1939 年 8 月回到昆明后,他写了三篇有关金矿的考察报告,交资源委员会。1942 年他又协助系主任孙云铸与云南省建设厅合作,成立云南地质调查所,全体教师积极参与矿产地质调查工作,服务社会,支援抗战。新中国成立后,父亲更加踊跃地投身新中国建设,向地质工作计划指导委员会和燃料工业部提供建议,参加多种地质学科专业会议,并参与了刘家峡、三门峡、三峡水库等工程的地质考察项目。

纵观父亲一生,为使曾饱受列强侵略的祖国能屹立于世界民族之林,他献身地质事业和教育事业 60 余载,勤奋严谨,以苦为乐,与同事们团结协作,尽力为后辈提供良好的基础。寒暑易节,时代变迁,他看到祖国面貌日新、逐渐强大而欣慰驾鹤西去,堪称"含笑期待后来人"!

学术研究编

地质学与考古学的交汇点

——袁复礼在中国西北科考团期间的甘肃考察

徐维焱

北京大学历史学系

一、考古学的轴心时代

20 世纪初是中国考古学肇兴与发展的关键时期,在从传统金石学向现代考古学发展飞跃的过程中,地质学的方法和理论是一个关键的因素。张光直先生指出,中国考古学的发展道路与西方极为相似,早期的工作都是由"探险家和自然历史学家完成的",安特生便是其中的代表人物,正是这位瑞典的地质学家推开了中国考古学的大门:"有必要指出,安氏和他的地质调查所的西方同事应用于考古学和地质学的某些基本方法,对中国考古学发生了深远的影响。同样有必要了解,安氏和他的同事们是地质学家和古生物学家,而非受过专业训练的考古学家。他们的主要方法更适合于地质学和古生物学,而不是考古学。这些方法包括收集田野资料,跟自然科学家的合作,地层学,以及标准化石的使用等等。"[1]熟悉安特生和早期中国考古学的学者进一步指出,在考古学从地质学中脱胎而出的历史进程中,中国学者同样发挥了不可忽视的作用,这位关键的人物,指的自然是袁复礼,他与考古学的渊源始于 1921 年的仰韶村。

1918 年,瑞典地质学家安特生以北洋政府农商部矿业顾问的名义来到河南渑池县进行古脊椎动物化石的调查。1920 年,地质调查所的刘长生在仰韶村采集到 600 多件磨制石器,引起了安特生的兴趣。1921 年 10 月,安特生来到仰韶村,袁复礼作为团队的骨干成员,在发掘工作中发挥了重要的作用。安特生在其名著《黄土的儿女们:中国史前史研究》中回忆道:

> 整个发掘期间,袁复礼先生一直在协助我,他是北京地质调查所的专家,不仅对整个发现区域进行了地形测量,同时主持了与当地居民和地方当局的一切谈判。得

---

[1] 张光直著,陈星灿译《考古学和中国历史学》,《考古与文物》1995 年第 3 期,5 页。

益于他的智慧和圆滑,我们的工作推进得十分顺利,没有受到任何阻碍。[①]

作为发掘工作的主持者,不知出于何种原因,安特生的记载将袁复礼形容成一位"测量员"或"协调员",有意无意地淡化了袁复礼在发掘工作中的学术贡献。就连当地的老百姓也将袁复礼看成外国考古队的"翻译官",这对一位为中国考古事业做出巨大贡献的先驱是极不公平的。事实上,安特生本人的考古方式无论是当时还是后世都受到不少诟病,最主要的一点是,他常常将具体的工作全权委托给某位负责人,自己则脱离发掘现场,只是不时地前来工地验收考古成果。夏鼐先生对此有深刻的批评:

> 我在洮河流域做调查时,便听当地人民说,安特生在这地工作时,大部分时间住在城中,让技工负责各处的发掘,自己隔几天到各处巡视一下。后来知道他认为自己发现的河南河阴县秦王寨、池沟寨、牛口峪等遗址,都是他的助手发现的。他自己根本没有去过,只不过出钱派人去调查和采集而已。这是"老爷式"的考古。[②]

仰韶村的考古也不例外,安特生兼职众多,现场考古工作完全由袁复礼主持,精通测绘的袁复礼还为仰韶村绘制了地形图,在中国考古学史上具有开创性的意义。由于袁复礼先生为人谦和,不贪名利,经常将采集的地质标本和考古文物发现交予他人进行研究,以致他在考古学方面的贡献常常被埋没[③]。

1923 年,安特生发表了仰韶村的重大发现,引起了学术界的关注。袁复礼将其节译之后,以《中华远古之文化》为题发于北京农商部地质调查所《地质汇报》上。这部短小精悍的考古报告,仿佛是中国考古学发轫时期的缩影。在"绪言"部分,安特生提纲挈领地阐释了地质学理论和方法对考古学的指导和借鉴作用,而将其翻译成中文的袁复礼,自然也成为地质学和考古学、西方考古学和中国考古学之间的桥梁。

> 地质学与考古学虽范围不同,而实际研究往往互相用。其关于方法者,如判别古代器物之新旧,文化发达之次第,为考古学之要事,皆不得不借助于地质学之测绘地形鉴定地层诸方法。而关于观察结果者,例如在河南等省所见沟壑壁立,皆由河流冲刷作用而成。而此作用实发轫于古址湮没之后,由此可推知冲刷作用之速率。此则由考古结果而入于地质之推论矣。[④]

同为跨界到考古学领域的地质学家,袁复礼先生对于安特生的观点想必是十分赞同的,否则也不会将其作为方法论介绍给中国的同仁。从后来的考古经历来看,袁复礼也确实成为了中国考古领域的先行者。

---

① Johan Gunnar Andersson, *Children of the Yellow Earth: Studies in Prehistoric China*, the Macmillan Company, 1934, p. 166.

② 马思中、陈星灿编著《中国之前的中国》,瑞典斯德哥尔摩东方博物馆,2004 年,113 页。

③ 安志敏《袁复礼在中国史前考古学上的贡献》,《考古》1998 年第 7 期,86—94 页。

④ [瑞典]安特生著,袁复礼节译《中华远古之文化》,北京:文物出版社,2001 年,1 页。

1925 年底,由美国佛利尔博物馆出资,清华学校国学研究院组织的联合考古团成立,李济与袁复礼一起再次回到山西,从 1926 年 10 月开始,发掘位于运城市夏县的西阴村遗址,中国考古史上的另一个重大事件就此拉开序幕。西阴村遗址的发掘,是中国科学家第一次独立进行的考古发掘,被视作中国现代考古学的开端,李济先生也因此被称作中国的第一位考古学家。为期近两个月的考察中,袁复礼的贡献巨大,他一边管理发掘事务,一边还承担着测量和画图的工作,此外还需要对所有的出土遗物进行逐件登记。西阴村的考古工作完成后,李济在《西阴村史前的遗存》一书中,收录了袁复礼所绘制的"探坑地层剖面图"和"掘后地形图",以及由袁复礼用英文撰写、李济翻译为中文的《西阴村史前遗址图说》《山西西南部的地形》两篇文章。在这篇中国学者独立发表的第一部考古报告中,袁复礼也留下了浓墨重彩的一笔。

仰韶村和西阴村的考古发掘中,袁复礼虽然都有深度的参与,但都是作为副手担任协调、测绘等方面的部分工作。作为一名专业的地质学家,考古仅仅是袁复礼所从事的一项副业。然而,当他以中瑞西北科学考查团团员的身份走向西北的戈壁荒漠之后,尤其是在甘肃境内考察期间,袁复礼带领小分队独立自主地完成了多项考古调查,并且提出了许多创见,充分体现出他在考古学方面丰富的知识储备和可靠的实地考察经验。

二、甘肃民勤境内的考古调查

1927 年,袁复礼参加了中瑞西北科学考查团,作为地质学家,袁复礼在地质学和古生物学方面做出了巨大的贡献。但很少有人提到,此次西北考察的经历,尤其是甘肃境内的考察活动,也是袁复礼第一次独立涉足文明时代的考古。

民勤县位于河西走廊的中东段,汉武帝击败匈奴后,设置武威、张掖、酒泉、敦煌四郡,武威郡便在今天的武威市及民勤县一带。从自然地理上看,民勤县地处巴丹吉林和腾格里两大沙漠的交汇处,是河西走廊灌溉农业区向蒙古高原荒漠游牧区的突出部,也是匈奴重点袭扰的地区。因此汉朝在今民勤县境内的石羊河、猪野泽附近构筑了防御体系,即今天河西走廊东段的汉长城遗址。

袁复礼的汉长城遗址调查始于三角城。1927 年 10 月 4 日,袁复礼从内蒙古阿拉善盟向南前行,进入甘肃省民勤县界内。经过红砂梁、四红泥井、柴家井、四湖等地,于 9 日来到三角城遗址。早在 1923 年在甘肃进行地质调查时,袁复礼便已经确定了三角城遗址的位置,但阻于风沙而未克到达。

> 九日东转十余里,午后即至三角城。海拔 1360 米。民国十二年冬,余闻三角城距镇番县(现改名民勤)只六十里,彼时严冬,连日风沙,不能至此。十三年夏,安特生至镇番,亦询三角城,惟向西去,并非此址也。[①]

① 袁复礼《蒙新五年行程纪》上卷,有 1937 年北京油印本、1940 年代昆明复抄本、1944 年《地学集刊》2 卷 3—4 期合集本,此处引文据本项目组校订整理本,待刊。以下引文未标出处者,均据此,不具。

袁复礼同时提到,次年夏季,安特生到达民勤,试图寻找三角城遗址。由于民勤附近有多个同名地名,当地人将安特生指向了另一处三角城,即今金昌市金川区双湾镇三角城村的"三角城遗址"。阴错阳差之下,安特生在金昌的三角城发现了举世闻名的"沙井遗址","沙井遗址"是河西地区最早的城邑遗址,时代大约相当于中原地区的春秋战国时期。其不规则三角形的外观,似乎与新疆地区诸多绿洲古城有千丝万缕的联系①。该考古发现也被安特生用来命名甘肃远古文化六期中的最后一期,即"沙井期"。

相较于"沙井三角城",袁复礼和安特生最初想要寻找的"三角城"显得有些落寞。这座"真正的"三角城遗址位于今天民勤县红沙梁镇小东村以西 5 公里处,城址平面呈长方形,东西长 200 米,南北宽 120 米。城因其西北隅有一座用土、红柳和沙石间层筑而成的三角形高台而得名。高台呈不规则形,残高 10 米,东西长 80 米,南北宽 42 米②。袁复礼抵达后,并未做深入细致的挖掘,而是简单浏览了建筑遗存和地表遗物后,作出如下记载:

> 此址亦在沙丘中,水浅草茂,兼有土壤,至时有微雨,雨过天晴,得沙井式之陶片多件,兼有铜器。惟不是城,只一土台,可作瞭望之用,盖北御匈奴之瞭望墩也,故历代古物皆有留存,虽皆稀少,亦不能尽归纳为一时之物也。

袁复礼的记载虽然简短,但其中包含的两个基本判断却是十分准确的。首先是遗址的年代,袁复礼所说遗址的功用是"北御匈奴",显然将其年代的下限断至汉代。而从"沙井式之陶片""历代古物"来看,遗址的上限难以判断,或许与沙井遗址同属于公元前 5 世纪以前。1945 年,阎文儒再次发掘时,采集到五铢钱、漆木片、铜镞等汉代遗物,进一步确定了遗址年代至迟到汉末。其次是遗址的性质,袁复礼说此处"惟不是城,只一土台,可作瞭望之用",排除了三角城作为城址的可能性,将其规格降至烽燧、候城的等级。这一判断同样得到了后世研究的印证。假如将其放置在整个河西走廊的长城防御体系中来看,三角城遗址的规模较之一般的烽燧更为宏阔,与《汉书》颜师古注所谓的"候城"或"障"相埒③。

对三角城的考察结束后,袁复礼继续沿着汉唐长城的遗址进行考古调查。首先到达距离三角城 10 公里左右的连城遗址。连城遗址有东西两座故城,宽长都在 400 米左右,规模较大,从目前残存的基址来看,东西两城中设置有边墩、瓮城等防御设施。遗址内外遗物年代跨度较大。当地学者判断,该城可能为汉武威县城,并且一直沿用到唐代。袁复礼对连城的调查持续了两天,或许是由于风沙掩埋情况过于严重,袁复礼未能完全掌握东西两城的建筑情况,将西城判断为东城的城关,继而认为此地仅有一座城址。随后,袁复礼采集到大量陶片、钱币等地表遗物,最大的收获是一串"开元通宝",袁复礼据此判断,该城一直到晚唐尚在使用。此外,袁复礼还进行了两次试探性的发掘,但并未获得有价值的

---

① 许宏《小议金昌三角城的历史位置与特质》,《三代考古》(八),北京:科学出版社,2018 年,91—96 页。

② 杨立宏主编《民勤文物》,兰州:敦煌文艺出版社,2022 年,34—35 页。

③ 李并成《河西走廊东部汉长城遗迹考》,《西北史地》1994 年第 3 期,14—20 页。

发现。

10月11—12日,袁复礼先后踏查了古城遗址和汉长城遗址。古城遗址与三角城遗址颇为相似,应当也是汉朝建立的候城,由于距离连城较近,经常合称"连古城"。袁复礼的记载比较简略:"又南行,沙甚多,遇一土寨,其中已无物,只见砖瓦,亦名古城。"

次日,袁复礼继续南行,见到了汉长城遗址:"入长城,尽系黄土垒成,且有烽墩,尚修整,似近代重修者。"民勤县境内所谓汉长城,并不是连成一线的墙垣,而是由相隔数里的烽燧、候城等驻军设施所构成的防御网络,平时驻扎军士巡防边境,遇到敌情便燃起烽烟传递讯息,城中也配备有羊头石等守城器具,以便士兵凭借堡垒抵御侵扰。自汉朝的边防体系建立以来,每当中原王朝的边界延伸至此,汉代的各类防御设施往往都会迎来重新的修整和利用。前揭的连城遗址即唐人对汉朝设施的重新利用。明朝时期,在东察合台汗国的挤压下,明朝的西北边疆从哈密卫收缩到河西走廊东段。吐鲁番汗国和鞑靼土默特部的崛起,更是将酒泉、武威一线的肃州卫、凉州卫变成了孤悬在外的半岛。为了防止游牧部落的侵扰,明朝在汉唐长城的基础上进行加固,继续延续其历史上的防御作用。这也就是袁复礼所见到的所谓"近代重修"的烽墩。

在考察完民勤县北部的遗址后,袁复礼在民勤县城中逗留了四天,期间认识了江县长,并从他口中了解到当年五月武威地震的具体情况:

> 二十三日清晨五时起,至澡堂,未解衣,即闻地声隆隆若雷雨;人皆至院中,顷刻地即摇动,人皆头晕,欲伏于地上。数秒后,即闻墙毁房塌之声,晚起者多被压毙。城楼皆倾倒。城外南山报告受灾尤烈,古浪城亦尽毁。君留办赈灾,故得遍视各地。余震连日,南山报地水涌出,皆作黑色,兼有硫磺,饥民无食,被硫磺气熏毙者甚多,因无住房,皆野处,夜则狼狗四出噬人,毙者亦无算。由各处运到食粮,至少亦需十日,其间瘟疫盛行,放赈后又兼施医药,盖奇灾也。

袁复礼对这一地震现象非常关注,当他在此前7、8月间经由格齐克,听到西来驼队说起此事时,即有所动作:"在此遇西来驼队,云甘肃凉州大地震,古浪驻兵营房之屋顶,翻转倒置,兵士仍卧坑上,并未受伤,且黑泉涌出,狼出噬人云。余闻此讯,即寄信翁咏霓先生,要求地震表二百张。后在额济纳河畔接到,即转送赵正卿厅长,至今未得覆音。"直到1957年,他还结合另一次亲身感受到的地震,写出了《两个值得注意的西北地震》一文[①]。

离开民勤后,袁复礼继续西行,他本来计划到大盐池考察产盐情况,但由于连日以来考古收获颇丰,团队成员也希望前往著名的沙井遗址参观,于是袁复礼便继续带领团队进行考古调查。一行人首先到达民勤县西南沙井子,此处与安特生发掘的三角城沙井子遗址同名,但却是另一处独立的遗址,现在一般称作"沙井柳湖墩遗址",于此"停一日,又掘来陶器七件"。

---

① 此文在他去世后,才被刊发。见杨遵仪主编《桃李满天下——纪念袁复礼教授百年诞辰》,武汉:中国地质大学出版社,1993年,224—225页。

10 月 19 日起,袁复礼一行路过黄蒿井,对当地的史前遗址和汉代墓葬进行简单的发掘,之后便继续向西,经过昌宁堡(今昌宁镇),到达金昌三角城沙井遗址。经过安特生的发掘,三角城已经从一个籍籍无名的小村庄变成了名垂史册的重要遗址。在停留的四天中,袁复礼一方面联络工匠、采购木料,为接下来的旅程打制木箱;另一方面利用等待时间,对三角城遗址的总体情况进行测量,并绘制有草图。而其他成员则在安特生基本已发掘殆尽的遗址上继续作业,最终得到一件铜器、三件陶器,与安特生所发掘的文物不尽相同,也算是小有收获。

此后,考古工作告一段落,接下来的是一段艰苦的行程。袁复礼一行在一位蒙古老向导的指引下,从山丹附近再次进入阿拉善盟,用时近一个月,终于抵达额济纳旗的松杜尔气象站,与驻守那里的生瑞恒、马叶谦等人会合。

三、甘肃考古的先行者

无论是在袁复礼先生的学术生涯中,还是西北科学考查团的活动期间,在甘肃民勤县附近进行的为期不过半个月的考古活动,都是宏壮乐章中的一支小小插曲。即使如此,袁复礼先生的考古考察活动也具有不可忽视的意义。

首先,袁复礼的甘肃考察活动是中国科学家将地质学方法和考古学实践的又一次成功结合。傅斯年早已指出,考古学虽为历史学的一部分,却又与地质学密不可分,"如离开了地质学,考古学就失其效用,考古学就根本不能成立"[①]。张光直则更加明确地说道:"地质学不仅教给考古学家划分年代的必要性,也指出了科学断代的方法。"[②]作为考古学最重要的方法之一的地层学,其原理即来自地质学。虽然安特生等早期的跨界学者并未注意到人类活动遗存的特殊性,将地质学中标准化石的方法原封不动地带入考古学之中,导致了错误的结论,但总体而言,地质学对考古学的影响还是以正面为主。在西阴村考察结束后,袁复礼已经具备了充分的知识储备和丰富的田野经验。在甘肃境内独立进行的考古调查中,袁复礼搜集了数量可观的石器、陶片,通过地层学和类型学的考察,探寻民勤附近的遗址与沙井文化之间的关系,为构建史前文化的发展谱系提供了必要的补充。

其次,袁复礼的考察活动奠定了民勤县考古调查的基本路线。1944 年,为响应国民政府"开发西北、建设西北"的号召,"中央博物院"筹备处、北大文科研究所等单位联合组建了"西北科学考察团",对河西走廊地区进行为期两年的考察。在李济的推荐下,考古学家夏鼐从李庄前往兰州,与向达、阎文儒等人一同踏上了西行之路。1945 年 8 月,夏鼐与阎文儒准备对河西走廊东段的考古遗存展开调查。开赴民勤前,夏鼐等人准备了相关资料,如《镇番县志》等,其中也包括袁复礼的《蒙新五年行程记》。

---

① 傅斯年《考古学的新方法》,欧阳哲生主编《傅斯年全集》第 3 卷,长沙:湖南教育出版社,2003 年,88 页。

② 张光直著,陈星灿译《考古学和中国历史学》,《考古与文物》1995 年第 3 期,7 页。

7月20日　星期四

上午阅袁复礼《蒙新五年行程记》二卷。①

8月7日，夏鼐与阎文儒抵达民勤。开始陆续对周边的古迹展开发掘。根据夏鼐的日记及晚年回忆，其调查发掘路线与袁复礼的路线完全一致：

> 我在1944—1945年参加西北考察团历史考古组工作时，确曾来过民勤从事考古调查发掘。时间是1945年8月7日至9月7日，先后达一个月。同行者仅有一人，即为向达教授的学生阎文儒（现在仍在北京大学历史考古学系任教）。向达教授已于1944年冬提前返四川，没有同往民勤。我们曾调查过民勤三角城、连古城、六（柳）湖墩，又在沙井发掘史前时代沙井文化的古墓和黄蒿井的汉井（墓），试掘三角城。②

发掘过程中，夏鼐不时翻阅袁复礼的《蒙新五年行程记》，对袁复礼的考察十分重视：

> 三角城遗址：袁希渊氏谓在此城掘得沙井式陶器多件，似即指此类红陶而言；又谓此处历代古物皆有留存，虽皆稀少，亦不能尽归纳为一时之物也（见《蒙新五年行程记》）。（8月13日）

> 连城遗址：袁希渊氏亦以为晚唐之设置，以其亦曾于西墙附近得开元钱一串也。（8月13日）

> 柳湖墩遗址（沙井遗址）：袁希渊先生谓此间墓葬未开掘前，常可察见其尸骨放置及葬罐放置之痕迹，余细察之，未能发现其痕迹，岂由于观察未精耶，抑由于此间墓葬已掘遍，抑由于其说之不可靠。（8月23日）

> 黄蒿井遗址：袁希渊先生于民十六年来此，据云亦未发掘。（8月29日）③

在袁复礼先生的百年纪念文集中，我国著名的地质学家、考古学家、学部委员贾兰坡深情回忆了袁老在考古学领域的建树，称他为"中国人中参加史前考古发掘的第一人"。他用实地考察经历和考古学的知识，对仰韶、民勤等地的考古遗址勾勒出最初的蓝图，对遗址的年代、性质以及相互关系作出了最基本的判断，为夏鼐等考古学家的后续研究指明了方向。1951年6月底，当夏鼐来到仰韶村进行考古调查的时候，他手里拿着的依旧是袁复礼绘制于1923年的《仰韶村全图》：

> 6月30日

> 上午持袁复礼所绘之"仰韶村全图"及安特生所绘之路旁侧面图，前往勘对，并采集地面标本。④

最后，袁复礼为后辈考古工作者提供了指导。根据贾兰坡的回忆，20世纪30年代，他

---

① 《夏鼐日记》卷三，上海：华东师范大学出版社，2011年，207页。
② 《夏鼐致李玉寿函》，转引自刘润和《一代宗师夏鼐在民勤》，《发展》2013年第11期，48—49页。
③ 《夏鼐日记》卷三，364、365、370、374、375页。
④ 《夏鼐日记》卷四，404页。

和裴文中一起到清华大学地学系拜访袁复礼先生,询问他有关大量细石器出土地"银根"的具体方位。1953 年,杨钟健委派贾兰坡带队前往山西襄汾县丁村进行考古发掘。工作结束后,贾兰坡在北京的会议上做了工作汇报,鉴于袁复礼先生在西阴村的考察经历,杨钟健专门邀请袁复礼出席会议,听取丁村考古的发掘报告。[①] 可以说,每当后辈学人需要帮助时,袁复礼总是义无反顾地伸出援手,不但在学术上有所提携,生活上也有许多细致周到的关心。

结　语

每当陈述中国现代考古学的发展历程时,众人的目光总是会聚焦于安特生等外国学者,常常会忽视或淡化中国学者做出的卓越贡献。事实上,以当时人的眼光来看,中国考古学绝不是完全的外来科学,中国人对考古学已经有了相当深刻的认识,只是限于时局和财力,无力进行大规模的考古研究。1928 年,美国天产博物院(今美国自然历史博物馆)蒙古采集队的队长安得思(Roy Chapman Anderws)企图将数十箱中国文物偷运出境,被北平古物保管委员会发现并扣押。古物保管委员会主张,安得思的行为严重侵犯了中国的主权,对于此次偷运出境的数十箱文物进行开箱检查,将其中违规采集的部分全部扣留。并且,安得思日后的发掘行为必须与中方学术团体接洽,得到许可后方能开展。安得思对此大为不满,他表面上对古物保管委员会作出妥协,背地里却联系美国和北平的媒体,以"妨害文化""中国人不懂科学"等借口发起攻讦,甚至还借助外交手段向中国学术团体施压,无时无刻不透露出是外国学者帮助中国人走向"文明开化",令中国人认识到文物的重要性。对于此等无理指责,刘半农作出了言辞激烈的回击,甚至面对外交部长王正廷的斡旋也毫不妥协,丝毫不肯放弃维护中国文物主权的原则。安得思于是又请出了天产博物院的院长欧司本,令欧氏致信谴责刘半农,刘半农更是丝毫不为动摇:"吓!好家伙!你一面做文章骂人,一面还要叫我去向美国公使和安得思磕头!欧司本老先生,这还是你太滑稽了呢?还是我刘半农的骨头太贱了呢?"[②]

安得思的抱怨文章在当时引起了很大的风波,就连正在大西北考察的、中瑞西北科学考查团中方团长徐炳昶也在报纸上得到了消息。他于是在日记中表示,安得思将中国考古学的发展完全归因于外国探险者的观点是完全错误的,中国人并不是没有重视文物、保护遗产的意识:

> 他开头说我们当时反对探险一字的不当;以后说中国人从安特生工作以后,才晓得历史以前古物的可贵;如果不然,恐怕再迟一百年,还不晓得,那些东西要腐烂于地

① 贾兰坡《要像袁复礼先生那样做人》,杨遵仪主编《桃李满天下——纪念袁复礼教授百年诞辰》,9—10 页。

② 刘复《北旧》,《刘半农精品文集》,北京:团结出版社,2018 年,82—85 页。

上地下;以后又说他所拿往美国的东西,并没有商业上的价值,只有学术上的价值,云云。他所说的第一段,或者有点道理。至于中国人跟着安特生才晓得历史以前古物的可贵,那完全是错误的。——他或者很知道,却故意这样错误。——因为学术界的人,谁也晓得,安特生开头并不是一个考古家。他因为中国古物多,才去考古,开头还闹了许多的笑话。中国人因财力不足,不能寻求,何尝是跟着他才知道考古?①

无论是安特生还是安得思,他们的考察活动固然在客观上促进了中国考古事业的发展,然而,如果没有中国学者的深度参与和独特贡献,中国考古学一定无法走上独立自主的发展道路。可以说,正是以袁复礼先生为代表的学者,通过借鉴国外学科的先进经验,结合我国学术的自身规律,令中国考古学实现了从无到有的关键飞跃。从这个意义上来讲,袁先生是中国考古学诞生黎明中的一颗耀眼的星辰,也是地质学和考古学交汇处的一盏指路明灯。

---

① 徐旭生《徐旭生西游日记》,银川:宁夏人民出版社,2000 年,32 页。

袁复礼在甘肃的考察

刘长星

新疆师范大学中国语言文学学院暨西域文史研究中心

袁复礼在考古、地质、地理、教育等诸多领域贡献卓越。杨新孝研究员(杨钟健教授之子)认为:"希渊先生精力过人,复具深厚的学识基础,他在西北、西南的荒凉地区的野外调查实是具有探险性质。未经考察的地带诚然有着不少的宝贵材料与现象,但若不具备相当的素质,即使身临其境,也不免入宝山而空手回;而希渊先生发现之多,领域之广,令人有俯拾即是之感。"[①]袁复礼在我国西北、西南多地进行过科学考察,所到之处少有人去,有的甚至从前无人过,他的冒险精神、科学态度与深厚学养使得他在新疆、云南、山西、河南、甘肃等地的考察中获得了丰硕而重要的成果。

一、1923—1924 年在甘肃的考察

1923 年,为改变甘肃地区因森林大量被毁而缺乏燃料的状况,袁复礼不顾野外的危险和艰苦,在甘肃各地探察含煤地层、调查旧煤窑,评价可供开采的煤田。1923 年 5 月 7 日至 6 月 21 日,袁复礼经陕西到甘肃东部,考察区域包括泾川、平凉、固原、海原、靖远、兰州等地。6 月 24 日至 12 月 6 日,袁复礼来到甘肃西北部,经行区域包括武威、永昌、山丹、张掖、临泽、高台等地。结束考察后,1923 年 12 月 6 日至 1924 年 3 月 21 日,袁复礼在兰州过冬,撰写甘肃地质报告。此次考察的一些重要成果包括,在甘肃平凉城西南 10 公里官庄沟发现含奥陶纪笔石的地层,"化石经 A·W·葛利普(Grabau)鉴定为 7 属 12 种笔石,层位相当于华北东部的珠角石灰岩"[②]。在武威县西南 35 公里的臭牛沟,发现了大长身贝壳、袁氏珊瑚等丰富的海相化石,"首次确定我国有早石炭世晚期维宪阶存在,推翻了葛利普曾一度想把本溪统作为下石炭统的设想"。袁复礼在甘肃采到许多重要化石,"不少属

---

① 杨遵仪主编《桃李满天下——纪念袁复礼教授百年诞辰》,武汉:中国地质大学出版社,1993 年,125 页。

② 袁疆等编著《西北科学考察的先行者:地学家袁复礼的足迹》,北京:新华出版社,2007 年,6 页。

欧洲早石炭世维宪期的种属，证明当时中国西北与西欧之间密切互通"。[1]

1924 年 3 月 22 日至 4 月 11 日，袁复礼到洮河流域进行考古调查。6 月 14 日至 8 月 15 日，他再次来到甘肃东部进行地质调查，范围包括阿干镇、马营、川口、庄浪、化平、平凉、华亭、安口窑、陇县、千阳等地。经过一年多的时间对甘肃多地进行考察后，1925 年 1 月，袁复礼向中国地质学会第三届年会提交了两篇论文：《甘肃平凉奥陶纪笔石化石层》（图1）、《甘肃西北石炭纪地层》。1925 年 3 月，袁复礼在《中国地质学会志》发表了三篇论文："The Ordovician Graptolite Beds Ping Liang""Geological Notes on Eastern Kansu""Carboniferous Stratigraphy of N. W. Kansu"，他还完成了《调查甘肃地质报告》上交农商部地质调查所。这些考察成果多具有开创性，是后人研究甘肃地质、地理问题的重要依据。

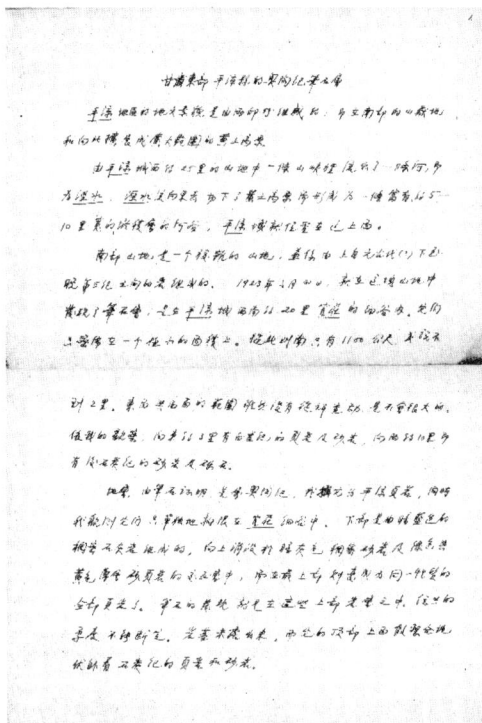

图 1　袁复礼《甘肃平凉奥陶纪笔石化石层》稿本

图 2　袁复礼在《歌谣》周刊发表的《甘肃的歌谣——"话儿"》论文

袁复礼还是一位西北民歌花儿的记录者与传播者。1923 年一进入甘肃后，他就被沿途老百姓随口唱出的花儿所吸引。他边听边记，认真找矿工、脚夫、农民、村里的孩子、士兵讲述歌词，记录了几十首花儿带回北京。1925 年 3 月，应沈兼士之邀，袁复礼在北京大

---

① 袁疆等编著《西北科学考察的先行者：地学家袁复礼的足迹》，7 页。

学歌谣研究会出版的《歌谣周刊》第八十二期(1925 年 3 月 25 日)上刊登了他野外考察途中搜集整理的 30 首花儿,以及一篇介绍花儿的文章《甘肃的歌谣——"话儿"》(因口音关系,袁复礼误将"花儿"记为"话儿")(图 2)。"这是解放前向全国专门介绍花儿最早的一篇文章和最早的一批资料。"[1]袁复礼成为"我国第一个搜集整理、研究花儿的人"[2]。

二、作为中国西北科学考查团团员在甘肃的考察

1927 年 5 月 9 日,中国西北科学考查团一行从北京西直门火车站出发前往包头,开始了西北野外考察的漫漫征程。1927 年 5 月 13 日晚,袁复礼才到达包头,与考查团大部队汇合。7 月 4 日,袁复礼率南线分队离开哈那河西行开始在内蒙的考察,南队共有 7 人:水利与地图学家詹蕃勋,摄影师龚元忠,采集员白万玉,一杜姓厨师,管理 15 峰骆驼的蒙古族宾拔、官济格二人。1927 年 10 月至 11 月初,袁复礼经过甘肃地域,1928 年 1 月 14 日率南队到达新疆哈密。在短暂经过甘肃的途中,袁复礼也作了一些地质、考古方面的考察,在其著作《蒙新五年行程纪》(1937)、《三十年代中瑞合作的西北科学考察团》(1983)中,都有详细记录。

(一) 民勤三角城

8 日东转十余里,午后到民勤县城北 60 里的三角城,实际是一个烽火台,为历代北御匈奴、突厥的瞭墩。虽然有零星陶片,但是并不典型。少许铜质碎片也不能即刻认出为哪一期的遗物。[3]

1927 年 10 月 4 日,袁复礼进入甘肃民勤县境内。8 日,到达民勤三角城。民勤三角城在民勤县红沙梁乡距乡政府 9 公里的沙丘地带,城池一角筑于一座高 8.5 米的土石台上。台之东北部倾塌,城址看上去略成三角形,故名"三角城"(图 3、图 4)。它是汉代武威郡北塞上的重要城障。1981 年 9 月 10 日被确定为甘肃省省级文物保护单位,立碑"三角城故址"。

(二) 古连城

十日南行无路,雇牧羊儿童为向导,远望沙梁高处,土墙崔嵬,问明是古连城。午前到其地,海拔 1220 米。它其实是一座城。城无北门,城垣多圮,多半沙掩。从它的南门进入,于西墙下,得唐开元铜钱一串,因为生锈都连为一条,绳已经早就腐烂了。

① 中国地球物理学会、"西北科学考查团"研究会、"八十周年大庆纪念册"编委会编《"中国西北科学考查团"八十周年大庆纪念册》,北京:气象出版社,2011 年,138 页。

② 刘凯《朱自清、袁复礼教授与花儿》,《青海社会科学》1986 年第 3 期,118 页。

③ 袁复礼《三十年代中瑞合作的西北科学考察团》,《中国科技史料》1983 年第 3 期,20 页。

图 3　袁复礼拍摄的民勤三角城

图 4　2023 年 8 月 13 日"中国西北科学考查团文献史料整理与研究"课题组在民勤三角城考察

11 日又遍寻,只见陶片和砖瓦,无其他任何遗物。①

1927 年 10 月 10—11 日,袁复礼勘察民勤古连城。古连城现称为连古城,其遗址位于民勤县泉山镇西北 12.5 公里的沙丘中,西南径距县城 42 公里。因有东、西两座城址相连而得名。城平面呈长方形,长 420 米,宽 370 米,面积 15 万余平方米。城墙夯土版筑,残高 7 米,基宽 4 米,夯层厚 0.1—0.15 米。西墙开一门,门外有东西长 24 米、南北宽 12 米的瓮城。地表暴露大量灰陶片、碎砖块等。城内西门南侧有许多铜甲、铁甲残片、铁箭头等,城中东部铜质残渣集中,似铜器作坊,西南隅遍布玛瑙碎片,似为玛瑙作坊。又有唐"开元通宝"、三彩瓷残片等。连古城城址保存较好(图 5、图 6),对研究河西走廊汉唐时期历史有重要价值。

图 5　袁复礼拍摄的连古城遗址

图 6　民勤县建立的甘肃民勤连古城国家级自然保护区

---

①　袁复礼《三十年代中瑞合作的西北科学考察团》,《中国科技史料》1983 年第 3 期,21 页。

(三) 古长城

10月13日入长城,它是用黄土垒成的约有一丈厚、三丈高,有一丈六七尺高的门洞,向西延长的长城,外表整齐,好象近年加工修理的。又南偏东行十里到民勤县(当时称镇番)。宿东门外,到时是下午一时。在此留四日,加购食粮和菜蔬,并购得一新驼,硕壮而性驯良,为1932年东归到呼和浩特时惟一健在者。

前于7月中旬,在秦大门之东遇到自西来的驼队,他们说了甘肃凉州(武威)发生了大地震,并牵连到它东南方的古浪县,住在该县城楼内士兵的床铺,被震得翻转倒置,但人却未受伤,南山黑水涌出,狼出咬人云云。

1927年10月13日我们到民勤县(当时称镇番县)见到该县县长江君,从他那里得到当年5月23日武威地震灾害的情况。那天江君恰好因公在武威,早晨去澡堂洗澡,未得解衣,就听到隆隆如雷的地震声。顷刻间地动天摇,人们都跑到院中,感到头昏,伏在地上。几秒钟内就听到墙倒房塌声。晚起者多被压毙。城外南山灾情尤烈。东南远处的古浪城内房屋大部分也被震塌。南山地水涌出,全都是黑色的,兼有硫磺气,灾民被硫磺气熏死的很多。人们住房都已坍塌,野外露宿。夜间狼和野狗四出吃人,死者无数。从各处运来的救济粮,不能按时运到,兼之医药缺少,以致瘟疫盛行。[①]

1927年10月13日,袁复礼到达民勤县外一段长城遗址。现在还不能确定当时袁复礼所到长城的具体方位。民勤县是长城资源大县,境内分布有汉、明两条长城,共有137个点段,汉长城实际残存约1.5公里,现存多为明长城,俗称"边墙",始筑于明永乐年间。而民勤县城内,也有晚近的城墙遗址完好保存下来(图7、图8)。

图7 袁复礼拍摄的民勤郊区

图8 今民勤县内城墙遗址俯瞰

在10月13日记载中,袁复礼非常关注1927年5月23日发生在武威的大地震,他注意在沿途了解地震灾区的情况,还专门向民勤县县长了解地震的经过与危害。根据

---

① 袁复礼《三十年代中瑞合作的西北科学考察团》,《中国科技史料》1983年第3期,21页。

1923 年在武威一带的地质考察资料,袁复礼初步分析了地震发生的原因:"武威城处在一个并不太大的地堑下降带。它西南近处的西凉山(或称莲花山)是个花岗岩体,它北端的冲沟内露出被它冲破的较为古老片岩。此外,武威城南远处的南营东部有向南倾斜的中生代红砂岩。再东南张义堡的大佛寺之东是上新世红土层也有倾斜,都是地壳多次变动的象征。"[1]在中国西北科学考查团野外考察期间,西北地区发生过 2 次强烈地震,除了 1923 年武威地震,另一次是 1931 年在新疆阿尔泰发生的地震。对此,袁复礼专门写了《两个值得注意的西北地震》一文(图 9),并把它交给了地质调查所备存。李善邦(1902—1980)曾经把这篇文章译成外文,发表在《地震》附刊上。[2] 袁复礼所关注的这些地震问题为新中国成立后我国地震研究工作者所重视,也为相关研究提供了初步资料。

(四)永昌县三角城

19 日路过黄蒿井。20 日过昌宁堡,旧称昌宁湖,现已开垦为农田,没有湖的遗迹了。

21 日到永昌县北界内的三角城。城内人口很多。我们驻在城西四里的乾河谷上,掘得新石器时代的石斧多件。在河谷北岸,同行诸君掘得一个形状不全的铜器和三件陶片,是时代较晚的遗物。在此雇工做木箱,尚属方便,只是多花了四天。西南望为永昌北山,西北望为煤山,又称北窑,据说有土匪,未前去。[3]

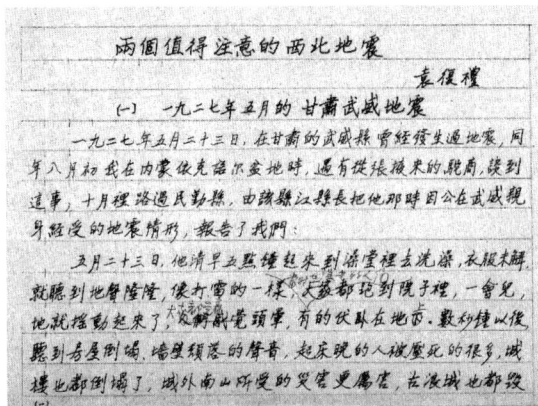

图 9 袁复礼《两个值得注意的西北地震》稿本

图 10 黄蒿井汉墓群(2023 年摄)

1927 年 10 月 21 日,袁复礼到达永昌县三角城(图 12),此三角城即为今甘肃金昌市金川区三角城遗址。此遗址现位于金昌市金川区三角城村。它属于西周晚期至战国时期青铜时代沙井文化遗存,距今 2500—3000 年。沙井文化是一个考古学命名,是青铜时代甘

---

①③　袁复礼《三十年代中瑞合作的西北科学考察团》,《中国科技史料》1983 年第 3 期,21 页。
②　张九辰等《中国西北科学考查团专论》,北京:中国科学技术出版社,2009 年,19 页。

肃特有的考古学分期。与之前的河西走廊马家窑文化—氏羌人文化有很大不同,其文化面貌不是河西走廊原有文化的延续、发展,而是一种新兴的草原文化。沙井文化遗存与长城沿线北方草原文化遗存有很多相似性,属于北方青铜文化范畴。金川区三角城遗址文化内涵丰富,墓葬形制独特,持续时间较长,是我国唯一经过科学考古发掘的沙井文化遗址,对深入研究沙井文化内涵、河西走廊史前文化以及先秦时期西北少数民族史等方面具有很高的学术价值。

图 11　昌宁镇人民政府院内的城墙遗址(2023 年摄)

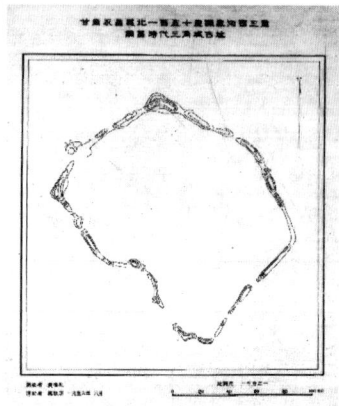

图 12　袁复礼测、杨秋涛绘永昌三角城遗址

　　另外,袁复礼在甘肃还查勘了沿途煤窑的情况,比如在 10 月 25 日的记录中他写道,山丹县西窑"该地煤层处在花岗岩体的南坡下,向南倾斜 35°,上覆为岩,产状相同。煤为无烟煤,分三层,每层都很厚","在此得植物化石一块,证明煤层属下侏罗纪"。[①] 他对甘肃民俗文化也多有细节记录:"上井子(即双井子)农民四家,以掘锁阳为生。锁阳是草根类,形似白芋。据说有药性,是产于沙漠地带的一种植物。"[②] 有时也会描述当地的自然环境:"到北新沟,看到杨柳丛茂,田亩纵横,与中原景色无异,心神顿为之一爽。"[③]

　　西北科考期间,袁复礼在甘肃地区虽然停留时间不长,但也作了很多地质、考古方面的考察。在所有中国西北科学考查团团员中,袁复礼在西北野外考察的时间是最长的,前后长达五年(1927—1932)。五年间,"袁复礼对西北地区显生宙地层古生物的研究,做了很多开创性的奠基工作,首次确定了我国有早石炭世晚期地层的存在,为我国南北方石炭系地层、古生物对比和古地理研究打下了基础。他所建立的中生代煤系地层剖面,给后人留下了宝贵的科学资料。他为中国西北地区地层古生物研究和区域地质调查打下了良好的基础"。[④]

　　①②③　袁复礼《三十年代中瑞合作的西北科学考察团》,《中国科技史料》1983 年第 3 期,21—22 页。
　　④　张九辰等《中国西北科学考查团专论》,10 页。

三、一点补充:袁复礼与白万玉

　　作为采集员,白万玉一直跟随袁复礼行动,参与了袁复礼西行一路的考古文物采集(图13),包括在甘肃的考察。直到1930年秋,白万玉才押运六十多箱采集品离开乌鲁木齐东返。途经奇台、木垒河、镇西(巴里坤)、金儿沟到明水,之后继续沿驼商大道经公跑泉、石壁井,过额济纳河而东归,1931年春终于返回北平。袁复礼写道:"白万玉是很有经验的采集员,是一名得力的助手,因为他家中遭乱兵抢劫,归心似箭,所以派他押运箱只东归。"①此后,白万玉一直工作在古生物及考古发掘第一线,是一位经验非常丰富的专门人才。新中国成立后,白万玉在中科院考古所工作。1957年,在定陵发掘过程中,他担任了现场指挥这一重要角色。作为一位考古发掘专家,白万玉在成长过程中应该受到袁复礼的深刻影响。不能说袁复礼培养了白万玉,但他诸多专业的考察、发掘工作以及丰富的经验,对白万玉的成长必定是大有助益的。

图13　袁复礼旧藏照片中的白万玉,1929年在新疆水磨沟考察

---

　　①　袁复礼《三十年代中瑞合作的西北科学考察团(五)》,《中国科技史料》1984年第3期,68页。

袁复礼西北考察野外记录簿的内容与价值

李正一

北京大学历史学系

　　袁复礼(1893—1987)先生在 1915—1921 年间赴美深造,先后就读于布朗大学、哥伦比亚大学,获学士、硕士学位。在美国六年的学习经历中,袁复礼不仅掌握了现代数理、地学和考古学知识,同时培养了过人的西文阅读与写作能力。1927 年,袁复礼由农商部地质调查所调任清华大学教授,加入中国西北科学考查团,在中国西北开始了长达五年的科学考察工作。面对尚未以现代科学方法进行过调查和记录的大西北地区,袁复礼在留学期间习得的科学测绘、发掘和记录方法,发挥了重要作用。作为西北科学考查团中连续考察时间最长、采集品最多的成员,袁复礼在中国西北科学考查团的记录,是珍贵且重要的一手资料。

　　袁复礼在 1932 年结束考察后,即着手出版自己的《蒙新五年行程纪》上、中、下三卷,1936 年已完成校订,1937 年付印之际,抗日战争爆发,中卷不幸遗失,仅存上、下二卷,印行 300 册,是为北京"油印本"[①]。至 1944 年 12 月,清华大学地学会的《地学集刊》重新发表了《蒙新五年行程纪》(以下简称《行程纪》),但仅刊出上卷。此后直到 1983 年,袁复礼重新撰写了《三十年代中瑞合作的西北科学考察团》(以下简称《三十年代》)的长文,分为五篇发表在《中国科技史料》1983 年第 3—4 期和 1984 年第 1—3 期上,尘封 50 年之久的西北科考中的地学往事始为人知。2005 年,《行程纪》完整的上、下二卷被发表于《高尚者的墓志铭——首批中国科学家大西北考察实录(1927—1935)》一书中[②],袁复礼的记录方才得到更广泛的关注。

　　2018 年以来,袁复礼先生的子女将袁家旧藏的袁复礼先生的大量资料无偿捐赠给新疆师范大学黄文弼中心,委托保存并作整理研究。这批资料时间跨度长,涵盖自袁复礼 20 世纪 20 年代于地质调查所任职之初,至 20 世纪 80 年代在武汉地质学院北京研究生部

---

　　① 《袁复礼生平(1893—1987)》,袁疆等编著《西北科学考察的先行者:地学家袁复礼的足迹》,北京:新华出版社,2007 年,120—121 页。

　　② 王忱主编《高尚者的墓志铭——首批中国科学家大西北考察实录(1927—1935)》,北京:中国文联出版社,2005 年。

的工作,直到去世;种类亦十分多样,包括论文手稿和油印本、抽印本,以及照片、底片、地图、记录簿等。

笔者受黄文弼中心委托,对袁复礼旧藏资料中的西北考察野外记录簿(以下简称"野簿")进行了初步整理。袁复礼在西北和西南地区考察时,都随行使用"野外记录簿",其中属于1927—1932年间参加中国西北科学考查团时的"野簿"共计41本,大小、样式不一,显然是分不同批次购买。其内容亦十分复杂,经项目组编号并统计,"野簿"中包括测量数据、清单、成文日记、不成文日记、绘图、收入支出表、记账、摘抄、考古记录、杂写等十余种内容(详见附录1)。相比于徐炳昶和黄文弼的"日记",袁复礼的"野簿"能够提供更多样的信息,只是"野簿"中的绝大多数内容均是未经整理的草稿记录,若要加以利用,需要长期的整理工作。本文拟利用袁复礼"野簿"中的成文日记、收入支出表、测量数据、摘抄与杂写等不同类型的记录,略述"野簿"丰富的资料价值。

一、迷途与否:袁复礼新疆科考行迹补遗

袁复礼野簿3的首页上题有一段英文[①],同页贴有一张对折信纸,上有这段英文的中译:

> Dedicated to no human on earth, nor to any gods in heaven, only to those wayfarers bewildered in the western Mongolia and in the whimsical Central Aisa.
>
> 既不献给地球上的人类,也不献给天堂中的诸神,仅献给那些在西蒙古及神奇的中亚徒步旅行的迷途者。

尽管不清楚袁复礼写下这一题词的时间和情景,但从中可以感受到他对行走在大西北的前人的崇敬,以及对今人的勉励。前人或许曾在怪诞的陌生天地中"迷途"而不知所至,如今自己则要以科学而清晰的记录,为迷途的前人和后人留下指路的引航明灯。怀着这样的信念,袁复礼尝试记下自己的所至所见,于是便有了"野簿"中的日记。

"野簿"中的日记显然是《行程纪》和《三十年代》这两种后期整理完成的记录的原始依据,这些日记可分为成文和不成文两大类,绝大多数用花体英文写成,只有少量为中文,也有中英混杂的现象,这应是出于速记的需要。不成文的日记多数只有几个词,难以成句,同样是速记导致。

1936年整理成文的《行程纪》三卷中,上卷为1927年5月至1928年3月"西行"日记,下卷为1931年12月至1932年5月"东归"日记,中卷虽遗失,但可推测是记在新疆期间事。袁复礼在20世纪80年代重新撰写的《三十年代》,也是为了补写现有《行程纪》中明显缺失的时段和内容。比较《三十年代》和《行程纪》,可发现《三十年代》的前半明显是以《行

---

① 本文中袁复礼"野簿"的阿拉伯数字编号均为"中国西北科学考查团文献史料整理与研究"项目组整理时所加,并非原有编号,详见附录1。

程纪》为纲，采用按日记录的体例；《行程纪》所缺的新疆内容，则采用专题形式，对"东归"则着墨甚少，可能是由于《行程纪》下卷尚存。可见《行程纪》和《三十年代》之间的内容呈现出明显的不平衡，前者仅有"西行"和"东归"，后者为"西行"和"在新疆"。那么，野簿中的一手"日记"，对重构袁复礼西北科考的具体行迹，以及推测遗失的《行程纪》中卷的内容都有重要的价值。笔者将"野簿"日记、《行程纪》和《三十年代》三种记录所涵盖的时间和行迹简要列表如下：

表1 袁复礼三种记录涵盖的时间和行迹

时间	"野簿"中的日记	《行程纪》	《三十年代》	现有出版记录中的袁复礼行迹
1927年5月	12—13日，20—31日（另有不成文的11—12日，14—20日，16日，20日）	20—29日，31日	9—10日，13—14日，18日，20日，21日，23—27日，31日	由包头至哈那郭罗（Hana Gol）
1927年6月	1日，3—7日（另有不成文的7月1—2日，11—14日，19—30日）	不分日	23日，其余不分日	哈那郭罗一带测绘
1927年7月	4—31日（另有不成文的1—2日）	4日，14日，18日，20日，25日	3日，4日，14日，20日，22日，24日	考查团分成三队，袁复礼南队至格齐克
1927年8月	8月3—23日（另有不成文的8月14—27日，29日）	3—10日，12日，14—23日，31日	4—11日，14日，17日，20—23日，31日	由格齐克至老虎口（又名黑沙图）
1927年9月	9月6—18日（另有不成文的13日，15日，16日）	1—6日，12—13日，15—16日，18—30日	1—6日，13日，15—16日，18—22日，24—30日	由老虎口至科贝勒海子（又名板申图）
1927年10月	无	1—13日，17日，19日，20—21日，25—31日	1—8日，10—13日，17日，19—21日，25—31日	由科贝勒海子途经民勤（时名镇番）至上井子
1927年11月	12日，14—16日，23—24日（另有不成文的23—31日）	1—5日，7—24日，26日	1—5日，7—16日，20日，23—26日	由上井子至桑多罗气象台
1927年12月	不成文的1—13日	1—4日，6—9日，11—31日	1—4日，6—8日，11—25日，27—31日	由桑多罗至红土井（UlanTolguai境内）
1928年1月	不成文的7日，14日，24日，30—31日	2—4日，7—8日，11—14日，24日	2—5日，7—8日，11—14日，23日，27日	入新疆，至哈密休整
1928年2月	12—26日（另有不成文的1—11日）	4日，12—29日	4日，12—29日（先叙赫定、徐炳昶2月行程）	由哈密至吐鲁番

续表

时间	"野簿"中的日记	《行程纪》	《三十年代》	现有出版记录中的袁复礼行迹
1928 年 3 月	不成文的 18—31 日	1—8 日	1—9 日，13 日，15 日，17—18 日，20 日	由吐鲁番至乌鲁木齐
1928 年 4 月	20—30 日（另有不成文的 1—18 日）	（缺失）	5—6 日，8 日，13 日，20—25 日，27—29 日（并叙赫定、徐炳昶等人 20 日后活动）	在乌鲁木齐休整；由乌鲁木齐至水磨沟
1928 年 5 月	1 日，2 日，4—7 日，20 日	（缺失）	1 日，5 日，其余不分日（先叙赫定、徐炳昶等人行程）	由水磨沟至吉木萨尔水西沟，考查煤铁互层
1928 年 7 月	1—2 日，11—15 日，27—28 日，30—31 日（另有不成文的 16—26 日）	（缺失）	1 日，9 日，其余不分日	破城子（北庭故城）考古发掘
1928 年 8 月	8—9 日，29—31 日（另有不成文的 1—2 日，11—14 日，17 日，19—21 日，22—27 日）	（缺失）	14 日，20 日，30 日，其余不分日	破城子考古发掘；前往三台调查
1928 年 9 月	11 日（另有不成文的 22—30 日）	（缺失）	不分日	三台以南大龙口烧房沟恐龙化石发掘
1928 年 10 月	31 日（另有不成文的 1—17 日，22—23 日，26—30 日）	（缺失）	14 日，其余不分日	三台以南大龙口烧房沟恐龙化石发掘
1928 年 11 月	1 日（另有不成文的 2—4 日，25—30 日）	（缺失）	1 日，其余不分日	由大龙口西行至老奇台，后返回乌鲁木齐
1928 年 12 月	不成文的 1—3 日	（缺失）	无	在乌鲁木齐休整
1929 年 5 月	不成文的 18 日	（缺失）	不分日	阜康、南泉和南沙沟化石发掘
1929 年 7 月	无	（缺失）	24—26 日，其余不分日	博格达峰和马牙山测绘
1929 年 8 月	无	（缺失）	不分日	博格达峰和马牙山测绘
1930 年 8 月	1—2 日	（缺失）	不分日	第二次博格达峰测绘
1930 年 10 月	无	（缺失）	不分日	第二次三台大龙口恐龙化石发掘

时间	"野簿"中的日记	《行程纪》	《三十年代》	现有出版记录中的 袁复礼行迹
1930 年 11 月	无	（缺失）	不分日	奇台到北塔山南麓测绘
1930 年 12 月	6 日,12 日	（缺失）	6 日,其余不分日	奇台恐龙化石发掘
1931 年 1 月	14 日	（缺失）	不分日	奇台恐龙化石发掘
1931 年 12 月	17—18 日, 20 日, 22 日, 24—25 日, 28—29 日	17—31 日	无	由乌鲁木齐至山得（又 名小水）
1932 年 1 月	1—13 日,14 日,16— 31 日	2—20 日, 22— 31 日	无	由山得至召嫩包麻附近 山中
1932 年 2 月	1—29 日	1—29 日	无	由召嫩包麻至银更附近 干臻莫多
1932 年 3 月	1—31 日	1—13 日, 18— 31 日	4—13 日,18—19 日	宁夏栅栏呼都克恐龙化 石发掘,至老虎口
1932 年 4 月	1—23 日	1—30 日	无	由老虎口至招河以北
1932 年 5 月	无	1—2 日, 6—7 日, 9—10 日	2 日,9—10 日	至绥远,返回北平

纵览"野簿"中的日记,最详尽的是 1932 年 1 月至 4 月的"东归"部分,基本每日都有成文日记,《行程纪》下卷中细致的逐日记录,当出于此。至于"西行"部分,"野簿"中 1927 年 5 月至 8 月的日记与《行程纪》大致相当,9 月日记比《行程纪》缺少一半,10 月全缺,1927 年 11 月至 1928 年 1 月则每月不足 10 日,均远少于《行程纪》。若现存的"野簿"为全帙,则《行程纪》的记录应另有所据。1928 年 1 月 14 日,考查团到达哈密休整,至 2 月 12 日动身前往乌鲁木齐,《行程纪》中即没有驻留哈密期间的日记,但"野簿"中尚有这段时间的不成文记录。

1928 年 3 月 8 日,考查团到达乌鲁木齐,《行程纪》上卷即结束。由于中卷的缺失,1928 年 3 月至 1931 年 11 月间袁复礼的行迹,多以《三十年代》的记录为据。而将"野簿"中的日记与《三十年代》对比,可发现除了 1928 年 4 月,5 月至 12 月间每个月的成文日记均不足 10 日,个别月份只有 1 日,不成文日记亦不超 10 日。1929 年 4 月冬季结束后,袁复礼重新开始勘察和测绘活动,但"野簿"在 1929 年 5 月至 1931 年 11 月长达两年多的时间内,仅有零星几日的日记。可见袁复礼在新疆两年半的时间内,并未着力在"野簿"中写下日记。如今能够直接提供袁复礼在新疆期间行迹的资料,依然是《三十年代》一文。

根据《三十年代》,可知 1929 年 5 月 13 日至 6 月 7 日间,袁复礼在阜康南泉发掘动物化石,7月24日至8月20日在博格达峰测绘,野簿37中也保留了这4个月间的某种测量数据。其后《三十年代》所记的行迹便是1930年7月26日至9月16日的第二次博格达峰测绘,因此,在1929年8月至1930年8月的一年时间内,袁复礼的行迹呈现出了第一个空白。《三十年代》又记袁复礼在1930年9月26日至10月16日二进大龙口发掘化石,10月24日至11月30日在奇台小乌里雅苏台测绘,1930年12月6日至1931年1月发掘奇台恐龙骨骼化石,至2月15日返回乌鲁木齐,其后便是1931年11月东归,则1931年2—11月间,是袁复礼行迹的第二个空白。由于"野簿"中的日记里的"新疆"部分内容寥寥无几,袁复礼的"蒙新五年行程"中,居然有接近两年的时间是空白的。那么,袁复礼真的如同他自己所题的英文语句那样,也不幸成了不知所往和所为的"迷途者"吗?

实际上,有些时段在"野簿"中虽没有日记,但并非没有其他门类的记录,其中依然保留了袁复礼新疆行迹的珍贵信息。首先,"野簿"中大量的测量数据,有时会随记所在地理位置。如野簿22中保留了1929年9月16日至11月11日连续两个月每日的测量数据,如9月16日记(图1,本文图片均由新疆师范大学黄文弼中心提供):

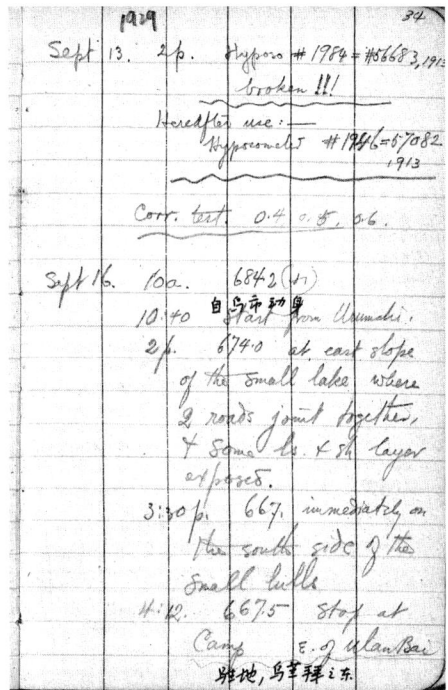

图1 袁复礼野簿11中1929年9月13日、16日测量数据

    Sept. 16　10:40 Start from Urumchi. 自乌市动身

(中略)

    4:12　667.5　Stop at Camp, E. of UlanBai

驻地,乌兰拜之东

可知袁复礼在9月16日上午10:40从乌鲁木齐出发,下午到达UlanBai(乌兰拜)以东驻扎,"乌兰拜"应指今乌鲁木齐市西南10公里处的乌拉泊。在之后的观测数据中,还记9月17日在柴窝铺湖(又记作"Ainai湖"),至10月22日移至柴窝铺街道,10月29日到"黑沟河坝、东支下滩",11月继续到大西沟、柴俄堡、芨芨槽等地驻扎,至11月11日晚返回乌鲁木齐。以上出现在逐日测量数据中的各处地名,均在今乌鲁木齐市的达坂城区中。由此,可推测袁复礼在1929年8月下旬结束博格达峰测绘后,返回乌鲁木齐休整,至9月中旬再次外出勘察测量,只是范围限于今乌鲁木齐市的东南郊。这一次在达坂城勘察的测量数据还见野簿35、36、38中,野簿36中还有唯一一段成文文字,写在10月15日的测量记录之后,故系于此日,其原文与笔者中译文如下:

At contact between gabbro & limestone①, the limestone is recrystallized & more dense, the gabbro, however, becomes more effected & finer grained[?]. The dykes of 3 olivine zones & another quite weathered pyroxenite zone, do not go into the limestone layers. The gabbro sheets, however, go into [?] into the limstone.

在辉长岩和石灰石接触时,石灰石发生再结晶且更加致密。然而,辉长岩受到的影响(更明显)且颗粒更细[?]。三个橄榄石带和另一个风化程度较高的辉石岩带的岩脉未侵入石灰岩层。然而,辉长岩片进入[?]石灰岩中。

可见袁复礼 1929 年 9—11 月在达坂城区的天山山脉北侧调查时,不仅测量气象数据,同时兼作地质观测与记录,野簿 36 中的这段成文记录的前后页,也均有用铅笔绘制的地质构造草图。不过,10 月 15 日袁复礼所在的位置并不明确,按野簿 22 的测量数据,15 日前后仅有 10 月 4 日记"move up in the valley of 白杨河",10 月 22 日记"move to Chieh Wo Pu street(柴窝铺街上)",则只能推测 15 日袁复礼位于这两地之间。

此外,袁复礼的此次勘察,在黄文弼的日记中也有印证。黄文弼在从焉耆返回乌鲁木齐时,于 11 月 8 日从柴俄堡出发,"早起,闻袁希渊在北山工作,即去函告知"。然而在当天下午 2 时,黄文弼就已到达芨芨槽,晚上 6 点即回到迪化南梁(南关)的考查团驻地②。而据野簿 22 的测量数据,袁复礼 11 月 9 日才返至柴俄堡,10 至芨芨槽,二人的行程仅差一天而未能碰面。

值得注意的是,从图 1 可看出,野簿 22 绝大多数字均用铅笔书写,但部分英文被用钢笔重新以中文覆写。笔者推测这可能是袁复礼在多年后重新根据早年的"野簿"记录梳理行迹时补写,这也是袁复礼后来能够以《三十年代》补写《行程纪》缺失部分的真实写照。

除了测量数据,"野簿"中的收入支出表也提供了丰富的线索。按原西北科考团中方团长徐炳昶于 1928 年 12 月即结束考察离开后,袁复礼即被委任为中方代理团长,在进行考察活动的同时,还需履行团长职责。在《三十年代》中,袁复礼列出了自己的四项职责,但从"野簿"保留的信息来看,团长的重要职责还包括管理考查团的财政收支,如野簿 8 中有 1929 年 9—11 月以及 1930 年 4—7 月的收支明细表,即为生动证明。如前所述,袁复礼在 9 月 16 日外出考察,在出发前的 10 日至 14 日间,收支明细表中就记录了大量支出,仅 13 日一天的支出明细就有一整页(图 2),大到给黄文弼在外考察的费用和支付佣人工资,小到修手表、买谷、马蹄铁、袜子等。9 月 14 日的支出中有一条为"寄龚物件邮费",应指给同年夏天已返回北京的龚元忠寄件。从野簿 8 所记明细的日期和条数来看,袁复礼在 9—11 月外出考察期间,应也随身携带此记事簿。有趣的是,1929 年 11 月的明细表中,记录了 11 月 1 日、8 日、10—11 日的支出,1 日为"Provision from 大坂城",8 日支出共 6 项,包括"Chinese wrapping paper""cotton""cloth 大布""bread""mutton"和"rice",则袁复礼应

---

① limestone:原文均简写作 Ls.。
② 黄文弼著,黄烈整理《黄文弼蒙新考察日记(1927—1930)》,北京:文物出版社,1990 年,512 页。

是在达坂城购买了后续的补给品。10 日和 11 日的支出均为“inn”，后括注“including hay, beans, bread & mutton”，这是在芨芨槽购买的补给品，当地有旅舍，想必袁复礼不会一直住在自己的宿营中。

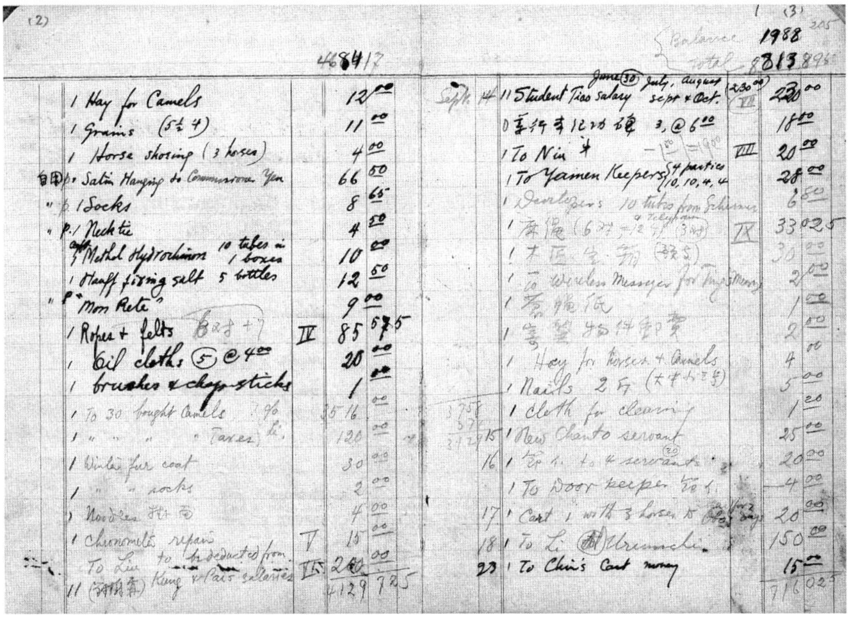
1 Hay for Camels 12.00
1 Grains 11.00
1 Horse shoeing (3 horses) 4.00
Satin Hanging to Commissioner Yen 66.50
1 Socks 8.65
1 Neck tie 4.50
1 Ropes + felts 85.575
1 Oil cloths ⑤ @4.00 20.00
1 brushes & chopsticks 1.00
Sept. 14 1 Student Tiao salary 220.00
1 To Yamen Keepers 28.00
1 To Chin's Cart money 15.00

图 2　袁复礼野簿 8 中 1929 年 9 月 13 日至 14 日收支明细表

1929 年 11 月的考察结束后，袁复礼应和 1928 年的冬季一样，返回乌鲁木齐休整，等待冬季结束。但从野簿 8 中的 1930 年 4—7 月支出明细表来看，1930 年上半年，袁复礼可能都未外出考察。兹选取明细表中部分内容录文如下：

表 2　袁复礼野簿 8 部分账目明细表

Expenditures for April, 1930.			Expenditures for May, 1930.		
(date)			(date)		
3	wrapping paper 麻纸	6.40	1	grass for packing	6.20
5	carpenter for cutting photo plates	3	3	Passport fee for 3; via Siberia	133
				gum (2 chin)	3
7	additional boards for boxes	20		oil & fat (8 chin)	24
	repairing 1 box	2		gypsum to smear the collection boxes	2
11	3 rubblings 天山碑	10.00		repair boxes & smearing	50
15	Huang's collection cart fee	70.00		photo plates (2 doz, 9×12)	19.80

Expenditures for April，1930.			Expenditures for May，1930.		
	Additional Huang's collection transportation fee［paid to 翟 who paid for Huang］	165.00	13	repair 3 boxes	17.50
			14	servant Li to watch collection boxes with lured［?］camel-caravan 4 days	10
23	grass (dry, for packing)	6	27	6×9 roll films, 17 @ 4.60	78.20
28	1 iron ribbon 铁条 for boxes	5.50		photo-paper (sunlight)	5.30
Expenditures for June，1930.			Incomeof July，1930.		
(date)			(date)		
7	Prof. Huang return to Urumchi for his back-payment of field expenses	2036.33	3	Rece'd from Ambolt	6000
			4	Rece'd from Eriker	1000
			6	Rece'd from Eriker	1000
11	photo paper (sunlight celluloid)	5.30	Expenditures for July，1930.		
13	telegram	2.31	(date)		
	celluloid photo paper	2.65	4	boxes forstore	12
16	telegram to Peking	23.10		lattice work for boxes 2	15
23	Rec'd telegram for Prof. Liufu	4.20	6	To Mr. Ting［2nd payment］travel expense from Prof. Huang	1000
	photo-chemicals	11.40			
24	telegram to Prof. Liufu	9.24	7	prof. Huang current a/c	400

这 4 个月的收支明细表生动地展示出袁复礼忙于维持考查团运作所经办的各项琐事,其中很多支出都与对采集品进行整理和装箱有关。袁复礼在《三十年代》中也写道:"所有采集品分别用棉花、棉纸,有的还用铁盒包装,盛装于 80×40×60 厘米的大木箱中,箱中还垫麦草数层,以免采集品相互碰撞。"因此,需要花钱购置组装箱子的部件(如木条、铁条等),请木匠为木箱分格(lattice),维修损坏的箱子,用树胶、石膏粘合木箱,并涂上油脂和漆。为了防止采集品碰撞,还需购置棉纸、麦草等。在 1929 年的支出明细中,9 月 11 日购买"tissue paper",11 月 8 日购买"Chinese wrapping paper",应也都是为给采集品装箱所用。又在采集品装箱期间,为防止驼夫贪财偷盗,还需出钱雇人看管。结合《三十年代》中记袁复礼曾组织三次采集品东运,第二次在 1930 年秋,则或许 1930 年上半年的多数时间均忙于此事。值得注意的是,1930 年 1 月 9 日《大公报》等报刊在报道西北科考团工作成果时,提到黄文弼、袁复礼等六人均已决定在一个月后返回北平[①]。但黄文弼最后延迟了

---

① 《西北科考团工作成绩甚多》,《大公报(天津)》,1930 年 1 月 9 日,第 4 版。此报道同见于多种报纸,详见拙作《新闻报道中的黄文弼(二编)》,《吐鲁番学研究》2023 年第 1 期,33—34 页。

半年返回,袁复礼则在两年后选择乘驼东归,而非乘坐火车,除了尚有新的科学考察计划,整理和运送采集品的工作尚未完成,使得袁复礼为尽到中方代理团长的责任,下决心继续扎根在大西北,应也是一个原因。

袁复礼组织东运的采集品中,应有相当的数量出自黄文弼。1930 年 4 月较大的一笔支出是付钱雇用马车运送黄文弼的采集品。结合《黄文弼蒙新考察日记》,黄氏在 1930 年 2 月东行至吐鲁番和罗布淖尔做考古调查,可知人未归而采集品先行运回,但由袁复礼买单。后来黄文弼和丁道衡在同年 8 月取道西伯利亚回北平,几人出国需办理护照,袁复礼在 5 月时已出资经办。而黄文弼和丁道衡外出的考查费用和日常薪水,也由袁复礼统筹支付。

此外,袁复礼在新疆期间,就已对拍摄的照片进行了冲洗工作。支出明细显示他购置了大量胶卷、干板、赛璐珞片、显影药水,还雇工匠切割干板。4 月 11 日支出中有一条为"3 份《天山碑》拓片",此指购买《姜行本纪功碑》拓片,结合 1929 年 9 月 14 日支出中也有一条"姜行本纪功碑,3,@6.00"(图 2),意指"3 份《姜行本纪功碑》,每份 6 元"。按《姜行本纪功碑》拓片自清代以来即已流传,此为袁复礼收购碑石拓片之明证。

当然,4—7 月最主要的支出,还是用于维持设置在乌鲁木齐南关的考查团驻点的运作,如饲养马匹、骆驼,维修帐篷,购买补给、吃食,支付佣人薪水等,由于数量太多而未在表 2 中列出。袁复礼还需负责和北平的刘半农(1891—1934)通讯,发送电报也需要支出,等等。故 5 月底考查团资金已只剩 1800 元。6 月初,Eriker(那林)等人提供了近 9000 元,6 月支出 4451 元,7 月又支出 7355 元,幸得 Ambolt(安博尔)和那林分别又给 6000 元和 2000 元,财政困窘的局面方得缓解。

从这些收支明细表中,我们看到了身兼会计、管家和后勤工作于一身的袁复礼,他终日周旋于以上日常、琐碎又繁杂的事务,或许认为此类琐事均不值一记,故这段时间并无日记留存。有赖于这些收支明细表,方能对袁复礼在新疆期间工作、生活的细节有所了解。

根据《三十年代》,1930 年 7 月 26 日起,袁复礼进行了第二次博格达峰测绘。然据野簿 22,1930 年 7 月 23 日早晨 5 时,袁复礼即从南梁驻地出发,上午 8 时到乌兰拜以东的"驼厂"。另据野簿 24,袁复礼 24 日至 25 日均在乌兰拜作测量,26 日到芨芨槽,8 月 4 日到 Bogdo Lake Lamp Poles(天池双灯杆),方开始对博格达峰为期一个多月的观测。至此,1929 年 8 月至 1930 年 8 月的袁复礼行迹得以复原。

据《三十年代》,1930 年 12 月袁复礼在奇台北发现大型恐龙骨骼化石,故坚持在寒冬进行发掘,至 1931 年 2 月 15 日才返回乌鲁木齐。由于此前两年的冬季均未进行过户外发掘活动,导致袁复礼脚冻伤,在乌鲁木齐手术和养伤三个月。在袁家捐赠的袁复礼照片中,即收有一张袁复礼冻伤患足病时留影(图 3),当摄于此时。据野簿 26 的测量数据,袁复礼在返回乌鲁木齐后,在 2 月 22 日、26 日和 27 日还在"城南关 Headquarter"进行了测量,此 Headquarter 应指考查团在乌鲁木齐市南关的驻地。由此可推测,袁复礼的冻伤手术应在2月后才进行,则直至1931年6至7月才恢复。

遗憾的是,除野簿30中有一组"1931年春重新装箱,准备随自己东返的标本单(Feb 15－April 12)"的清单之外,尚未发现其他可准确定为1931年2月至11月间的记录,且这一"标本单"中也无具体地点信息。结合《三十年代》,1931年7月袁复礼组织了第三次采集品东运,则他在上半年的手术休养期间,可能也像1930年上半年一样忙于组织采集品整理和装箱工作。

幸运的是,在文字材料之外,袁复礼拍摄的大量照片保留了他在1931年年中至11月之间行迹的一些线索。据袁复礼在1954年至1958年间编定整理的"西北照片编号册",1931年夏有一组"在乌鲁木齐东门上拍的博格达山"照片,同年8月23日,袁复礼到乌鲁木齐西山中的老满城(巩宁城)中,拍摄了老满城的建筑(图4),并到城北小山上向东拍摄乌鲁木齐盆地,9月13日还到乌鲁木齐南湖。而

图3 袁复礼冻伤患足病时留影

在一些日期不明的照片中,还可看到袁复礼在8月内曾到过乌鲁木齐南80里的白杨沟,9月内在乌鲁木齐城的西山坡。结合《三十年代》记袁复礼于1931年7月5日在乌鲁木齐南关十四户地点板岩中发现鱼化石,可见1931年的夏季和秋季间,袁复礼主要在乌鲁木齐周边地区活动,可能未再离开乌鲁木齐远行。

图4 1931年8月23日袁复礼拍摄"乌鲁木齐西山中的老满城(约在乾隆年间)"底片之一

综合以上分析,"野簿"中的日记虽有缺失,但袁复礼用小小记录簿中那些清晰详尽的收支明细、连续数月的测量数据以及大量照片,向前人和后人证明了自己并未真正"迷途",而是始终充满热情地耕耘于西北的神奇大地上。

二、别样的旨趣：袁复礼在包头的考查活动与研究

尽管袁复礼"野簿"中日记的新疆部分相对阙如,但"西行"和"东归"的内蒙古部分较为详尽,仍是不可忽视的重要资料。相比于徐炳昶、黄文弼分别在 1929 年和 1930 年结束西北科考,袁复礼自 1931 年底至 1932 年 5 月的"东归"旅程是他独特的经历。1927 年至 1928 年的"西行"虽是徐炳昶、黄文弼、袁复礼一起从包头出发,但梳理几人的记录,可知在到 1927 年 7 月 4 日,考查团即分为北、中、南三队,袁复礼率南队往红花鄂博方向行进(图 5),至 8 月 8 日在海流图与斯文·赫定和徐炳昶相遇,后又分途。袁复礼分队向南到达甘肃境内镇番(今民勤县),后沿南线入新疆,至 1928 年 1 月 14 日到达哈密,与其他分队会合,可见袁复礼的"西行"也与徐炳昶、黄文弼的路程有很大不同。因此,即使在相同的时间内已有徐炳昶、黄文弼和刘衍淮等人的日记存世,承载着袁复礼西行与东归独特经历的"野簿"日记,仍是不可替代的。

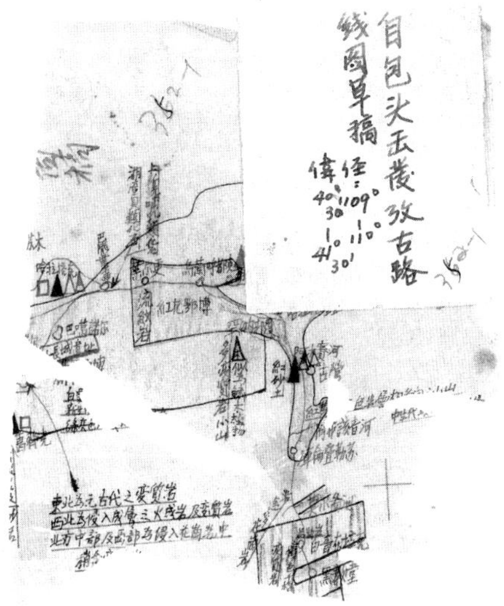

实际上,在徐炳昶、黄文弼和袁复礼共同走过的路程中,研习地质学的袁复礼与文科出身的徐炳昶、黄文弼所关注的问题也有明显的差异。以中国西北科学考查团成员真正共同走上考察之路的起点即 1927 年 5 月 20 日的包头之记录为例,能对袁复礼"野簿"中成文日记的资料价值有更直观的认识。

图 5 袁复礼绘制"自包头出发考古路线图草稿"

袁复礼对 1927 年 5 月 20 日的记录见于野簿 11,分为三部分,前两部分为短篇英文记录,第三部分为长达 14 页的英文日记(图 6,全文及中译文见附录 2),前两部分原文和部分中译文如下：

[第一部分]

(May) 18 Running to Custom Office 塞北关, $397.40 paid.
Move out of city, west gate at 6 pm.
(中略)

(May) 20 started from west gate. Out of inn at 7:40, Camel inn 8:45 am.

[第二部分]

May 20，greenish grey dpsts. ①(Juras. ?②) passed n. of 下二道沙河。（袁）gneiss with qtz. ③vein found(by 袁、丁)at 扁桥后庄，3 li north of 十家店。

（袁复礼）经过下二道沙河北部时，有绿灰色沉积物（侏罗纪?）

（袁复礼和丁道衡）在十家店北部 3 里处的扁桥后庄，发现带石英岩脉的片麻岩。

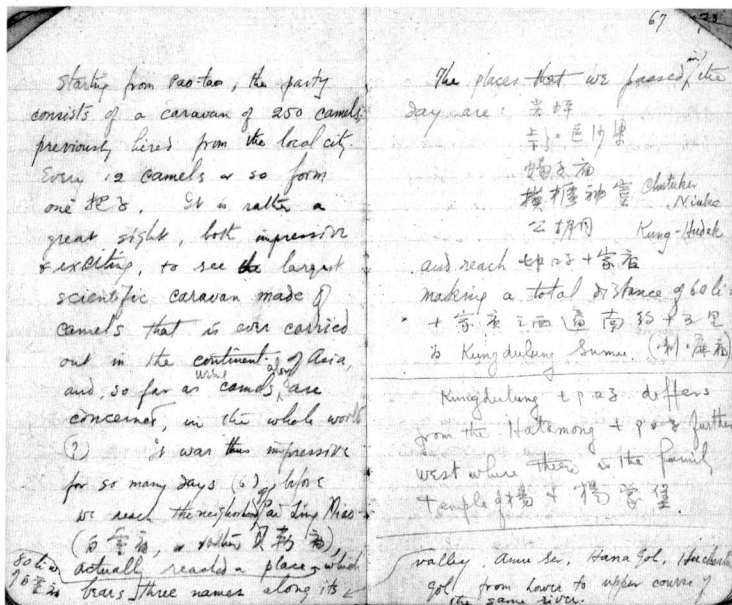

图 6　袁复礼野簿 11 中 1927 年 5 月 20 日日记第三部分（节选）

第一部分为当天出发时间的简记，即早 7：40 从住处出发。结合袁复礼 5 月 18 日的简记，以及徐炳昶、黄文弼的日记，因遭到塞北关包头分关统捐局纳税的刁难，18 日晚上，考查团提前将行李搬至包头城外，后移至西门外的西瑙包骆驼店住宿。则原文中的"west gate"应指从包头城西门外出发，而"Camel inn"即"骆驼店"。袁复礼记从 8：45 从骆驼店出发，徐炳昶记为八点一刻，黄文弼记为 8 点 25 分，彼此差异不大。

在解释第二部分之前，先引用徐炳昶、黄文弼日记，以及袁复礼后来整理的《行程纪》（简记为袁复礼 1936）与《三十年代》（简记为袁复礼 1983）对 5 月 20 日的部分记录：

徐炳昶：二十日早五点起，收拾上路，然出发时已八点一刻矣……过井儿平梁、二道沙河、大仙庙。此时旷野荒荒，始有出塞之感……复前，过毛鬼神窑子（土人读若包鬼生窑子）、公忽同，到昆都仑口子，也叫作七爷口子。地依乌拉山根，离昆都仑河约

---

① dpsts.：为 desposits 的简写。

② Juras.：为 Jurassic 的简写。

③ qtz.：为 quartzite 的简写。

一里,过此即将入山,故亦名前口子。至此地时约两点钟,即行止宿。帐篷搭好后,即同黄、龚、崔、马、刘、李诸君,往观昆都仑招。招去驻地约八九里,署名法喜寺,为乌喇特旗东公家庙……①

黄文弼:5月20日晨3时即起,收拾行李,8点25分由西瑙包骆驼店出发。向西北行,10里至二道沙子。又15里过毛姑神窑子。又15里公忽洞,又15里抵乌拉山脚,即昆都仑岔口。停留时,3点25分也。是日共行55里,皆傍乌拉山而行。同人抵此后略休息,并撑帐篷,料简行李。4点半,同徐、白、庄及5位学生,到昆都仑招,即法喜寺游览……②

袁复礼 1936:……沿途皆在台地上,泥砂淤积甚厚。上为黄土,<u>其下之砂砾露出者,多绿灰色</u>,与包头城左近露出者相同,而以在二道沙河梁露出者最为显著。沿途东北、西北皆有远山,近暮止于昆都仑口,始近石山。岩石为深赭色之片麻岩,有石英脉线。昆都仑口又名七爷口。吾人住处南一里有一小村,为十家店。

袁复礼 1983:沿途稍见绿芽初生。地表微有起伏,土壤稀薄。<u>在陵岗地带露出剥蚀残余的杂色泥砂</u>,以二道河梁地方为最显著,似为冰后期的一度湖泊沉积……途中路过坝子布隆,12时过公胡同,即公呼都克。第一宿站名昆都仑口子,又名七爷口子,为昆都仑干谷的南口,左近岩石为赭色片麻岩,含石英脉。左近有一喇嘛庙,名昆都仑苏木,又称昆都仑召(法喜寺),白墙加红瓦顶,建筑格式颇具美术观点。每逢阴历6月15—19日有诵经大会。

相比之下,袁复礼《行程纪》和《三十年代》所记地名反而比徐炳昶和黄文弼都要少,不过较二人多出了考查团的宿营地"十家店"的地名。幸运的是,野簿11中5月20日的长篇日记也列出了当天所经地点(见附录2),由此可以看到在袁复礼最初的记录中保留的地名信息:

表3 徐炳昶、黄文弼和袁复礼三种记录中1927年5月20日所经地名

徐炳昶	黄文弼	袁复礼 1936	袁复礼 1983	袁复礼 1927
			坝子布隆	
井儿平梁				尖坪
二道沙河	二道沙子	二道沙河梁		上、下二道沙梁
大仙庙				蝎子庙
毛鬼神窑子 (包鬼生窑子)	毛姑神窑子			模柜神窑 Chutuker Niuke

---

① 徐炳昶著,范三畏点校《西游日记》,兰州:甘肃人民出版社,2002年,5页。

② 黄文弼著,黄烈整理《黄文弼蒙新考察日记(1927—1930)》,6页。

续表

徐炳昶	黄文弼	袁复礼 1936	袁复礼 1983	袁复礼 1927
公忽同	公忽洞		公胡同 （公呼都克）	公胡同 Kung-Huduk
昆都仑口子 （七爷口子、前口子）	昆都仑岔口	昆都仑口 （七爷口）	昆都仑口子 （七爷口子）	七爷口子
		十家店		十家店
昆都仑招	昆都仑招		昆都仑苏木 （昆都仑召）	Kung dulung Sumu
				扁桥后庄

由表 3 可知，袁复礼在根据"野簿"日记改写《行程纪》时，反而略去了大部分当天所经地名。综合三人的五种记录，会发现由于这些地名均是由当地方言或民族语言拟音为汉字，所以同一地名在不同人的记录中都有明显差异，如"井儿平"和"尖坪"，"毛鬼神""毛姑神"和"模柜神"，"公忽同""公忽洞""公胡同"和"公呼都克"显然都是以不同汉字来拟音同一地名形成的不同结果。而袁复礼在记录地名时，往往会优先用拉丁字母来对音，从而记录下更准确的地名，这显然与他在美国接受教育时形成的习惯密不可分。比照野簿 11，可知所谓的"公忽同""公忽洞"等都是出自 Kung-Huduk，"Huduk"为蒙古语水井之义，若将其对应成"胡同"，其尾音 k 就被抹去，并不恰当。袁复礼早年虽也将 Huduk 写作"胡同"，但在 1954 年未完成的《内蒙古地质报告》中，则指出"胡同"都应改为"呼都克"[1]，故《三十年代》中也补注为"公呼都克"。

结合表 3，方可对野簿 11 中 5 月 20 日日记的第二部分略作解说。第一句是记二道沙梁北部有特殊颜色的沉积物（泥沙），并推测是侏罗纪时期。袁复礼也将这一现象写入了《行程纪》和《三十年代》，并称这种现象"与包头城左近露出者相同"。至于"十家店"和"扁桥后庄"，则都是仅见于袁复礼记录的地名，前者为当天考查团的驻扎地，后者的"扁桥后庄"则是因为袁复礼与丁道衡在此处发现"带石英脉的片麻岩"。在第三部分的长篇日记中，袁复礼再次提到扁桥后庄，称"在十家店北面的冲积扇上约 15—20m 处有岩石台地。在扁桥后庄可见晶质片麻岩出露（见第 25 页）"[2]，而野簿 11 第 25 页即袁复礼在当天下午 4 点为扁桥后庄的这一地质现象所绘草图（图 7）。

在袁复礼专心记录驻地十家店和附近的扁桥后庄的地质现象时，徐炳昶和黄文弼则在驻地搭好后，就带部分成员到离驻地八九里之外的昆都仑召游览，二人的日记都详细记录了这座喇嘛庙的庙宇结构和塑像种类，黄文弼还写到"是日之访昆都仑招庙也，其意在

---

[1]　袁复礼《内蒙古地质报告（初稿）》，《西北科学考察的先行者：地学家袁复礼的足迹》，172 页。

[2]　原文为："North of 十家店 there is a rock terrace about 15-20m above the alluvial fan, the exposure of crystalline gneisses is seen at 扁桥后庄 see p. 25."详见附录 2。

探询有无古城"①,可见他的关注点和没有动身去昆都仑召的袁复礼显然大相径庭。袁复礼在5月20日的长篇日记中,对昆都仑召的记录也仅有"十家店之西通南约十五里为昆都仑苏木(喇嘛庙)"一句,《行程纪》中则未提及昆都仑召。至于《三十年代》中对昆都仑召的介绍,或许是依据《徐旭生西游日记》所补,按文所记1928年5月斯文·赫定和徐炳昶在乌鲁木齐市的活动,也明言"这是从他们的著作中择出的"。可见袁复礼对昆都仑召并无太大兴趣,所以没有前往。

回看袁复礼5月20日的长篇日记,会发现他先介绍了包头城周边的昆都仑河与东河的水文情况,并从水源和聚落的关系,讨论进行考古学调查的可行性。按1927年5月袁复礼因有事,未在9日随大部队从北平出发,而是晚至12日动身,13日到包头。在14日至20日期间,《行程纪》称"余在包头有数日之考查",亦略述包头城周边地质水文特点和石器遗址的分布情况,一些内容应是取材自野簿11中5月20日的长篇日记:

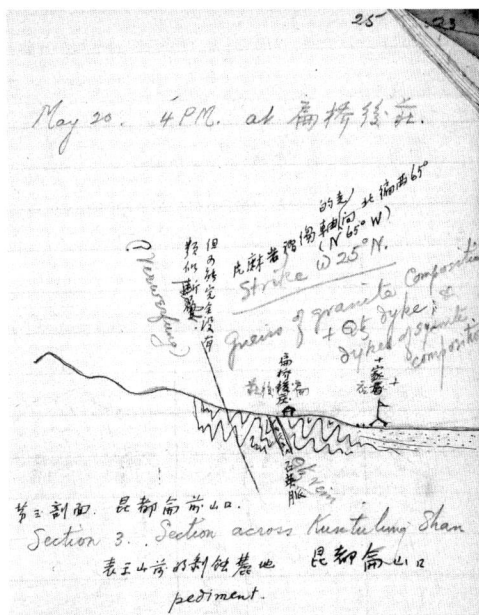

图7 袁复礼野簿11中1927年5月20日绘制的"昆都仑山口前剖面"草图(新疆师范大学黄文弼中心提供)

《行程纪》:又包头城西三十里为昆都仑河,河谷宽阔,尽属砂砾,河流不时伏于砂中,不似城东一里之二道坝子河峡谷中水泉丰富,宜于居民。现时城中居民皆用东河之水,且沿谷亦多农家,兼有树木。今所发现之石器遗址,皆近东河,似古人择居,亦以就近水源为前提也。

野簿11:……两条大河将附近的高原切割开。在城西10至15里的是大河,其源头在第二山脉,向北流至宽阔山谷中。它的侵蚀作用远小于其沉积作用,因此,泥沙和砾石堆积在河岸附近,多次堵塞河道,导致河床的移动。没有明显的河岸来限制流水(的区域),相反,河床只是起伏地带中的一个洼地。另一条河较小,靠近城东墙,其源头尚未侵蚀到第二山脉,河床相对窄而且深,在某些区域确实呈现出峡谷的形状。虽然由于降雨量少,河水未完全填满河谷,水流断断续续,但流量较为稳定,能够供(居民)饮用。由于水量不足以填满整个河谷,河流蜿蜒流过,形成了蜿蜒的阶地。现在,农民已经在山谷中生活,利用水和阶地,从上游引水灌溉下游的阶地。因此,这两条河流中较大的河(昆都仑河)并不为居民所受用。东边的小河更适合居民使用。

① 黄文弼著,黄烈整理《黄文弼蒙新考察日记(1927—1930)》,6页。

这也说明袁复礼题为 5 月 20 日的日记，并不仅记 5 月 20 日一日的见闻，而是总述了自他 13 日到包头，到 20 日离开期间的地质调查心得。根据野簿 11 中 5 月 14 日至 20 日的简记，袁复礼在 15 日与陈宗器、丁道衡共同外出调查，16 日自己在外调查，发现"thick ash grey dpsts."，即《行程纪》中"城北为远年河水冲刷之台地，尽为泥沙所覆盖"所指。17 日至 19 日均和徐炳昶、黄文弼一起处理统捐局的麻烦，未再进行调查。

值得注意的是，野簿 11 中题为 5 月 20 日的长篇英文日记，是在后来补写而成。因其中有一段为：

> 就这样令人印象深刻地走了这么多天（6 天），我们才到了白灵庙（或称贝勒庙）附近，实际上是到了白灵庙以西 80 里的一个地方，这个地方的河谷沿线从下游到上游有以下地名：阿木赛（Amu Ser）、罕纳河（Hana Gol）、胡碱图（Hucherta Gol）。

由此，题为 5 月 20 日的日记，应是袁复礼在 5 月 26 日补写而成，这也解释了为何野簿 11 中题为 5 月 20 日的日记会分成详略差异很大的三部分，十分简略的两部分应是在 20 日当天记录下的。据《行程纪》，5 月 31 日，考查团部分团员动身前往百灵庙，而袁复礼与四位气象学生则未去，继续留在罕纳郭罗（Hana Gol）一带进行测绘。一如出发当天那样，袁复礼依旧没有前往寺庙，而是继续翻越山丘和河谷，着迷于他热爱的地貌、矿石与水文现象，他与徐炳昶、黄文弼等人的旨趣不同，也走出了属于地学家的独特道路。

袁复礼对包头地质的研究并未随西北科考的结束而止步，他在野簿中记录和绘制的各种素材，在拥有了稳定的科研与教学条件后，成为后续长期的地质研究的珍贵一手资料。如野簿 11 中保存的绘制于 1927 年 5 月 16 日和 20 日的三幅剖面图草图，后来都被制成了蓝图和硫酸纸图（图 8—11）。在 1954 年未完成的《内蒙古地质报告》中"包头城北小范围内阶地形成"的部分，袁复礼专门以此两幅剖面图为例，讨论了图中各编号的地质现象，惜《内蒙古地质报告》未能撰成并在生前发表，尘封在野簿纸页和破损硫酸纸上的剖面图，长期未能发挥其应有的价值。

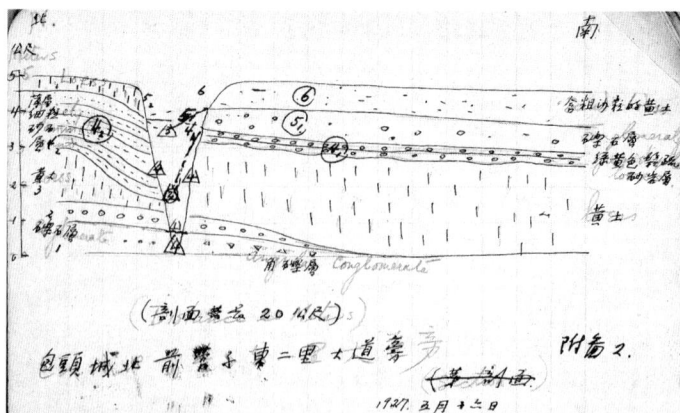

图 8　袁复礼野簿 11 中 1927 年 5 月 16 日绘制的"包头城北前营子东二里大道旁的剖面"草图

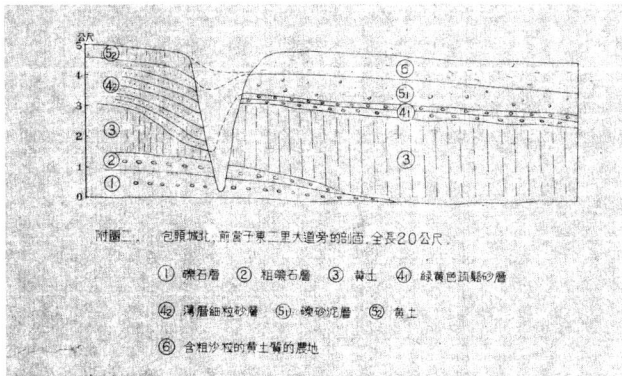

图9 袁复礼旧藏资料中的"包头城北前菅子东二里大道旁
的剖面"蓝图

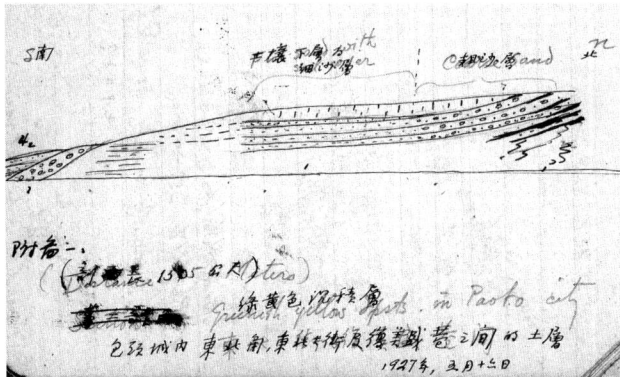

图10 袁复礼野簿11中1927年5月16日绘制的"包头城
内东北角东北大街与复盛美巷间的土层"草图

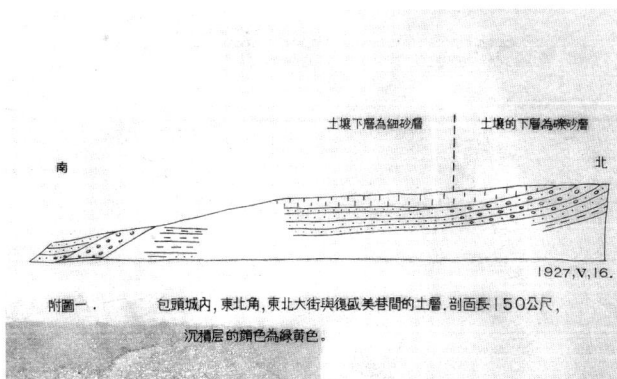

图11 袁复礼旧藏资料中的"包头城内东北角东北大街与
复盛美巷间的上层"硫酸纸图

此外,袁复礼在新中国成立后,还手绘了包头周边各地的地图,其一是一整套"新疆考古路线图"中的一张分图,现存手绘图稿和依图稿制成的蓝图(图12);其二范围更小,以红笔表示山脉,蓝笔表示河流水系,5月20日所记地点在图中标识更详(图13)。结合上文的梳理,袁复礼绘制的这几幅地图的含义和价值已十分清晰明确。这也反映了"野簿"中记录的重要价值,即使在当时未能立刻进行的绘图和研究工作,也能依据有效而详实的记录加以重建。

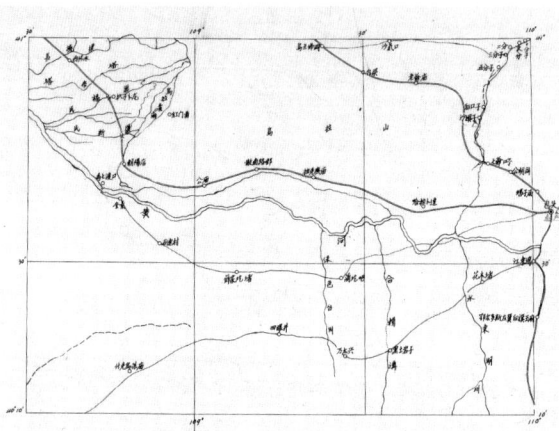

图 12　袁复礼旧藏资料中的"新疆考古路线图手绘图稿(包头幅)"

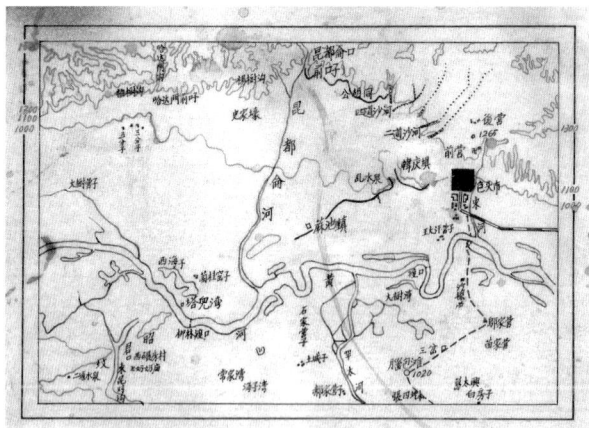

图 13　袁复礼旧藏资料中的"包头周边地图"

三、地上的人群:袁复礼的民族志兴趣与尝试

袁复礼"野簿"中还有一定数量的"摘抄"和"杂写"。多数"杂写"的内容和来源无从推

测,亦难以阅读。而被笔者归为"摘抄"的部分则属于相对清晰、能确定出自某部著作的一类。根据附录 1,可知野簿 7、32、33 中均有一定篇幅的摘抄内容,其中野簿 7 和野簿 33 中的摘抄可确定明确的出处。如在野簿 7 中,袁复礼摘抄了斯文·赫定的德文著作《1894—1897 年中亚旅行的地理科学成果》(*Die Geographisch-wissenschaftlichen Ergebnisse meiner Reisen in Zentralasien*,1894—1897,Justus Perthes,1900)一书中的部分内容(图 14)。经笔者核查,摘抄的部分依次出自以下篇章:

V 页,Inhaltsverzeichnis(目录);

269—270 页,"Sandproben aus der Takla-makan-Wüste"(塔克拉玛干沙漠的沙石样本);

370 页起,"Algen aus denn nördlichen Tibet, von Dr. S. Hedin im Jahre 1896 gesammelt"(1896 年斯文·赫定在青藏高原北部采集的藻类);

372 页起,"Die botanischen Ergebnisse"(植物学成果);

375 页起,"Über jungvulkanische Eruptivgesteine aus Tibet"(青藏高原的弱火成岩);

381 页"Liste der Breitenbestimmungen Dr. Sven Hedins"(斯文·赫定的纬度测定表);

383—384 页"Kartographische Bemerkungen. Blatt I, Tarimbecken, Kaschgarien"(新疆塔里木盆地制图笔记,表格 1)。

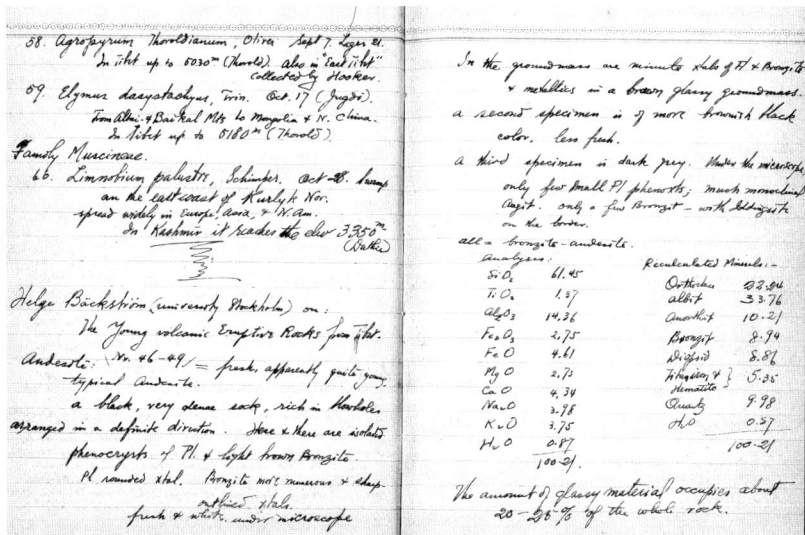

图 14 袁复礼野簿 7 中摘抄 Dr. Helge Bäckström,"Über jungvulkanische Eruptivgesteine aus Tibet"的页面

这些摘抄反映了袁复礼在美国学习期间,已经培养了优秀的西文阅读能力,他不仅能够熟练使用英语撰写日记,还可以没有障碍地阅读德语专著,且袁复礼也并非简单地照录德文原文,而是对专有名词之外的文句都直接进行英译。斯文·赫定此考察报告集至今尚无英译本和中译本,袁复礼进行英译的尝试,显示出他过人的语言能力和学术眼界。

不过,袁复礼所摘抄的斯文·赫定报告的内容,所涉及的依然是岩石、植物、坐标测量和制图等纯粹的地质学领域。相比之下,袁复礼在野簿 33 中摘抄的内容则扩展到了地学之外,为德国东方考古学者勒柯克(Albert von Le Coq,1860—1930)在 1926 年出版的最新著作《新疆古希腊化遗迹考察记——德国第二、三次吐鲁番考察报告》(*Auf Hellas Spuren in Ostturkistan: Berichte und Abenteuer der II. und III. deutschen Turfan-expedition*,J. C. Hinrichs,1926)。野簿 33 的前 27 页均为勒柯克此书摘抄,据笔者核查,前 7 页的内容绝大多数出自"Einleitung"(导言)部分,第 8 页至 27 页则全部出自书最后的"Routenverzeichnis"(路程表)。在这部分摘抄的最后一页,袁复礼也自己注明了出处:

> 以上皆自 A von Le Coq "Auf Hellas Spuren in Ostturkistan" 1926 (pp. 160–163 for different routes he took)。

袁复礼摘抄书最后的"Routenverzeichnis",显然是由于这部分收录的全是勒柯克在新疆途经的地名。而勒柯克保留的详实记录,恰与袁复礼在西北科考期间所要实现的工作目标十分相似。出于地学家对地名的敏感和兴趣,袁复礼将这些篇幅颇长的地名悉数抄录,既可用于熟悉基本的地理信息,也可当作参考资料。

与摘抄斯文·赫定著作时有所不同,袁复礼在详细摘抄"Routenverzeichnis"时,对多数地名都保留了其原本的德语拼写,同时还将一些地名直接进行了中译。按勒柯克此书在 1928 年即由巴威尔(A. Barwell)译为英文,题《新疆地下埋藏的宝藏》(*Buried Treasures of Chinese Turkestan: An account of the activities and adventures of the second and third German Turfan expeditions*),中国在 1934 年也出版了郑宝善据英译本所译中译本,题《新疆之文化宝库》。比较袁复礼在摘抄德文原著时随手翻译的一些地名,会发现他的译法比晚出的郑宝善中译本更为准确:

表 4 袁复礼摘抄勒柯克著作的地名译名与郑宝善译本对比

Le Coq 1926 德文原文	野簿 11 摘抄地名节选	1934 年郑宝善中译本
Moschee des Amin Chodscha (ca. 1760) bei Turfan	Amin Chodscha (ca. 1760) 吐尔番东之高塔敦[?]古[?]	阿米和卓回教院
3. Okt, mit Tarantass nach Dshinhuo (13. Okt)	3 Oct, mit 大车 nach 精河	十月三日,乘他伦特车经过精河
Schi-cho (20. Okt.)	石河(20 Oct)	廿日,至精浩
Dabantsching (19. Nov)	大坂城(19 Nov)	十九日,至达坂城

Le Coq 1926 德文原文	野簿 11 摘抄地名节选	1934 年郑宝善中译本	
Lao-se-gun Er-tai (7. Okt.) San-tai Si-tai U-tai (10. Okt.)	Lao-se-gun 二台(7 Oct) 三台 四台 五台(Oct 10)	七日	辽西炮台 阿尔台 山台 西台 乌台
Schi-cho (hier Kurgane) Jan-tse-hai (21. Okt.) Sen-te-cho-dse Ulan-ussu Manas To-hu-lo	石河 Schi-cho (hier Kurgane) 延集海 Jan-tse-hai (21. Oct) Sen-te-cho-dse 三道桥子 Ulan-ussu 绥来 Manas 土葫芦 To-hu-lo	廿一日	西浩 安集海 神德乔斯 乌兰乌苏 玛纳司 图休罗
Sian-sau-fu, abends Tscha-pai-ze	Sian-sau-fu, abends Tscha-pai-ze 车排子	西安寿府,晚至察白子	
Cho-to-by, abends Zan-gy (31. Okt.)	胡图壁 Cho-to-by, abends 昌吉 Zan-gy (31. Okt.)	三十一日 乔图拜,晚至神盖	
5. Sai-yo-pa, Ǧigi-sos	5. Sai-yo-pa, Gigi-sos 芨芨槽子	(五)赛尧巴,齐齐扫斯	

对比可知,译者郑宝善似并不熟悉新疆地名,故在翻译时完全按照发音,导致同一地名甚至出现两种不同译法,如"Schi-cho"被译为"精浩"和"西浩",袁复礼译"石河"则一目了然。袁复礼所译"二台"至"五台",应对应伊犁、博乐一线的五台军台体系,郑宝善的译法完全错误。至于呼图壁、昌吉、芨芨槽等较为简单的新疆地名,郑宝善译法已是不知所云。按郑宝善中译本虽是据英译本译出,但英译本对德文原著的地名基本未作改动,所以问题出在译者的知识层面。由此可见,袁复礼不仅具备优秀的德语阅读能力,在新疆多年的科考工作中,对新疆地名术语也有了十分深入的了解,故能准确地理解勒柯克著作以发音拼写地名与实际地名的对应关系。从袁复礼旧藏资料中的一组"斯文赫定绘中瑞西北科考团路线图"中(图15—16),仍能看到出现在勒柯克著作中的这些地名。然《新疆古希腊化遗迹考察记》未能由语言和学识远超时人的袁复礼先生进行翻译或校对,实为一件憾事。

对于袁复礼摘抄的"Einleitung"部分,则呈现出十分有趣的现象。首先,一些地名出自勒柯克原书的第 9 页、11 页、19 页,但以下摘抄内容并不见于书中文字:

(IV) Near Khotan in Keriya Oasis[?]

    ① Khadalik

    ② Daqdan-öilik　由南向北

    ③ Rawak

    ④ Qara-Dong

(V) Keriya 东北,第一河北

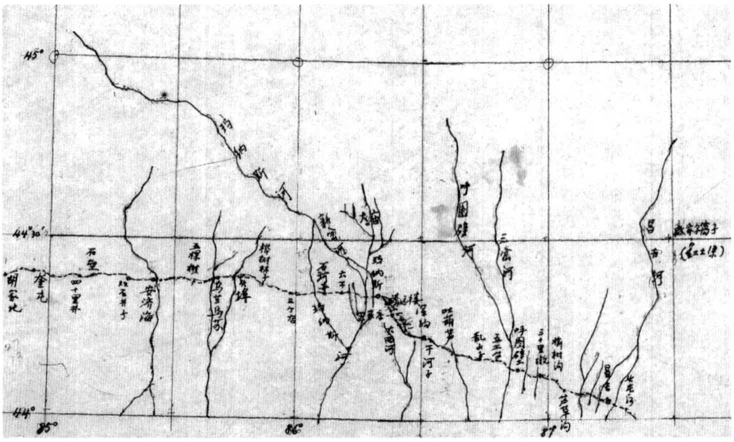

图 15　袁复礼旧藏资料中的"斯文赫定绘中瑞西北科考团路线图一组（第 12 幅）"

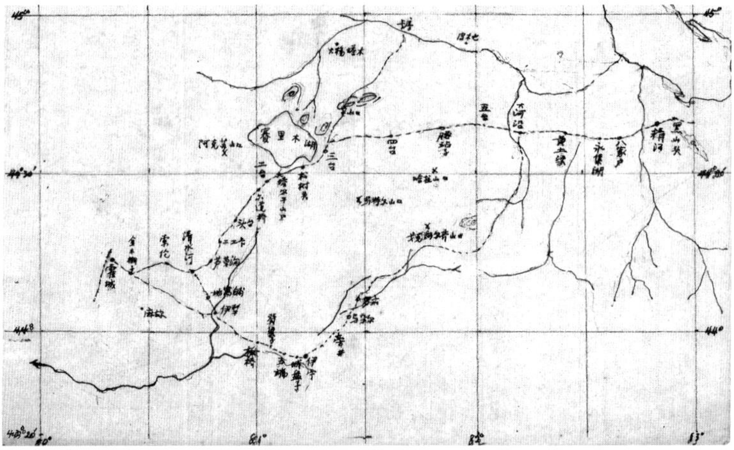

图 16　袁复礼旧藏资料中的"斯文赫定绘中瑞西北科考团路线图一组（第 14 幅）"

　　① Ru

　　② Niya

（Ⅵ）更东，即 Cherchen 西第二河

　　① Andere 旁大路

（Ⅶ）在 Tarim 岸北 Moral-bashi 北

　　① Tumsuq

这些地名如于阗、喀达里克、丹丹乌里克、尼雅等均在南疆地区，但德国吐鲁番探险队

的四次考察从未到过南疆,则《新疆古希腊化遗迹考察记》中应不会出现这些地区的内容。经对比发现,袁复礼摘抄的这几组地名实际出自书中第 20 页的地图"Karte von Ost-Turkistan"中(图 17),他先用文字描述了地图中自己感兴趣的南疆地名与河流之间的方位,在野簿 33 的第 7 页还临摹了这幅地图中涉及以上地名与河流的局部区域(图 18)。此外,野簿同一页的上方也有一幅手绘地图(图 19),则是临摹了勒柯克原书第 103 页的地图"Übersichtskarte über die Ruinen bei Kutscha"中库车的周边区域(图 20)。这也反映了地学家的读图和绘图能力在阅读并摘录书籍时发挥的奇妙作用。不过,由于地图中线条的遮挡,袁复礼误将"Dandan-öilik"错写为"Daqdan-öilik"和"Dagdan-öilik",这也说明他对南疆地名尚不熟稔。

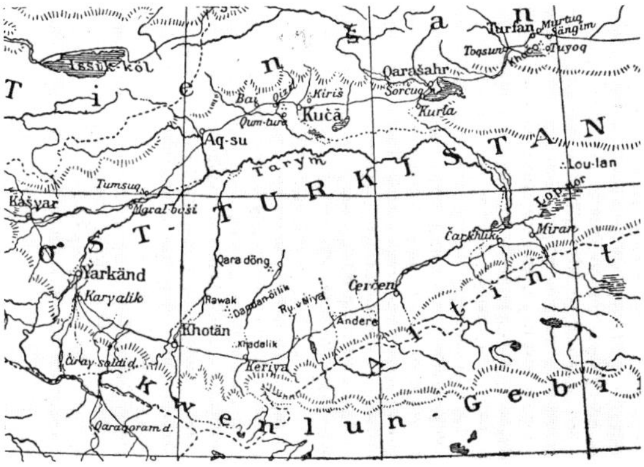

图 17　Karte von Ost-Turkistan(局部)(引自 *Auf Hellas Spuren in Ostturkistan*,p. 36)

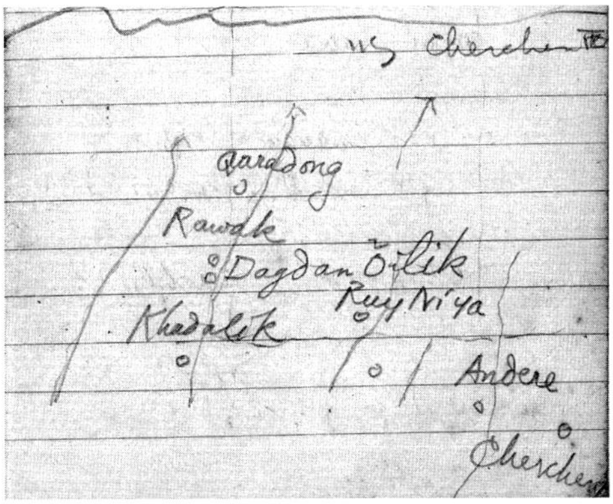

图 18　袁复礼野簿 33 中临摹"Cherchen 以西"地图

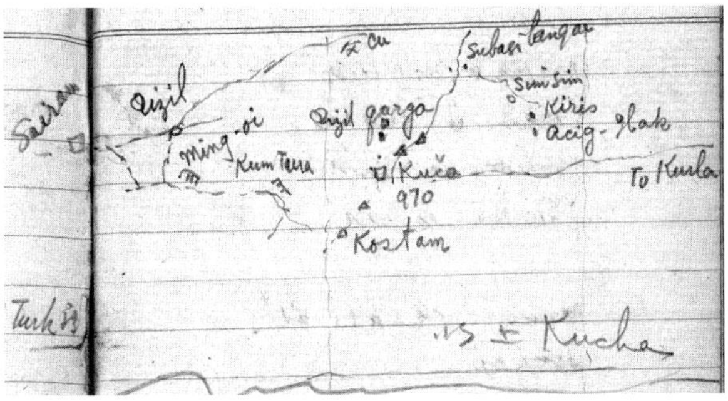

图 19　袁复礼野簿 33 中临摹"Kucha"地图

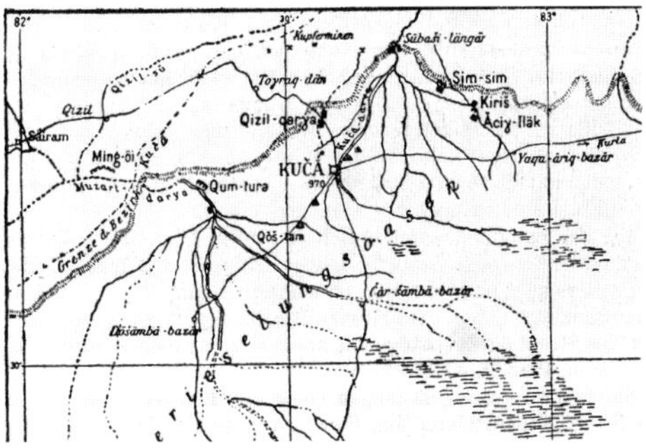

图 20　Übersichtskarte über die Ruinen bei Kutscha(局部)(引自 *Auf Hellas Spuren in Ostturkistan*,p. 103)

其次,野簿 33 的摘抄中除去地名,其余均为新疆境内的民族名称,如野簿 33 的第 4—5 页,抄有如下内容:

1. 缠 Ostturks
2. 回 Dungan
3. — Dolan
4. 蒙 west-Mongols ＝ Kalmuck
5. Irans — in Sarigh kul auf dem Pamir（＝Wakhi & Pakhpo）
6. 哈 Kirgis & Ḳazaḳ Ḳirgis

（下略）

这段文字完全取自勒柯克著作第 24 页的"Diese Bevölkerung besteht in den Oasen aus Osttürken，Tunganen und Dolanen，einigen Westmongolen oder Kalmücken im Iiitale und bei Ḳaraschahr，sowie iranischen Völkerresten in Sarigh ḳol，auf dem Pamir（Wakhi und Pakhpö）. Kirgisen wandern in den Gebirgen im Südwesten，Westen und wieder in der Gegend von Barköl，Ḳazaḳkirgisen kommen hauptsächlich in der Gegend von Aqsu und Ütsch-Turfan vor."①中，袁复礼专门选取了这段话中的各种民族名词，将原书中的德语拼写改为英语拼写，并尝试将当时中国人所熟悉的民族称呼与外文名称加以对应，且对应相对准确。此外，野簿 33 第 6 页还抄有一句"Arabic is science，Persi is sugar，Hindi is salt，Turki is art"，是将勒柯克原书第 25 页的"Arabisch ist Wissenschaft，Persisch ist Zucker，Hindi ist Salz，Turki ist Kunst"一句英译而来。野簿 33 同一页中间还有"17 spoken languages，24 written languages"一句，是将原书第 10 页的"Es finden sich nicht weniger als 17 verschiedene Sprachen in 24 verschiedenen Schriftarten"一句英译②。

实际上，在袁复礼摘抄勒柯克著作的这些内容中，新疆地名或许与地质学尚有一定关联，新疆的民族名称与地域分布、人群之间的关系则与地质学关系并不密切。可以说，袁复礼的摘抄不仅是出于对地理和地名知识的敏感，还与他在新疆从事科考工作期间需要不断与各民族民众打交道有关。在长期接触不同文化特质的人群后，袁复礼在研究大地本身的同时，对地上的人也产生了兴趣。他在新疆期间，也尝试熟悉历史知识，并收集"民族志"和民族历史的口述资料，这从袁复礼于 1937 年 4 月发表在《禹贡》杂志的《新疆之哈萨克民族》一文中可略见一斑。

《新疆之哈萨克民族》是目前所见袁复礼为数不多的非地质学领域的论文，其开篇即大量征引晚清西域史地著作中对"哈萨克"一词来源的解释，颇不似身为地质学家的袁复

---

① 中译文为"这些绿洲上的居民主要由维吾尔人、东干人、多朗人组成；伊犁河谷和焉耆附近的居民主要是西部蒙古人，即卡尔梅克人；在蒲类和帕米尔（即瓦汗和帕克）则主要是操伊朗语的游牧部落。柯尔克孜人分布在西部和西南部的群山中，并一直到巴里坤附近。哈萨克—柯尔克孜人主要分布在阿克苏、乌什和吐鲁番附近"，见（德）阿尔伯特·冯·勒柯克著，陈海涛译《新疆地下文化宝藏》，乌鲁木齐：新疆人民出版社，2013 年，23 页。

② 中译文为"至少包括 17 种语言，24 种不同的文字"，见《新疆地下文化宝藏》，11 页。

礼写作的风格。文章第二部分题为"哈萨克人之族支制度",列出两种支族和两种详尽族谱,涉及人名 60 余个(图 21)。袁复礼在文中提道:

> 余在天山及天山北之广漠中,与哈萨克人接触颇多,且曾雇用哈萨克人,于十九年夏季所得其口述之谱系。[①]

据此,则袁复礼是在 1930 年夏与哈萨克人交谈时获得他们口述的族谱信息,而数量如此之多的非汉族人名,若要较为准确地呈现在论文中,必须有所据的原始记录。根据附录 1,野簿 18、30、31、37、38 中均有袁复礼以拉丁字母记下的族谱人名(图 22),与最终发表在《禹贡》论文中所列人名相对比,可资校对。此外,《新疆之哈萨克民族》的第一部分还写道:"民国十七年春余初至新疆时,在迪化遇哈萨克斯坦营长巴彦穆拉,彼口述云……"[②]而巴彦穆拉(Bayin Mulah)口述的内容也见于野簿 18,这都为考察袁复礼此文写成的过程提供了第一手资料。

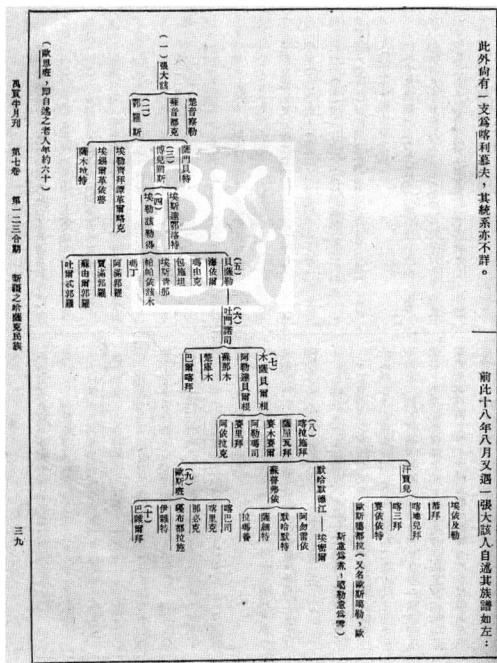

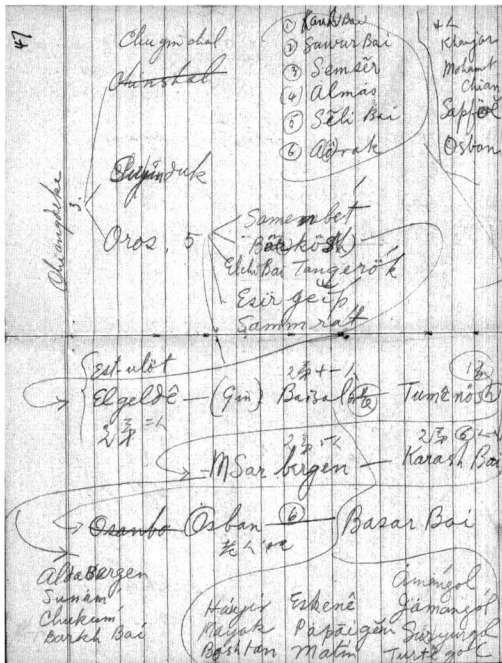

图 21 袁复礼《新疆之哈萨克民族》选页(引自《禹贡》1937 年第 7 卷 1·2·3 合期)

图 22 袁复礼野簿 31 中的"Chiangdeke 世系"杂写

---

① 袁复礼《新疆之哈萨克民族》,《禹贡》1937 年第 7 卷 1·2·3 合期。此文后在 1947 年被拆分为《新疆哈萨克民族之支派》《新疆哈萨克人生活概况》两篇,分别发表在《华北日报》1947 年 9 月 3 日第 6 版和《华北日报》1947 年 9 月 17 日第 6 版,但较 1937 年原文略去了第一部分"吾人对于哈萨克人之认识"。

② 袁复礼《新疆之哈萨克民族》。

袁复礼《新疆之哈萨克民族》中的一些观点和推测也有后续影响和商榷之处,如唐史学者岑仲勉(1886—1961)在其 1950 年出版的《隋唐史》的注释中两处提到袁复礼此文,一处在《唐史》第七节:"又袁复礼《新疆之哈萨克民族》云:'哈萨克人皆能口述其家谱,于旅行中过他人帐幕留宿时,经主人询问,则背述无遗,以证其确有根底。'(《禹贡》七卷一期三七页,并参三九页所列出之族谱)袁氏又云:哈人同族不相婚嫁,其婚姻为族与族之结合。(同上四一页)……"[1]这是以袁复礼观察到的哈萨克族现象来反驳马长寿认为游牧民族无族系、无姓氏的观点。另一处在《唐史》第二十六节:"同前引《禹贡》七卷袁复礼撰文以今之布鲁特、黠戛斯为唐之大小布(勃)律,大误。"[2]此为对袁复礼较为粗率的推论的批评。然由于岑仲勉之著作晚出,加以袁复礼在撰成此文后,也未再尝试涉足古代民族历史问题的研究,故袁氏可能未曾了解岑仲勉的评价。

结　语

袁复礼"野簿"所保留的一手资料的多样性,使其成为理解袁复礼在中国西北科学考查团期间的活动、生活与学术研究的重要资料。以袁复礼在 1927 年 5 月 20 日的长篇成文日记为例,可以看到最早写就的日记在后来的整理中被使用和改写的过程。成文资料固然是解读袁复礼生平与贡献最为直接的史料,而本文所分析的大量不成文内容如收入支出表、测量数据和摘抄等内容,依然能够为袁复礼行迹的补遗、追溯日记缺失时期的工作和生活状态提供生动的依据。最后,袁复礼在美国留学期间培养的外语阅读和写作能力,在他准确翻译西方著作和记录非汉语的地名、人名时发挥了重要作用,因此,袁复礼论著的整理需要结合"野簿"中保留的大量以拉丁字母拼写的人名、地名记录。同样,袁复礼"野簿"资料的多样内容和多种价值,应在跨学科互动的辅助下,方能充分发挥其应有的价值。

附录 1　袁复礼 41 种西北考察野外记录簿内容提要

说明:1. 袁复礼西北考察野外记录簿的阿拉伯数字编号均为"中国西北科学考查团文献史料整理与研究"项目组整理时所加,并非原有编号。

2. "内容提要"中有袁复礼自题的内容,径取其原题。无袁复礼自题的内容,均出自笔者的概括总结。

3. 不确定的内容以[?]表示。

[1]　岑仲勉《隋唐史》,石家庄:河北教育出版社,2000 年,119 页。
[2]　岑仲勉《隋唐史》,241 页。

编号	袁复礼自题/野簿尺寸	内容提要
1	（无） 19.8cm×12.5cm	① 1927 年 5 月 29 日 Baseline Measurement on North bank of Hana Gol；1927 年 6 月 30 日 Baseline Measurement w. of Ulan Obo(红花瑙包)； ② 某种测量数据(Hara Tolguai 大 Obo 顶等)。
2	1929 Oct. 17.0cm×10.3cm	① 某种测量数据(如 At Base no. X, sight on E. extension 等)； ② 某种视角图 in total 9∠ measured on Sept. 27，1929。
3	Record Book No. 2 Dinosaurus. 1928 年九月十一日至十月廿三日 20.7cm×14.0cm	① 1928 年 9 月 11 日—10 月 28 日 Dinosaur Series 恐龙化石编号、采集时间与地点清单； ② 1929 年 5 月 10 日—6 月 5 日 Dinosaurus at Nan Chuan 南泉恐龙化石编号、采集时间与地点清单； ③ Chang-chi，Tou-Dung Ho，红山口，broken bone of a dinosaur 结构图； ④ 1930 年 12 月 6、7、8 日 Dinosaur ♯40001 of Kerish(奇台天山龙)发掘坐标网； ⑤ 1930 年 12 月 6—24 日 Kerish(乱山子)恐龙化石编号、采集时间与地点清单； ⑥ Collecions at Fu Kans；Vertebrates 化石编号、采集时间与地点清单；Fossil Plants 与 Archaeological 采集品清单； ⑦ 绘图：地形图 1 幅，Lystrosaurus Hedini 结构图 1 幅；Fossil ♯9000.02 结构图 1 幅；12 月 26 日♯40005 Plan of scatted bones 1 幅； ⑧ 12 月 17 日 Dinosaur ♯40003 发掘坐标网； ⑨ 12 月 23 日♯40003 恐龙化石编号、采集地点清单； ⑩ 12 月 26 日♯40005 恐龙化石编号、采集地点清单； ⑪ Copies of last records：Abbreviations；Contents(笔者注：为术语缩略语，化石编号、采集时间与地点清单)； ⑫ Boxes packed in early May 29； ⑬ For the last：Archaeological Record Book Oct. 22。
4	Log Book A. II. 1928 Jan 7-April 18，1932 Jan 16-Feb 15. On Route from Peking to Urumchi & Book 20.7cm×14.0cm	① 1928 年 2 月 12 日—3 月 8 日目的地清单； ② 成文日记：1928 年 2 月 12—26 日；1932 年 1 月 16—31 日，2 月 1—15 日； ③ 不成文的简单记录：1928 年 1 月 7、14、24、30、31 日，2 月 1—11 日，3 月 18—31 日，4 月 1—18 日； ④ 1928 年 2 月 25 日—3 月 8 日出发地清单； ⑤ 3 月 1—7 日某种按时间测量的数据； ⑥ 杂写："天山各名"；某种语言与汉语词汇对译；"花儿"； ⑦ 恐龙(Dinosaur)和动植物(如"腕足类动物"brachiopods)标本清单。
5	Book VII. 1932 年三月二十日至 1932 年四月廿二日 20.7cm×14.0cm	① 成文日记：1932 年 3 月 20—31 日，4 月 1—23 日； ② 4 月 14—15、19、22、24—26、29—30 日，5 月 1—2 日途经地点清单。

续表

编号	袁复礼自题/野簿尺寸	内容提要
6	Book VI. 1931 年一月五日至十日，1932 年二月十五日至三月廿日 20.7cm×14.0cm	① 1931 年 1 月 1、5、7、10 日某种测量数据； ② 成文日记：1932 年 2 月 15—29 日，3 月 1—20 日。
7	（无） 19.0cm×13.5cm	① Ambolt's Astronomic data； ② 数学计算式，上题"The determination of disintegration constants of radioelements……"； ③ Relative values of various radioaction minerals as age indications 文稿 3 页； ④ 某种测量数据摘录，上题"The radioaction time scale"； ⑤ 地名与数据摘录，上题"This page all according to Filchner，1929"； ⑥ List of Astronomic Observatories； ⑦ Petermann's Mitteilung，*Ergänzungsheft*，nr. 131，Sven Hedin，*(Die) Geogr. Wissenschaftlichen Ergebnisse*，*Meiner Reisen in Zentralasien*，*1894—1897* 内容摘抄； ⑧ List of astronomic determinations（long determinations only）by Sv. Hedin，1894—1896； ⑨ Dettmann's Obvservations；Parker Chen's list of astronomical determinations，1930—1933； ⑩ 军令部测量第八队实测天文点成果表； ⑪ Filchner's Observations。
8	（无） 18.2cm×13.0cm	① 俄语—汉语词汇对译； ② 1929 年 9 月 8—26 日，10 月 3、14—30 日 Income；1929 年 November Expenditures； ③ Income & Expenditures for April，June，July 1930； ④ Expenditures for May 1930； ⑤ 1930—1931 年间刘考儿（永吉），Camelman Pai，Camelman to Liu 刘绪善，Sevant to Li 李，Camelman & Cook to Fang，Camelman young Cheng 程等人支出明细； ⑥ Sevant Ting's Salary； ⑦ 四项账目表，包括 Liu's return party，Yuan return party 等。
9	（无） 17.0cm×10.4cm	德语著作摘录词汇表（德语—英语对译），分别摘录自 *German Sc.*[①] *Reader*，310—326、336—347 页；*Populäre Vorträge*，39—98、121—138 页。

---

① 或为"science"的简写，尚待确定。

编号	袁复礼自题/野簿尺寸	内容提要
10	新疆野外笔记第十一册 1930.11.25—12.19(气象、测量、发掘[恐龙]) 18.4cm×12.0cm	① 1930 年 11 月 15—19、21、23、28 日,12 月 1、3—20 日某种按时间测量的数据; ② 约为 1930 年 12 月 6 日的成文记录; ③ Dinosaur ♯ 40001 of Kerish 的 2—10、12—15、17、19—20、24th squares 分布图; ④ From w. Red Hill Obo of Camp 344 的某种测量数据; ⑤ 12 月 17 日 Dinasaur in bending form 分布图; ⑥ 杂写:某种语言词汇;某种语言的十二生肖和十二月份与汉语对译; Germanic Triassic vs. Alpine Triassic;"花儿";11 月 22—28 日出发地和目的地清单。
11	Miss.① Record Diary. 1927 May 12 - 1927 June 30, Paoto to Hana Gol & at Hanagol,第一册 16.3cm×10.0cm	① 1927 年 5 月 12—13 日 Barometer Readings;1924、1927 年 Peking-Hsuanhua 等地 barometers; ② 成文日记:1927 年 5 月 12—13、21—31 日,6 月 1、3—7 日;5 月 20—28 日另有更详细日记; ③ 包头至蒙古等地路程单(驼夫口述); ④ 不成文的简单记录:1927 年 5 月 14—20 日,5 月 11—12、16、20 日, 6 月 2、11—14、19—30 日,7 月 1—2 日; ⑤ 绘图:1927 年 5 月 16、17、20、21、22、25、26、27 日共 14 幅; ⑥ Above Sta. 8. P-obo, Q-obo 底等处某种测量数据; ⑦ 杂写:植物(如 tamarisk 等)符号图例;某种语言与汉语词汇对译;俄语与汉语词汇对译;Chenfan Oasis 附近遗址;Kozlof②云 Khara Kholo 左近遗址;新疆地名;"花儿"; ⑧ 失物单; ⑨ 自北京起身后账目; ⑩ Hipparion dpts.③ with fossils; ⑪ 外方成员人名清单; ⑫ 代赫定稿(第一次)致包头交通银行; ⑬ 行李清单(团体在包头捐税); ⑭ 化石名称及其发现地清单(笔者注:被划线删除)。

---

① 应为"mission"的简写。

② 应指科兹洛夫。

③ 应为"deposits"的简写。

续表

编号	袁复礼自题/野簿尺寸	内容提要
12	1927 年七月二日至八月六日,第二册 16.3cm×10.0cm	① 天气符号图例; ② 1927 年 7 月 2—31 日,8 月 1—7 日某种按时间测量的气象数据; ③ 绘图:P-obo,Q-obo 等处共 14 幅;8 月的 Two terraces at Kara Nor 等处共 9 幅; ④ 杂写:内蒙地名;德语论文题目; ⑤ 成文日记:1927 年 7 月 20—31 日,8 月 3、5—23 日;7 月 4 日—8 月 6 日另有更详细日记; ⑥ Baseline 数据:1927 年 8 月 9 日 Huchertu(＝Hana Gol)等地某种测量数据;8 月 6 日 baselines 测量数据;8 月 22 等日 Hai Liu Tu baseline 测量数据;8 月 18 日 Hoxgur Obo 测量数据;8 月 25 日 Hara Tolguai baseline 测量数据; ⑦ 11 月 29 日某种气象和坐标测量数据。
13	1927 July 25 - Aug 17 16.3cm×10.0cm	① 成文日记:1927 年 7 月 25 日;夹有破纸片或为 1927 年 10 月某日日记; ② 绘图:无名地形草图 18 幅; ③ 不成文的简单记录:1927 年 8 月 14—27、29 日,9 月 13、15—16 日; ④ 1927 年 8 月 25 日某种坐标及对应地点; ⑤ 某种测量数据; ⑥ 杂写:"养之有素炼之有方,金石外抱经纶内藏,君子宝之以焕文章。"
14	1927 九月,驹留河、山得庙,第四册 16.3cm×10.0cm	① 7 月至次年 1 月 Sta.9y-123 地点和日期清单; ② 成文日记:1927 年 9 月 6—18 日;11 月 12、14—16 日; ③ Maps(in Mongolia)清单; ④ 7 月 1、4、14、22 日,8 月 2、9 日,9 月 8、14 日,5 月 12 日—6 月目的地清单; ⑤ 杂写:某种语言;地名;地点间里程(如 Shandan stas. westward along mainroad 等);河套教堂名称清单。
15	1927 Nov 23 - 1928 Feb. 12. 至 Sta ♯:124 哈密 16.3cm×10.0cm	① 1927 年 11 月 27 日至 1928 年 1 月 8 日 Sta.88-120 地点和时间清单(附某种测量数据); ② 1928 年 2 月 7—8、10—11 日某种测量数据; ③ 成文日记:1927 年 11 月 23—24 日; ④ 俄语—汉语词汇对译; ⑤ 杂写:新疆地名及里程; ⑥ 不成文的简要记录:1927 年 11 月 23 日至 12 月 13 日。

续表

编号	袁复礼自题/野簿尺寸	内容提要
16	蒙新野外笔记第一册 1927—1929.8.9〔采集（测量）〕Records Book Series C Fossils 18.4cm×12.0cm	① 化石目录的缩略语及 Contents； ② 蒙古境内化石骨骼 Mb. 1 - 23，新疆植物化石 Hp. 20001 - 200036，新疆岩石标本 Hy. 20037 - 20049，1928 年 9 月孚远烧房沟大龙口 fossil hills greatest discovery 等化石标本编号、数量和地点清单； ③ 绘图：编号标本的位置草图 4 幅，1928 年 9 月三台大龙口剖面图 1 幅；1929 年 9 月 16 日某地地形图 1 幅； ④ Dips & strikes Sept. 1928；8 月 9—10 日在"north 马牙山"的某种测量数据；1929 年 5 月 26 日 dip of red beds 某种测量数据； ⑤ 1929 年 8 月 9 日 Gaging stations 清单； ⑥ At 9th stair in the long stair case of the Ruin 的某种观测数据。
17	新疆野外笔记第二册 1928.4.26—5.26〔气象〕Met.① Record & Misc.② Notes, from 1928 April to May 26, from Urumchi passing Shui shi kuo to Kuchens 18.5cm×11.6cm	① 1928 年 4 月 26—29 日，5 月 1—16、18—26 日某种按时间测量的数据； ② 成文日记：1928 年 5 月 1—2、4、6 日（中文），4 月 24 日（英文）； ③ Sta. 1 - 11 地名和日期清单； ④ 杂写：铁矿名词；炼铁原料用量和价格；矿物名词与化学式；"据来新河南人云：河南怀庆府北有一国，名为鸭子国……"；新疆地名；某种干支纪年换算数据；民国 8—17 年三台炼铁厂厂长姓氏清单；炼铁日程和特征； ⑤ 绘图："南大槽"草图 1 幅；铁矿、黄锈等分布地形剖面图草图 5 幅；炼铁炉结构草图 1 幅。
18	新疆野外笔记第三册 1928.4.20—6.11〔气象、铁矿、宿站〕 18.5cm×11.6cm	① 1928 年 4 月 20 日—6 月 3 日，6 月 5、6、11 日某种按时间测量的数据； ② 成文日记：1928 年 4 月 20—30 日，5 月 1、2、4—7 日，20 日； ③ 绘图：4 月 20 日 sta. 1 & sta. 2 路线草图 1 幅；阜康与水磨河平面图 1 幅；5 月 2 日"苦水沟 Neolithic Site"1 幅；"孚远老台老君堂旧瓦"3 幅；老台三工河、三台与沟口平面图等 4 幅；炼铁炉结构图 1 幅附文字说明；"Terraces seen from 大东沟 eastward"1 幅； ④ Data for coal strata at 八道湾 of April 22； ⑤ 杂写：八道湾煤槽尺寸；started from Urumchi；古城商人来源分布；Bayin Mulah（拜音穆拉）所述哈萨克部落信息； ⑥ Polar Observations at 阜康水磨河； ⑦ 1928 年 4 月起 Sta. 141—212，301—325 地名和日期清单（笔者注：Sta. 175 后无地点信息）。

① 应为"meteorological"的简写。
② 应为"miscellaneous"的简写。

编号	袁复礼自题/野簿尺寸	内容提要
19	新疆野外笔记第四册 1928.6.11—7.11［气象、杂记］Met. Records & Misc. Notes, from 1928 June 1 to July 11, Route from Kuchen to Moli Ho & back to Pei Ting Ruins 18.5cm×11.6cm	① 6 月 18、21 日途经地点和时间清单； ② 绘图：粗略路线草图共 7 幅； ③ 6 月 23 日某种按时间测量的方位数据； ④ 成文日记：1928 年 7 月 1—2 日(中文)； ⑤ 别失八里(北庭)编号 2、4、5—8 号灰坑示意图； ⑥ 古城政界人名清单； ⑦ 杂写：青海地名； ⑧ 6 月 11—30 日,7 月 1—11 日某种按时间测量的气象数据。
20	新疆野外笔记第五册 1928.7.12—8.31［气象、杂记］Met. Records & Misc. Notes, from 1928 July 16 to August 31, Pei Ting Ruins & Route from Pei Ting to Lao Tai 18.5cm×11.6cm	① 不成文的简单记录：1928 年 7 月 16—26 日,8 月 1—2、11—14、17、19—21、22—27 日； ② 杂写："后堡子庙内钟"铭文；"鄠县城南穆家庄掘出铜碗"事；破城子周边地名；"东南高白杨树前五圣庙钟"；"山西繁峙县"等地理信息；7—8 月破城左近农况； ③ 绘图：伊犁大西沟处某一建筑草图 1 幅；"From 破城子西烽墩 to 老台无量山东北坡下"1 幅； ④ 别失八里(北庭)编号 9、11、12 号灰坑发现器物草图；7、9—12 号灰坑示意图； ⑤ 古城至巴里坤各地里程； ⑥ 成文日记：1928 年 7 月 27—28、30—31 日,8 月 8—9、29—31 日；7 月 11—15 日； ⑦ Sta. 124 - 144 地名清单； ⑧ 破城 baseline 尺寸； ⑨ 1928 年 7 月 12 日—8 月 31 日某种按时间测量的气象数据。
21	新疆野外笔记第六册 1928.9.1—11.25［气象］Met. Records & Misc. Notes, from 1928 Sept. 1 to Nov. 25, At SanTai Valley & Route from Old Chitai to Urumchi 18.5cm×11.6cm	① 成文日记：某日在庆阳湖的记录(中文)、1928 年 9 月 11 日,10 月 31 日—11 月 1 日； ② 不成文的简单记录：1928 年 9 月 22 日—10 月 17 日,10 月 22—23、26—30 日,11 月 2—4 日； ③ 绘图："Folds from the west-most top of Red Beds (looking eastward)"1 幅；Ush Huduk 等地路线图 1 幅； ④ 杂写："花儿"；Bata Bayir 佐领；小东沟、大东沟、二工河的 Khazak 情况；塔城哈萨克、伊犁额鲁特社会组织；Ili 和塔城俄名致误；土地面积单位换算；"破城子外城圈中西北角清中叶之庙"木牌刻字； ⑤ 破城子图 Baseline 尺寸； ⑥ 1928 年 9 月 1 日—11 月 25 日某种按时间测量的气象数据。

续表

编号	袁复礼自题/野簿尺寸	内容提要
22	新疆野外笔记第七册 1929.5.8—6.9，7.24—8.20，9.13—11.11，1930.7.23—12.11［气象］［宿站］ Meteorological Records，［?］on Route，vol.3，1929—1930 16.3cm×10.0cm	① 1929年5月8日—6月9日，7月24日—8月20日，9月13日，9月16日—11月11日，11月18、20—21、26日，12月1、7日某种按时间测量的气象数据； ② 1930年7月23日—12月11日某种按时间测量的气象数据(包括barometer，altimeter，thermometer数值)； ③ 测湖水深度记录；测深时船位交点测量； ④ 杂写:三条德语参考文献(如……für Luftschiffahrt und Flugtechnik)；数学计算式； ⑤ 1929年8月26日—9月2日，9月8、11—15日 Camparision Readings for 3 aneroids； ⑥ 1930年7月—1931年2月 Sta.301-318、Sta.321-360地名和日期清单；1930年7—8月 Sta.301-310所经地点清单； ⑦ 天气符号图例。
23	新疆野外笔记第八册 1929.10.4—10.14，1930.7.26—9.22［海拔，气象］Elevation records 16.3cm×10.0cm	① 1929年10月4—5、11、14日某种测量数据； ② 1930年7月26日—8月3日，8月5、7—8、11—12、14—19、23—31日，9月1—2、4—22、29日某种测量数据； ③ 绘图:1930年7月27日—8月1日地形图与剖面图共8幅；"Directions for the panorama pictures of Liu"1幅； ④ 成文日记:1930年8月1—2日； ⑤ Sta.310-318地点清单； ⑥ Mag needle Reading；My magnetic needle & scale； ⑦ My tape compared with Invar tape ♯277； ⑧ Leveling results 1st set & 2nd set； ⑨ Lake sheet； ⑩ 杂写:Wild's Theodolites；Henry Wild's Heerbrugg Switzerland等。
24	新疆野外笔记第九册 1930.7.24—8.4，9.29—10.9［测量］ Triangulation Records 1930 16.3cm×10.0cm	① 1930年7月23日拍摄 Paranoma photos 清单； ② 1930年7月24—26日基线(base)测量数据；8月4日某种测量数据； ③ 绘图:1930年8月4日老山寨山顶路线图1幅； ④ 1930年9月29日，10月3—4、7、9日 Elevations in Shao Fang Kuo Sheer； ⑤ 1930年7月26日—8月4日某种测量数据。

编号	袁复礼自题/野簿尺寸	内容提要
25	新疆野外笔记第十二册 1930.12.20—1931.2.27［气象，测量］Met. Records & Misc. Notes, from 1930 Dec 21 to 1931 Feb 27, At Pai Ku Tien (Kerish) & On route to Urumchi 16.3cm×10.0cm	① 1930 年 12 月 21—31 日,1931 年 1 月 1 日—2 月 15 日,2 月 21—22、26—27 日,3 月 2 日某种按时间测量的数据; ② 成文日记:约为 1931 年 1 月 14 日; ③ 杂写:记账内容如"阜康赏差人""阜康谷草 20 梱"等;某种语言词汇;"花儿"; ④ Hsin-Ti Gravel-Pleistacene。
26	蒙新野外笔记第十三册 1930.12.12—1931.2.27,1931.11.20—1932.5.7［气象,测量］Meteorological Records 16.3cm×10.0cm	① 1930 年 12 月 12 日—1931 年 2 月 15 日,2 月 22、26—27 日某种按时间测量的数据; ② 成文日记:约 1930 年 12 月 12 日; ③ 1931 年 11 月 20 日—1932 年 5 月 7 日某种按时间测量的气象数据(包括 barometer,altimeter,small barometer,temperature 数值); ④ IV 18 At hill "a" on n. of baseline; ⑤ 编号 31—59 号岩石、植物化石物品清单; ⑥ 绘图:"At D. Obo terrace w. of Lake"1 幅; ⑦ Boxes earning along Nov. 1931 from Urumchi to Kwei Hua; ⑧ 杂写:Wild's Theodolites;Henry Wild's Heerbrugg Switzerland 等。
27	1931—1932 东归日程:1931.12.17—1932.2.15 自古城子(奇台县)至内蒙阔克托罗拐 16.3cm×10.0cm	① 成文日记:1931 年 12 月 17—18、20、22、24—25、28—29 日,1932 年 1 月 1—13、14、16 日; ② Log of the 17th - 29th, Dec. 1931(包括 direction,degree,no. of wheels 数值); ③ 1931 年 12 月 19—31 日,1932 年 1 月 1—11、13—14、16—21、24—26、28—31 日,2 月 2—15 日某种按时间测量的气象与地质数据; ④ Notes of Dec. 24th - 25th,1931; ⑤ 杂写:1 月 20 日—2 月 28 日天文星宿记录(如 rigel, bellatrix, menkalinan 等); ⑥ Camp Sites:1931 年 11 月—1932 年 2 月 Sta.360 - 423 地名和日期清单。
28	1928 Besh Balik 16.1cm×10.4cm	① 后堡子娘三庙钟铸字; ② 1928 年 7 月 8—31 日,8 月 1—7、11 日别失八里(北庭)考古灰坑 Pit ♯1、♯3-♯21、♯21a-♯27 尺寸和发掘物记录; ③ Surface finds; ④ Bricks of various dimensions; ⑤ Refund Materials from the Brick House。

编号	袁复礼自题 /野簿尺寸	内容提要
29	1928 Aug 27—Nov 25 16.1cm×10.4cm	① 1928 年 8 月 27—28 日,9 月 14、27—28 日,10 月 3、8 日,11 月 7—8、10—11、13—25 日某种测量数据; ② 迪化、绥远、乌苏、博罗通古、塔城等地水井数量; ③ 不成文的简单记录:1928 年 11 月 25 日—12 月 3 日; ④ 杂写:汉字与五种发音。
30	Supplementary Notes. See Contents 1928—1931 16.1cm×10.4cm	① 1928 年 5 月 3—6 日按时间途经地点清单; ② 杂写:道教经名;Bata Bayir 佐领;Kilaü 分十二支情况等;Ush Koko Bulak 族谱;某种数据换算;Jiantagkai(江台该)分十支情况;sw. of Urumchi 地名; ③ 绘图:"One peak of Bogda seen from 古放地"1 幅;Ui Tas 一带路线草图 1 幅; ④ 1928 年 4 月 30 日在阜康水磨沟某种测量数据;5 月 14、30 日,6 月 2 日某种测量数据; ⑤ Sta. 124 - 135、139 - 145 地名清单; ⑥ 植物分带的规律(如 alpine meadow,artemisia 蒿艾等); ⑦ 物品清单(如 2 pencil knifes,老丁大皮褥、毛褥等); ⑧ 某种测量数据; ⑨ 1931 年春重新装箱,准备随自己东返的标本单(Feb 15 - April 12)。
31	1929 六月及八月 16.1cm×10.4cm	① 杂写:测量数据;竖式;草图;记账(At Bogda,有 monk、women with mutton、lamp of old man 等);Chiangdeke 世系;某种语言与汉语词汇对译; ② 1929 年 5 月 26 日,6 月 2 日,8 月 11、15—22 日某种测量数据; ③ At Lamp Poles 测量数据; ④ 8 月 4、27 日,9 月 1 日记账。
32	North Archaeology 15.6cm×10.0cm	① Rivers to Ili River 清单; ② 杂写:Syriac alphabet from Nestorians into Uigur written language;伊犁归复时间表;Russian explorers 清单;Oldenburg 著作内容摘抄(如 Borokhoro Mtn、Tekes 河、Ili 河等);察合台汗国世系;"布鲁特""Naiman""哈萨"资料摘抄;拔都以下世系[?];铁木真祖辈世系;蒙古部族组成[?](包括 Naimen,Merchi,Kelei 等);辽、西辽、西夏、金、元皇帝年表;1326、1334、1360 改宗教年表(俄语);三位镇国公名氏。
33	South Archaeological Notes 15.6cm×10.0cm	① Albert von Le Coq, *Auf Hellas Spuren in Ostturkistan*,1926 摘抄笔记; ② 杂写:"拜城 Ming bulak＝乌垒城入山谷有碑"; ③ 汉、三国、晋、南北朝、隋、唐、五代、宋、元、明、清皇帝年表。

续表

编号	袁复礼自题 /野簿尺寸	内容提要
34	1929 Summer，At Bogda Lake 15.6cm×10.0cm	① 某种测量数据； ② 俄语—汉语词汇对译。
35	Met. Records & Misc. Notes, from 1929 Oct 31 to Nov 10, also Misc. Notes 1929 July 24 to 26 17.0cm×10.3cm	① Peoples in China (Other than Chinese)（包括喀尔喀、乌梁海、唐古特、东干等）； ② 内蒙东四盟、西二盟、喀尔喀四盟，科布多杜尔伯特部，新疆土尔扈特部五盟，青海蒙古九旗名称清单； ③ 成吉思汗子孙、元顺帝子孙、元太祖十五世孙世系； ④ 1929 年 10 月 31 日—11 月 3 日，11 月 7—8、10 日某种测量数据； ⑤ 1930 年 VII 24 某种测量数据（包括 Mag. N. Reading）； ⑥ Triassic ceratite marbs needling； ⑦ 欧洲地区岩石名词摘录（如 England magnesian Ls.，N. Germany zechstein 等）； ⑧ 1929 年 7 月 24—26 日某种测量数据； ⑨ 杂写：Dr. W. Haude, Berlin Schinkelplatz 6 Meteorolog Institute。
36	1929 Oct—Nov 17.0cm×10.3cm	① 绘图：Gimsa（吉木萨尔）从古城子到 Sal Tologuai 路线图 1 幅； ② 1929 年 10 月 14—15、18—19、22—24、27—28 日某种测量数据； ③ 2225—2231 号岩石标本清单。
37	1929 Spring 七月廿四日—八月九日，博格达，天池区 21.2cm×11.3cm	① 1929 年 5 月 8 日—6 月 11 日，7 月 24 日—8 月 9 日某种按时间测量的气象数据； ② 绘图：路线图草图 6 幅；山地剖面图（有"中大槽""八尺槽"等）1 幅；Ui Tas 一带路线草图 1 幅； ③ 不成文的简单记录：1929 年 5 月 18 日； ④ 杂写：破城子中街道名称；植物分带的规律（如 alpine meadow, artemisia 蒿艾等）；煤窑出产品；记账（如毯子 400，扫帚 100 等）；Kerei 的 Jiangtajkai 世系；Bata Bayir 佐领；Chera-Uchi 分十二支。
38	1929 Summer 21.2cm×11.3cm	① 某种测量数据共四组； ② Aug. 8 Gaging Sta. 坐标清单； ③ 1929 年 8 月 10—16 日，9 月 13、16—23 日某种按时间测量的气象数据； ④ 杂写：Newly comed words；Chiangtēkē 世系及姓名含义；某种语言与汉语词汇对译。
39	1927 June 第一册 附本 NoteBook no. I 16.3cm×10.0cm	① 1932 年 3 月 1 日（At camp Hayin Amatu），3 月 4、16—21、25—29、31 日，4 月 1、3、5—7、10—12、14 日某种测量数据； ② 绘图：1932 年 4 月 19 日喀拉诺尔、莫尔古齐克路线草图共 2 幅； ③ 1931 年 11 月—1932 年 4 月 Sta. 360 - 454 地名和日期清单； ④ 杂写：地名与里程清单；"天津英界马克顿公司"等； ⑤ 与 Obo 相关的某种测量数据 5 组； ⑥ 编号 75—97 的某种 x-y 数据表。

续表

编号	袁复礼自题 /野簿尺寸	内容提要
40	1927 年七月十五日至 1928 年一月十三日。又同年二月十三日至三月七日。又廿一年二月十七日至同年二月廿九日 16.3cm×10.0cm	① 1927 年 7 月 15—31 日,8 月 5 日—12 月 31 日,1928 年 1 月 1—22 日,2 月 13—25 日,3 月 1—7 日某种按时间测量的数据; ② 1932 年 2 月 17—24、28—29 日某种地质测量数据; ③ 植物分带的规律(如 alpine meadow,artemisia 蒿艾等); ④ 杂写:"镇番呈东门外……丁全国家父收";"標局马殿俊先生";数学计算式;地名与里程清单; ⑤ 1927 年 9 月 1 日 Chao Han Nol 双盛煤某种测量数据; ⑥ 绘图:海流图河、蒙古税局等地路线图 1 幅; ⑦ 第一山 Obo、大路南 Obo 某种测量数据共 14 组; ⑧ Baseline at Station Chin Ta Mou Gol。
41	(无封皮,第 1 内页题"1932 东归路程") 15.2cm×9.6cm	1932 年 4 月 21—22、29—30 日某种测量数据。

附录 2　袁复礼"野簿"11 中的 1927 年 5 月 20 日长篇日记原文与中译文

说明:录文中不确定的单词以[?]表示。

原文:

May 20. 27 started from Pao-tao.

包头 is situated on the edge of a peneplaned-plateau over looking the broad valley of the giant yellow River. It is a city whose location is, in a way. pretty much prescribed by nature. The peneplane is made up of crystalline gneisses of 桑干 Wutai series with here and there small basin-like depressions in which are filled up of continental deposits of yellowish sand and gravel, probably of San Men period. Two great rivers cut the plateau nearby. The one 10 - 15 li west of the city is the larger one, has its sources in the 2nd range, counting northward & flows in a quite broad valley. It erodes much less than it can deposits. Thus sands and gravels are heaped up near its banks, thus for many times obstructing the water course and causing the river shifting its bed. There is no definite bank to limit to water. Instead, the bed is simply one of the depressions of the undulating country.

The other river is smaller and close to the east wall of the city. Its source has not cut back as far as the 2nd mountain range. Its bed is comparatively narrow and deep. At certain places it really takes the form of a gorge. Though the water is intermittent, as it is subject to the scarcity of rainfall, and the river does not occupy fully its valley, the river flow is comparatively constant and is able to supply water for drinking purpose. As the water is not in so large an amount to fill the whole valley, the river goes in a meandering way, and leaves spaces for meander-terraces. At present the agricultural people has occupied the valley, utilizing both the water and terraces, by drawing the former from the upper river to irrigate the latter at the lower course.

Thus comparing the two rivers, one finds the larger river (Kundulun Gol) is less preferred. Then the smaller river on the east, for human utility.

It is rather interesting to note that whereas the modern, trained or untrained, by pure reasoning from himself or by quoting others without giving due credit, has tried and nearly exhausted the existing vocabulary to express the rule that water is the main concern for any habitation and settlement, the ancients, as far as can be traced up to the Neolithic time had been quite as wise and had put into practice to settle near water courses. In doing so, however, they, with all probability, could never prophesy or even imagine that their practice might be forgotten, their sites excavated or their remains disturbed. Not they, nor any modern men, could in the least conceive that an adventurer, a swindler, or a liar can find fame and accumulate money by ruthless destruction of sites and by writing rot and rubbish.

The stalwart ancient men so long ago, realized the practical instead of the scheming way, settled along the smallerriver, and left old sites here and there dotted on the plateau edge bordering the river course. These which Pai first found in 西瑙包, Chuan & Pai in 东沙梁, Prof. Lee with student in 后瑙包 etc., are all good indications of a large population that had been here in a far back date.

The collections presents a somewhat mixed type. The pottery (though scarce), the polished axes are almost the same as those in Honan & Kansu, whereas arrow heads, spear points, small knife, blades, and saw-blades, nucleus, etc. of quartz, agate, chalcedony, and, in the largest amount, jaspar are different. Probably in Honan, and Kansu where no strictly personal supervision is exercised such things which though in small amount might indicate some relation might have been thrown away as "useless". In southern Shansi where the excavation are strictly supervised & recorded, no such implements of the same technique of splitting way has been found. Some arrow heads, if detailed studied might be similar.

The sites at 东沙梁 which is said of ashy earth of 1m thick, has been tilled up by farmer before we examined it. There is no indication of a very regular and examination deposits. However, our examination is quite superficial, being without any regular excavation. The collection are mainly from the surface-picking, and some shallow-digging by the 2 "collectors". If judging from the implements, they invite a second intensive excavation (The other sites are not examined).

Starting from Pao-tao, the party consists of a caravan of 250 camels, previously hired from the local city. Every 12 camels or[?] so form one 把子. It is rather a great sight, both impressive & exciting, to see the largest scientific caravan made of camels that is ever carried out in the continent of Asia, and so far as using camels along are concerned, in the whole world?

It was thus impressive for so many days (6) before we reach the neighborhood of Pai Ling Miao (白灵庙, or rather 贝勒庙), actually reached a place 80 li w. of 白灵庙, which bears these names along its valley, Amu Ser, Hana Gol, Hucherta Gol, from lower to upper course of the same river.

The places that we passed in the day are：

尖坪

上、下二道沙梁

蝎子庙

模柜神窑 Chutuker Niuke

公胡同 Kung-Huduk

and reach 七爷①口子十家店 making a total distance of 60 li土. 十家店之西通南约十五里为 Kung dulung Sumu(喇嘛庙)

Kung dulung 七爷口子 differs from the Hatamong, 七爷口子 further west where there is the family temple of 杨 & 杨家堡.

The river KundulunGol comes out from the mountain, meandering on the west of the road, 20 - 30 li away. Green pasture lands spread here and there and villages gather there too.

The peneplane slope down from the northern range toward the south, and presents a gentle undulating topography. Where the erosion has not cut deep, the water divides penetrate into one another, and are hardly discernable. The 二道沙梁 where there is an exposure of red & greenish sand. & the river cut down more there 3 meter deep, though quite sloping at banks.

十家店 is situated on one of the broad alluvial fans on the south foot of the

---

① 爷：原文均简写作"爷"。

Kungdulun Mountain①. rather ruined inn north of road, and [?] in a south of the road, a village on the south east situated in the ravines cut off from the loose soil. Therefore only the solitary inn can been seen from after, while the village lies hidden below the level of the ground. The Kungdulung Gol sends out a branch of cooler[?], running from NW to S‐E. The current is fast, but at the broad pact of the course, swamps and 沙滩 also occur. There are quite a few trees along the banks of the river, a feature which one will miss when going northward.

North of 十家店 there is a rock terrace about 15‐20m above the alluvial fan, the exposure of crystalline gneisses is seen at 扁桥后庄 see p. 25.

Our camp lies south of the main road, direct S. of the named inn. (Sta. I)

中译文：

包头位于准平面高原的边缘,俯瞰宽阔的黄河河谷。从某种程度上来说,(包头)是一座被自然限定的城市。准平原由桑干—五台系的结晶片麻岩组成,散布着一些小盆地状的凹陷,其中由淡黄色沙子和砾石的大陆沉积物组成,可能来自三门时期。两条大河将附近的高原切割开。在城西 10 至 15 里的河流是大河,其源头在第二山脉,向北流至宽阔的山谷中。它的侵蚀作用远小于其沉积作用,因此,泥沙和砾石堆积在河岸附近,多次堵塞河道,导致河床移动。没有明显的河岸来限制流水(的区域),相反,河床只是起伏地带中的一个洼地。

另一条河较小,靠近城东墙,其源头尚未侵蚀到第二山脉,河床相对窄而且深,在某些区域确实呈现出峡谷的形状。虽然由于降雨量少,河水未完全填满河谷,水流断断续续,但流量较为稳定,能够供(居民)饮用。由于水量不足以填满整个河谷,河流蜿蜒流过,形成了蜿蜒的阶地。现在,农民已经在山谷中生活,利用水和阶地,从上游引水灌溉下游的阶地。

因此,这两条河流中较大的河(昆都仑河)并不为居民所受用。东边的小河更适合居民使用。

有趣的是,无论是否接受过学术训练的现代人,都会通过纯粹的自我推理,或不给出可靠出处而直接引用他人的观点,几乎用尽了所有词汇来表达"水是生活和定居的主要因素"这一规则。而古人,就追溯到新石器时代的古人而言,却具有同样的智慧,他们将在水道附近定居(的理论)付诸实践。然而,在这样做的时候,他们可能从未预料到,甚至从未想象过,他们的行动可能会被遗忘,他们的住所可能会被挖掘,他们的遗存可能会被扰乱。他们和任何现代人都丝毫不会想到,一个冒险家、骗子或说谎者可以通过无情地破坏遗址、书写废话和垃圾来获得名声和赚钱。

---

① Mountain:原文简写作"Mtn."。

很久以前,勤劳的古人就明白了(应该)务实而非要心眼,他们沿着较小的河流定居下来,并在河道沿岸的高原边缘留下了点缀其间的遗址。白(万玉)最早在西瑙包发现的遗址,(以及)庄(永成)和白万玉在东沙梁发现的遗址,李教授(笔者注:李四光)和学生在后瑙包发现的遗址等,都证明了这里在很久之前就有大量人口生活。

这些采集品的类型较为混杂。陶器(虽稀少)、磨光斧与河南、甘肃的差不多,而由石英、玛瑙、玉髓以及数量最多的碧玉制成的箭镞、矛尖、小刀、刀片和锯片、石核等则不同。大概在河南和甘肃,由于没有严格的(考古发掘)管理,这类遗物由于数量不多,尽管可以证明某种关系,但可能还是被当作"无用之物"扔掉了。在对发掘工作进行严格监督和记录的陕南地区,也没有发现相似制造技术的工具。一些箭头如果能被仔细研究,彼此之间可能是类似的。

东沙梁的遗址据说有 1 米厚的灰土,在我们考察之前已被农民翻耕过,没有迹象表明这里有很有规律的沉积物。然而,我们的调查十分粗浅,没有进行任何规律性的挖掘。采集品主要来自两个"采集者"的地表采集和一些浅层挖掘。如果从器物上判断,这里需要进行第二次深入挖掘(其他遗址没有进行考察)。

队伍从包头出发,由 250 头骆驼组成,骆驼都是从当地租来的,每 12 只骆驼左右组成一个把子。这真是令人印象深刻而又兴奋的壮观场面,大家将要看到亚洲大陆上有史以来最大的由骆驼组成的科学考察队,就用骆驼(的数量)而言,或许也是全世界最大的科学考察驼队。

就这样令人印象深刻地走了这么多天(6 天),我们才到了白灵庙(或称贝勒庙)附近,实际上是到了白灵庙以西 80 里的一个地方,这个地方的河谷沿线从下游到上游有以下地名:阿木赛(Amu Ser)、罕纳河(Hana Gol)、胡碱图(Hucherta Gol)。

我们当天经过的地方有:

尖坪

上、下二道沙梁

蝎子庙

模柜神窑 Chutuker Niuke

公胡同 Kung-Huduk

然后到达七爷口子十家店,总计里程 60 里左右。十家店之西通南约十五里为昆都仑苏木(喇嘛庙)。

昆都仑的七爷口子和哈达门(的前口子)不同。七爷口子更西边有杨家的家庙(杨家堡)。

昆都仑河从山中流出,蜿蜒于公道路西侧,距此二三十里。绿油油的牧场和村庄都聚集在这里。

准面由北山脉向南倾斜,呈现出平缓起伏的地貌。在侵蚀不深的地方,水流相互渗透,难以辨认。二道沙梁一带露出红色和绿色的沙子,尽管河岸的坡度较大,但河流还是在二道沙梁一带切割了 3 米深。

十家店坐落在昆都仑山南麓的一片宽阔的冲积扇上,路北有一座破败的旅舍,路南有一个[?],东南方有一个村庄,位于与松散土壤隔开的沟壑中。因此,从后面只能看到孤零零的客栈,而村庄则隐藏在地平线之下。昆都仑河从西北向东南方向流出一条清凉[?]的支流,水流湍急,但在河道宽阔处,也会出现沼泽和沙滩。河的两岸有许多树木,这是向北前进时会忽略的一个现象。

在十家店北面的冲积扇上 15m—20m 处有岩石台地。在扁桥后庄可见晶质片麻岩出露(见第 25 页)。

我们的宿营地位于主路南侧,直冲着有名字的旅舍的南面。(驻站 1)

重走袁复礼东疆吉木萨尔—奇台段考察之路

吴华峰[1]　　徐玉娟[1]　　朱玉麒[2]

[1] 新疆师范大学中国语言文学学院暨黄文弼中心
[2] 北京大学中国古代史研究中心暨历史学系

　　袁复礼先生参加中国西北科学考查团期间,考察区域集中在新疆的北疆东天山沿线,主要的考察活动有:1928 年 4 月 20 日—11 月 24 日在阜康、奇台等地进行地质考察;1929 年 7 月 24 日—8 月 20 日、1930 年 7 月 26 日—9 月 16 日,两次至博格达山和天池进行地貌测量;1930 年 9 月 17 日—1931 年 2 月 15 日,再次赴奇台、吉木萨尔等地工作。他绘制了博格达山和天池的形势图、探测了东天山地区的地貌与地质、在北庭故城进行了考古工作,特别是在吉木萨尔三台大龙口和奇台将军戈壁采掘到恐龙及其他古生物化石(图 1),轰动一时。

　　2021 年 7 月,国家社科基金重大项目"中国西北科学考查团文献史料整理与研究"的参与单位新疆师范大学黄文弼中心与北京大学中国古代史研究中心在乌鲁木齐进行文献整理工作期间,为了探寻袁复礼先生当年的足迹,于 7 月 12—14 日,共同组织了"重走中国西北科学考查团之路·东疆段"的学术考察活动,重点考察了袁复礼从事野外科考的吉木萨尔县三台镇和奇台县相关地点。考察组主要成员包括:北京大学历史学系暨中国古代史研究中心教师朱玉麒、博士生徐维焱,新疆师范大学中国语言文学学院教师周珊、吴华峰、周燕玲、潘丽、徐玉娟,兰州大学历史文化学院博士生蒋小莉等。

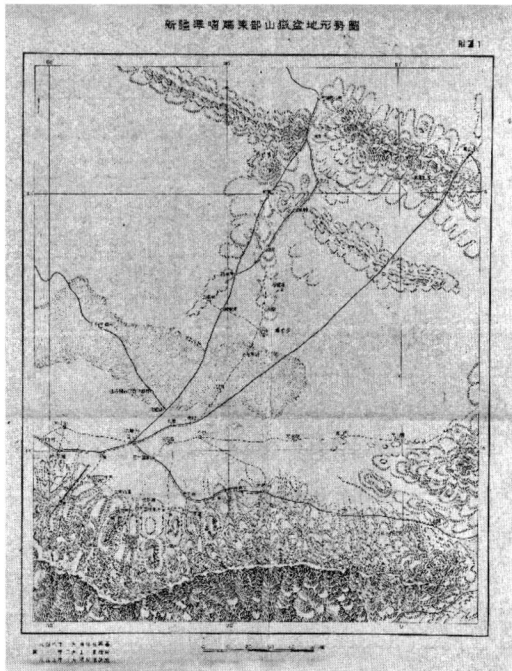

图 1　袁复礼考察准噶尔东部区域形势图

一、吉木萨尔县三台镇

2021 年 7 月 12 日早上 8:00 整,考察组分三路从新疆师范大学昆仑校区、文光校区、温泉校区出发,走 G7 京新高速直奔吉木萨尔县三台镇,寻找袁复礼先生曾经发掘恐龙化石的大龙口。袁复礼在《三十年代中瑞合作的西北科学考察团》中记载了这一段行程:

> 1928 年 4 月 20 日,笔者自新疆省城乌鲁木齐出发。……21 日到八道湾,22 日到芦草沟,23 日到芦草沟东坡下。24 日到铁厂沟。……27 日东行到白杨河下游的直沟;山高谷深。……5 月 1 日继续东行 4 天,经过甘沟、苦水沟、南泉口,于 5 日到达水西沟。[①]

考察组所走的路线与袁复礼基本一致,只是现在的交通工具和道路状况已经比那个时候好了很多,大约一个半小时的车程,就下高速到达了三台镇路口。此时新冠疫情仍未结束,进入三台镇检查站时要下车逐一核对身份证、测体温,等候过站的车排成了长队。大概十点半,三辆车才在三台酒厂对面会合。

三台在清代设驿,林则徐《荷戈纪程》记载称:"(三台)有上台、中台、下台,上台五百余户。……铺户皆在下台。"[②]1954 年昌吉回族自治州成立,下辖奇台、吉木萨尔、阜康、呼图壁、玛纳斯、木垒诸县。三台 1984 年建镇,为吉木萨尔所辖。奇台、吉木萨尔、木垒并称东三县,地处天山北路交通要道,自清代以来就是北路商业重镇。袁复礼笔下的三台,也充满商业气息:

> 三台是一条商业街,熙熙攘攘,殷实商店林立,百货齐全,足以供应附近四周农牧民们的需要。[③]

朱玉麒、周珊等几位先到的老师,在酒厂门口遇到一位名叫别克的哈萨克族推销员,他热情地邀请大家到酒厂里参观。历史悠久的三台酒业及奇台古城酒业,正是两地经济发达、生活富庶的侧影。可惜袁复礼到三台考察时,酒厂还未建立,加之考察艰辛,自然也没有一品佳酿的口福。

在交流过程中,别克看了《黄文弼中心通讯》中袁复礼旧藏东三县老照片,对我们的考察活动也来了兴趣,主动带大家去参观酒厂不远处的一段三台老城墙,这也成为本次考察的意外收获。随后,考察组驱车来到三台镇西面的老台乡,也即袁复礼记载的老三台,《新

[①] 袁复礼《三十年代中瑞合作的西北科学考察团(三)》,《中国科技史料》1984 年第 1 期,68—69 页。此处及以下各本引文,均据袁复礼生前修订本对原文有所订正。

[②] 林则徐《荷戈纪程》,《清抄本林则徐等西部纪行三种》,中国图书馆文献缩微复制中心影印,2001 年,287 页。

[③] 袁复礼《三十年代中瑞合作的西北科学考察团(四)》,《中国科技史料》1984 年第 2 期,54 页。

疆图志》中的老三台庄。袁复礼在 1928 年 8 月至此地：

> 三台西邻为老三台，早年是一个传递公文信件的驿站；现在已经无人，只剩下些破砖烂瓦。8 月下旬，正值秋高气爽、风不扬尘的时节，登上老三台西边的无量庙高台下，向南眺望，东自水西沟沟口，西到小东沟，天山北坡下的全部地形都在视线之内，地形分带十分清楚。[①]

今天无量庙已经不见踪影，因为人口增加，三台的视野也不似当年那般开阔了。在层叠的民居与田地之间，耸立着一座清代"老台烽火台"，成为我们在老三台的"打卡"地。

14:30，午饭过后，考察组就前往三台镇南山寻找大龙口。大家顺着之前别克指引的方向，打开导航南行，但由于对地形不熟悉，加之近百年前的地名至今又有变化，对于是否能找到当年具体的发掘点，大家没有十足的把握。大概二十分钟后，经过西大龙口水库。尽管通往水库的栅栏上了锁，但是"大龙口"的字样让大家都精神一振。顺着村镇公路继续南行，又看到一处院落前立着"地质公园"的标牌。

说是地质公园，其实更像是一处农家大院，站在院门口，只闻犬吠，却不见人。一直走到后院，才看到确实坐落着一座小型博物馆，还有驻守在这里的一家三口，他们是老台乡的农民。后院紧邻大龙口河，河流一直以来都是三台赖以灌溉的重要水源。我们向主人打听恐龙化石出土地点，被告以河对岸就是。抬眼望去，大家惊喜地发现对岸连绵起伏的山岭，正是袁复礼旧影中出现过的经地质挤压形成的褶皱山！

大家抓紧时间参观博物馆，据介绍，这一带的山地都属于"大龙口地质遗迹保护区"，是东天山山脉北麓第四纪阶地保留最完整的地区之一。其中保存了二叠系与三叠系界线剖面（图 2、3），是有名的"生物灾变界线"，讲解人员重点介绍了袁复礼发现"赫氏水龙兽"化石的事迹，还展示了"袁氏阔口龙""袁氏三台龙"的展板。尽管大家都是地质学、古生物学的门外汉，但看到近一个世纪以前袁复礼先生和科考团的功绩仍然在他的工作地被展陈和纪念，我们每个人倍感欣慰。

图 2　袁复礼考察大龙口内二叠纪鱼层及二齿兽类发掘地

图 3　课题组 2021 年 7 月在大龙口附近考察

① 袁复礼《三十年代中瑞合作的西北科学考察团（四）》，《中国科技史料》1984 年第 2 期，54 页。

考察组大约 15∶15 离开博物馆,经过喇嘛昭、潘家台子村——袁复礼先生曾经发现"袁氏阔口龙"的地方,熟悉的地名一下又拉近了我们和科考团之间的距离。在二工河村和小三台村分叉处拐下路基。此时已经过了新地乡,大家索性在河边休息一阵,然后掉头返回。汽车开过新地乡大桥后,又拐上一条南向岔道。路况逐渐变得十分糟糕,考察组留下了一辆轿车,挤上两辆越野车,沿着山脚小路折而东行。沿途路边每隔一段距离,就有一座花岗岩石碑,刻着"新疆吉木萨尔县西大龙口地质遗迹保护区"字样,可惜详细介绍的字迹因为石质花纹底色的映衬显得非常模糊,那些术语也不是我们所能理解。但是近距离观察车右侧的山体,形势确实非常独特。一路走走停停,终于在 17∶20 开到了大龙口水库边的草滩上,地质公园就与我们隔河相望。考察组在这里逗留了好一阵,仔细观察了附近的地貌。有的人还爬到了半山腰,也想碰碰运气,希望能够发现一块恐龙化石。

袁复礼先生东疆考察期间,曾两次到大龙口一带工作,对于化石发掘细节以及大龙口的地质、地貌都有详细记载:

> 自(1928 年)9 月 11 日到 10 月底的一段日子里,我们耐心细做。头几天以地面拾零方式进行普查,前后在四个小山发现了爬行动物化石,每日都能采掘到数十或一百多块各种脊椎骨、肋骨、腿骨、脚骨、趾骨、头骨等化石,但是多数零碎。……这次发掘一直持续到 10 月下旬降雪为止。结束前,在靠近大山根的潘家台子残余高阶地上发现了一个鼻梁向上拱起的"加斯玛吐龙",这是较为完整、个体长 40 多公分的爬行动物,后经杨钟健先生研究,认为是一个新种,定名为"袁氏阔口龙"(*Chasmato-saurus yuani Young*)。值得一提的是,此次发掘中还有一个压扁的小个体,长只有 7 厘米,后经戈定邦君修理研究,也认为是一新种,定名为"袁氏三台龙"(*Santaisaurus yuani*)。①

> 1930 年夏季,我在天山上的工作结束后,于 9 月 26 日至 10 月 16 日又一次来到三台大龙口内。这次的重点是沟南端近天山脚下的背斜北翼,这里晚二迭—早三迭世的红层出露甚好。经过寻找,发现了丰富的化石,化石属于 15 个个体,其中一个相当完整,采集时我还绘下了水龙兽的骨架位置图。我们用五个铁盒和一个衣箱专门精细包装了这具水龙兽。后经杨钟健先生鉴定,认为是一个新种,以赫定的姓氏定名,称为"赫氏水龙兽"(*Lystrosaurusb hedini Young*)。②

袁复礼的发现很快就传开。考查团中方团长徐旭生说:"(1928 年 10 月 20 日)接希渊信一封,他于本月十四日又得到恐龙的蛋,为学术界一重要发明。信词诡奇汪洋,足征愉悦。他又有信给赫定先生,我们得到这样好新闻,全要距跃三百。"③斯文·赫定《亚洲腹地探险八年》专辟一节"袁教授的发现"来介绍此事,说"袁教授的发现无疑使大本营沉浸在

---

①② 袁复礼《三十年代中瑞合作的西北科学考察团(四)》,《中国科技史料》1984 年第 2 期,55—57 页。

③ 徐炳昶《徐旭生西游日记》,兰州:甘肃人民出版社,2002 年,235 页。

极度兴奋之中,各家中外报纸也纷纷报道此事"①。

考查团另一位中方团员刘衍淮也曾追忆:

> 民国十七年十月袁复礼教授首先在新疆孚远县之三台发现中生代侏罗纪之恐龙(Dinosaur)化石。这是在亚洲的第一次发现恐龙化石,以前地质学者多说天山东部不可能有动物化石,至此此说完全被推翻。瑞典一位地质学家向斯文赫定道贺说,贵团耗费巨款,远行考查,只此一项发现,已属值得。②

袁复礼自己也不无自豪地记载了当时国际学界的轰动效应:

> 赫、徐二位团长通电国内外,要求作为科学上的一项重要发现进行报道。北京《晨报》和天津《大公报》都以头条位置登出,一时国内外报纸争相登载。法国的一家报纸更渲染为:"七个活的恐龙在中国新疆发现。"瑞典一家报纸的标题是"沙漠中发现大如驴的恐龙蛋",则更是极尽了夸大与想象之能事,消息一时轰动了全世界的学术界。③

尽管我们想要捡到化石的愿望并没有实现,但是站在山崖边,袁复礼先生旧影中的工作场景仿佛历历在目,变得更加生动鲜活。

返回岔道口已经 18:15 了,考察组成员各自上车,奔赴泉子街附近寻找韭菜园(图4)。袁复礼先生在 1928 年至韭菜园:

> 11 月 1 日,我向东行,想追溯红层。我路过了曾经工作过的水西沟沟口,再东行到达济木萨县正南 5 公里的千佛洞,直到近天山脚下的新地。……由新地东行 5 公里到泉子街,再向东北行十余公里到韭菜园,见到了中生代及二迭纪地层在此却为近

图 4 袁复礼旧照中的韭菜园之秋

南北向的大断层切断,丘陵地貌也就到此结束。④

大家折回三台镇上 G7 高速,大约七点往北折入去泉子街镇的道路,沿途都在修路,颠簸了一个小时才到达泉子街镇。

事后才知道,如果沿着新地乡的乡间道路东行,可以直接到达泉子街和韭菜园。只是

---

① 斯文·赫定著,徐十周等译《亚洲腹地探险八年(1927—1935)》,乌鲁木齐:新疆人民出版社,1992 年,277 页。

② 刘衍淮《中国西北科学考查团之经过与考查成果》,《(台湾)师大学报》第 20 期,1975 年,5 页。

③④ 袁复礼《三十年代中瑞合作的西北科学考察团(四)》,《中国科技史料》1984 年第 2 期,55—56 页。

图 5　天山北麓夏秋之交的韭菜园（2021 年 7 月）

这条新修的道路在导航上尚未显示，害大家走回头路往北绕了大圈子。而结合袁复礼的记载，他们一行当时所走的一定就是乡间小路，这种失之交臂的感觉让人不禁有些沮丧。20:20，考察组由泉子街西行至韭菜园（图 5）。韭菜园今属于吉木萨尔县大有乡，分为上韭菜园、下韭菜园。据说是因为生长野韭菜得名，还盛产大蒜。

村子坐落在山沟中，房屋、田地均依地势而建，极不规则。一直转到晚上九点，也没有找到村委会所在，眼见天色已晚，只好沿着山路赶往奇台县。汽车随着柏油路忽上忽下、盘旋起伏，刚刚穿过的根葛尔村不一会又被甩到了脚下，真是别有一番滋味。想到此行这一路都和西北科学考查团的足迹有关，并不单纯是欣赏美景，不由得在心中又增加了一份使命感。绕过山路之后，白杨河村突然映入眼帘，让人顿起"柳暗花明又一村"之感。22:45 进入奇台县城，入住古城商业街旁边的华东容锦酒店。奇台在北疆的交通贸易中，一直有很高的地位，在清代素有"金奇台，银绥来"之称。今天，它也依旧是东三县中风景秀丽的通衢大邑，灯火辉煌，照亮了一片繁茂的城市。

即使夏天白天长，此刻天也已经黑透了。

二、奇台至北塔山

按既定计划，考察组 7 月 13 日的行程均在奇台县境内：由奇台北上北塔山，沿途寻找旱沟、芨芨湖、石钱滩等地。袁复礼于 1930 年底结束三台的发掘工作后，曾至北塔山一带，他记载："1930 年 10 月下旬，我率方姓驼夫等三人向东北行，去准噶尔盆地东缘——自奇台县到北塔山一线进行考察。"[①]1931 年东归时，他走的也是芨芨湖一路：

> 十二月十七日午时，自古城启程。……十二月二十日芨芨湖，为一古湖，面积不大，沙丘累累，皆经冲刷成低梁。远望北塔山峰极清晰，南望天山北麓亦可辨识。[②]

袁复礼所说的古城即奇台。奇台这一名称是清代才出现的，乾隆二十四年（1759）建奇台堡，设奇台直隶厅通判。乾隆四十一年改县，改奇台堡为靖宁城。光绪五年（1879）重建奇台城，县署迁至乾隆四十年所筑的孚远城，因境内有唐朝古城，故俗称"古城子"。光绪十一年在旧城西南续修孚远城，县治由老奇台迁往今址。这是袁复礼当年驻足的

---

① 袁复礼《三十年代中瑞合作的西北科学考察团（四）》，《中国科技史料》1984 年第 2 期，57 页。
② 袁复礼《蒙新五年行程纪》卷下，1942 年油印本。

地方。

　　今天的行程总体比较宽松,考察组上午 10:23 才出发,北行十余分钟,就进入奇台西地镇界内,大约十一点到达西地镇东地村的东地大庙。东地大庙是当地有名的古迹,据称初建于清乾隆五十五年,四座古庙坐北向南,由东而西依次为城隍庙、关帝庙、娘娘庙、圣武宫。嘉庆、道光年间大庙扩建,又新建武圣宫、圣贤殿、戏楼等。除关帝庙,其余庙宇均毁于同治四年战火。光绪十八年当地百姓又捐资重修娘娘庙、城隍庙等。西地镇与东地大庙都不见于袁复礼记载,也许是因为他当年考察时无暇至此游览。我们这次前来也恰值大庙维修,未能一窥其全貌,只能利用无人机航拍了它的总体轮廓。大庙周围麦田金黄一片,远望村舍相连。

　　离开东地大庙前往旱沟村的途中,由于太依赖导航,考察组被导入一片野地,只得折回大路。出乎意料的是,旱沟村村委会就坐落在大道边,大家赶紧拉起横幅拍照留念(图6)。从旱沟赶到芨芨湖已经快中午了,大家在路边最“豪华”的金彪饭店吃了顿拉条子。芨芨湖位于准噶尔盆地南缘(图7),目前已经是奇台县有名的产业园区,有厂矿企业几十家,和当年袁复礼所见仅有一古湖的景象已经完全不同。

图 6　公路旁的旱沟村标志

图 7　袁复礼拍摄的芨芨湖

　　考察组于 13:40 离开芨芨湖,据袁复礼先生记载,他的下一个停留点为鸡心山,当地人名之鸡心疙瘩。所谓鸡心疙瘩非村非站,只是戈壁平原上一座形似鸡心的小山丘,出芨芨湖镇后有两条岔路,左侧为 S228 省道,可通往黄草湖、将军庙等地,右侧道路为 S327 省道,通往北山煤窑。一开始大家上了左侧道路,沿途看到路边凸起的山丘,都觉得像鸡心疙瘩。就这样走了十几公里路,路旁山丘、灌木愈发密集。到路边一户哈萨克族牧民家里问路,沟通半天,对方似乎也不清楚鸡心疙瘩的位置。再看袁复礼先生的地图,他当年经行的道路是东边的老路,彼时西边的新路尚未开辟,绝非袁复礼所经。

　　考察组毅然返回 S327 省道,一路北行寻找北山煤矿。途中有不少小山丘,因为走错路耽误了时间,加之附近没有一处人家,大家只好放弃了寻找鸡心疙瘩的执念。从袁复礼的地图上看,北山煤矿下一站是石钱滩,然而导航却找不到这个地名。不过这次的道路既然没有选错,大家也就不再去纠结能否找到相关地点,抱着这样的心态,当在 S327 省道

35 公里处看到"石钱滩风景区"路牌的时候,反而有一种意外惊喜(图 8)。石钱滩位于奇台将军戈壁双井子东南五公里处,因遍布形似铜钱的海洋生物化石而得名,这里产出的古生物化石多达 200 余种,是一处具有 3 亿年地质演化史的古生物化石宝库,包括不少首次发现的新化石品种。

图 8　石钱滩风景区

袁复礼先生对鸡心山、北山煤窑、石钱滩的地质考察经过都有记载,有关石钱滩的内容如下:

> 在地层顺序上,再高的就是一个背斜地区的下二叠纪的石钱滩建造(P1)。它的组成相当复杂。上层是绿灰色薄层泥灰岩,下层是绯色密质石灰岩。……盆地的中央被晚期的粗砂覆盖着,粗砂粒的来源,一部分是由周围的山梁风化物被暴雨冲洗下来的,一部分是从山脊上被风力吹送来的,是一种典型的干湖。……泥灰岩容而且能强烈地受风化作用,所以在表面上化石很多。笔者在那里停留的最后一个星期中,驼夫们对它也极熟习了,不曾委托和指导,他们竟捡满了几个袋子。[1]

考察组成员顶着烈日纷纷来到戈壁上,一枚枚小小的海百合化石立刻映入眼帘。时间定格在 15:34,在没有任何遮蔽物的戈壁滩上,随时都会有中暑的危险。但是化石的吸引力还是让每个人都兴致盎然,大约一小时后,采集到了足够的化石标本,大家才再次动身。石钱滩再往北,不复有旧路。只有一条正在修建的新路,尚未通车。考察组只好在道路尽头向西拐上了 S228 省道——原本打算明天返程走的道路。如此一来,袁图上标注的双井、南明水、元湖等地,都没法去找寻了。后来听奇台当地人说起,除了正在修建的新路,袁复礼先生曾经走过的老路也还在使用,只不过已经成为拉矿大车的专属道路,一般的小车无法通行。

大约 17:10,考察组到达恐龙地质公园,路对面是硅化木公园和卡拉麦里自然保护区。奇台硅化木公园、恐龙国家地质公园地处准噶尔盆地东南缘,面积达 492 平方公里,与奇台魔鬼城雅丹地貌、石钱滩景区,并称将军戈壁四大自然奇观。只是现在恐龙公园前的建

---

[1]　袁复礼《新疆准噶尔东部地质报告》,《地质学报》1956 年第 2 期,117 页。

筑物和地质博物馆似乎都已经废弃,景区说明牌上写明了这是 1930 年袁复礼发现"奇台天山龙"的地方,但大家没有办法进到内部一探究竟。据袁复礼先生记载,他于 1930 年 12 月 6 日在此地采掘到恐龙化石(图 9):

图 9　袁复礼在白骨甸发掘恐龙化石

　　12 月初南归,6 日行至奇台县北 77 公里的白骨甸(哈萨克语称为凯利施),在晚侏罗世泥质砂岩的一个风蚀残丘上,发现了两个大型恐龙骨骼,保存相当完好。我先在地面划出了大方格,每方又划分成 25 个小正方块,以使有顺序编号不致弄乱,然后组织随行的 3 名驼夫与我一起仔细挖掘。时适寒冬,气温始终在零下,还经常有五六级大风夹着砂土袭来。为保持骨骼不被掘坏,我们便把左近积雪煮成开水,浇化冻地,然后再刮去骨骼上的泥砂。挖掘了 32 天,终于胜利完成了工作。我却为此冻伤了脚,2 月 15 日回到乌鲁木齐进行手术及养伤,三个月始愈。[①]

　　白骨甸是元代地名,其名首见《长春真人西游记》:"前至白骨甸,地皆黑石。"[②]地当奇台县北部鄂伦布拉克、苏吉、黄草湖等处沙碛。夏季的西北戈壁炎热、干燥,到了冬季又寒冷异常。即使是今天,在茫茫戈壁滩上工作,补给尚且不易,何况在将近一百年前。袁复礼先生竟然在此地一待就是一个多月!除融化雪水浇地,他们还"拣琐琐柴(耐旱灌木)烧红,布满地下以融化地表"[③]。工作极其艰难。这次发掘到的恐龙化石复原后骨架长 10 米多,高 4 米多,时代属上侏罗世到下白垩世,为一新品种,被杨钟健先生定名为"奇台天山恐龙"(*Tianshansaurus Chitaiensis*)。

　　在 1928 年春到 1931 年夏三年多的时间里,袁复礼在三台、奇台北部一共采集到 71 具古代爬行动物化石。他曾经推断:"考虑到在很短的发掘期间竟找到如此多的个体,那么一定曾有大量的爬行动物在这里生活和发育。这意味着新疆曾是爬行动物进化的主要中心之一。"[④]在这一古生物演化中心,不同种类的爬行动物在不同时间段向外迁移。这些发现和观点打破了以往欧洲学界认为新疆地区没有恐龙化石的错误认识。为了表彰袁复礼先生的卓越贡献,瑞典政府还为他颁发了"北极星"勋章。

　　离开恐龙公园,考察组再次北上。在去北塔山的途中,看到道路旁堆放了很多切成方

---

① 袁复礼《三十年代中瑞合作的西北科学考察团(四)》,《中国科技史料》1984 年第 2 期,57 页。

② 李志常著,党宝海译注《长春真人西游记》,石家庄:河北人民出版社,2001 年,40 页。

③ 袁疆、袁扬《袁复礼在广袤祖国的地质勘察》,《"中国西北科学考查团"八十周年大庆纪念册》,北京:气象出版社,2011 年,129 页。

④ 袁复礼《天山北部中生界兽形类爬行动物化石的发现》,《地球科学》1982 年第 1 期,3 页。

块的大型花岗岩,这就是奇台卡拉麦里地区特有的一种花岗岩——卡拉麦里金。这种花岗岩具有独特浅黄底色、黑色条纹点缀其中,以硬度高、板材光洁度好而著称于世。尽管大家对地质学、古生物学都是外行,但从三台一路走来,看到如此丰富的地貌、矿产资源,也能感觉到这里作为科学考察宝地得天独厚的条件。

进入北塔山牧场总部街道已经 18:30 了。北塔山属于边境地区,照例要检查边防通行证。考察组在出发的前一天下午,在新市区市政大厅办理了通行证,此时派上了用场。北塔山是中国与蒙古国的界山,1947 年蒙古国边防军欲占领此地,中国守军借助地势,多次击退蒙古国军队进攻,史称"北塔山事件"。考察组在北塔山大酒店安顿下来后,一起再来到街上游览,酒店背后就是本地最繁华的农贸市场。大家爬上了建有宝塔的小山,街市全景一览无余(图 10)。北塔山本是蒙古语"巴依塔格"的音译,意为富裕之山,现在翻译成了"塔",便也建了塔。说起来北塔山被画入地图,还是在准噶尔汗国的噶尔丹时期,一个瑞典炮兵士官锐纳特(Gustav Renat)被俘在准噶尔部中十多年[1],他画出来的地图第一次出现了北塔

图 10　北塔山的地标

山地名。这也成为我们重走西北科考团之路可以和瑞典方面挂钩的一个机缘。

夜晚山中非常凉爽,身处宁静、祥和的边陲小镇,感觉和白天的石钱滩、恐龙沟完全是两个世界。

三、北塔山返程

7 月 14 日是本次考察的最后一天,考察组计划参观乌拉斯台口岸后即返程。

早起的考察队员在一早七点多就将北塔山牧场周边都转了一圈:牧场由山西援建,所以牧场场部主要街道名为晋北社区,还有一座晋疆连心桥。社区前悬挂着 6 张大宣传牌,展示着全国最近的热门事件:建党百年、学习国家通用语言文字、民族团结、新疆工作座谈会、新冠防控、学党史。与百年前相比,变化真可谓天翻地覆。

考察组十点整出发,由 Z904 公路北上前往乌拉斯台口岸,途中经过草建连、北塔山气象站、牧业三队。这些地点在袁复礼先生到来时还没有,但是当年他对北塔山地区进行全面的地质考察,这条路线也是他的必经之路。从袁复礼所绘地图上可以看出,他到达并标

---

① 新疆社会科学院民族研究所编著《新疆简史》第一册,乌鲁木齐:新疆人民出版社,1980 年,245—246 页。

注的最远地点为乌兰布拉克(今作乌伦布
拉克)。大概十一点,考察组就到达了乌拉
斯台口岸(图 11),大家本想沿着还在修建
的砂石路前进到边防哨卡看看,因为路况
实在糟糕,只能半途折回口岸大楼。

乌拉斯台口岸位于奇台县最北部,与
蒙古科布多省布尔干县遥遥相对。1991 年
中蒙双方签署协定,每年五、七、八三个月
开放,允许中蒙双方人员、货物通行。考察
组到来的时候,口岸正在翻修,空无一人。
大家在边检站前转了转,发现有个小商店

图 11　乌拉斯台口岸

开着,于是进去和主人交谈。店主是河南信阳人,来新疆 31 年了,定居在乌鲁木齐,每年
口岸开放时上山来做边贸生意。现在口岸因为疫情关闭,他只能做点建筑工人的生意而
已。问他北塔山保卫战的事,他告以现在口岸两边的山里有 40 多公里长的隧道,一直通
到北塔山,现在已经封闭多年不用了。

在山巅再一次观望了口岸的全景后,考察组开始返程。12:30 在牧业三连停留,路边
有个卖哈萨克手工艺品的商店,价格很贵,看得出来在没有疫情时,这里似乎旅游业还比
较红火。12:50 经过乌伦布拉克,13:30 回到北塔山牧场,在农贸市场的好再来饭馆饱餐
一顿。离开北塔山牧场不久后,天山已经开始滴起了雨点。考察组再次经过恐龙公园,这
次车停在硅化木公园门口,因为大门锁着进不去,大伙就在围栏外转了转,在附近的戈壁
滩上捡到一些硅化木碎片。这时戈壁上也开始变天,天色渐渐变暗,明显能感觉到气温下
降。16:30,考察组到达将军戈壁服务站,公路右侧有一些被围栏保护起来的残垣断壁,就
是将军庙遗迹。关于将军庙祭祀的是哪位将军,历来众说纷纭,有说是唐朝将领,有说是
清朝将军,还有人说是元代乃蛮部太阳汗[①]。将军戈壁又因此庙而得名,实际即白骨甸沙
碛的一部分。袁复礼先生没有提到此地,考察组的这次行程,也算是对当年袁先生行程一
点有益的补充。

雨势变得更大,17:30 赶到芨芨湖产业园加油,20:39 进入乌鲁木齐收费站。三路人
马仍分别回不同的校区。为期三天的"重走中国西北科学考查团之路·东疆段"活动告一
段落。

结　　语

袁复礼先生于 1928 年 3 月 8 日随团抵达乌鲁木齐,1931 年 11 月 21 日作为考查团最

---

①　戴良佐《"将军戈壁"的将军是谁》,《西域研究》1992 年第 2 期,40 页;《"将军戈壁"中的将军为谁
小辨》,《西北民族研究》2000 年第 2 期,100—102 页。

后东归的团员之一,取道奇台、木垒,经哈密北部东返北平。在历时三年多的考察中,袁复礼的足迹遍布阜康、奇台、吉木萨尔、木垒等地,收获丰硕,是名副其实的中国东天山地区地质、古生物考察第一人。他考察中的相关成果,后来都陆续发表刊布[①]。除了学术考察,他还用自己的学识帮助当地百姓,"他在吉木萨尔县为缺水的村找到了清泉,当地群众为他修了一座'复礼庙'。他帮助炼铁的老乡改进技术,他们为他建了一座'袁公庙'。为在世的人修庙,这是不多见之事"[②]。这些都在新疆东三县的历史上留下了浓墨重彩的一笔。

短短三天,考察组无法将袁复礼先生走过的路全部走完,但是通过重走与实地踏查,大家对袁复礼先生在吉木萨尔、奇台考察的经历,以及科考工作的细节都有了切身的体会和认识,也在不断的今昔对比中,感受到两地百年间的沧桑巨变,加深了对新疆历史文化的了解。而袁复礼先生在北疆地区的早期地质调查成果,其奠基性的价值也将随着时间的推移,在今天和未来的科学考察中更加凸显。

[①] 《新疆北塔山至天山之间的地质剖面》,《科学》1949 年第 1 期;《新疆吉木萨尔县三台以南大龙口及水西沟一带地质、岩层及构造》,《石油地质》1955 年第 20 期;《新疆准噶尔东部地质报告》,《地质学报》1956 年第 2 期;《天山北部中生界兽形类爬行动物化石的发现》,《地球科学》1981 年第 1 期;《新疆准噶尔东部火山岩》,《地球科学》1983 年第 4 期;等等。

[②] 袁疆、袁扬《袁复礼在广袤祖国的地质勘察》,《"中国西北科学考查团"八十周年大庆纪念册》,132 页。

中瑞西北科学考查团在地质学上的后续交流

——袁复礼与那林通信两则考述

袁 勇

北京大学历史学系

引 言

1927 年,袁复礼(1893—1987)先生作为"中国西北科学考查团"的一员,踏上了自己的"西征"之旅[①]。这次考察是近代中国学者与国外学者共同开展的第一次西北科考活动。考察过程中,凭着惊人的意志力和科学精神,袁复礼先生在地质考察与考古活动中收获了大量采集品,取得了令人惊叹的成果。

"中国西北科学考查团"又称"中瑞西北科学考查团",这一由中国学术团体协会与瑞典探险家斯文·赫定(Sven Hedin,1865—1952)合作组织,中国和欧洲多国科学工作者参与的西北考察活动,不仅拉开了中国学者西北科考的序幕,也在中、瑞学者之间搭建起沟通交流的桥梁。他们之间的交流互动,并未因为科考活动的结束而画上休止符。李宪之、刘衍淮、丁道衡、陈宗器等先后赴德国学习,赓续着中外交流。袁复礼先生与瑞典学者在之后的书信往来,亦是这一交流活动的明证。

本文介绍 1949 年袁复礼与瑞典地质学家那林的两封英文通信,可以见出二人之间的科学情谊。两封英文书信均为打字本,原件现存瑞典,今所据彩图系地质学家黄汲清先生于 20 世纪末从瑞典复制而来。其中,第二封袁复礼先生致那林的英文书信尚存两份稿本,一份系手写稿件,一份为打字本稿件,均经袁复礼先生反复修改,而保存在他的遗物中。以上材料均由袁复礼先生哲嗣袁鼎先生提供彩图给新疆师范大学黄文弼中心,用于学术研究。在此谨向袁鼎先生致谢。以下将两封英文信件试译作中文(英文录文附文

[①] 狭义上的"中国西北科学考查团"仅指 1927—1933 年这一阶段,广义上的"中国西北科学考查团"则将"绥新公路查勘队"(1933—1935)的考察也纳入其中,将其视作第二阶段。袁复礼先生参加的是第一阶段的考察(1927 年 5 月至 1932 年 5 月)。

末），对文中人物、事件等略作考述（以书信时间为限，截至 1949 年）①，方便于进一步的研究。

一、那林致袁复礼书信译文及笺证

乌普萨拉大学矿物—地质系

那林教授

1949 年 4 月 22 日

袁复礼教授
国立清华大学
北平，中国

尊敬的朋友：

我早已收到您那封非常亲切的信，从那时起，这封信就一直摆在我的办公桌上，每天都在提醒着我待定的答复。但这很难做到，因为我们有很多共同感兴趣的事情需要讨论，而现在时间很少允许任何冗长的信件。

我本以为会在伦敦的大会上见到您，您的缺席令我大失所望。大会确实取得了巨大的成功，组织得很好，短途旅行非常有趣。这是我第一次到访英国，英国肯定处于最佳状态。我很高兴在那里见到我的老朋友黄汲清教授、李四光教授、孙（Sun）、巴尔博（G. Barbour）教授和其他中国专家。不幸的是，德日进（Teilhard）神父因病未能来（有人告诉我，他正在非洲某地休养）。

大会结束后，我非常高兴在乌普萨拉见到了黄教授，他逗留了大约一个星期。我们有充分的机会讨论他杰出的专著《中国主要地质构造单位》中所论述的诸多精彩问题。迁延许久后，去年，安博特（N. P. Ambolt）发表了关于天山和西藏北部重力测量的报告。我们探险时，现代、方便和高效的重力仪，每天可以测量大约 50 个站点。然而非常遗憾的是，事实上，我们在整个地区仅布有 42 个站点。然而，这些站点对提供绝对重力值具有重要价值，这些重力值将始终作为未来现代重力测量的定点。我希望用不了多久，地质调查所可以依据安博特提供的重力定点，在新疆组织一次区域性的重力调查。

虽然现有测量数据有限，但提供了一些特别有趣的关于中亚部分地区结构的信息。塔里木盆地西部作为一核心区的特征是显而易见的，其中也包括库鲁克塔格（Quruq-tagh）地区，正如沉积层的地层和表层地貌发育所表明的那样。最值得注意

---

① 地质专业名词或问题的讨论，超出了笔者的能力范围，故存而不论。

的是,吐鲁番盆地的最低部分(－199 mGal)与博格达山(Bogdo-ula)海拔 2600 米处的重力异常值(－186 mGal)大致相同。在羌塘(Chang-thang)和喀喇昆仑山(Karakorom)上,测到布格重力异常值为－560 mGal,这是地球上已知的最高值。我在大会上发表的一篇小论文中,分析了重力异常与地质结构之间的关系。

现在,我正努力汇编霍涅尔(Hörner)、布林(Bohlin)和贝克塞尔(Bexell)从南山和柴达木盆地(Tsaidam)收集的地质资料。由于缺乏用于调整地形材料的天文定点,这项工作也被大大推迟了,但现在这个困难终于被克服了。另一困难处在于,几乎所有来自南山的晚古生代化石材料,我们现在均已无法接触。您可能还记得,这些材料存放于兵马司(Ping-ma-su)地质调查所,由中国古生物学家研究并绘图。大战和随之而来的动荡打破了这些计划。我现从黄教授处得知,这些材料大部分可能还在兵马司。为能汇编、利用以及最终出版霍涅尔、布林在南山和蒙古地区的多年工作成果,有必要将这些采集品提供给我们,或者,由我们的中国同事比定化石并绘图,然后提供比定清单。自 1939 年以来,我的大部分采集品一直在格拉茨古生物学研究所进行研究,先是何瑞茨(F. Heritsch)教授,后来是他的继任者梅茨(K. Metz)教授,他们都是晚古生代海洋生物学家。克拉根福(Klagenfurt)的卡勒(F. Kahler)博士正在研究这些有孔虫(foraminifer)。尊敬的朋友,如果您能以令人满意的方式帮助我们解决此事,我们将非常感激。

去年秋天,我非常荣幸邀请到您的同胞陈光远(Chen Kwan Yuan)先生作为旁听生。他来自南京,非常善良、聪明,深受大家的赞赏,是一名优秀的中国文化大使。

我衷心感谢您关于准噶尔盆地的非常有趣的论文。我希望您能抽出时间发表更多关于您从这些地方和蒙古地区获得的精彩材料,我们都热切期待这些材料。您在信中没有提到第 29 卷之前的《探险报告》是否已送到您手中。我希望它们已送到。

至于我研究所的《学报》,我已与大学图书馆总馆说好将所有尚可获取之卷次都送给您。大多数早期卷次(I－XX)都已绝版或几近绝版,但我希望您能获得第二十卷(XX)以后的卷次。

谨致以亲切的问候和最良好之祝愿。

谨启

那林(签名)

笺证

此信为那林致袁复礼的信件(图 1),共三纸,书于"乌普萨拉大学矿物—地质系"信笺纸,下印有"那林教授(Professor E. Norin)"字样,应为那林专用信纸。写信时间为 1949 年 4 月 22 日。

"那林"(E. Norin,1895—1982):或作那琳,瑞典地质学家。1927—1933 年参加中瑞

西北科学考查团,是外方主要成员之一①。1928—1929 年间主要在新疆塔里木盆地东部的罗布泊地区和库鲁克塔格山一带考察地质,1929 年初曾短暂回国学习现代三角测量法,1930 年返回,继续考察吐鲁番盆地西部和北部天山等地区,本拟取道印度回北平,途中却转赴和田、藏北等地区考察,后遭遣送出境。回国后,任教于瑞典乌普萨拉大学矿物—地质系。那林在地质考察中,获得大量采集品,绘制了诸多路线图和地质图,并陆续发表有多篇研究论文和考察报告。瑞典出版的五十六卷巨著《斯文·赫定博士领导的中国西北科学考察报告集》(*Reports from the Scientific Expedition to the North-Western Provinces of China under the Leadership of Dr. Sven Hedin*)(以下简称《赫定报告集》)中,那林发表了三卷与地质学相关的考察报告,即卷 2、16 和 29,并与人合作或单独绘制地图两卷,即卷 48 与卷 50②。

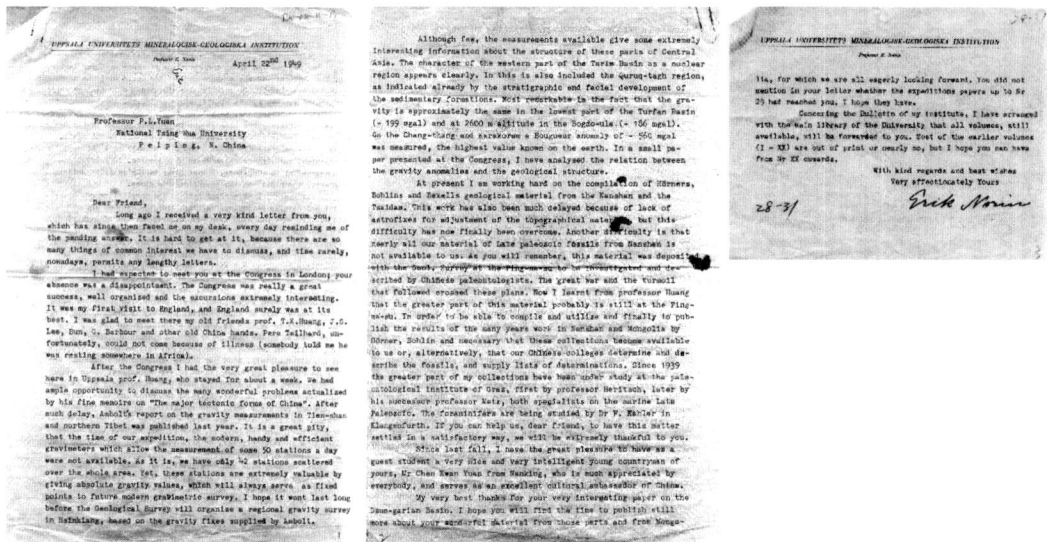

图 1 那林致袁复礼书信

"袁复礼"(P. L. Yuan,1893—1987):字希渊③,河北徐水人,出生于北京。1913 年考

---

① 其考察经历参见:中国新疆维吾尔自治区博物馆等编《中瑞西北科学考察档案史料》,乌鲁木齐:新疆美术摄影出版社,2006 年,143—160 页。罗桂环《中国西北科学考查团综论》,北京:中国科学技术出版社,2009 年,175—176 页。袁复礼《三十年代中瑞合作的西北科学考察团》,载《中国科技史料》1983 年第 3 期至 1984 年第 3 期(5 期连载)。按:中方团员的考察记录中对外方团员名字的音译用字不一,本文择一取用,对照表参见:王忱《高尚者的墓志铭:首批中国科学家大西北考察实录(1927—1935)》,北京:中国文联出版社,2005 年,694—695 页。

② 参见:罗桂环《中国西北科学考查团综论》,232—233、244—248 页。

③ 其个人经历与著作等,参见:袁疆等编《西北科学考察的先行者:地学家袁复礼的足迹》,北京:新华出版社,2007 年。

入清华学校高等科,后留学美国,在哥伦比亚大学获地质学硕士学位。1921年回国后进入地质调查所任技师,协助安特生发掘河南渑池县仰韶村新石器遗址①。1922年,中国地质学会正式成立,袁复礼是26位创始会员之一。1923—1926年在北京大学兼课。1927年调入清华大学,参加了1927—1932年的中瑞西北科学考查团,并在徐炳昶返回北平后,担任中方代理团长②。他参与创建清华大学地学系,并在西北科考归来后的1932—1937年间任地学系主任。抗战军兴,赴昆明,任教于西南联大地质地理气象系,抗战胜利后,返回国立清华大学,仍任地学系教授兼系主任。新中国成立后,因院系调整,于1952年转入新成立的北京地质学院(今中国地质大学)。袁复礼的西北考察取得了巨大成就,采集了大量考古、地质和古生物化石标本。因其卓越贡献,1936年瑞典皇家科学院授予其"北极星"奖章。

那林与袁复礼二人早在参加中瑞西北科学考查团之前便已相识。1919年那林来华③,后受聘于地质调查所,袁复礼回国后亦加入了地质调查所,二人当时或已相识。中国地质学会成立后,那林也参与该会活动,并发表演讲。据《益世报》和《晨报》记录④,1923年1月7日,那林参加了中国地质学会的年会并演讲山西上古界与中古界之植物化石。

"伦敦的大会":即因"二战"而迁延七年举办的第18届国际地质学大会,于1948年8月25日在英国伦敦亚尔培大厦(Royal Albrt Hall)开幕。出席此次大会的李四光先生在伦敦撰有《第十八届国际地质学会在伦敦开会》一文,发表于《地质论评》,详细介绍了会议情况⑤。

"黄汲清"(T. K. Huang,1904—1995):著名地质学家⑥。原名黄德淦(英文名即此音译),四川仁寿人,1924年考入北京大学地质系本科,1927年李四光教授携黄汲清等五名学生搭乘"中瑞西北科学考查团"专车,赴包头考察,黄汲清与那林或由此相识。1928年毕业后任北平地质调查所调查员。1948—1949年赴伦敦参加第18届国际地质学大会,并赴欧美考察地质。

---

① 关于袁复礼先生的考古贡献,参见:安志敏《袁复礼在中国史前考古学上的贡献》,《考古》1998年第7期,86—94页。
② 参见袁复礼《蒙新五年行程纪》及《三十年代中瑞合作的西北科学考察团》。
③ 罗桂环《中国西北科学考查团综论》,175页。
④ 《益世报》1923年1月11日第7版"中国地质学会年会纪事";《晨报》1923年1月11日第7版"中国地质学会之年会"。
⑤ 李四光《第十八届国际地质学会在伦敦开会》,《地质论评》1948年第Z3期,347—350页。
⑥ 其个人经历与著作,参见:黄汲清《黄汲清著作选集》第3卷《地质学及大地构造学》,北京:地质出版社,1992年,3—10页;"杰出的地质学家黄汲清教授"(任纪舜);中国科学技术协会等编《中国科学技术专家传略(理学编):地学卷》(1),石家庄:河北教育出版社,1996年,444—460页。

"李四光"(J. S. Lee，1889—1971)：著名地质学家①。原名李仲揆，湖北黄冈人，蒙古族。早年赴日本留学，并加入同盟会，后赴英国伯明翰大学学习地质，回国后任北京大学地质系副教授、教授。1922 年作为五位筹备委员之一参与创立中国地质学会，并任副会长。1931 年任北京大学地质系主任。1934 年，李四光与巴尔博、德日进、那林等人赴庐山现场考察和讨论了冰川遗迹，互有分歧。1948 年，李四光先生偕同夫人许淑彬参加了第十八届地质学大会，并在大会上宣读《新华夏海之起源》一文。

"孙(Sun)"：那林在"J. S. Lee(李四光)"之后提及此人，但仅言其姓而略其名。据《李四光年谱》②，1948 年 8 月，在伦敦参加第十八届国际地质大会的学者中有北京大学代表"孙云铸"。又 9 月，孙云铸与李四光一同参加了在伦敦举行的国际古生物学联合会学术会议。此处的"孙(Sun)"姓学者无疑即孙云铸。孙云铸(1895—1979)是古生物学家，字铁仙，江苏高邮人③。1920 年毕业于北京大学地质系，留校任教，同时任职于地质调查所。1922 年参与创立中国地质学会。1927 年在德国哈勒大学获理学博士学位，回国后任教于北京大学地质系。1929 年倡导创立中国古生物学会。抗战军兴，任西南联合大学地质地理气象系教授兼系主任。抗战胜利后，任北京大学地质系教授兼系主任。

"巴尔博"(G. Barbour，1890—1977)：苏格兰地质学家④。1910 年毕业于爱丁堡大学，1920 年受聘于燕京大学地质学系任地质学教授，参与发掘周口店遗址。1931 年返回美国，任教于辛辛那提大学地质学系。

"德日进"(Pierre Teilhard de Chardin，1881—1955)：法国古生物学家、地质学家、耶稣会教士⑤。1923 年来华，后担任地质调查所新生代研究室顾问(1929—1939)。其作为顾问参与了周口店遗址的发掘和整理工作。

"《中国主要地质构造单位》"：黄汲清著。据作者自述⑥，此书原文用英文写就，书名是 *On Major Tectonic Forms of China*。原稿开始写于 1943 年 11 月，完成于 1945 年 2 月。时值抗战，当地印刷条件太差，无法正式出版，不得已把打字稿照相制成玻璃板，用普通纸印刷约 400 份，以中央地质调查所《地质专报》甲种第 20 号出版。1945 年 6、7 月间分别邮

---

① 李四光先生的个人经历与著述，参见：马胜云等编《李四光年谱》，北京：地质出版社，1999 年；《李四光纪念文集》，北京：地质出版社，1981 年。

② 马胜云等编《李四光年谱》，174—175 页。另参见：王子贤、王恒礼编著《简明地质学史》，郑州：河南科学技术出版社，1983 年，236 页。

③ 其生平与著述，参见：王鸿祯主编《中国地质学科发展的回顾：孙云铸教授百年诞辰纪念文集》，武汉：中国地质大学出版社，1995 年，1—5 页。

④ 参见：乔治·布朗·巴尔博《回忆与德日进在野外考察的时光》(In the Field with Teilhard de Chardin)"译者按"，张亚威译，《科学文化评论》2023 年第 4 期，17—18 页。

⑤ 参见：陈裕淇、陈梦雄主编《前地质调查所(1916—1950)的历史回顾：历史评述与主要贡献》，北京：地质出版社，1996 年，323—324 页。乔治·布朗·巴尔博《回忆与德日进在野外考察的时光》，17—18 页。

⑥ 黄汲清《黄汲清著作选集》第 3 卷《地质学及大地构造学》，11 页。

寄若干册与欧美各地质机构和大学地质系进行交换。1952 年,此书由邓波(T. M. Дембо)自英文本译为俄文出版。1954 年又出版了中译本(曾莫休、龚素玉译,北京:地质出版社)。

"去年,安博特发表了关于天山和西藏北部重力测量的报告":当指 1948 年出版的《赫定报告集》第 30 卷《在中亚地区以可倒摆测定相对重力》(*Relative Schwerkraftsbestim-mungen mit Pendeln in Zentralasien*)。安博特(N. Ambolt,1900—1969)是瑞典天文学家,在"中瑞西北科学考查团"中负责天文定点、地磁测量和重力测定等工作[1]。1928 年起担任外方代理团长,曾赴和田地区考察,并带走一批出土文物,包括于阗文、汉文写本和木简(总计约 75 件),今藏瑞典国立人种学博物馆,统称为"赫定收集品"[2]。

"霍涅尔(Hörner)、布林(Bohlin)和贝克塞尔(Bexell)":三人均为第二批加入"中瑞西北科学考查团"的外方团员,布林为古生物学家,其余二人均为地质学者[3]。因金树仁阻碍,三人未能进疆考察,遂与部分成员转赴南山(祁连山系)[4]和柴达木盆地等地区考察,斯文·赫定称之为"戈壁组"。那林汇编的资料即他们工作考察的成果[5]。

"材料存放于兵马司(Ping-ma-su)地质调查所":这一段文字涉及"西北科学考查团"文物和采集品的下落问题。信中所言"兵马司"即北平兵马司胡同,为"地质调查所"旧址所在地。地质调查所乃 1913 年由原实业部地质科改名而来,1916 年正式开始工作后,地址在丰盛胡同 3 号。1921 年 10 月,地质调查所在北平兵马司胡同 9 号新建一座两层楼的图书馆,地质调查所工作中心复转移至兵马司胡同,1935 年地质调查所迁往南京,北平旧址改为地质调查所北平分所[6]。1935 年,那林返回瑞典,中国和欧洲均经历了大战的破坏,所以在战后,他迫切想要了解"来自南山的晚古生代化石材料"的下落,以便"汇编、利用以及最终出版霍涅尔、布林在南山和蒙古的多年工作成果"。借伦敦地质学大会之机,他向黄汲清教授打听此事[7]。那林从黄教授处得知材料或许仍存放在"兵马司",其进而希望"将这些采集品提供给我们"或者至少"提供比定清单",这也是他写此信给袁复礼的主要目的之一。袁复礼的回信也回应了这个问题(详见下文)。

"我的大部分采集品一直在格拉茨古生物学研究所"句:所谓"那林采集品",据袁复礼《三十年代中瑞合作的西北科学考察团》一文,"1931 年 7 月,89 箱,由丁同仁、赵万金押运,其中袁采集品 62 箱、那林 27 箱"。这"27 箱"采集品似也仅是那林采集品的一部分,其

---

[1]　参见:罗桂环《中国西北科学考查团综论》,179、233 页。

[2]　按照中方与赫定所订的合作协议,这批文物的所有权亦应归属中国。

[3]　参见:罗桂环《中国西北科学考查团综论》,174—175、179—180 页。

[4]　关于"南山"的范围,参见:黄汲清《黄汲清著作选集》第 3 卷《地质学及大地构造学》,38—39 页。

[5]　详见《赫定报告集》,参见:罗桂环《中国西北科学考查团综论》,244—248 页。

[6]　参见:陈裕淇、陈梦雄主编《前地质调查所(1916—1950)的历史回顾:历史评述与主要贡献》,1—5 页。

[7]　按:黄汲清 1936 年仟中央地质调查所主任,后任所长。这应是那林向其打听采集品下落的主要原因。

最后携归的具体数量和信息均不详。"格拉茨"即今奥地利格拉茨大学（University of Graz）。"何瑞茨"（F. Heritsch，1882—1945）、"梅茨"（K. Metz，1910—1990）和"卡勒"（F. Kahler，1900—1995）均为古生物学、地质学方面的学者①。值得一提的是，《赫定报告集》第 52 卷《天山和西藏的纺锤虫化石》（*Fusuliniden aus T'ien-schan und Tibet*），即卡勒对那林收集品的研究成果②。

"陈光远"（Chen Kwan Yuan，1920—1999）：著名矿物学家。1939 年考入昆明西南联合大学地质地理气象系，1943 年毕业后留校任助教，1948 年赴瑞典乌普萨拉大学矿物—地质系学习，获博士学位，归国后先后执教于北京大学、清华大学和北京地质学院（今中国地质大学）③。

"关于准噶尔盆地的非常有趣的论文"：当指袁复礼 1948 年发表在《国立清华大学理科报告：丙种（地质学和气象学）》（*The Science Reports of National Tsing Hua University*）的论文《准格尔盆地的地质：第一部分》（"The Geology of Dsungaria：Part 1"）④。

那林信文中提到的"《探险报告》"与"《学报》"，袁复礼的英文信中亦提及此事，故留待下文一并笺证。

二、袁复礼致那林书信译文及笺证

1949 年 9 月 1 日

那林教授

矿物—地质系

乌普萨拉大学

乌普萨拉

瑞典

尊敬的那林教授：

我热切地收到了您 1949 年 4 月 22 日的来信。去年 5 月收到《探险报告》后，我当即给蒙泰尔博士（Dr. Montell）写了一封感谢信。我想知道他是否已收到信。我处共有《探险报告》26 卷，徐炳昶教授有 29 卷。我这里仍然缺少第 6、8 和 26 卷。我在这

① 三人经历参见以下网址：https：//www. zobodat. at/biografien/Heritsch_Franz_MittNatVerSt_76_0005-0016. pdf；https：//www. zobodat. at/pdf/MittGeolGes_84_0381-0393. pdf；https：//www. zobodat. at/pdf/CAR_186_106_0007-0012. pdf。兹不赘述。

② F. Kahler. *Fusuliniden aus T'ien-schan und Tibet*. Stockholm. 1974.

③ 参见《陈光远文选》，北京：地质出版社，2010 年，"前言"。

④ P. L. Yuan. "The Geology of Dsungaria：Part 1"，*The Science Reports of National Tsing Hua University*. Ser. C. 1 (3)，pp. 215-228.

儿的法文图书馆里,看到过下面4卷:

安博特:《重力报告》

贝格曼:《蒙古地区考古报告》(?)

郝德:第八卷

霍涅尔、布林、贝克塞尔:《南山地质》

由于我无法购买它们,我希望蒙泰尔博士可以通过挂号信寄给我,或者告知魏智(Henri Vetch)先生,把它们免费给我。

我正在等待我们的绘图员为我的其他论文绘制地图,但这些绘图员正忙于处理我同事的地图。

据地质调查所人员的说法,南山的古生物学资料不在北平和南京。它们以前堆放在北平地质调查所行政大楼二层的箱子里。有一人告诉我,它们被交给了新常富(E. T. Nyström)教授存放。我会试着去见他,以证明这是否属实。因此,无论如何,我都会尽力找到它们。我还想知道顾固伦(Carl F. Kullgren)先生的下落。1937年9月,他好心接管了我的50箱采集品。1946年回到北平后,我收到了裴先生寄来的26个箱子,他说这些箱子是顾固伦先生留给他的。所以,我想知道剩下的24个箱子的下落,其中有一些是您和霍涅尔的采集品,但大多数是我的。

在我的大学里,有一些你们研究所的《学报》:第28至32卷(1941—1948),烦请将余下第20至27卷寄送到我们大学的图书馆,然后由图书馆交给我系。

我们这儿也有你们的《化学、矿物学和地质学档案》(*Archiv för Kemi, Mineralogi och Geologi*),所有人都非常热切地阅读,包括我们的化学教授。附上两份清单:一份所列是我们已有的卷次,另一份所列是我们期望通过您的善意努力而获得的卷次。

我很高兴知道陈老师在贵校过得很好。我期待着这种持续的科学交流。去年秋天,一位具有历史倾向的瑞典地理学家访问了我们,他一定是冬天离开这儿回国的。

谨向您和瑞典的其他所有朋友致以最诚挚的问候。

谨上

袁复礼

主任

地质地理学系

附件:

《化学、矿物学和地质学档案》已有卷次清单(略)

《化学、矿物学和地质学档案》所缺卷次清单(略)

September 1, 1949.

Professor Eric Norin,
Mineralogisk-Geologiska Institution,
Uppsala Universitets,
Uppsala,
Sweden.

Dear Professor Norin:

Your letter dated April 22nd 1949 was cordially received.
In May before last after I had received the Expedition Reports
I immediately sent a letter of thanks to Dr. Montell. I wonder
whether he has received it. I have here 26 volumes and Prof. Hsu
Ping-chang has 29. There are still series No.6, 8 and 26 lacking
at my place. In the French Bookstore here, I have seen the following
4 volumes:—

Ambolt's Gravity Report.
Bergman's Reports Archaeology in Mongolia (?)
Hande's No.8.
Hörner, Bohlin & Bexell's Geology of Nanshan.

As I am not in a position to buy them, I hope that Dr. Montell
could send them to me by registered book-post, or let Mr. Henri
Vetch know that they can be given me free of charge.

I am waiting for our draftsmen to draw the maps for my
further papers, but these draftmen are busy with maps of my
colleagues.

According to the Survey peoples' information the palaeontologic
materials from Nanshan are said neither in Peiping nor in Nanking.
They were formerly stacked in the cases on the second floor of the
Administration Building of the Peiping Survey. One informs me that
they were given to Prof. Nystrom for storage. I shall try to see
him to prove whether it is true. So I shall try my best to locate
them anyhow. I also want to know the whereabouts of Mr. Carl F.
Kulgren who kindly took charge of 50 boxes of my collections in
September 1937. Upon returning to Peiping in 1946 I received 26
boxes from Mr. Pei who said these were left to him by Mr. Carl F.
Kulgren. So I wish to know the whereabouts of the remaining 24
boxes among which are some of yours and Hörner's collections. But
most of them belong to mine.

In my University, we have has some of the Bulletins of your
Institute; they are volumes 28 to 32 (1941-1948). Please send the
rest volumes 20 to 27 to our University Library which will then hand
them over to my Department.

- 2 -

Here we have also your Archiv för Kemi, Mineralogi och
Geologi, which are very eagerly read by us all, including our
professors of Chemistry. Enclosed are two lists; in one are
enlisted what we have, and in the other what we except to have
through your kind effort.

I am very glad to know that Mr. Chen is getting very well
in your University. I am looking forward to such continuous
scientific exchange. A Swedish geographer, historically inclined,
visited us last fall; he must have left here for home in the
winter.

Best regards to you and all the other friends in Sweden,

Very sincerely yours,

P. L. Yuan,
Chairman,
Dep't of Geology & Geography.

Encl:

Arkiv för Kemi, Mineralogi och Geologi.

List of what we have:—

Band 12,	Hafte 4-5.	1937-1938.
" 13,	" 3-4.	1939.
" 14,	" 5-6.	1940.
" 15,	" 1-6.	1942-1943.
" 16,	" 1-6.	1943.
" 17,	" 1-6.	1943-1944.
" 18,	" 1-6.	1944-1945.
" 19,	" 1-2.	1945.
" 20,	" 1-6.	1945.
" 21,	" 1-6.	1945-1946.
" 22,	" 1-4.	1946.
" 23,	" 3.	1946.
" 24,	" 2-6.	1947.
" 25,	" 1-5.	1947.
" 26,	" 1.	1948.

Arkiv för Kemi, Mineralogi och Geologi.

List of what we are lacking:—

Band 12,	Hafte 1, 2, 3 and 6.	1937-1938.
" 13,	" 1, 2, 5 and 6.	1939.
" 14,	" 1, 2, 3 and 4.	1940.
" 19,	" 3, 4, 5 and 6.	1945.
" 22,	" 5 and 6.	1946.
" 23,	" 1, 2, 4, 5 and 6.	1946.
" 24,	" 1.	1947.
" 25,	" 6.	1947.

图 2　袁复礼致那林书信正本

84

图 3　袁复礼致那林书信手稿

笺证

第二封英文信件,为袁复礼致那林的回信(图 2),共四纸(含附件两纸),时间为 1949 年 9 月 1 日。据袁鼎先生提供的信息,此信现存两份稿本:一份手写稿和一份打字稿。两份稿本中均可见袁复礼先生亲笔修改的痕迹。手写稿略显"杂乱"的书写状况表明其为初稿(图 3),打印稿则为初稿誊清本(图 4),自不待言。值得注意的是,手写稿与打印稿中有一段关于"南山的古生物学资料"下落的说法与正式发出的信件内容颇有不同(详见下文)。这一话题是那林信中最为关切的,也是稿本中屡经删改的内容。

"《探险报告》":即上文所述之《赫定报告集》,截至 1948 年已出版 30 卷,1949 年新出版第 31 至 33 卷。据信中所言,袁复礼在五月已收到"《探险报告》"。又据信中下文提及"我处共有《探险报告》26 卷,徐炳昶教授有 29 卷。我这里仍然缺少第 6、8 和 26 卷",则袁复礼收到那林寄送的"《探险报告》"后,仍有缺卷,其此次收到的《探险报告》应为旧著,而

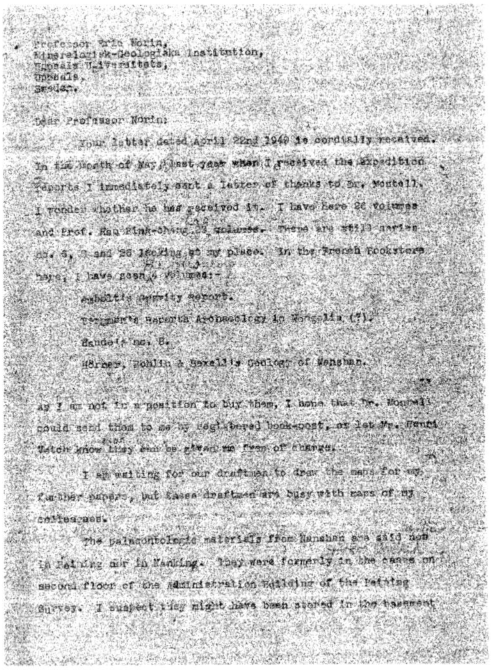

Professor Eric Norin,
Mineralogisk-Geologiska Institution,
Upsala Universitets,
Upsala,
Sweden.

Dear Professor Norin:

Your letter dated April 22nd 1949 is cordially received. In the month of May, last year when I received the Expedition Reports I immediately sent a letter of thanks to Dr. Montell. I wonder whether he has received it. I have here 26 volumes and Prof. Hsu Ping-chang 23 volumes. There are still series no. 6, 8 and 26 lacking at my place. In the French Bookstore here, I have seen 4 volumes:-

Ambolt's Gravity Report.
Bergman's Reports Archaeology in Mongolia (?).
Haude's no. 8.
Hörner, Bohlin & Bexell's Geology of Nanshan.

As I am not in a position to buy them, I hope that Dr. Montell could send them to me by registered book-post, or let Mr. Henri Vetch know they can be given me free of charge.

I am waiting for our draftsman to draw the maps for my further papers, but these draftsmen are busy with maps of my colleagues.

The palaeontologic materials from Nanshan are said not in Peiping nor in Nanking. They were formerly in the [illegible] on second floor of the Administration Building of the Peiping Survey. I suspect they might have been stored in the basement

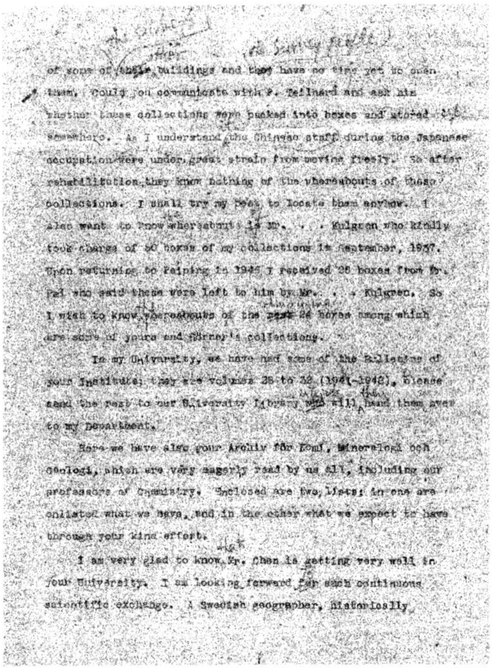

of some of their buildings and they have no time yet to open them. Could you communicate with P. Teilhard and ask him whether these collections were packed into boxes and stored somewhere. As I understand, the Chinese staff during the Japanese occupation were under great strain from moving freely. So after rehabilitation they know nothing of the whereabouts of these collections. I shall try my best to locate them anyhow. I also want to know whereabouts is Mr. . . . Kulgren who kindly took charge of 50 boxes of my collections in September, 1937. Upon returning to Peiping in 1946 I received 26 boxes from Mr. Pei who said these were left to him by Mr. . . . Kulgren. So I wish to know whereabouts of the rest 24 boxes among which are some of yours and Hörner's collections.

In my University, we have had some of the Bulletins of your Institute; they are volumes 28 to 32 (1941-1942). Please send the rest to our University Library who will hand them over to my Department.

Here we have also your Archiv för Kemi, Mineralogi och Geologi, which are very eagerly read by us all, including our professors of Chemistry. Enclosed are two lists; in one are enlisted what we have, and in the other what we expect to have through your kind effort.

I am very glad to know Mr. Chen is getting very well in your University. I am looking forward for such continuous scientific exchange. A Swedish geographer, historically

图4 袁复礼致那林书信打印初稿

非当年出版的新作。徐炳昶所收藏的《赫定报告集》卷次虽全，亦未包括上文那林信中所言安博特1948年出版的"《重力报告》"。

"蒙泰尔"(G. Montell, 1899—1975)：瑞典民族学家，第二批加入"中瑞西北科学考查团"的外籍团员之一。他对蒙古人进行了大量民族学调查，采集了诸多民族学标本，后在瑞典隆德大学(Lund University)任教，并协助赫定编写考察报告①。

"法文图书馆……4卷"：此为袁复礼先生在北京法文图书馆(详见下文)中见到的4卷《赫定报告集》，书名因系记忆，或有不确之处，兹略作考述。据信文所言，袁复礼先生缺少《赫定报告集》第6、8和26卷，以情理度之，此处所列4卷书名，应与上述三卷内容相关，另加新出版之一卷。

"安博特：《重力报告》"：当指那林信中提及的安博特1948年新出版的《赫定报告集》第30卷《在中亚地区以可倒摆测定相对重力》一书。

"贝格曼：《蒙古地区考古报告》(?)"：此书名或有不确，故袁复礼先生加一问号。此处应指贝格曼所撰《赫定报告集》第26卷《亚洲探险史(四)》(*History of the Expedition in Asia 1927—1935, Part Ⅳ*)第1分册《在蒙古和新疆的游记和田野考古工作(1927—

① 罗桂环《中国西北科学考查团综论》，181—182页。

1934)》(*Travels and Archaeological Field work in Mongolia and Sin-Kiang*)①。

"郝德:第八卷":当指《赫定报告集》第 8 卷《葱都尔和益诚公两营地的普通气象学和风筝探空的观测成果（1931—1932）》(*Ergebnisse der allgemeinen meteorologischen Beobachtungen und der Drachenaufstiege an den beiden Standlagern bei Ikengüng und Edengol 1931—1932*)。郝德(W. Haude，1898—?)：德国气象学家，在"中瑞西北科学考查团"中主持气象观测工作。此卷所收录的资料，主要是基于郝德、胡振铎和徐近之的观测成果。

"霍涅尔、布林、贝克塞尔:《南山地质》":此处作者与书名似皆不确。《赫定报告集》中并无霍涅尔等三人合著之论著，亦无此题名之报告。此处似仍应指《赫定报告集》第 26 卷《亚洲探险史（四）》。此卷系由贝格曼、贝克塞尔、布林和蒙泰尔等四人合撰，讲述各自的考察经历，亦无关霍涅尔。其中与"南山地质"相关者，应即贝克塞尔所撰第 2 分册《蒙古、甘肃的地质学和古生物学调查（1929—1934）》(*Geological and Palaeontological Investigations in Mongolia and Kansu 1929—1934*)和布林所撰第 3 分册《蒙古、甘肃的古生物学和地质学研究（1929—1933）》(*Palaeontological and Geological Researches in Mongolia and Kansu 1929—1933*)。此处，袁复礼先生或受那林信中"汇编霍涅尔、布林和贝克塞尔从南山和柴达木盆地收集的地质资料"一语的影响，故生此误会②。

"魏智"(Henri Vetch，1898—1978)：即经营信中上文提及的"法文图书馆"（北京法文图书馆:La Librairie Française / The French Bookstore)的书商。北京法文图书馆是民国时期北京的一家著名外文书店兼出版商，总馆设在北京饭店。北京法文图书馆由魏智之父魏池(Francis Vetch，1862—1944)创立于 1920 年，另在天津设有分馆③。

"南山的古生物学资料……"一段:袁复礼先生回应了那林信中提到"这些材料的大部分可能还在兵马司"的说法，他援引地质调查所人员的说法，怀疑这批材料不在北平和南京，而可能由新常富教授存放。如上文所述，这与袁复礼先生手写稿和打印稿中的说法略有不一。袁复礼先生信稿中称，其怀疑这批材料存放在地质调查所的地下室内，而抗战胜利后，地质调查所人员尚无暇开箱核验，他希望那林与原地质调查所顾问德日进联系，询问具体情况。由此可见，从草拟信稿到正式寄出信件期间，袁复礼先生一直在调查这批材料的下落，他根据自己的调查结果，修正了初稿中的猜测。

"新常富"(E. T. Nyström，1879—1963)：瑞典人，毕业于乌普萨拉大学，1902 年至中国，受聘于山西大学堂，任化学教员几二十年，后迁居北京，在燕京大学地理系兼课，

---

① F. Bergman et al. *History of the Expedition in Asia 1927—1935*，Part Ⅳ. Stokholm. 1945.

② 按:直至 1957 年方出版了据霍涅尔遗稿整理的《赫定报告集》第 40 卷《关于戈壁沙漠中沙丘和流沙的一些记录与数据》(*Some Notes and Data Concerning Dunes and Sand Drift in the Gobi Desert*)。

③ 详参:易永谊《魏池、魏智对北平汉学的贡献》，《国际汉学》2016 年第 1 期，67—68 页。

1937—1949 年任瑞典新闻社驻华通讯员，兼北京瑞典协会会长①。

"顾固伦"（Carl F. Kullgren，1873—1955）：瑞典人，化学家，1904 年毕业于斯德哥尔摩大学，获博士学位。袁复礼先生将 50 箱地质材料托付给顾固伦以及顾固伦转托裴文中的个中曲折未知，然此事在"中国西北科学考察团理事会会议记录"和中国科学院的调查结果中均有明文记录（详见下文）。袁复礼先生给那林回信时，他早已离开中国，故袁复礼先生希望那林能探听顾固伦之下落。

"裴先生"：即裴文中（1904—1982），史前考古学、古生物学、地质学家②。1927 年毕业于北京大学地质系，后进入地质调查所，1929 年起主持周口店遗址发掘工作，发现北京人头盖骨化石。1935 年赴法国巴黎大学留学，回国后相继担任中央地质调查所技士、技正。

这段信文涉及中瑞西北科学考查团采集品的下落问题。这一问题前贤学者已有论及③，兹据信文和各方资料，略作考述。

据袁复礼《三十年代中瑞合作的西北科学考察团》一文所述④，中瑞西北科学考查团的全部采集品分四批运抵北京，由理事会存于北大三院（沙滩）。考古物品由中方保存，地质采集品以副本赠送瑞方。因此，除分配和出借瑞典方面部分地质和考古搜集品外，中方团员的大部分搜集品都由中方保存。1932 年，袁复礼先生返回北平后，即在清华大学三院整理自己的 120 箱采集品，黄文弼、丁道衡则在北京大学原植物实验院落整理各自的采集品和编写报告。

全面抗战爆发后，一切计划皆被打破。袁复礼、黄文弼等人被迫离开北平，飘泊西南、西北内地。各类采集品在抗战中亦不免颠沛流离，难逃四散之命运。1950 年中国科学院接收"前西北科学考查团"时，曾调查文物和采集品的下落（简称"接收记录"），兹节引如下⑤：

> 此次考察所得古物及地质标本究有若干，查不出一个确数来。据袁复礼说有一百五十九箱。但如精细核算，又不能得到此数。无论如何这批古物与标本，已经损失了一大部分，又有一部分至今还存在国外。下面是一个简略的记录：
>
> 损失部分：
>
> （1）存在汉口的古物二十一箱，为盟机炸毁。胜利后检出四箱。解放后只剩下

---

① Cf. J. Romgard, "Erik Nyström: The Creator of the Sino-Swedish Collaborations in Geology in Republican China. *Ziran kexueshi yanjiu* [*Studies in the History of Natural Sciences*], vol. 34, no. 1, 2015, pp. 88‑96.

② 参见：裴文中《裴文中史前考古论文集》，北京：文物出版社，1987 年，279 页。

③ 参见：王新春《中国西北科学考查团考古学史研究》，兰州大学博士学位论文，2012 年，131—139 页。

④ 袁复礼《三十年代中瑞合作的西北科学考察团（五）》，《中国科技史料》1984 年第 3 期，68—69 页。

⑤ 《本院所属各研究机构概况》"戊　前西北科学考察团"，《科学通报》1950 年第 2 期，47—48 页。

两箱。

（2）存在北京地质调查所的恐龙标本二十一箱，复员后已找不到。

（3）存在地质调查所无脊椎动物标本四十柜（在甘肃（江）〔河〕西走廊南北发现），本留给葛利普研究的，复员后也不见。山西工业部李场长似应知之。

（4）交瑞典人顾固伦保存地质资料五十箱，顾氏离华时交裴文中保存。后袁仅接收二十七箱（内二十四箱存清华，三箱存裴文中处），余二十三箱遗失，或为日本人运走。

（5）运往昆明三十五箱，复原运回时失去两箱。

此"接收记录"主要依据材料应是 1947 年 11 月 5 日"中国西北科学考察团理事会会议记录"，其中详细记录了由黄文弼与袁复礼二人各自报告的抗战中考古收集品与地质材料的流散、存佚情况，兹引用"袁复礼报告"内容如下[1]：

袁复礼报告：关于地质材料，在抗战期中，交瑞典人顾固伦保存地质材料五十箱。顾氏离华时，交裴文中经手保存。因一再迁移，胜利后仅接收二十七箱，存清华二十四箱，存裴先生处三箱，其余二十三箱尚未查出，不知是否遭受损失。

又，清华代运昆明三十五箱，胜利后运回来又损失两箱，因未开箱，细目不知。

又，恐龙化石原由杨钟健经手，存协和医院约二十一箱，现已移存地质调查所库房保存。

又，代丁道衡存协和医院之地质材料七箱，共八十八箱，连同共所收回七十一箱，总共一百五十九箱。现拟作开箱，检查标签，修理照像等工作。

"袁复礼报告"中的信息较中国科学院的"接收记录"更为细致，而后者源出于此，亦增补了新的信息，二者可互为补充。此处，那林与袁复礼先生信文中所涉及的部分，集中于第（3）与（4）条。那林最为关心的"南山的古生物学资料"应包含在第（3）项所言原存放于地质调查所的四十柜标本中，预备由葛利普研究[2]，但不幸遗失。结合信件前文，由此推测，这或许是袁复礼先生拜访新常富教授所得知的结果，或已在后续信件中告知那林，但具体情况不得其详。

至于第（4）条所言情况与信文所述大致相符。袁复礼先生信中所言，1937 年 9 月将五十箱采集品交交顾固伦一事，亦与上述调查结果相符。但信中所言"1946 年回到北平后，我收到了裴先生寄来的 26 个箱子"，而上述"中国西北科学考察团理事会会议记录"和中国科学院的"接收记录"均言：接收二十七箱，余二十三箱下落不明或遗失。信文中的数字

① 录文参见：李学通《抗战胜利后科学团体活动史料辑佚》，《中国科技史杂志》2016 年第 2 期，248 页。

② 按：葛利普（A. W. Grabau, 1870—1946），美国地质学家、古生物学家，1920 年至中国，任地质调查所古生物研究室主任兼北京大学地质系教授。参见：艾伦·马祖尔（Allan Mazur）《葛利普教授的中国岁月：1920—1946》，张亚威译，《科学文化评论》2022 年第 5 期，5—30 页。

与此略有出入。"中国西北科学考察团理事会会议记录"中的说法亦出自袁复礼先生本人，且距接收资料箱时间未久，当可信从。因此信文中所言"二十六箱"之数或系记忆之误。

"研究所的《学报》"：当指《乌普萨拉大学地质研究所学报》(*Bulletin of the Geological Institution of the University of Upsala / Bulletin of the Geological Institutions of the University of Uppsala*)。此《学报》首刊于 1892—1893 年，截至 1948 年已出版 33 卷。那林信中提到"大多数早期卷次（卷 1 至 20）都已绝版或几近绝版"，因此只得设法为袁复礼先生提供第 20 卷以后的卷次。而袁复礼先生回信中根据清华大学图书馆的收藏状况，提出需要寄送"第 28 至 32 卷（1941—1948）"。

"《化学、矿物学和地质学档案》(*Archiv för Kemi，Mineralogi och Geologi*)"：此刊清华大学虽有收藏，但卷次不全，因此袁复礼先生在附件中详细列出了已有卷次和尚缺卷次的目录，希望那林设法补齐。

"陈老师"：即那林信中的"陈光远"，见上文。

"瑞典地理学家"：不详何人，俟考。

余　论

袁复礼先生与那林共同经历了"中瑞西北科学考查团"那段漫长而艰辛的考察之旅，双方建立起深厚的情谊。这种交往亦并未随"中瑞西北科学考查团"的解散而断绝，此后二人之间的书信交往即是明证。目前保留下来的这一往复信件，既是两位地质学者之间的切磋交流，亦是中、瑞两国科学家友好交往的一个缩影。

二人在信中讨论了"南山古生物材料"的下落问题，其中关涉"中瑞西北科学考查团"采集品在抗战后存佚的重要信息，反映了二人为寻回"遗失"采集品所做的不懈努力，亦佐证了"中国西北科学考察团理事会会议记录"和中国科学院"接收记录"中记载的准确性。各类采集品在抗战中的遗失，极大地阻碍了后续报告的整理、出版。此后，袁复礼先生亦未继续此项工作，而是相继将各类化石、考古文物等转交相关学者研究[①]。

袁复礼先生与那林的交流不限于自身的学术话题，也包括著作、刊物交换。若曰《赫定报告集》的互赠，是双方之旧约，而袁复礼先生请那林为清华大学寻觅刊物所缺卷次，则足见其公心。又袁复礼《三十年代中瑞合作的西北科学考察团》"后记"中提到[②]：

> 我手头的瑞方报告集，经十年动乱后已不全。现存的最早一集是第 5 集，是 1937 年出版；第 23～25 集是 1943 年出版；1981 年收到那林送我的第 50 集，是 1980 年出版，已是最后的一集了，不久那林便去世。

由此可以看到，袁复礼先生与那林之间的交往延续半个世纪之久。直至去世前一年，

---

①②　袁复礼《三十年代中瑞合作的西北科学考察团》（五），《中国科技史料》1984 年第 3 期，69 页。

那林仍未忘记给袁复礼先生寄送 1980 年新出版的《赫定报告集》，即《斯文·赫定中亚地图集（三）》（第三分册）（*Sven Hedin Central Asia Atlas*，*memoir on maps*，vol. Ⅲ，fasc 3）。《夏鼐日记》卷九 1981 年 3 月 10 日部分提及"又赴地质学院访袁复礼教授，送去 Norin 寄来的新书"[①]。那林虽然已与袁复礼"失联"多年，但经夏鼐先生访问瑞典这一契机[②]，终于得以再续前缘，诚可感知二人之间的深情厚谊。

（一）那林致袁复礼书信[③]

UPPSALA UNIVERSITETS MINERALOGISK-GEOLOGISKA INSTITUTION

Professor E. Norin

April 22nd 1949

Professor P. L. Yuan

National Tsing Hua University

Peiping, N. China

Dear Friend：

Long ago I received a very kind letter from you，which has since then faced me on my desk，every day reminding me of the pending answer. It is hard to get at it，because there are so many things of common interest we have to discuss，and time rarely，nowadays，permits any lengthy letters.

I had expected to meet you at the Congress in London；your absence was a disappointment. The Congress was really a great success，well organized and the excursions extremely interesting. It was my first visit to England，and England surely was at its best. I was glad to meet there my old friends prof. T. K. Huang，J. S. Lee，Sun，G. Barbour and other old China hands. Pere Teilhard，unfortunately，could not come because of illness (somebody told me he was resting somewhere in Africa).

After the Congress I had the very great pleasure to see here in Uppsala prof. Huang，who stayed for about a week. We had ample opportunity to discuss the many wonderful problems actualized by his fine memoire on "The major tectonic forms of China". After much delay，Ambolt's report on the gravity measurements in Tien-shan

---

① 夏鼐《夏鼐日记》卷九，上海：华东师范大学出版社，2011 年，14 页。

② 按：1980 年 10 月，夏鼐先生至瑞典领取纽伯格奖金，曾至瑞典民族学博物馆、乌普萨拉等地参观考察。参见：夏鼐《夏鼐日记》卷八，475—482 页。

③ 按：两封信文中的拼写错误径改之，不出注。

and northern Tibet was published last year. It is a great pity, that the time of our expedition, the modern, handy and efficient gravimeters which allow the measurement of some 50 stations a day were not available. As it is, we have only 42 stations scattered over the whole area. Yet, these stations are extremely valuable by giving absolute gravity values, which will always serve as fixed points to future modern gravimetric survey. I hope it won't last long before the Geological Survey will organize a regional gravity survey in Hsinkiang, based on the gravity fixes supplied by Ambolt.

Although few, the measurements available give some extremely interesting information about the structure of these parts of Central Asia. The character of the western part of the Tarim Basin as a nuclear region appears clearly. In this is also included the Quruq-tagh region, as indicated already by the stratigraphic and facial development of the sedimentary formations. Most remarkable is the fact that the gravity is approximately the same in the lowest part of the Turfan Basin (-199 mgal) and at 2600m altitude in the Bogdo-ula (-186 mgal). On the Chang-thang and Karakoram a Bougueur anomaly of -560 mgal was measured, the highest value known on the earth. In a small paper presented at the Congress, I have analysed the relation between the gravity anomalies and the geological structure.

At present I am working hard on the compilation of Hörner's, Bohlin's and Bexell's geological material from the Nanshan and the Tsaidam. This work has also been much delayed because of lack of astrofixes for adjustment of the topographical material, but this difficulty has now finally been overcome. Another difficulty is that nearly all our material of Late Paleozoic fossils from Nanshan is not available to us. As you will remember, this material was deposited with the Geol. Survey at the Ping-ma-su to be investigated and described by Chinese paleontologists. The great war and the turmoil that followed crossed these plans. Now I learnt from professor Huang that the greater part of this material probably is still at the Ping-ma-su. In order to be able to compile and utilize and finally to publish the results of the many years work in Nanshan and Mongolia by Hörner, Bohlin and necessary that these collections become available to us or, alternatively, that our Chinese colleagues determine and describe the fossils, and supply lists of determinations. Since 1939 the greater part of my collections have been under study at the paleontological institute of Graz, first by professor Heritsch, later by his successor professor Metz, both specialists on the marine Late Paleozoic. The foraminifers are being studied by Dr. F. Kahler in Klagenfurt. If you can help us, dear friend, to have this matter settled in a satisfactory way, we will be extremely thankful to you.

Since last fall，I have the great pleasure to have as a guest student a very nice and very intelligent young countryman of yours，Mr. Chen Kwan Yuan from Nanking，who is much appreciated by everybody，and serves as an excellent cultural ambassador of China.

My very best thanks for your very interesting paper on the Dzun-garian Basin. I hope you will find the time to publish still more about your wonderful material from those parts and from Mongolia，for which we are all eagerly looking forward. You did not mention in your letter whether the expeditions papers up to Nr 29 had reached you. I hope they have.

Concering the Bulletin of my institute，I have arranged with the main library of the University that all volumes，still available，will be forwarded to you. Most of the earlier volumes（Ⅰ-ⅩⅩ）are out of print or nearly so，but I hope you can have from Nr ⅩⅩ onwards.

With kind regards and best wishes.

Very affectionately Yours
Erik Norin（Sign）

（二）袁复礼致那林书信

September 1，1949.

Professor Eric Norin，

Mineralogisk-Geologiska Institution，

Uppsala Universitets，

Uppsala，

Sweden.

Dear Professor Norin：

Your letter dated April 22nd 1949 was cordially received. In May before last after I had received the Expedition Reports I immediately sent a letter of thanks to Dr. Montell. I wonder whether he has received it. I have here 26 volumes and Prof. Hsu Ping-chang has 29. There are still series No. 6，8 and 26 lacking at my place. In the French Bookstore here，I have seen the following 4 volumes：

Ambolt's Gravity Report.

Bergman's Reports Archaeology in Mongolia（？）

Haude's No. 8.

Hörner, Bohlin & Bexell's Geology of Nanshan.

As I am not in a position to buy them, I hope that Dr. Montellcould send them to me by registered book-post, or let Mr. Henri Vetch know that they can be given me free of charge.

I am waiting for our draftmen to draw the maps for my further papers, but these draftmen are busy with maps of my colleagues.

According tothe Survey peoples' information the palaeontologic materials from Nanshan are said neither in Peiping nor in Nanking. They were formerly stacked in the cases on the second floor of the Administration Building of the Peiping Survey. One informs me that they were given to Prof. Nyström for storage. I shall try to see him to prove whether it is true. So I shall try my best to locate them anyhow. I also want to know the whereabouts of Mr. Carl F. Kullgren who kindly took charge of 50 boxes of my collections in September 1937. Upon returning to Peiping in 1946 I received 26 boxes from Mr. Pei who said these were left to him by Mr. Carl F. Kullgren. So I wish to know the whereabouts of the remaining 24 boxes among which are some of yours and Hörner's collections. But most of them belong to mine.

In my University, we have had some of the Bulletins of your Institute; they are volumes 28 to 32 (1941—1948), Please send the rest volumes 20 to 27 to our University Library which will then hand them over to my Department.

Here we have also your *Archiv för Kemi*, *Mineralogi och Geologi*, which are very eagerly read by us all, including our professors of Chemistry. Enclosed are two lists; in one are enlisted what we have, and in the other what we expect to have through your kind effort.

I am very glad to know that Mr. Chen is getting very well in your University. I am looking forward to such continuous scientific exchange. A Swedish geographer, historically inclined, visited us last fall; he must have left here for home in the winter.

Best regards to you and all the other friends in Sweden.

Very sincerely yours,
P. L. Yuan,
Chairman,
Dep't of Geology & Geography.

Encl:(略)

94

通信所见袁复礼 1950 年代的科研与教学活动

王铭汉

北京大学历史学系

新中国成立后,中国学术团体协会结束工作,中国西北科学考查团的后续研究工作移交中国科学院接管指导。袁复礼先生参与、主持了一系列整理和总结西北科学考查团尚存的采集品的工作,即对采集品"登记造册",并通过初步整理,将采集品分门别类提交相关科研机构从事研究[①]。与此同时,袁复礼先生个人也承担了多个新的任务,包括绘制西北地理和地质舆图。而他当时正式从事的工作,则是由清华大学调任新成立的北京地质学院,参与院系调整后的地质学、考古学教学等。

总的来说,袁复礼先生在 1952 年院系调整后到五十年代末的工作往往是工作内容丰富、耗时长的"大部头",这使得工作项目体现在事后的年表和统计数量上呈现出一种长期而单调的意味,掩盖了这些工作本身的复杂性和他在其中的努力。而信件[②],尤其是1952—1957 年袁复礼先生与各院校和科研机构工作人员的通信作为一种补充性的材料,具有第一手、即时性、含有历史细节的特点,可以切入工作过程本身来帮助读者了解这些"大部头"的前因后果,为袁复礼先生在 20 世纪 50 年代的科研与教学活动之研究提供细节,补充内容。

本文通过梳理袁复礼先生 1952—1958 年整理西北科考团成果、绘制西北舆图工作、商借标本用于教学参考等工作时与杨钟健、李四光、斯行健、尹达、夏鼐、陶孟和、梁思成、梁思永等人的信件存稿,并按照时间、事件,疏证其科研、教学活动的情况,希望为对袁复礼先生的研究提供些许细节。

---

① 相关问题,参张九辰《中国科学院接收"中国西北科学考查团"的经过》,《中国科技史杂志》2006 年第 3 期,238—246 页。

② 此处研究之信件,系由袁复礼先生后人捐赠给新疆师范大学黄文弼中心的袁复礼遗物,收藏在一个标记有"710""函稿"字样的牛皮纸折页内。笔者受黄文弼中心委托,整理这一文件夹并作出初步的研究。

一、西北科考团成果的整理工作

根据《西北科学考察的先行者——地学家袁复礼的足迹》中《袁复礼生平》一章(以下简称"传记")的记载,1952 年院系调整前,袁复礼先生开始向南京中科院古生物所、北京古脊椎动物与古人类研究所、北京地质学院、中科院考古所等院校、机构邮寄化石与考古材料①,这有袁复礼先生要集中精力从事新任务的原因,也是遵循中科院指示,对西北科考团尚存的采集品整理造册后分别专业机构保存与继续研究的需要。传记中只是以"植物化石""爬行类化石""各种考古文物"的分类来描述所寄材料,而信件则展示了材料的具体品类。按照时间顺序来说,1952 年 8 月 20 日袁复礼先生给时任中科院古生物研究所所长的斯行健先生寄信(图 1):

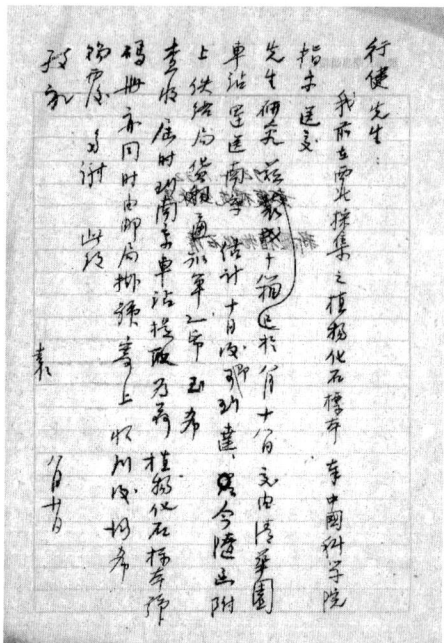

图 1　袁复礼致斯行健信函草稿(本文图版均由新疆师范大学黄文弼中心授权使用)

行健先生:

　　我前在西北采集之植物化石标本,奉中国科学院指示送交先生研究,兹已装成十箱,于八月十八日交由清华园车站运送南京,估计十日后即可到达,今随函附上铁路局货物通知单乙纸,至希查收。届时到南京车站提取为荷。植物化石标本号码册亦同时由邮局挂号寄上,收到后均希赐覆。多谢。　此致

敬礼!

袁○○

八月廿日②

信中提及的"西北采集之植物化石标本",即 1927—1932 年他在参与中瑞西北科学考查团的五年间的采集品,袁复礼在进行了整理之后,并完成了植物化石标本号码册等的登

---

①　《袁复礼生平》,袁疆等编著《西北科学考察的先行者——地学家袁复礼的足迹》,北京:新华出版社,2007 年,137—138 页。

②　此信书写在抬头为"清华大学专题报告"字样的红栏格稿纸背面,正面书写有"1927—1932 袁复礼先生采集新疆植物化石清"数字,应该是本拟作为植物化石清单封面使用,而临时放弃了的废纸,故在背面书写了寄出给斯行健信函的底稿。

记整理工作,并将这些实物和号码册一并寄给了斯行健。此时登记造册的工作已经完成,根据传记和后续信件,可以推测上述植物化石的整理工作也有考古所的研究人员杨秋涛和杨圣泉先生协助,他们在某次通信中被称作"两位杨君",之后会提到他们当时具体的工作和生活情况。号码册的正名,即稿纸正面写坏了的"1927—1932 袁复礼先生采集新疆植物化石清[册]",今黄文弼中心收藏的袁复礼遗物中,仍有这一清册的复写本。

袁复礼在新中国成立后开始整理西北科考团采集品不久,即面临院系调整,其所在的清华大学地学系并入新成立的北京地质学院,这一过程,在其1952 年 5 月开始便留下的一系列信稿中,可以看到存放材料的地点、机构和人员也都作出了调整,我们可以通过时间顺序以整理出一条脉络。其中在 5 月6 日,袁复礼先生给中科院负责西北科考团后续工作的副院长陶孟和先生写信(图2):

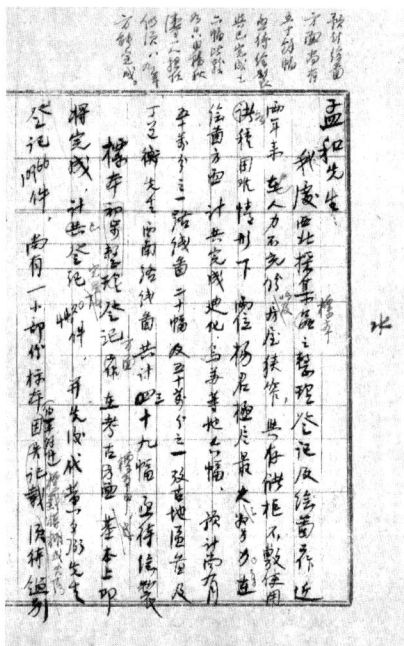

图 2　袁复礼致陶孟和信函草稿(局部)

　　孟和先生:

　　　　我处西北采集品之整理登记及绘图工作,近两年来在人力不充分以及房屋狭窄与存储柜不敷使用各种困难情形下,两位杨君极尽最大之努力,在绘图方面计共完成迪化、乌苏等地六幅,预计尚有五十万分之一路线图二十幅及五十万分之一考古地质图及丁道衡先生西南路线图共计三十九幅亟待绘制。

　　　　标本登记方面,在考古标本中,基本上即将完成,计已登记完毕者 44207 件,并先后代黄文弼先生登记 10966 件,尚有一小部分标本约四千余件因标签模糊或失落须待鉴别后再行登记,并有一些破碎陶器及泥像须行粘结修理。地质方面标本,计已登记三个大存储柜的动物化石、七箱植物化石、一箱鱼化石和三箱岩石。还有三十箱未曾登记,在经费可能范围内,希望能增加工作人员,提早完成。

　　　　随我担任标本整理登记工作之杨圣泉,原为书记名义,后改为文书,由工作表现中及学习自述中证明,文化水平相当的高,工作异常努力负责,学习积极,政治认识正确。近两年来颇有成绩,表现异常完善。他的工资月支 280 斤小米,实属低薄,不足以担负其家庭最低生活,拟请改派其名义为助理员,并将工资提高为□斤,以进一步的提高其工作情绪,并照顾其家庭生活,是否有当? 敬请考虑并核示为恳。

　　　　谨致

　　敬礼!

　　　　　　　　　　　　　　　　　　　　　　　　　　　袁○○

　　　　　　　　　　　　　　　　　　　　　　　　　　　五月六日

信中有三个值得注意的地方:第一,1952 年院系调整前夕袁复礼先生已经开始西北舆图的绘制工作,而传记中往往提到他在 1953 或 1955 年的绘制工作;第二,袁复礼先生已经在和"两位杨君"对西北科考团的考古、地质学成果进行整理,而人手不足,似乎是要追赶一个时间点,推测应当就是 6 月在清华开始,7 月涉及地质学系的院系调整;第三,信中非常具体地描述了杨圣泉先生的工作和待遇情况,以及他的家庭,这一点会在后续信件中进一步说明。而在同年七月三十一日和十二月二十七日袁复礼先生两度给陶孟和先生写信,向他说明整理工作的后续情况,以及希望得到更多帮助:

> 孟和先生:
>
> 　　我处西北植物化石十一箱及鱼化石四箱均已登记完毕。为节省反复搬移之费用及人力起见,计划在我们迁出清华大学之前,将植物化石由清华园车站运寄南京地质调查所施行健先生研究,鱼化石运送城内〔　〕杨钟健先生研究。上项运输费约计需叁拾捌万元。
>
> 　　原来装标本木箱因数次启箱、钉箱,箱盖多已破损,又于五〇年夏季库房屋顶被雨冲塌时,压毁箱盖八个。此项植物化石运往南京,路途遥远,又值雨季,箱盖必须修理与补充。经估价,修理四个、补做六个,计需贰拾五万元。装箱用洋钉及油纸约需拾万五千元。以上共约需七十三万四千余元。应由何部门支用?敬请核定示覆,并希早为发下,以便如期运送为荷。
>
> 　　此致
>
> 敬礼!
>
> 　　附预算单及估价单各乙纸
>
> 袁〇〇
七月卅一日

事实上,前一年的十二月二十七日他便已向陶孟和先生寄出过一封类似的信:

> 孟和先生:
>
> 　　我处西北采集品之整理登记及绘图工作一年半以来,在人力不充分共有存储柜有限诸种困难情形下,两位杨君极尽最大努力,在绘图方面计共完成迪化、乌苏、库车、吐鲁番、哈密地图五幅及多一半阜康幅。标本初步整理登记工作约完成二分之一强,预计尚有五十万分之一地图贰拾幅,与丁道衡先生新疆西南地图共计四拾幅,原计四十六幅,除在战前绘竣者六幅,现正绘竣者六幅外,尚余有 34 幅。中有底稿者十三幅,尚未编稿者廿一幅,预计五二年一人只能完成者七幅。
>
> 　　标本之初步整理登记,在考古方面再有一月时间可告完成。地质方面,综合未开箱及已开部分,尚有三十箱未行整理登记。此外还有很多照片及文字记载材料需要整理。以现有人力计,均非短期内可能完成者。
>
> 　　此项工作进行之所以不能如理想快捷的原因,在绘图工作方面,因为用中外尺度

不同的地图编绘而成,并按照新疆省舆地图加详,每一地点均要计算加入。手续上甚繁,俟编绘完竣,继续加墨清绘,均由一人办理,复由清绘转到编绘,甚费周折,工作不能联贯,因此多费时日。完成的速率减低,今后非编绘与清绘各有专人难收速成之效果。在标本整理登记方面,由于积时太久,标本原附标签或损失、或腐霉不清,辨别费力。加之数番搬移、开装标本放置杂错,登记工作也较费时。尤因房屋三间被地质系占去一半,以致不很宽敞。陈列柜橱太少,不能同时将所有或大部分标本摆开作有系统有顺序的整理。而须开这箱、装那箱,反复倒弄,周折费时。由于初步整理工作未完,研究工作也就无法着手。

以上情形,曾一再向所方暨先生分别陈明请求增加人员、早期完成工作,均未蒙批准。兹再据实陈述,请准先添绘图及登记人员各一人,本年内并可随时加添绘图员二人以利工作。是否可以,敬希见教。

专此。谨致

敬礼!

袁复礼

十二月廿七日

信中有两处值得注意,一是袁复礼先生提到存在一份包含了费用和损失情况的清单;二是绘图工作所遇到的困难——缺乏对不同尺度、标准地图之清绘人手,因而在将材料的前置梳理工作完成前,真正的整理与编绘工作无法展开。其中这个清单应当存在一式数份,因有一份附在他在同月向李四光先生的通信中,使我们得以一窥袁复礼先生整理西北科学考查团尚存成果的情况。于是便可以进入下一封信件及其附表(图3):

仲揆先生:

自五○年夏承中国科学院批准由考古所供给研究费并加派助理员二人随我管理西北材料两年以来,计:

已绘竣迪化、乌苏、库车等地地图七幅。正在着手绘制者三幅,尚有廿四幅图底未给出,及五百八十幅图稿未整理。

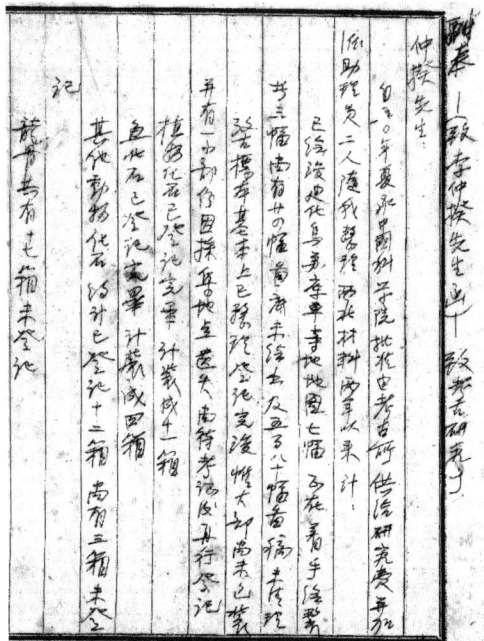

图3 袁复礼致李四光信函草稿(局部)

考古标本基本上已整理登记完竣,惟大部尚未包装。并有一小部分因采集地点遗失尚待考证后再行登记。

植物化石已登记完毕。计装载成十一箱。

鱼化石登记完毕。计装成四箱。

其他动物化石约计已登记十二箱。尚有三箱未登记。

龙骨共有十七箱未登记。

岩石已登记四箱。尚有七箱未登记。

此后登记完竣方能着手有系统的研究。

清华大学院系调整尚在进行中。西北采集品及随我工作二人即应作迁出准备，至迁移何处，敬请先生指定，惟须提供参考者，我处材料放置及工作用品约需320方公尺地积(如为16方公尺的房间需用廿间)。此外两位工作人员眷属住房需用五间。亦请统为拨配。

我处现在使用之家具，应属科学院者仅有大小存储柜十二件，其他长桌八件、椅子四把、立柜四件，均系借用清华，迁移时即须归还。今后尚请统为筹及为恳。专此陈请。

　　此致

敬礼!

袁复礼
七月廿八日

信中附表则为：

西北化石标本运输费及标本箱盖修补费预算单		52.7.31
项目	金额(人民币)	备注
西北化石运输费，标本箱盖修补费及装箱用品费	734220 元	
(一)化石运输费	379220	
(1)三轮车费	48000	鱼化石四箱，雇三轮车由清华大学运至北京城内。需车四辆，每辆以 12000 元计，合计为上数。
(2)大车费	50000	植物化石十一箱，由清华大学二院运至清华园车站，以大车一辆，运一次计算估为上数。
(3)装卸费	15000	植物化石十一箱，在火车站内之装卸搬箱人工资估计为上数。
(4)火车运费	264220	植物化石十一箱估计为 1100 公斤，由清华园车站以货车运至南京站运费(每十公斤 240 元)合计为上数。
(5)邮费	2000	运货单及标本清册寄往南京收件人邮费。
(二)标本箱盖修补费	250000	
(1)箱盖修理费	20000	原箱盖刨新一面，以便标记。
(2)补做大箱盖工料费	160000	
(3)补做小箱盖工料费	70000	

续表

（三）装箱用具费	105000	
（1）$2\frac{1}{2}$ 洋钉费	30000	封钉箱盖及补钉箱子其他部分,需洋钉二斤,每斤估计约为 15000 元,二斤为上数。
（2）油纸费	75000	铺箱子用,以防潮湿,纸价系估计,每张按 1500 元估计,五十张,合计为上数。

附注:植物化石运南京火车费你按货车运输价格(另担,每 10 公斤为 2402 元)计算,惟货车运输时间较长,且途中常行调换车辆,装卸震动,在所难免,复以时值雨季,车上站上,难保不受雨淋,其损失未可估计,若随客车运输,则运费过高(包裹,每 100 公斤 362200 元),按 1100 公斤估计需 3984200 元,为院方有负担此数,则改以客车运输,如何？请核定。

信稿与表格非常详细地向中国科学院地质研究所展示了西北舆图绘图工作的进展与对西北科考团成果整理的情况。袁复礼先生在西北科考团中的贡献有目共睹,而他在新中国成立后对早年参与科考所获材料之整理则是一件非常重要的工作,其详情应当为研究者和读者所好奇,而信稿中的附表则清晰呈现了这一情况。

传记中提到袁复礼先生曾在 1955 年开始向夏鼐先生寄送材料,其实在 1952 年院系调整前夕双方已就材料的保管等问题进行沟通,以下信件提到清华地质系的迁出,应是在 1952 年 6—9 月的院系调整时(图 4)：

夏鼐先生：

接读手书,敬悉化石标本运费已由贵所汇出,一俟收到,即可招工修理箱盖及装箱寄运。

关于我处需用房屋,前曾函报李仲揆先生,因时间仓促,未及另抄副本寄贵所为憾。今随函附抄原稿,请一阅。

工作房间希望能有 320 方公尺的地积(如为 16 方公尺的房间,约需二十间)。此数系按最低需要量估计,即尔后考古部分交由贵所储存,而地质方面材料今后着手研究,必须完全启箱摆开。同时尚有数箱照片、图稿等均须开箱,前未计算在内,故前函要求房间数量,仍希如数拨给。

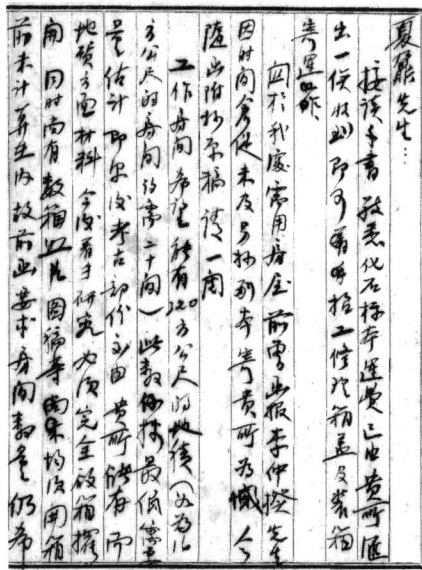

图 4 袁复礼致夏鼐信函草稿(局部)

两位杨同志私人住宅,杨秋涛夫妇儿女共同居住者计五人,需要住室三间(按每间 16 平方公尺计)。杨圣泉全家现有三人,需要同样房间两间,敬请一并代为要求。

清华地质系定八月底前迁出,西北材料及随我工作人员,校方希望迁出时间不能迟于地质系。因此现正积极作包装、造册等迁移准备工作,惟杨秋涛同志的妻子卧病床上,女儿正在北大医院行割治毒瘤的手术,症状严重。家庭中目前必须他亲自照料,短期内难望他集中全心全力工作。迁移事繁,仅靠杨圣泉一人,势难达成任务。甚望贵所能在八月中旬派给得力工作同志一二人协助,以利工作,至迁移完毕,再归还建制。如何之处,请代向郑所长、梁副所长商量办理。至荷。

此致

敬礼!

袁○○

八月四日

这是一封工作沟通用的信件。信中详细描绘了院系调整前后地质系,尤其是袁复礼先生处因材料和工作、居住问题引起的仓促和忙碌,尤其提到了办公室面积和"两位杨君"工作和居住的具体情况。此处"两位杨同志"遇到了各自的困难,尤其是杨秋涛先生家庭成员正在面对疾病。袁复礼先生正在为人手问题与研究所沟通。

直到 1953 年,材料的登记、整理、寄送工作依然没有完成,信件显示还有一部分在进行,笔者推测应当院系调整导致整理时间太紧,之前有赶工未竟的情况,加之 1953 年以后袁复礼先生要从事"新任务",因而他在 1953 年三次寄信,希望向韩金科(图 5)、杨钟健先生等人寄送材料:

金科先生:

去年九月十六日曾寄上新疆无脊椎动物化石拾陆箱供作研究,当时因我处迁址迫促,有一部分未能整理完毕,以致未得同时寄出,现已登记完毕,装成五箱。仍准备寄运贵处。谅荷同意。敬希覆示,以便照办。

此致

敬礼!

袁

一九五三.元.六日

另一封信则为(图 6):

钟健先生:

我处新疆爬行动物化石共有 25 箱,因此间房屋狭窄,无处放置,目前不能一一开箱登记,拟即送交贵处收存。我处正拟抄写野外原登记簿内的登记号码,一俟抄成复写纸四份后,即行再为送上,以利先生随时研究鉴定。如蒙同意,敬希示知送交地点与承收人,以便照办。

此致

敬礼!

袁

一九五三.元.七

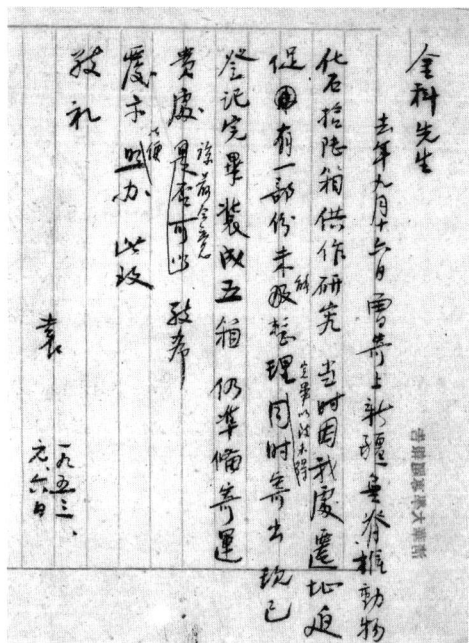

图 5　袁复礼致韩金科信函草稿

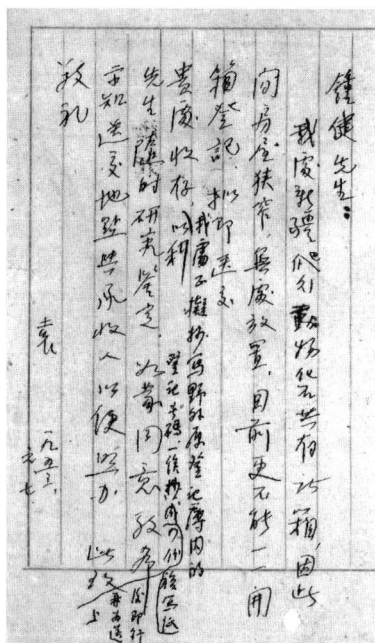

图 6　袁复礼致杨钟健信函草稿

第三封信在三个月后：

金科先生：

我处还有一部分无脊椎动物化石，现已登记完毕，装成五箱（第一、二箱为八家户一带，第三、四箱为白杨河一带，第五箱为榆树沟一带）。三月廿四日交由北京车站运往南京。今随函寄上铁路局货物通知单乙张，至希查收，派人持往南京车站洽取为荷。

动物化石号码册，现正赶制中，一俟缮成，当即寄上一份。

此致

敬礼！

袁

一九五三年三月廿四日

而在 1957 年 2 月 6 日，袁复礼先生又与夏鼐先生通信，说明他因科研需要希望从考古研究所处取得一些宁夏与甘肃的考古材料：

夏鼐副所长：

我前在内蒙等处采集的考古品，大小计有十九箱，一九五二年，全数送往你所存储。其后曾取回一箱（第 13 号）应用。现在为科研工作上的需要，还须借用宁夏栅栏呼都克及甘肃三角城附近的采集品，计第 7、8、14 号箱三箱，兹派杨圣泉同志前来洽

103

取,请允准为荷。

此致

敬礼!

袁

一九五七.二月六日

信中同样提到了杨圣泉先生的工作,此时他距离结束协助袁复礼先生还有一年。这封信件所指的科研工作是指当时正在撰写的《内蒙古地质报告》,因他在 1956 年 4 月也向夏鼐先生请借回部分所寄照片。

至于寄送工作的后续,时任清华大学副校长刘仙洲先生和袁复礼先生在 1955 年的往来通信中可见一斑,可知材料寄送已经完成,但在清华大学地质系的部分经历了一些小变故(图 7):

希渊先生:

日前到图书馆后边,见有存物箱十多件。因屋顶已坍,急待改移他处。据称多系先生由西北考查得来之古物零片,不知先生愿如何处理它们? 是否可移到地质学院? 请示知,以便照办。

保定又定于十七日开协商委员会,想已接到通知,我这次恐仍不能去。因身体近来甚坏。

敬礼! 并候

袁太太好!

仙洲上

五.十二.

此处的"保定又定于十七日开协商委员会"指的应当是河北省政治协商会议第一届委员会 1955 年 5 月 16 日至 19 日在省会保定市举行第一次会议,从而可确定时间。而袁复礼先生则因此事向夏鼐先生求助(图 8):

夏鼐先生:

清华大学内尚存有我前在山西西阴村采集之陶片三十六箱,顷接刘副校长来函说因库房屋顶已坍,急待改移他处储存。这批采集品梁故所长思永曾同意交由考古所收存研究,未知先生意见如何。如同意接受,请派人来此,会同到清华提取运至你所。

此致

敬礼! 并候

覆音。

袁

五月十五日

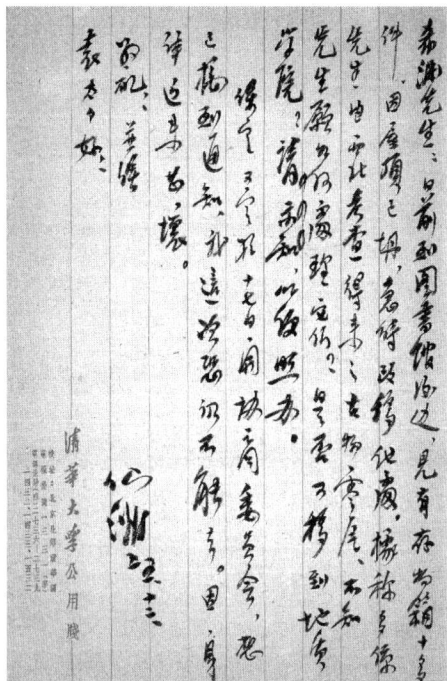

图 7　刘仙洲致袁复礼信函草稿

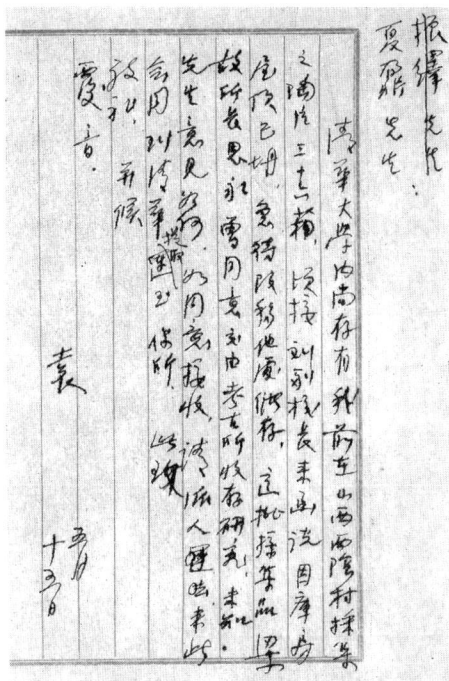

图 8　袁复礼致夏鼐信函草稿

二、绘制西北舆图工作

上一节部分信件提到了袁复礼先生绘制西北地质、地理、地貌之舆图的工作,往往包含在关于西北科考团成果整理的信件中。在院系调整完成,他从行政工作以及部分杂务中脱身后,有了相对可以集中的精力用来处理地图绘制的时间。他自 1955 年开始为绘图工作进行了一系列通信,其中 1955 年五月有一封信件:

尹达/夏鼐 副所长:

为填注地质及考古资料,我原计划绘制西北五十万分一的地图,共为四十六幅,现已完成十八幅,科学出版社对此事感到兴趣,愿为出版,今年春季曾进行此事,因图中山形尚待加工晕渲,事先须请人加工,加工工料费商定由出版社担负,乃请得地质学院绘图室王素同志利用业余时间作此项晕渲山形工作,最近两个月已完成两幅。惟对于标题格式及名称,尚须请所中向学术部请求指示应如何规定格式,希望你能多提宝贵意见。

按照现时进度,今年年底可有九张完成付印,明年五月底再有九张付印,并请在参加学术部会议代为陈述。

105

此致

敬礼！

袁复礼

五月廿一日

六月廿九日修正

所谓"六月廿九日修正"指的是他在六月二十九日重新写了一封信稿，这应当是他最后采纳的版本：

尹达/夏鼐 副所长：

为填注地质及考古资料，我原计划绘制西北五十万分一的地图共四十六幅。现已完成十八幅，科学出版社对此事感到兴趣，愿为出版，今年春季曾进行此事。因图中山形尚待加工晕渲，事先须请人加工。加工工料费商定由出版社担责，乃请得地质学院绘图室王素同志利用业余时间做此项晕渲山形工作，最近两个月已完成两幅。

关于图幅之标题名称及廓外注记格式，希望您能多提宝贵意见，并请由所中向学部请作决定。

按照现时进度，今年年底可有九张完成付印，明年五月底再有九张付印。

在您参加学部会议时请代陈述。

此致

敬礼！

55 年六月廿九日

新信稿没有写姓名落款。同年七月到十二月，袁复礼先生应当是完全集中了精神以处理西北舆图的绘制工作，他写了一封正式的研究说明书，有一份草稿和一份正式稿，本文将正式稿展示如下（图9）：

五十万分之一西北舆图绘制的目的、基本材料、经过及现状的说明书

[1] 编制目的：编绘的目的为加速推进社会主义建设的第一个五年计划总结前人已绘各项地图之结果，作为西北各项经济建设需用的底图，包括现时正在展开的地质测图、石油勘探、水利、交通、森林及更进一步测量地形图之用。

[2] 编制材料的根据：编绘的基本

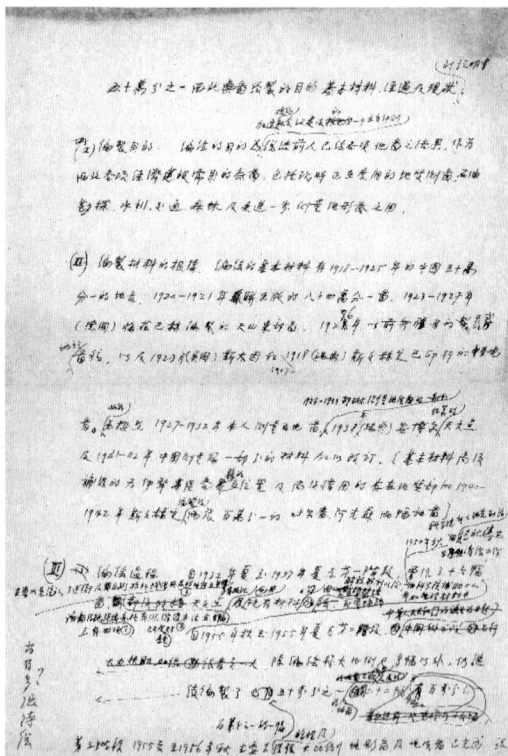

图 9　袁复礼绘制西北舆图计划草稿（局部）

材料有1918—1925年的中国五十万分之一的地图,1920—1921年苏联出版的八十四万分之一图,1923—1929年(德国)梅兹巴赫编制的天山东部图,1926年以前新疆省的旧式地理图稿,以及1923年(英国)斯太因[①]和1907—1918(瑞典)斯文赫定已印行的中亚地图。此外并按照1927—1932年本人测量的地图,1928—1933即旧测量地质图的一部分,1938年(瑞典)安博尔估算的天文点及1941—42年中国测量队一部分的材料加以改订。【基本材料尚须补添的为伊犁专区各县的位置及尚须借用的存在地质部的1940—1942年斯文赫定编制的两张百万分一的吐尔番[②]、阿克苏两幅地图】

[3]编绘过程:自1932年夏至1937年夏为第一阶段,曾做了十六幅图。该图的缺点有四项:① 经纬度格有涨缩未绘全幅。② 解放胜利以后,1950年秋科学院考古研究所派杨秋涛先生清绘工作,由科学院补助二人参加整理材料中已不合原尺寸。③ 主要以袁复礼、丁道衡及黄文弼旅行路线所及的地区为基础,多有改订。④ 天文点与现有材料不符。自1950年秋至1955年夏为第二阶段,除编绘较大比例尺多幅以外,仍继续编制了百万分之一的一幅、五十万分之一的地图有二十二幅。第三阶段,1955夏至1956年秋,主要为整理及清绘大比例地形图及地质图,已完成张的一幅,其中已完全完成加有山形、地形的两幅,只须加绘山形的十六幅。此外不在本年计划内的尚待清绘十七幅。

[4]审查及出版的问题:一,最近五年中此项绘制工作系由考古研究所领导在北京地质学院新疆资料工作室绘制的。拟于今年年底出版八幅,明年夏季以前出版十幅,由科学出版社付印出版。既有存在的一些问题是:① 关于省界、国界、新设县址,现时道路交通的改正及补添。② 边框外的标题、图名、机关、人名及出版等的编订格式,仍须交中国科学院会同有关机关(内务部及军委测绘局)加以审定,以便修订加绘,交中国科学院领导的科学出版社出版。

是否有当,请予指示。

1955.12.10 重改

至此,信件显示绘制工作进入了一个新阶段。另一封信件显示到了1956年4月,也就是上封说明书提到的"第三阶段",袁复礼先生确实如期完成了前置工作,进入了这一阶段的绘制。他在下述通信中表示希望考古研究所提供一些协助他绘制工作的照片(图10):

尹、夏副所长:

我处存有前在西北摄制的地形及考古地点的照片,其中有若干份原系玻璃底片,经过多次迁移,已经破碎遗失。我计划要作西北地形图册,需要附刊此批有关的照片,若干缺失底片的照片,需要翻版,兹先检出十五张,拟请您所摄影室为我翻制。敬

---

① 即斯坦因。

② 即吐鲁番。

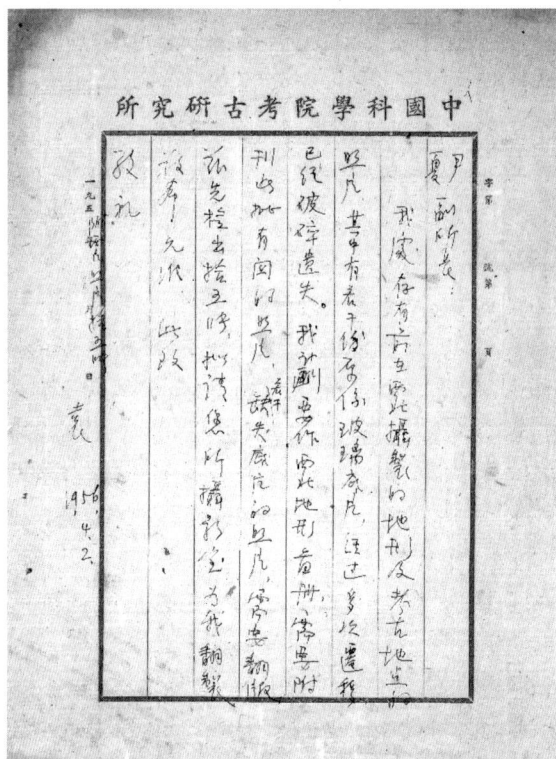

图10 袁复礼致尹达、夏鼐信函草稿

希允准。

　　此致

敬礼！

　　附西北照片十五份

袁
1956.4.2.

三、教学工作

　　传记与年谱中为人所熟知的袁复礼先生的教学工作往往是他在新中国成立以前开设的"世界地理""地质测量""地貌学"等课程,他在院系调整后建设第四纪地质学这一新学科的努力,以及他编写的教材如《中国第四纪地质学》和《地貌学原理》等书。《西北科学考察的先行者——地学家袁复礼的足迹》的《尽毕生精力,从事教育工作60年》一章中提到他的教学特色时说他"采用诱导和启发式",结合不同学科触类旁通。而信件中则显示他在教学过程中会从寄存他原先考察所获材料的院系和机构回借一些材料来进行教学工

作,可谓认真至极。如写给梁思成书信的底稿(图 11):

思成先生:

清华大学国学研究所所存之西阴村陶片及绥远石器铜器等共肆拾五箱,另外有石佛像及石碑等数件,仍留存图书馆楼后仓库内。我曾派杨圣泉同志往访工农速成中学王永兴先生,请其接管研究。据答彼因业务繁忙,无暇顾及。

今派杨圣泉同志携带该批考古品号码册一份并仓库钥匙一把前来贵处,请与仙洲副校长商酌是否可由先生接收,或仙洲先生及思永先生商酌交与有关机关保存研究。请就近示知杨圣泉君照办即可。

再,地质学院教学计划依照苏联先进经验,应配合以考古资料,需要标本作引证,兹拟由此批考古品内提出石斧十余件、石杵十余件、陶片若干件,借与本院陈列,以利教学。敬希惠允。

此致
敬礼!

袁复礼
一九五二年十一月十二日

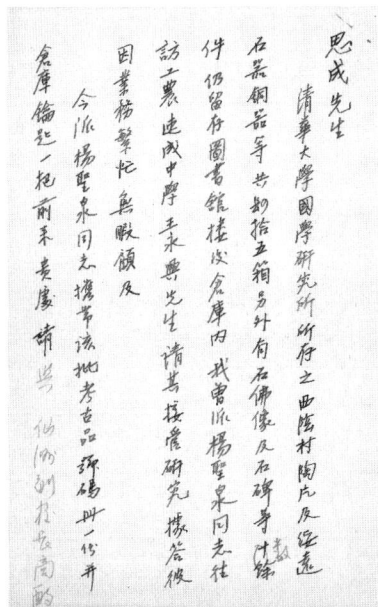

图 11　袁复礼致梁思成信函草稿(局部)

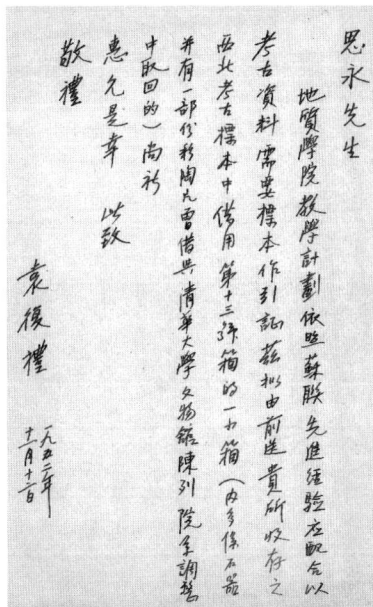

图 12　袁复礼致梁思永信函草稿

为了协助教学工作,1952 年 11 月 12 日袁复礼先生同时写下两份信稿,以便得到这一教学标本,另一封信写给了梁思成的弟弟梁思永,希望得到已经交由中科院考古所保存的西北科考团石器标本(图 12):

思永先生：

地质学院教学计划依照苏联先进经验，应配合以考古资料，需要标本作引证。兹拟由前送贵所收存之西北考古标本中借用第十三号箱的一小箱（内多系石器，并有一部分彩陶片，曾借与清华大学文物馆陈列，院系调整中取回的），尚祈

惠允是幸。　此致

敬礼！

袁复礼

一九五二年十一月十二日

由此可见，袁复礼先生在完成材料的整理和寄出后，依然与各单位保持着相当紧密的联系，材料、出入往来的情况连续不绝。这也能反过来推断他对材料的熟稔程度，证明他对在教学工作的何种阶段和何种课程时需要动用何种材料是十分清楚的，先生之亲力亲为和踏实认真可见一斑。同时，我们可以推测在1957年2月6日，袁复礼先生又与夏鼐先生通的那一封信，即说明他因科研需要希望从考古研究所处取得一些宁夏与甘肃的考古材料一事，应该也和教学工作有关。

袁复礼西南地质考察述论

杨 玲

成都师范学院史地与旅游学院

1937 年抗日战争爆发后,作为抗战大后方的西南地区原有工业基础极为薄弱,国民政府拟定主要以战时后方经济开发建设作为经济方面的备战。时任西南联大教师的袁复礼(1893—1987)在任课之余,深入西南地区多地进行综合地质考察,尤重于矿产资源勘测,撰写具有重要建设意义的考察报告提交资源委员会。袁复礼在西南地区的地质考察成果不仅为战时矿产开采、服务经济建设作出了重要贡献,也为此后西南地区地质地形、矿产资源的开发利用提供了宝贵的先行研究。

一、求学报国与西南地质考察

袁复礼(1893—1987),字希渊,1893 年 12 月 31 日出生于北京,祖籍河北省徐水县。1903 年,袁复礼入私塾学习,五年后考入南开学校,于 1912 年毕业。1913 年夏,考入清华学校高等科,1915 年以优等生毕业,并获得庚子赔款奖学金赴美学习,先后学习了教育学、生物学、考古学等知识。他在布朗大学系统学习了生物学、考古学。1917 年,转入哥伦比亚大学学习测量学、地质学、制图学,次年毕业,获学士学位,并继续学习研究生课程。两年后即 1920 年获硕士学位,继续进行学习研究。1921 年夏,因母病重,中断学业回国。在美学习期间,袁复礼怀着科学救国的志向,抓紧一切机会学习地质各学科知识,打下了非常扎实的地质学基础,获得了广博的地学知识和先进的实践技能[①]。

归国后,袁复礼在农商部地质调查所担任技师一职,并协助安特生开展考古工作,他所测绘的"仰韶遗址地形图"是中国考古学史中最早的一幅地形图。此后,他应聘兼任北平高等师范学校、北京大学地质系、清华大学教师,开设过外国地理学、地质测量、地文学等课程。1927 年 5 月,袁复礼辞去在地质调查所的工作,应聘为清华大学教授,并参加中

[①] 本节相关内容,可参《袁复礼生平》,袁疆等编著《西北科学考察的先行者——地学家袁复礼的足迹》,北京:新华出版社,2007 年,114—143 页。

瑞合组的"中国西北科学考查团",成为中方10名团员之一,开始了为期5年的西北考察。1932年返回北京后,担任清华大学地理系主任。

1937年,抗日战争全面爆发,清华大学、北京大学、南开大学三所学校南迁至长沙,合并组成长沙临时大学。袁复礼亦于9月前往长沙任教,对湘东及湘西境内金矿进行了详尽考察。1938年,长沙也受战争影响,长沙临时大学再次迁往昆明。袁复礼参加"湘黔滇旅行团"步行前往昆明,历时68天,抵达西南联合大学(图1,本文图片均由新疆师范大学黄文弼中心提供)。沿途袁复礼利用自己专业所长,指导学生观察地质现象、采集地质标本、记录考察日记,使一次艰辛、被动的教育长征变成了一次积极、有意义的野外地质实习和社会实践。随后6年中,袁复礼教授任教于西南联大地质地理气象系,开展了大量西南地区地质考察,留存了大量珍贵的地质资料。1946年,西南联合大学结束,袁复礼抵达北京,在多所学校从事地质学教学,直至退休。

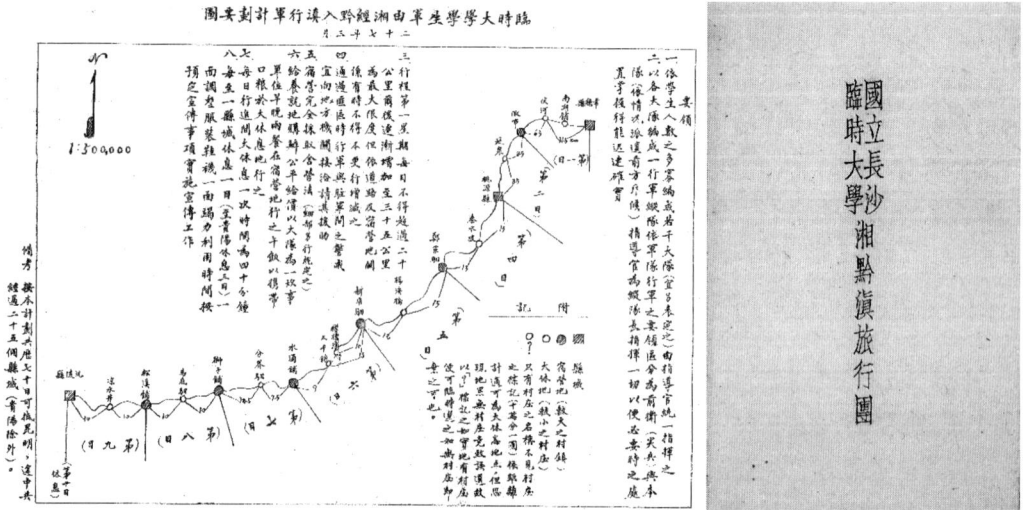

图1 袁复礼旧藏湘黔滇旅行图(局部)与名片

袁复礼先生对于西南地区进行的地质考察,从时间上看,主要集中在其在长沙、昆明任职时期,即1937年9月至1946年8月离昆返京,此后也偶有涉及。从地域上看,袁复礼对于西南地区地质考察主要集中在湖南、西康(今川西与西藏东部地区)和云南三省。湖南地质考察主要是对湘东、湘西桃源、常德、沅陵等地区调查。西康省主要包括盐边、德昌、盐源、木里、米易、会理、冕宁一带,云南则主要是对东川、会泽、呈贡、武定、罗次等地进行考察。从内容上看,主要进行综合地质考察,重点在于对战时所需物资如金、铁、铜、镍等矿产进行详尽调查。袁复礼野外考察力求深入,务求"有所发现,并有明确见解"。他向国家提交地质调查报告,急国家和地方之所急,为开发矿业支援抗日战争及新中国经济恢复和建设服务,也及时公开发表一些专题总结文章,在地质学和古生物学各方面都有建树,成为"后人从事同一的研究时,必须加以引用"的宝贵资料。

二、西南地质考察背景

(一) 抗日战事紧急,科学救国服务经济建设

1931 年九一八事变以后,日本对华侵略步步升级,并于 1932 年把战火引到了中国经济核心上海。随后,日军又向热河及长城沿线进攻,占领了山海关、热河,甚至深入冀东,包围平津。在"攘外必先安内"政策指导下的南京国民政府,将"剿共"作为首要任务,对日则采取"不扩大"态度,但同时也对随时可能爆发的中日全面战争进行了必要的准备。

1932 年 11 月 29 日,蒋介石在其呈报国民政府备案的"国防设计委员会组织条例草案"中称:"值兹国难当前,国防机务,万端待理,为集中人才,缜密设计起见,特设国防设计委员会,以期确定计划,从事建设。"国防设计委员会由蒋介石任委员长,邀请了著名学者、地质学家、中国地质调查所所长翁文灏任秘书长,蒋介石秘书钱昌照任副秘书长。国防设计委员会以国防之具体方案、建设事业、国防之临时处置等为工作范围,除行政院相关负责人,另邀请文化、经济等著名学者专家 40 余人,分成文化、经济与财政组、原料与制造组、运输与交通组、土地与粮食组、军事组、国际关系七个小组,从事调查与设计工作,以期工业救国,达到强兵富国、抵御外寇的目的。1935 年国防设计委员会改组为资源委员会,全面抗战爆发后,资委会并入经济部,并"特别着重于四川、云南、贵州、广西、陕西、甘肃、青海、西康等内地省份,凭借西部山岳有利地形,创立生产中心,期能配合长期抗战国策,巩固国力,持久作战,以争取最后胜利"[①]。

经过严格筛选,两百余名各行业专家学者,组成了强大的"科学救国团",众多爱国科学家将自己一技之长积极投入抗战急需的领域。即便暂时未能入选委员名单之人员,或静候机会,或积极奔走,都为投入"科学救国"积极准备。袁复礼先生的海外留学背景、参与创建清华大学地质系以及其在中瑞西北科学考察中所做出的开创性贡献,都可以肯定他是一位具有深厚的地质学功底、满腔热情的爱国科学家。又因其与翁文灏先生有着较紧密的合作基础及愉快的合作经历,故翁先生在选择原料与制造组调查人选时,袁复礼成为当然人选。据当时的报道,西康建省,组建的"科学考察团"中袁复礼成为自然科学组的代表:

> 重庆十九日电:西康建省委会,为积极进行开发工作,现特组织西康科学考察团,从调查着手,以为建省之准备。闻组织方面分自然科学与人文科学等组,均已分别自渝蓉出发。自然科学方面,其调查对象为地质、矿产、土壤、水力、动物、植物、药材、牧

---

① 相关研究和资料,可参郑友揆等《旧中国的资源委员会 1932—1949 史实与评价》,上海:上海社会科学院出版社,1991 年。

畜、气象等项,参加人员有袁复礼等多人。……(中央社)①

袁复礼生当国家落后、受压迫侵略的时代,饱受战乱之苦,其学成归国后,怀着科学救国的志向,关心国计民生,积极参与多地矿产勘测工作,将勘测结果及开采建议形成详细报告,提交资源委员会,努力为战时、战后经济建设服务,成为其当仁不让的职责和义务。

(二) 教学被迫南迁,理论实践并重培育后辈

袁复礼在美国留学时,在系统地学习地质各学科知识之外,还抓住一切机会参加地质实践工作,在归国后的教学工作中,袁复礼在日常教学中不拘泥于课本,而是采用启发式教学方式,讲课生动活泼,深入浅出。他也非常重视野外教学实践活动,一再强调野外工作非常必要②。长沙临时大学迁移至昆明时,袁复礼已年近 50,原本可以选择香港到河内再到昆明的相对舒适路线,但出于对地质科学的热爱与严谨态度,他毅然选择了"湘黔滇旅行团"。因为对于注重实践教学的袁复礼先生来说,这次徒步迁徙更是一次难得的教学实践机会,可以借机沿途进行地质考察,收集地质资料。途中他给当时地质系的十几位同学讲了如何在野外观察和记录③,对地质、地理、气候以至文物历史、风土人情无不关心,虽然须随队伍前行,仅能作零星教学实践,但袁复礼对地质路线记录和标本采集等提出了严格的规范要求④。顺利到达昆明后,又与学生一起对沿途所拍珍贵地质照片与采集标本作了展览,并多次组织交流观察、考察心得活动。

昆明乃至整个云南省,自然条件优越,具备野外地质考察不可多得的理想条件。在西南联大任教期间,虽然教学条件艰苦,但袁复礼与其他教授通过各种渠道,在西南几省承揽一些地质找矿任务,使教学和生产结合,并以取得的经费支持各种野外教学实习,在实践中传授工作方法和经验⑤。1942 年,云南省建设厅与西南联大合作创办了云南地质调查所,袁复礼是该所的顾问之一,外出考察的机会更多了⑥,每逢外出考察,但凡条件允许,他必定带着学生进行野外实践教学,其理论联系实际,将培养学生与地质勘测有机地结合了起来,在西南内地为战时人才与矿产的储备提供了良好的契机。

---

① 《组科学考察团 从事调查工作》,《申报》1938 年 8 月 20 日第 2 版。

② 尹赞勋《学习袁老的优秀品德和优良作风》,杨遵仪主编《桃李满天下——纪念袁复礼教授百年诞辰》,武汉:中国地质大学出版社,1993 年,3 页。

③ 张炳熹《八年教诲 终生受益》,杨遵仪主编《桃李满天下——纪念袁复礼教授百年诞辰》,66 页。

④ 王鸿祯《师道永存 功勋永在》,杨遵仪主编《桃李满天下——纪念袁复礼教授百年诞辰》,28 页。

⑤ 《袁复礼生平》,袁疆等编著《西北科学考察的先行者——地学家袁复礼的足迹》,129 页。

⑥ 张咸恭《袁复礼教授在西南联大时期的教学科研》,杨遵仪主编《桃李满天下——纪念袁复礼教授百年诞辰》,65 页。

三、袁复礼西南地质考察内容

（一）考察路线

袁复礼先生对西南地区的集中考察始于 1937 年 10 月至 1946 年 8 月返回清华大学任教期间。

袁复礼先生 1937 年 9 月前往长沙临时大学任教。1937 年 10 月，对南岭地区进行地质综合考察。1938 年 1 月 2 日至下旬，他对湘东平江及湘西桃源、沅陵、常德地区进行地质考察，主要是对境内金矿储量及开采现状进行调查，提出开采建议，形成《湘东湘西金矿探勘记》提交国家资源委员会(图 2)。

1938 年 3 月 1 日至 4 月 28 日，袁复礼在迁徙过程中对湖南、贵州、云南三省沿途进行地质实践教学与考察，并收集重要标本带至西南联大展出、交流。

同年 11 月 1 日至 12 月底，袁复礼到西康盐边、盐源、木里一带勘察(图 3)。1939 年，在西康盐东、冕宁、回礼、德昌、米易一带对金、铁、铜、镍、铅、锌等矿进行调查，并撰写相关报告提交资源委员会。1940 年，到重庆歌乐山山洞勘测煤矿。1942 年，袁复礼在东川、会

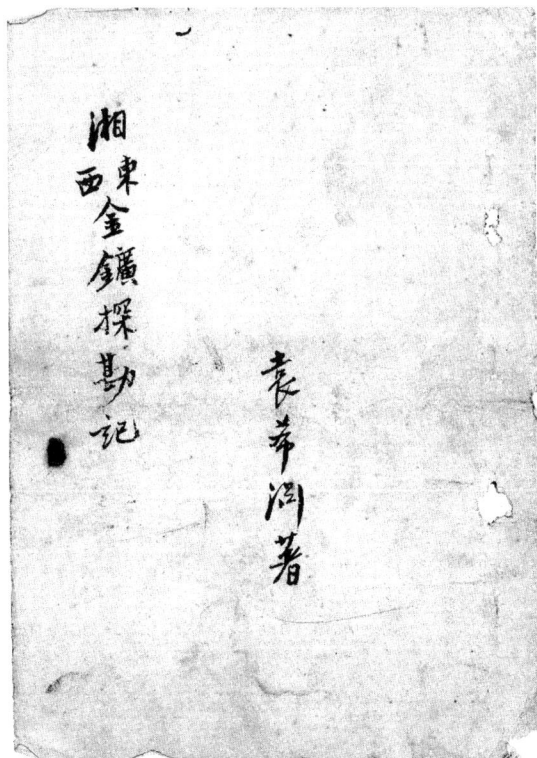

图 2　袁复礼《湘东湘西金矿探勘记》油印本封面

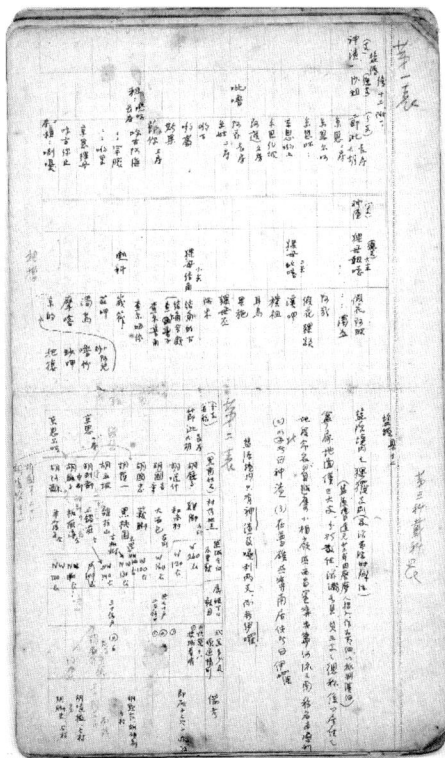

图 3　袁复礼盐源考察记录簿

泽一带考察。同年4月,带学生在呈贡实习。1943年,前往华宁县横格横路进行铅锌矿勘测。1944年至1945年,在云南武定、罗次二县进行铁矿勘测,在七旬、陆丰、楚雄、镇雄等地进行地质综合考察。1946年8月,离开昆明返回北京。

(二)考察内容

1. 南岭地质考察

南岭位于今湖南省、江西省、广东省、广西壮族自治区四省(区)边境,指四省(区)相连的群山区域,其地理位置为北纬24°00′~26°30′,东经110°~116°。

1937年10月,袁复礼前往南岭一带作地质考察,主要内容为多层地形探究,并于1952年完成《南岭多层地形及与其有关的理论问题》初稿,1955年修改补充(图4),正式发表则已是1993年11月了(《第四纪研究》1993年第4期)。文中首先肯定南岭的地形图绘制准确表现了多层地形,介绍前人对山麓夷平面成因的不同见解,并提出多层地形的成因必须要以实际观察为条件,建议研究多层地形必须同时综合研究山岳的上升、喀斯特区地貌及山前相关堆积物等,同时可以根据多层地形成因理论来探寻次生富集矿体深度及成矿规律,对寻找和勘测砂矿有实际意义。

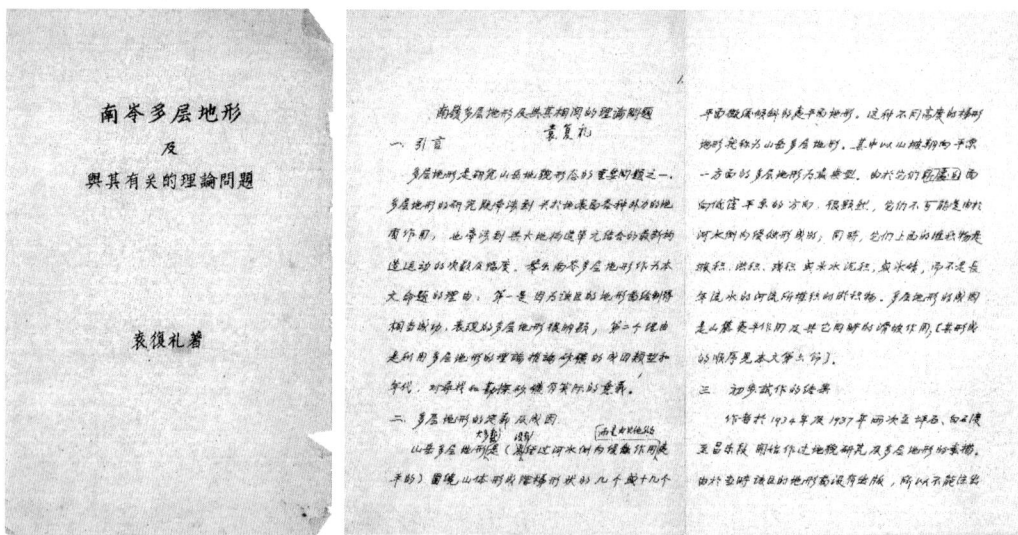

图4 袁复礼《南岭多层地形及与其有关的理论问题》稿本

2. 湖南金矿及相关问题

1938年1月3日至下旬,袁复礼分别对湖南省湘东、湘西金矿作了深度勘测,得出湖南产金区主要产山金和砂金两种,山金则以平江、桃源、沅陵、会同四县储量最著。砂金主要集中在山谷及盆池中,产区较山金广,主要以湘东的平江、浏阳、醴陵等地,湘西的汉寿、常德、桃源、安化、溆浦为盛。袁复礼还对当地控矿构造进行了详尽勘测及分析,认为"含金之石英脉顺层理平行而上,惟倾向皆稍变化"[①],有利于湘东、湘西金矿形成。

袁复礼还根据各产区交通线路、地质状况等对提金方法作了详尽记载,提了改进建议,对于战时金矿开采提出可行性方案。他认为,因时间、治安、交通等问题,会同之漠滨、庵堂山,慈利、大庸等县未能勘及,亦需尽早尽详勘测,"以窥全豹"。袁复礼还针对现有土法开采法之不足提出"从水泥厂等调拨先进设备"方案,以解急需。同年,他撰写《湘东湘西金矿视察报告》,以油印本提交经济部资源委员会,报告中指出资源委员会对所产金砂产量、售向须详查,还提出对黄金售量加以统控以整顿金融系统;此外,袁复礼还大力提倡加强利用砂金寻找原生金矿工作,更应注重锌、锑矿区伴生砂金对发现金、金锑等矿床的重要性。此等种种,都流露出袁复礼作为一名科学工作者对于民族危亡的紧迫感和科学救国的急切期盼。

3. 西康省宁属交通燃料及治安问题

宁属,指以今四川省西昌市为中心的宁远府所属地区。1939 年 1 月 1 日,因抗战形势之需要,西康省成立。宁属地区划归西康省,包括八县一设治局,即西昌、越西、会理、冕宁、盐源、盐边、宁南、昭觉和宁东设治局。因宁属地所处抗战大后方,又具有极其丰富的物产即矿藏资源,故"西康对于全面抗战之物质供给实负有极大之责任","无川康即无中国,保川康即保中国",国民政府亦极其重视对于西康的建设。

1938 年 11 月 1 日至次年 7 月中,袁复礼对西康省宁属地区进行了综合地质考察,主要涉及盐边、盐源、木里、盐东、冕宁、会理、德昌、米易地区,这次考察也是其在西南地区持续时间最长、地域范围最广的一次地质考察,每一次考察都作了详尽记录。1939 年,袁复礼撰写《西康省宁属煤铁矿实地考察之报告》《西康冕宁麻哈金矿勘察记》《会理凤山营马鞍山金矿勘查记》《会理通安拉治沟金矿勘查记》等报告,后三篇报告于 1939 年提交油印本至资源委员会。此外,还有 1948 年撰成"The Gold Field of Wali, YenYuanhsien, SiKang"(《西康省盐源县窪里金矿》)一文(图 5),这些资料为西康后期建设提供了极为重要的资料。综合言之,它关注到以下几个方面:

(1)交通

袁复礼对宁属当时交通建设情况作了统

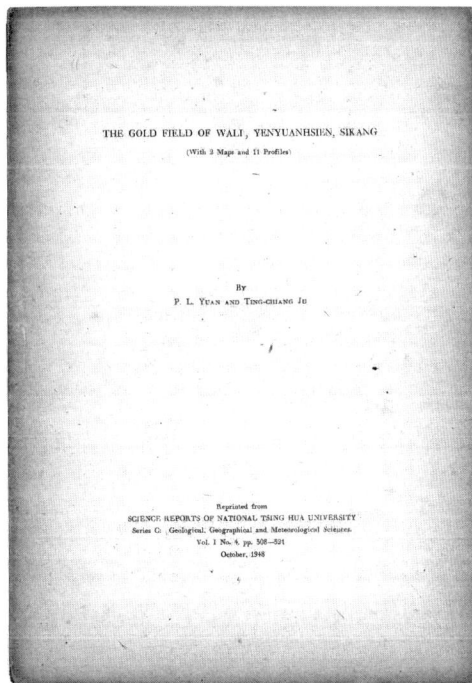

图 5　袁复礼与茹廷锵合著的《西康省盐源县窪里金矿》英文论文

---

① 　袁复礼《湘东湘西金矿探勘记》,油印版,叶 8 下。

计说明,当时中央及省府已计划公路有二,一为乐山至西昌,已动工,尚未完工;另一为康定至西昌,尚未施工。

袁复礼先生亦提出宁属境内公路交通建设应遵循三个原则:一为贯通各县县城;二为与乐山及康定皆得沟通;三为发展轻重工业区之交通。① 结合这些原则,袁复礼对既有公路建设项目提出了建议,认为若需满足第三条利于发展轻重工业的需要,则还需要开辟九条公路线路。

(2)燃料问题

袁复礼认为宁属境内煤炭储量第一当属会理,除了已知名的白果湾、夷门焦炭,另有五处煤炭储量颇为丰富,并对五处现状或开发准备作了详尽分析,对其中影响开采的因素也作了详细记录。如在西昌樟木箐西马家及三圣庙一带勘测时,每问路人,皆不能引路。后得知是某委员恐吓若外地人来开采则需就地征工,故本地人皆不敢指引。

此外,袁复礼对境内的石油和水力作了分析。石油主要集中在越嶲及会理中、东部。另有五处可大力发展水力发电,但须聘请一流水力专家详细测量,善为利用。

(3)治安问题

袁复礼认为宁属治安较两年前已趋于平静,只有昭觉县除外。昭觉县夷人聚居,保长等勾结夷人头目,夷人头目为补偿"投诚费"而在两任县长交接时大肆抢劫。对宁属夷务问题的解决,袁复礼极力推荐为中央及省府极度效力之羊仁安、邓秀廷、苏效群三君。

4. 云南地质考察

在西南联大工作时,得益于云南得天独厚的自然环境,再加上西南联大与云南省建设厅合办了云南地质调查所,袁复礼任顾问,因此,在云南的工作条件虽然艰苦,但仍有很多外出考察机会。1942年,袁复礼前往东川、会泽一带考察,4月,带学生在呈贡教学实习。12月,前往宜良、禄丰村、盘溪至个旧一线进行地质考察。1943年春,前往华宁县横格横路调查铅锌矿,并撰写"HengKeh-henglu Zinc Deposits of Yunnan"(《云南横格—横路锌矿》1948年)一文(图6)。4月,带学生在曲靖一带考察实习。1944年2月8日,前往武定、罗次境内进行长达16日之铁矿勘测,并撰写《云南武定、罗次二县境内铁矿地质报告》交

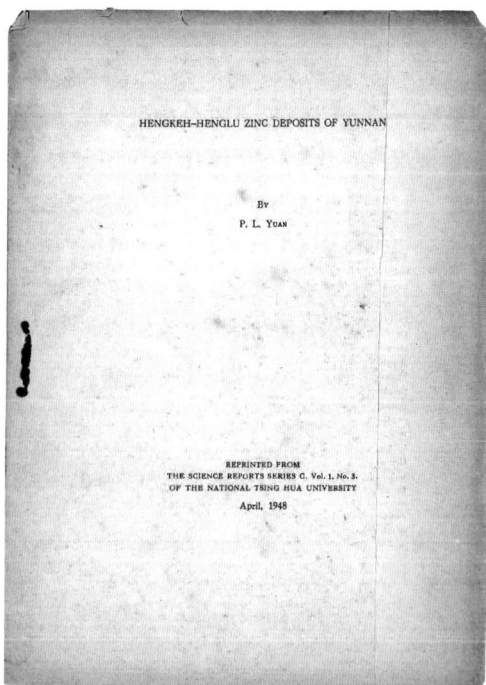

图6 袁复礼《云南横格—横路锌矿》英文论文

① 袁复礼《西康省宁属交通燃料及治安问题简报》,油印版,叶1下。

资源委员会和云南钢铁厂。3 月 29 日至 4 月 1 日,前往七甸考察。4 月,与学生前往呈贡实习,练习地质填图,撰成"The Discovery of Palaeolithic Stone Implement in Chengkung, Yunnan"(《云南呈贡旧石器时代石器的发现》)一文(图 7)。1945 年 2 月 3 日至 8 日,前往禄丰县元永井一带调查。2 月 16 日至 4 月 16 日,前往楚雄、姚安、永仁、仁和街一带进行地质调查。9 月,前往镇雄一带作地质考察,撰《自镇雄地质所见之云南东北部之古地理》,1946 年刊于《地质评论》。

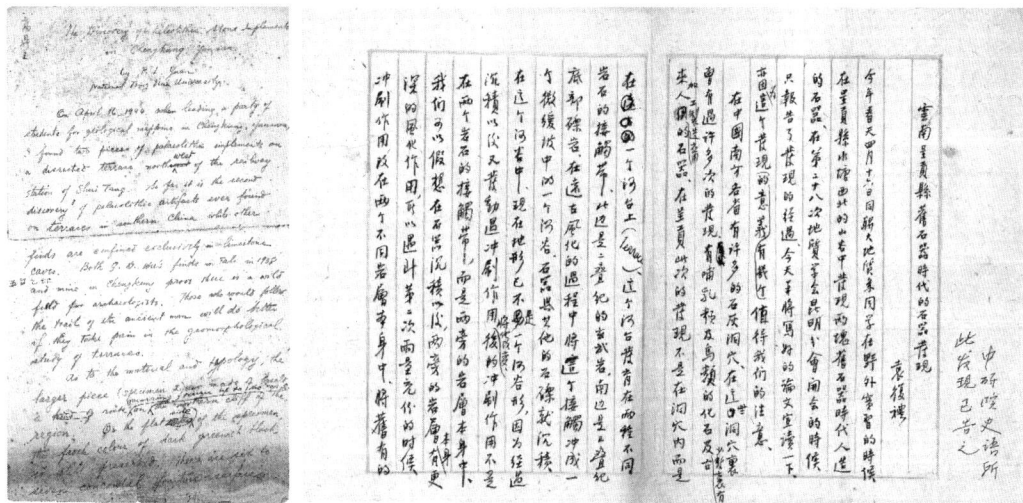

图 7　袁复礼《云南呈贡旧石器时代石器的发现》中英文稿本

5. 第四纪地质的一些资料

袁复礼通过对四川西南部冕宁、西昌、德昌、会理、米易及云南北部的元谋、永仁 7 县进行考察,撰成《中国西南区第四纪地质的一些资料》一文,文章袁复礼先生重点剖析了出露于金沙江支流安宁河与龙川江的宽谷内及其邻近的高原盆地上第四纪沉积,并加述永北及会泽两县典型沉积,从其成因类型、岩性及岩相等方面加以对比分析,得出"其沉积环境是面积大小不同的封闭盆地,并遭受第四纪高山冰川区距离远近的影响"之结论。

四、袁复礼西南地区地质考察价值

(一) 理论实践并重　培育地质人才　献身教育事业

从 1921 年学成归国、受聘任北京大学地质系教师开始,直到 94 岁高龄谢世,66 年间,袁复礼扎根于学校,致力于矿产地质勘测和地质人才的培育,把自己的精力和智慧毫无保留地奉献给中国地质科研和教育事业,终身奋斗在教育岗位上,教育和培养了一代又一代地质学家,其至可以说中国老一代地质学家都是他的学生①。

袁复礼教学强调理论知识学习,却从不照本宣科,注重启发式教学。他经常结合自己野外工作实例,把知识要点融入授课内容中,为学生推荐多种书籍作为课外自学课本,要求学生博览群书以夯实理论知识、提高阅读能力,然后进行课堂读书心得交流,既为野外考察积累基本的、原则性的科学知识,又锻炼了学生的学术讨论能力。

袁复礼特别重视野外教学时间,培育学生实际工作能力。在参加"湘黔滇旅游团"时,他带领地质系同学沿途进行地质考察、标本采集,使得艰苦的迁徙行程变成了一次难忘的野外地质考察训练。在考察过程中,他和学生们一起,每天步行 30 多公里,晚上在阴暗潮湿的农舍睡地铺。人们常见他手持地质锤,腰系罗盘,不时敲打着岩石露头,有时还在小本上记录和画图,尤其是他每天能画出一条路线地质图②,学生们见了十分佩服。他的乐观精神深深感染着学生,也使学生增强了学习地质学的兴趣,更加热爱自己的事业,随行的十多位学地质的学生中就有王鸿祯、陈庆宣等后来的院士③。

袁复礼不仅是"学高为师"的地质学知识传授者,更是"身高为范"的思政育人者。他以仁爱之心对待同事、朋友、学生,凡有求助者,必定给予各种热情而细致的帮助。在西南联大任教时,他承揽地质调查及矿产勘察的任务,训练学生的野外工作能力④,安排毕业生去工作,并以他的名义接下一些任务带着学生完成,酬金多数分给学生⑤。对于有志于地质事业的优秀学生,袁复礼尽心培育,提供勤工俭学和继续深造的机会。袁复礼以渊博的学识、高尚的品德和优良的学风,培养了几代优秀学子,学生中后来担任中国科学院学部委员的就有 30 多位⑥,为发展中国的地质教育做出了重要贡献。

(二) 广采博收创业　勇于实践探索　留存开创资料

袁复礼在西南地区地质考察的 9 年间,多次深入深山僻壤,将沿途所闻所见皆记于日记,对所及地区矿产储量有科学的勘测,对矿产采集现状等有详细的观测、记载,并对开采办法改进等进行了详尽分析。他克服困难,在没有任何图件参考的情况下,用平板仪自行

① 郑剑东《袁复礼对中国地质科学发展的贡献》,《自然杂志》第 34 卷第 3 期,2012 年,172—175 页。

② 杨光荣、郑虹霞《袁复礼教授轶事》,杨遵仪主编《桃李满天下——纪念袁复礼教授百年诞辰》,武汉:中国地质大学出版社,1993 年,172 页。

③ 潘云唐《我国地质科学杰出的早期开拓者和卓越的地质教育家——袁复礼教授》,《矿物岩石地球化学通报》第 40 卷第 6 期,2021 年,1425—1430 页。

④ 杨遵仪、张咸恭、杨光荣《袁复礼教授的主要学术成就及对国家经济建设的重要贡献——纪念袁复礼教授 110 周年诞辰》,《中国地质教育》2004 年第 1 期,38 页。

⑤ 杨光荣、郑虹霞《袁复礼教授轶事》,杨遵仪主编《桃李满天下——纪念袁复礼教授百年诞辰》,173 页。

⑥ 杨遵仪、杨光荣《袁复礼教授对中国地质教育的贡献及主要学术成就》,袁疆等编著《西北科学考察的先行者——地学家袁复礼的足迹》,序言 5 页。

测绘地形地质图,为准确计算矿量作依据①,并形成多份矿产调查报告,上报至经济部资源委员会,撰成论文多篇。因各种原因,部分论文刊出,部分论文未及刊出。无论是否刊出,这些都是较为系统反映西南地区地形地貌、地质矿藏的开创性资料,为战时经济创收、西南地区开发利用做出了重要贡献。他在云南省进行铁矿勘测时注重教学、科研和实践有机融合,亲自指导学生加入野外考察,寻找资源支援经济建设,为国家提供各种地质资料。

此外,在西南地区地质考察中,袁复礼注重地貌学与大地构造学、新构造学、第四纪地质学结合,将国外的先进理论应用于野外实践考察中,并记录了大量实勘文字,绘制了大量一线地质图,这也为他日后开设新中国第一门"地貌和第四纪地质学"课程积累了丰富的一手资料。

(三) 关心国计民生　注重生产实践　服务经济建设

二十世纪二三十年代的西南地区,山区面积广大,地形地质条件复杂,交通不便,自然环境和生活条件都十分恶劣,许多地区强盗猖獗,野兽不时出现,尤其是西康一带山高谷深,地形险恶,人烟稀少,治安欠佳。面对严酷的考察条件,袁复礼不仅没有退却,反而迎难而上,历经艰辛,通过查阅县志、走访矿工、考察金矿冶炼厂进行矿产调查,还不辞辛劳调查了金矿附近的地质情况,测绘地形地质图,研究金矿的成因②,为西康一带金矿开采提供了详尽的开创性资料,提供了可行性极高的金矿管理建议。盐源县砂金开采历史悠久,清政府曾在窪里设金矿局,产出以大块金居多。袁复礼在盐源县考察时,针对以上情况,对窪里地区的地质情况进行详尽的调查,获得了很多地质资料,并据此撰写了多篇可行性极高的采矿报告提交资源委员会。在云南省武定、罗次县考察时,袁复礼凭借丰富的野外经验判断此地铁矿储量颇丰,随后即进行了详尽考察,并作《云南武定、罗次二县境内铁矿地质报告》交资源委员会和云南钢铁厂,为该地铁矿开采提供了精准的资料支撑。

袁复礼渴求祖国强盛,怀揣科学报国梦想,作为一名专业的地质事业献身者,他深刻意识到矿产资源是强国富民的重要支撑,以生命不息战斗不止的精神投入西南地区的科学考察,致力于祖国的地质科学事业。

结　　语

抗日战争爆发后,开发西南地区以支持抗战的呼声空前高涨。袁复礼克服种种艰辛,不惧困难,勇于创新,考察、勘测足迹遍及西南人迹罕至处,利用专业所长,脚踏实地进行勘测、绘制图例,其对西南地区地形、矿产资源的勘测和整理资料为后来西南地区资源的开发与利用提供了重要理论支撑,其强烈的爱国精神、开拓创新和艰苦奋斗的作风值得我们铭记和学习。

---

①② 苏良赫《随希渊师西康考察散记》,《第四纪研究》1993 年第 4 期,314—315 页。

附　袁复礼西南地区地质考察略表

序号	日期		地点	目的	成果
	1937 年	9 月	长沙临时大学	任教	
1		10 月	南岭	地质考察	《南岭多层地形及与其有关的理论问题》（1952 年初稿，1955 年修改补充，正式发表于《第四纪研究》1993 年第 4 期）。
2	1938 年	1 月 2 日至 1 月下旬	湘东平江及湘西桃源、常德、沅陵	地质考察（金矿为主）	《湘东湘西金矿视察报告》油印本。
3		3 月 1 日至 4 月 28 日	湖南、贵州、云南	综合地质考察	沿途地质标本及照片 An Account of a Journey from Changsha to Kunming（《国立清华大学三十周年纪念号论文提要》，1941 年）。
4		11 月 1 日至 12 月底	西康盐边、盐源、木里一带		The Gold Field of Wali, Yenyuanhsien, Sikang, *The Science Reports of National Tsing Hua University*, Ser. C, 1948，1(4)，pp. 308 - 321.
5	1939 年	1 月初至 7 月初	西康盐东、冕宁、会理、德昌、米易	综合地质考察（金、铁、铜、镍、铅、锌）	《西康冕宁麻哈金矿勘察记》《麻哈金厂勘察记》《会理凤山营马鞍山金矿勘查记》《会理通安拉治沟金矿勘查记》，《西康省建设丛刊》第 1 卷第 1 期，1939 年。《西康省宁属煤铁矿实地考察之报告》，油印本。
6	1930 年	1940 年春	重庆歌乐山	山洞煤矿	不详。
7	1941 年	1941 年春	叙永南山	教学实习	不详。
8	1942 年	春	云南东川、会泽		
9		4 月	呈贡	教学实习	
		12 月 12 日至 1943 年 1 月 26 日	宜良、禄丰村、盘溪、开远、个旧		

序号	日期		地点	目的	成果
10	1943 年	春	华宁县横格横路	铅锌矿勘测	《云南(华宁)拉里黑左近之横格横路之铅锌矿》,《科学》第31卷第1期,1949年。
11		4 月	曲靖	教学实习	
12	1944 年	2 月 8 日至2 月 24 日	云南武定、罗次县	铁矿	《云南武定、罗次二县境内铁矿地质报告》,抄本。
13		3 月 29 日至4 月 1 日	云南七甸	地质考察	不详。
14		4 月	云南呈贡	教学实习	The Discovery of Palaeolithic Stone Implement in Chengkung, Yunnan 打印稿;《云南呈贡县旧石器时代的石器发现》手写稿。
15	1945 年	2 月 3 日至2 月 8 日	禄丰县元永井	地质调查	
16		2 月 16 日至4 月 16 日	楚雄、姚安、永仁、仁和街	地质调查	
17		9 月	镇雄	地质调查	《自镇雄地质所见之云南东北部之古地理》,《地质论评》1946年Z3期。
18	1946 年	8 月	离昆明		
19	1957 年	不详	长江上游		《长江河流发育史的补充研究》,《人民长江》1957年第2期。
20	1958 年	1 月 8 日至4 月 20 日	四川紫坪铺	地质考察	
21		6 月			《中国西南区第四纪地质的一些资料》,《中国第四纪研究》第1卷第2期,1958年。

中国西北科学考查团日记里的迪化镜像

汪 娟

嘉兴大学文法学院

引 言

科学考察日记作为一种特殊的文字形态,是不同考察记录者在个体视角下的文字表述,其内容不仅是对科学考察过程的记录,而且蕴含了各种丰富的信息,对于还原历史情景具有不可替代的价值。因为每位考查团员的专业、职责不同,所以记录的侧重点也不同,很多时候在文字的记录中还夹杂了个人的情感。1928 年 3 月,中国西北科学考查团队员到达新疆,他们在日记中描述了各自眼中的新疆印象,这些宝贵的资料,真实地反映了民国时期的新疆形象。本文选取中国西北科学考查团四位团员(徐炳昶、黄文弼、袁复礼、刘衍淮)第一天到达新疆迪化(今乌鲁木齐)的日记为例,从中国团员的角度,呈现其视野中民国时期新疆迪化城的风貌。

作为屯兵之地发展起来的迪化城位处交通要道,往来便利,在乾隆年间,已是街市井然。椿园《西域闻见录》载:"其地交通四达,以故字号店铺,鳞次栉比,市衢宽敞,人民辐辏。茶寮酒肆,优伶歌童,工艺技巧之人,无一不备。繁化富庶,甲于关外。"[①]1881 年,迪化成为开埠城市。1884 年新疆建省,迪化作为甘肃新疆巡抚驻地。民国以来,迪化行政设置虽历经演变,但一直是新疆的政治、商业中心,1953 年 11 月,迪化改名乌鲁木齐[②]。

1927 年 5 月至 1928 年 3 月,历经近 10 个月的长途跋涉后,中国西北科学考查团前后两批成员全部到达迪化。王忱编写的《西北科学考察团大事记》中记载:

> 1928 年 1 月 8 日,大队到达哈密,比原计划多走了 20 天。此时才知道由于谣传,新疆政府误认为考察团是冯玉祥将军派去攻打新疆的军队,于是调重兵拦截。郝德

---

① (清)七十一《西域闻见录》卷一《乌鲁木齐》,北京:国家图书馆藏清刻本,叶 6。
② 魏长洪著,管守新、高健整理《新疆行政地理沿革史》,乌鲁木齐:新疆大学出版社,32—33 页。

率领的气象组到哈密后,不许设立气象台,被送往乌鲁木齐。华志到乌鲁木齐后,也不许送款到哈密。

......

1月14日,袁复礼率南分队到达哈密。

1月23日(春节),斯文赫定等被困在戈壁中的团员全部到达哈密。

2月4日,两团长率丁道衡、郝默尔、那林、贝格满、海德、李伯冷轻装改乘马车出发,前往乌鲁木齐。

气象组在乌鲁木齐设立气象台,并在博格达山设立高山观测站。

2月12日,拉尔生率大队,押运全部行李设备自哈密启程前往乌鲁木齐。

......

2月27日,两团长一行到达乌鲁木齐,大本营设乌鲁木齐南关原道胜银行旧址。

......

3月8日,大队全部到达乌鲁木齐。[①]

从上述记录可以看出,1928年2月27日与3月8日,中国西北科学考查团分两批到达迪化城——即今天的乌鲁木齐。徐炳昶作为中方团长,2月27日第一批到达迪化,黄文弼、袁复礼、刘衍淮三位则于3月8日到达迪化,四位团员均写下了到达迪化第一天的日记。在他们的记录中,对民国时期迪化城的建筑景观、城市设施等进行了真实的反映,时至今日,仍是认识民国迪化城面貌重要的第一手资料。

一

2月27日,作为中方团长,徐炳昶系第一批到达迪化的团员,他在日记中详细记录了到达迪化的情形:

二十七日,中夜仍有风,颇热,将衣服掀去,然遂不寐。夜起,见已下雪。早,雨雪交加,但无风,且不大。八点三刻动身,路颇不平。十点许入山,车行敧侧,至为不适,十二点后,出山,道旁有废屋。未几,遇韩普尔、华志、哈士伦及他一德人用二车来接,赫定先生同我及李伯冷乘车先走。雪已早止,路中泥泞颇多。过一村,有一房出赁,入观,赫定先生觉不甚合适。路中听说郝德到巴克达山二千六百公尺高处,观测气象。入南关,即为旧俄租界。未几,抵寓,为道胜银行旧地,杨督拨给团员居住,气象测候所暂设院中。午餐,督署所派招待员鲍尔汉来,鲍为鞑靼人,前属俄籍,现入中国籍。因银行里房屋不敷用,督办给我们另外一所房子居住。鲍去后,将往,有一德国、一荷兰二传教师来谈,去后,始归寓。安置毕,到澡堂洗澡。路不远,但泥大难走,且

---

① 王忱编《高尚者的墓志铭——首批中国科学家大西北考察实录(1927—1935)》,北京:中国文联出版社,2005年,674—675页。

125

有雾。听说迪化近来天气甚好,今日偶尔有雾。澡堂为老戛夷人开,为迪化最好的澡堂,一屋外有座可脱衣,内小间有木座位两层,有冷热水管,澡盆甚少,取水自洗。室内甚热。仆役为一哈萨克人,然颇能汉话。洗澡者男女皆有。归,则有督署所派的招待员吴兆熊君(号云龙)前来,未遇,留一片……①

徐炳昶记录了从二十七日凌晨至夜晚的全部行动,内容详尽地描述了他作为中方团长抵达目的地后的所见所闻。他主要记录了迪化政府对他们居住之所的安排,但穿插这则日记的是徐炳昶对于迪化城道路深刻的印象。一路上"路颇不平",快到迪化城时,"雪已早止,路中泥泞颇多",安置好住处,前往澡堂——"路不远,但泥大难走"。迪化的澡堂让他印象深刻,对此他了解观察得非常仔细:"澡堂为老戛夷人开,为迪化最好的澡堂,一屋外有座可脱衣,内小间有木座位两层,有冷热水管,澡盆甚少,取水自洗。室内甚热。仆役为一哈萨克人,然颇能汉话。洗澡者男女皆有。"这是徐炳昶对迪化城的第一印象,路况与澡堂一坏一好形成了鲜明的对比。

2 月 28 日的日记中,徐炳昶仍然记下了道路状况:

全日大雾……街上到处泥深一尺。南关中间有一高楼若别处鼓楼式,听说上为财神庙。至城内街上车马拥挤,颇不易行。②

这两则日记中,出现了"道胜银行""南关""财神庙"等建筑景观,时至今日,这些建筑景观已消失不见。日记中考查团的居住地道胜银行为 1906 年华俄道胜银行在乌鲁木齐设立的分行(今乌市胜利路自治区文联宿舍),新疆的金融市场基本为该行所垄断,成为帝俄侵略新疆的重要工具,1925 年,迪化华俄道胜银行停业③。徐炳昶在日记中两次提到的南关是从南面进入迪化城唯一要道,因为地理位置极为重要,各民族商贩杂处,货栈、作坊云集于此,所以就有了财神庙,自有迪化城后,南门外的南关大街一直是繁华地段。

二

黄文弼于 3 月 8 日到达迪化,他的日记这样记载对于这个城市的印象:

3 月 8 日 天尚未明即驾车。蓝福狗叫余早餐时,余正在梦中。车中进食后,复卧,直至日出方起。时雪化及半,泞泥成冰。车行如走石路,期期有声,马滑足,行之甚艰。10 里入岗峦,土阜升降迁回,12 里方出沟,又 7 里至十七户。土屋数家,杂树成林。自是村庄绎络,6 里抵迪化。经陆军骑兵第二营营房,过此,即为俄租界,商人

---

① 徐炳昶《西游日记》,兰州:甘肃人民出版社,2002 年,172—173 页。
② 徐炳昶《西游日记》,173—174 页。
③ 相关研究可参魏长洪《新疆华俄道胜银行的兴衰》,《西域研究》1992 年第 1 期,94—103 页。

以俄籍维民为最多。3 里至道胜银行门首,即本团住处也。……①

黄文弼一路对于行程里数进行测量并记录,他的日记中仍记录了道路的状况:"时雪化及半,泞泥成冰。车行如走石路,期期有声,马滑足,行之甚艰。"黄文弼对于迪化城的记录出以数字细节,简洁而精确,呈现出对于实证方法和科学知识的观照。之后从 3 月 11 日至 4 月 16 日的日记,黄文弼则以记录"迪化政界见闻"为主要内容,其中还记录了在迪化拓碑等日常考察工作。不过他也对迪化城市的街道泥水泛滥印象深刻,并且提出了建设性的意见。这个内容出现在 3 月 15 日的记录中:

> 3 月 15 日　上午同丁往拜刘厅长,随至阎厅长处,谈许久归。时正疏通街道溢水,南关水大极,三次未能过。绕出西门,山水环城根如河,房屋多倒塌。当 11 日杨将军请客时,谈及迪化街市水道,每至夏季冰融,街市成河。杨将军询及有何办法,余云,迪化市为盆底,山水流入市中,故成河道,但东门外仍低于市。可挖沟泄水出东门,杨将军极以为然,命人疏通渠道。②

这则日记道出了迪化道路泥泞的主要原因,因迪化城所处的地理气候原因,"每至夏季冰融,街市成河",黄文弼以科学的方法分析且提出建设性的意见,并得到了政府的认可。

三

3 月 8 日同时到达的还有袁复礼,他在日记中对于迪化城无具体的描写,但极具内心的映射,体现出他作为地质学家与文人的双重情感:

> 三月八日清晨,自芨芨槽启程。初向西南行,出芨芨槽之河谷后,再转西北,入乱山,名十八盘。白雪遍地,为自哈密启程后,第二次重见之深冬景况也。低梁上有牧驼帐房一,颇具独钓寒江雪之慨。前行至梁上,则远树含烟,迪化城已可遥见。居民晨起早炊,故烟雾迷漫也。至南关外驻处,方晨九时。余自十六年五月初旬离平十七年一月七日入新疆境内之二工,一月十四日至哈密西行,三月八日至迪化,计自北平至此,共已十阅月矣。③

作为地质学家的袁复礼,在科考日记中,记录最多的是对于所处之地地况、地貌的地质记录,在这则日记中,袁复礼则一反常态,这也是他唯一一则颇具文心的记录,日记中的他重见深冬之景,"远树含烟,迪化城已可遥见""计自北平至此,共已十阅月矣",

---

①　黄文弼遗著,黄烈整理《黄文弼蒙新考察日记(1927—1930)》,北京:文物出版社,1990 年,173 页。

②　黄文弼遗著,黄烈整理《黄文弼蒙新考察日记(1927—1930)》,175 页。

③　袁复礼《蒙新五年行程纪》,王忱编《高尚者的墓志铭——首批中国科学家大西北考察实录(1927—1935)》,279 页。

内心流露的感慨之情不言而喻。而在接下来的日记中,袁复礼则完全以地质学家的视角去记录,忠实地记录下所到之处的地质地貌,对于进入迪化城后的日常生活,并无过多记录,袁先生在乌鲁木齐的生活大约是这样的:"笔者于 3 月 8 日到达乌鲁木齐后,休整了 40 天,偶尔抽暇到四郊作些地质观测,有时和中西团员们谈谈旅途上的所见所闻、交流经验。"①袁复礼对于迪化这座城市的印象是如何的? 从他当时的日记中并没有任何反映。

直到 20 世纪 80 年代,袁复礼先生在《20 世纪 30 年代中瑞合作的西北科学考察团》一文中,写下"新疆省城,乌鲁木齐"一节,此文中则详尽描述了当时他对迪化城的认识:

乌鲁木齐意为良好牧地。1928 年我们前去时,它仍沿袭旧名,称为迪化。解放后,才恢复旧日有意义的名称。它以北尚有一地,名叫古牧地。乌鲁木齐海拔为912 米。城北为一条低梁,由黑褐色板岩组成。从西端豁口可以看到它的横剖面为一个有小褶皱的背斜。从北面看,它显示为隆起的断块山。东端露出它下伏的黑色薄层理的油页岩,部分带铁锈色,并含鱼化石。西端以红山咀豁口相隔,有两个小的低山丘,本地人称之为蛤蟆山⋯⋯

乌鲁木齐的西山为雅玛山,意为山羊之山。每年春草初生,山羊成群来此放牧,啃食幼芽,因之得名。汉人按口音近似,误称为妖魔山,似乎应当改正。山的东坡下有一旧哨所,通称老满城,已经多年无人居住。

乌市西北门外,地势低洼,为乌鲁木齐河向北流泄处,时常有洪水泛滥之虞。人们利用它东西两侧的高地,建一新式铁桥,重载卡车也能通过,来往称便。左近有一小公园,由一道士主管,花卉多样,风景幽雅。

乌鲁木齐城南一高台,为乌市的南关。通称南梁,地势高敞。我们的住处就在这里,它的经纬度为东经 87°36′12″.1±1″.5,北纬 43°46′42″.2±1″.0。南郊地势平坦,西侧的乌鲁木齐河向北流动,左右迂回于较低的宽谷中,间有细草茵芸的宽广盆地,也有断断续续的茂密丛林,足以点缀风景。河滩积土不厚,由于河水的冲刷,有时也有底岩出露。⋯⋯

乌鲁木齐东南的芨芨槽和东边的白杨河干谷北侧,露出很厚的中石炭纪石灰岩⋯⋯

乌市东北约 40 里的铁厂沟为侏罗纪煤系⋯⋯②

袁先生的这篇文章中,首先从地质学家的视域按照地理方位,以城北—城西—城南—城东的顺序,清晰地陈列了乌鲁木齐东南西北方位的地质风貌。其次,乌鲁木齐作为新疆特定的地理空间标识,在袁先生的笔下不但是一个代表空间范围的地名,而且写出了地

① 袁复礼《三十年代中瑞合作的西北科学考察团(续)》,《中国科技史料》1983 年第 4 期,60 页。
② 袁复礼《三十年代中瑞合作的西北科学考察团(三)》,《中国科技史料》1984 年第 1 期,67—68 页。

理、历史、社会、文化等各方面的意蕴。文中的"乌鲁木齐意为良好牧地",源于清末官方编撰的《新疆图志》,有学者称:"自古以来各族人民就把这个地方,称为'乌鲁木齐',意为优美的牧场。"[①]袁复礼对乌鲁木齐空间图绘所呈现的是:城北的古牧地是清乾隆二十七年(1762)修筑的辑怀城,为扼守迪化之门户。西山雅玛山的传说,老满城的来历,西大桥"乌市西北门外,地势低洼,为乌鲁木齐河向北流泄处,时常有洪水泛滥之虞。人们利用它东西两侧的高地,建一新式铁桥,重载卡车也能通过,来往称便",西公园是乌鲁木齐地标性的人文景观,"左近有一小公园,由一道士主管,花卉多样,风景幽雅"。在其他几位团员日记中也数次提到的"南关"是"乌鲁木齐城南一高台,为乌市的南关。通称南梁,地势高敞。我们的住处就在这里"。他以文字的方式勾勒出当时迪化具体的地理空间,而这些空间内的名称则蕴含了新疆人文地理的要素,这种书写方式使地理要素、人文要素交织在一起,迪化城的空间形象立体而具象,这已不仅仅是空间地理坐标的意义,它更多的是作为人文历史载体,拓展了一个更宽广的书写边界。

中国西北科考团的中方成员,只有袁复礼先生到晚年还继续从事对早期考察的补叙。他的记录,反映了20世纪二十至三十年代这一西北科考在他们记忆中留下的深刻的西北风貌。

四

同是3月8日到达的刘衍淮的日记中以一个大学生的眼光用心记录了迪化城:

> 1928.3.8 八日 早四时廿分,发芨芨槽,天未及晨,明月西斜,颇冷、多路积雪。西稍南约八里,折北入乱山中,路崎岖不堪。盖即所谓羊肠沟也。十里出沟,有废垒——颓垣而已。北稍西不远,渐有人居、树木。折东北,遇户儿家的住宅,望见正北上三杆插霄,知为无线电杆。又北,进南北大街中,街旁房舍颇多,道上泥泞不堪,因积雪消解,和泥成糊,故不堪也。冰未消处,则高低不平,脚很难过。过陆军营盘,进一小南门。街中因车行故,成二车沟,深尺余,中满泥浆。到住所,在路东,前为道胜银行故址,中有破房。……[②]

在此日之后不久的另一则"去督署赴宴"中,他继续描写了迪化城中的泥泞路途:

> 1928.3.11 十一日 天阴,小雪纷霏。十一点三十五分,乘轿车北行,赴杨督筵。街上泥泞特甚,十五分过财神楼,五分入南关。街中泥浆埋车轮约半尺,马行"砰砰"作声。有骤马过者,则马蹄起处黑泥四迸,秽垢不堪!七分入南门,又八分到

---

① 魏长洪著,管守新、高健整理《新疆行政地理沿革史》,23页。

② 刘衍淮著,徐玉娟等整理《丝路风云——刘衍淮西北考察日记(1927—1930)》,北京:商务印书馆,2021年,338页。

督署。①

刘衍淮在这两则日记中与徐炳昶、黄文弼相同,用大量词汇描述了从迪化城外到城内所经之处道路状况的种种"不堪",日记中附录的西北科考团德国摄影师李伯冷拍摄的两张"迪化南北大街上的泥泞道路"也印证了这一记录。从图片中可以清晰地看到,街道上融化的污雪水铺满了整条街道,中间只有马车可以通行,行人则只能沿着店铺前的狭窄小道通行。另一张刘衍淮旧藏的"迪化财神楼"照片也是如此,南关的财神楼前泥水混浊,道上行人无路可走。刘衍淮在日记中客观描绘了迪化城污浊的街道,清晰地呈现了迪化城内的破败与杂乱。

结　语

对于民国时期的迪化市政建设,闻永建在《民国时期迪化市政建设研究》中记载:

> 迪化的城市建筑和道路规划都是移植的内地城市建设样式,内部街巷排列有序。迪化城虽几经扩建,但街道较为狭窄,"最宽者不过六七米,最窄处只有五米"(《乌鲁木齐市城建志》)。主要供马车行驶。路况也较差,每逢春季,行人哀叹,大街小巷难容足,不到清明路不干。长期处于"无风三尺土,有雨满街泥"的落后状况之中。……自 1788 年到 1911 年,迪化市区曾暴发过多次较大洪水,"常会冲断桥梁,淹没道路,阻碍交通;房屋冲塌,居民无处居住;洪水退后,遍地泥淖,无地可以立足,更是车马难行"(《乌鲁木齐市城建志》)。②

对于乌鲁木齐的市政道路现象,与中国西北科考团中方成员同期的外国探险家如斯文·赫定、橘瑞超等的日记中也有类似的记录,如斯文·赫定于 1928 年 2 月 27 日第一天到达当时的迪化时写道:"当我们走进一条具有的无底的泥塘大街……"③橘瑞超曾记载:"街道很热闹,但……相当脏。一旦下起雨来,那才更糟糕,那泥泞的程度简直难以形容。"④作为新疆的重要城市,迪化市政建设与管理是落后的,则新疆其他地方的状况可想而知。这些记录中所呈现的 20 世纪上半叶的新疆,在交通建设、城市建设方面还是明显滞后的。

日记的"镜像功能"主要是通过文字和图像符号来实现,这些符号具有时空记忆的功能,几乎每一则日记都有它存在的价值,考察日记犹如一面"忠实的镜子",呈现真实的镜像,同时,它们又身披历史的霞光,这些镜像慢慢交织出一幅幅图景,将迪化城的旧像重现

---

① 刘衍淮著,徐玉娟等整理《丝路风云——刘衍淮西北考察日记(1927—1930)》,346 页。
② 闻永建《民国时期迪化市政建设研究》,新疆大学硕士论文,2017 年,11—12 页。
③ 斯文·赫定著,李述礼译《长征记》,北平:西北科学考查团,1931 年,276 页。
④ 橘瑞超《中亚探险》,大谷光瑞等著、章莹译《丝路探险》,乌鲁木齐:新疆人民出版社,1998 年,183 页。

于我们眼前。从徐炳昶、黄文弼、袁复礼及刘衍淮迪化印象的日记中可以看到,他们将民国时期的迪化城通过写实使之具体化、准确化,提供了民国迪化的城市样式,成为学界及读者了解新疆的窗口。

袁复礼旧藏丁道衡西北考察文献探析

徐 姝

北京大学历史学系

引 言

2019 年,袁复礼(1893—1987)先生的后人将袁复礼旧藏大批西北科学考查团的资料捐赠给新疆师范大学黄文弼研究中心,用于展览和研究。其中就有科考团成员丁道衡(1899—1955)的材料。这些材料中,最引人注目的是两个信封内保存的多封信件,记录了丁道衡的亲属与友人和袁复礼往复讨论后者所藏丁道衡书物处理的具体过程。据其讨论信件,四箱书物中不仅有丁道衡的私人物品,也有他在参加西北科学考查团时搜集的采集品,经由所编制的登记册,可以了解丁道衡遗物的具体信息。

1955 年,丁道衡不幸离世后,他的夫人黄曦光委托刚调至北京大学地质地理系的乐森璕(1899—1989)查访这批采集品的下落。乐森璕首先想到向与丁道衡共同参加西北科学考查团的袁复礼询问。幸运的是,这四箱书物恰好保存在袁复礼处。在听闻丁道衡去世后,袁复礼已经开始清理登记,并准备与有关方面联系。接到乐森璕的来信,两人一拍即合,与丁道衡家属一道,着手处理这批物品。处理过程历时两年,不仅展现了学者间的情谊,也有助于厘清考查团采集品在 1949 年后的最终归宿,更为院系调整前后中国地质学界的一些人物工作变动提供了一个案例。

中国西北科学考查团是第一次由中国学者参与并起重要作用的西北考察活动。考查团本身就是一个多学科的综合学术团体,成员学科背景各异,分布在考古、气象、地质、地图学等多个领域。在中方成员中,袁复礼和丁道衡都是地质学家,他们在内蒙古、新疆作了大量地质考察工作。1927 年 5 月考查团到达哈那河驻地,7 月开始分队考察,丁道衡随北队西行,在白云鄂博发现铁矿,轰动一时。袁复礼则随南队,在经过喀托克呼都克时也掘得铁矿[①]。

---

① 1951 年夏,袁复礼来此地复查,将该矿列为白云鄂博的西矿。参见袁复礼《三十年代中瑞合作的西北科学考察团》,《中国科技史料》1983 年第 3 期。

1928 年考查团进入新疆,丁道衡主要在南疆工作,穿越天山,行经吐鲁番、焉耆、阿克苏、蒲犁(塔什库尔干)等地,"大半时间,都在戈壁山岭中渡过,绘有地质图百余张,采得地质材料三十五箱,风俗物品三箱"①。袁复礼在天山北麓及准噶尔盆地东部工作,考察的内容有矿产、地层古生物(动、植物化石,尤其是爬行类动物化石)、岩石、构造和地貌等,另外还进行了考古工作。由于涉及面较广,因此所采集的标本数量占全团首位②。

在参加西北科学考查团之前,丁道衡刚毕业于北京大学地质系并留校任助教;袁复礼则在 1921 年留美归来,任职于农商部地质调查所,并于 1923—1926 年在北京大学兼课,1927 年受聘清华大学教授,随即参加了科考团。二人谊兼师友,借助西北科学考察的契机,同赴内蒙古、新疆考察数年,更增加了深厚的学术因缘。在返京后,丁道衡在女子师范学院、北大任教,袁复礼继续在清华执教。1934 年,丁道衡赴德国马堡大学攻读地质学博士。1938 年回国,在云南等地进行地质矿产调查,之后在武大任教。1942—1952 年,在贵阳主持贵州大学地质系。1952 年,院系调整后任重庆大学地质系主任。1955 年 2 月21 日,因过于操劳,突发脑溢血去世。

从丁道衡的生平来看,这四箱书物可能是他在赴德留学前即寄存于袁复礼处,后来因战争原因,未能及时取回,正如袁复礼的信中所说:"丁道衡先生有四箱书物寄存我处多年,我曾屡次当面催他取去。五一年丁来京时,曾开箱整理一番,亦未运去。事后我处几次迁移,反覆搬运,颇引为苦事。"③丁道衡于 1955 年被地质部委派到古生物地质司工作,亦有希望调回北大地质系,但在回京前夕不幸去世,于是便有了这四箱书物的后续处理问题。通过袁复礼所藏的数封信件,可大致还原这批物品的处理过程,下文首先将上述书信录文公布。

一、书信录文

信封 1(图 1)

信封 1 封面有乐森璕笔迹:"本京西郊北京地质学院/袁复礼教授/北京大学地质地理系乐械。"左下角是袁复礼收到信件后的题识笔迹:"十二,二。后并附物品、书籍清册一份。"信封内有两封信,分别是乐森璕写给袁复礼的信及袁复礼的回信。

乐森璕写给袁复礼的信用竖栏信笺,录文如下:

信函 1-1
希渊先生:

到京已逾两月,以各事颇忙,未能到地质学院奉看为憾。兹有恳者:丁道衡逝世

① 丁道衡《蒙新探险的生涯》,《女师大学术季刊》1930 年第 4 期,10 页。
② 袁复礼《三十年代中瑞合作的西北科学考察团(五)》,《中国科技史料》1984 年第 3 期,67 页。
③ 袁复礼致信乐森璕(1955 年 12 月 2 日,信封 1),参下文信件录文。

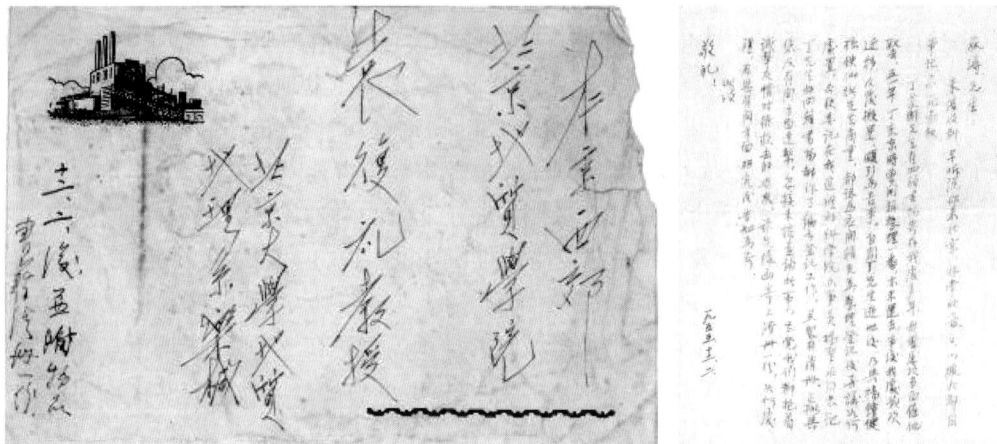

图1　信函1封面及1-2

后,其爱人黄曦光谓道衡生前在新疆考察归来,带有一批私人采集的考古资料。他离京南归,这批资料和其它书物,不知交与何人保管,道衡一直没有向她说明。因此,我此次来京,托我四处探听。我想道衡同你们一起在西北工作,此事可能您了解一些,望抽暇示及一二。否则除您以外,尚有那些同志知道更清楚一些,以便打听,回覆黄君为荷。专此,即致

敬礼

弟乐森璕 十一.廿七

袁复礼的回信一式三份,均用白纸竖写,为正式寄出信件的留底。其中黑色水笔所写为草稿,有修改痕迹,落款时间为"一九五五,十一,卅日",这是收信后即起草回信的时间;其余两份是正式回信的复写,内容相同,唯钢笔另外书写的落款时间不同,一为"一九五二,十二,二",一为"一九五五,十二,二"。丁道衡于1955年2月去世,信中提及"自闻丁先生逝世",正式誊清草稿、寄出回信的时间应为1955年12月2日,前题1952年应为笔误,因此又重新书写时间保留一份。下文为正式回信的复写本录文:

信函1-2

森璕先生:

来信收到,早听说你来北京①,非常欣喜。只以彼此都因事忙,未能面叙。

丁道衡先生有四箱书物寄存我处多年,我曾屡次当面催他取去。五一年丁来京时,曾开箱整理一番,亦未运去。事后我处几次迁移,反覆搬运,颇引为苦事。自闻丁先生逝世后,乃与杨钟健、孙铁仙诸先生商量,都认为应开箱先为整理登记后再议如何处置。今秋委托在我这里的科学院办事员杨圣泉同志把丁先生的四箱书物都作了

---

① 你:草稿作"您"。

编号登记工作,并制有清册。正拟与您及有关方面连系,忽接来信查询此事,甚觉我们都抱着诚挚友情对待故去的老友。兹先随函寄上清册一份,如何处理,希与有关方面研究后告知为荷。

　　此致
敬礼!

一九五五,十二,二

信封背面有袁复礼题识,抄录如下:

　　夏所长要一套常见的岩石标本。

　　1. 书籍应属私人。

　　2. 考古品应为公物,至于其中近代品(如瓶子等)可归其私人有。

　　3. 地图事,当再催请院方,如何办理,再决定。

　　第一行夏所长事,疑为考古所副所长夏鼐(1910—1985),当时由中科院指派考古所对接袁复礼从事西北科考团后续的研究工作,此处可能是顺手记录夏鼐的一个建议,与丁道衡遗物事未必相关。

　　此后三条,当为草拟遗物处理的几点意见。

　　此外,背面的邮戳也提供了邮递乐森玮信件的时间,寄出的邮戳是"55.11.27",收到的邮戳是"55.11.28"。可见,乐森玮在写信当天即寄出了,而袁复礼先生也在收到信件后的第三天,即草拟了回信。

信封 2(图 2)

　　第二个信封的封面有丁道衡夫人黄曦光书写的题字:"北京地质地理系/乐森玮主任/重大图书馆黄。"此外,另有乐森玮笔迹题字:"烦交袁复礼教授。"此信封内有信纸 4 张。

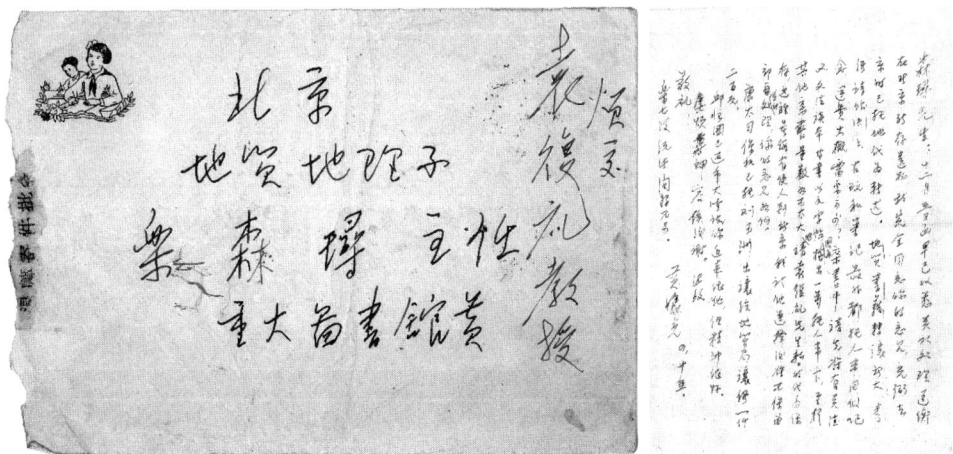

图 2　信函 2 封面及 2-1

按照时间顺序,分别是黄曦光写给乐森璕的信,乐森璕写给袁复礼的便条,杨圣泉写给乐森璕的信,乐森璕写给袁复礼、杨圣泉的便条,依次录文如:

信函 2 - 1

森璕先生:

十二月五日函早已收悉,关于处理道衡在北京所存遗物,我完全同意你的意见。光弼去京时已托他代为转达。地质书籍转让北大,书价请你决定。古玩和笔记最好都托人带回做纪念,运费大概需要多少? 杂书中请先将有关德文文法读本等书以及字帖、国画检出,一并托人带下。至于其他杂书,量数如不太大,仍请袁复礼先生暂时代为保存,这里暑假有便人到北京,我请他选择后,将不保留部再全部处理,你的意见如何?

康太司像机已托刘玉洲出让给地质局,让价一仟二百元。

邱柱国已返重大,听说你近来很忙,但精神很好。屡烦尊神,容俟后谢。此致

敬礼!

乐七嫂统此问好,不另。

黄曦光 四.廿五

信函 2 - 2

丁道衡夫人来信,兹送上一阅,书物处理办法如下:

(一)考古研究所需要的古物全部移交公家。

(二)私人收藏如考古所需亦可价让。

(三)其他书物照来信处理,嗣助教谭光弼有暇即到你处洽办。此上

袁希渊先生

信请保存。

乐森璕 五.五

信函 2 - 3

乐先生:

今夏袁复礼先生交下您的来信和附来的丁太太的来信后,我们一直在等候您所委托的谭光弼同志来此点收丁先生的遗物,但迄未见来。此事拖延已久,而我们的工作不久也或将有调动,似应早些①把此事完成。务请拨冗早日派人来此办理为荷。此致

杨 十.九

信函 2 - 4

请将我所收购丁道衡先生书籍三十余册交谭光弼同志带回。并希将原书单赐下

---

① "早些",红笔增入。

作一符号,注明为收到之证!

　　袁复礼先生

　　杨圣泉先生

乐森璕 十一,廿二

　　此外,背面的邮戳也提供了邮递黄曦光信件的时间,寄出的邮戳是"重庆 56.4.26",收到的邮戳是"北京 56.5.3""北京 56.5.4",而 5 月 5 日乐森璕即将此信转给了袁复礼。从信函的内容看,乐森璕在 1955 年接到了袁复礼 12 月 2 日的回信后,即于三天后的 12 月 5 日就给黄曦光去信告知丁道衡遗物的下落,并表达了遗物处理的意见。黄曦光在 1956 年 4 月回复信件之前,也已经拜托乐森璕的助手谭光弼口头表达了同意乐森璕的处理意见,后者一直等到 5 月获得黄曦光的亲笔信,才开始与袁复礼联系。五个月后的 10 月 9 日,因为乐森璕助教未及时按约点收遗物,因此杨圣泉先生代表袁复礼先生致信乐森璕予以催促,此处留下的是杨圣泉的底稿。此后一月余,谭光弼终于前来点收,因此有了他带来的 11 月 22 日乐森璕的来信。

二、相关人物

　　上述珍贵的信件讲述了在丁道衡意外离世后,丁道衡的亲属、友人如何为其处理保存在袁复礼处多年的书物的过程。信件的往来时间在 1955 年 11 月至 1956 年 11 月之间。在具体分析处理过程之前,我们需要了解信件中出现的人物。信件往来的主要人物是袁复礼、乐森璕、黄曦光、杨圣泉、谭光弼。

图 3　1927 年丁道衡在包头,袁复礼拍摄

　　袁复礼在参加西北科学考查团之前便任教于清华大学,1932 年返回北平后常年执教清华地理系(后改为地学系)。1952 年 8 月院系调整,成立北京地质学院,袁复礼任地质学

院地质系教授。信件中所说的"几次迁移,反覆搬运"即是五十年代初袁复礼工作调动的写照。

信件中另一位主要人物是乐森璕,贵阳人,1924年毕业于北京大学地质学系,1936年获德国马堡大学博士学位,此后任中山大学地质学系教授,抗战爆发后辞职回贵州。1946年,协助丁道衡创办贵州大学地质学系。贵州解放后,接替丁道衡任地质系主任。1952年,贵州大学地质学系并入重庆大学地质学系,任重庆大学地质学系教授。1955年2月,在丁道衡病故后接任系主任。1953年,教育部决定从当年秋季起恢复北大地质学专业招生,在李四光的建议下,乐森璕调任北大主持地质学专业的恢复与建设工作。1955年8月12日,乐森璕到北大①。信封1的"北京大学地质地理系乐械"及信中"到京已逾两月",信封2的"北京地质地理系乐森璕主任",即为这一时期乐森璕工作调动的体现。要之,丁道衡与乐森璕既是同乡,又为同学,后又常年共事,丁道衡悼文也是由他执笔撰写②。此时他又恰好调往北京工作,受丁道衡家属托付询问采集品的下落。

还有一位主要人物是丁道衡的夫人黄曦光(1912—?),毕业于武汉大学历史系,1942年与丁道衡结缡,曾任贵州大学历史系讲师,后在重庆大学图书馆工作③。信封2的"重大图书馆黄"即是黄曦光。

具体处理书物登记和交接的是杨圣泉(1914—2018),山东招远人,是1950至1958年期间由考古所指派给袁复礼的助手之一。杨圣泉于1942—1943年在黄埔陆军学校学习,1949年前夕随国民党部队起义,加入中科院考古所工作。1950年,杨圣泉、杨秋涛开始协助袁复礼整理西北考察材料。1952年,将西北考察采集的28箱化石标本寄往南京古生物研究所,1952—1953年,将采集的古脊椎动物化石标本10数箱先后送交中科院古脊椎动物研究室。他们整理的考古文物标本,则分别于1955、1958和1975年送交中科院考古所④。1958年1月,杨圣泉本人也返回考古所从事图书资料工作,直到1988年离休⑤,2018年以104岁高龄去世。

谭光弼(1928—?),贵州黔西人,1950年毕业于贵州大学理学院地质系,留校担任乐森璕的助教。后任成都地质学院地质系古生物地层学教授,主编有《古生物学简明教程》。

此外,在袁复礼先生信函中提及的杨钟健(1897—1979),字克强,陕西华县人。1922年毕业于北京大学地质系,在李四光的建议下赴德国学习古脊椎动物学,于1927年

① 于洸《乐森璕教授与北京大学地质学系》,中国地质学会地质学史专业委员会第21届学术年会《中国地质学会地质学史专业委员会第21届学术年会论文汇编》,2009年10月20日,183页。

② 乐森璕《悼地质学家丁道衡先生》,《科学通报》1955年5月号,74—76页。

③ 黄曦光《忆白云鄂博铁矿的发现者丁道衡》,《内蒙古日报》1981年8月4日,作者小注。

④ 参见杨遵仪主编《桃李满天下——纪念袁复礼教授百年诞辰》,北京:中国地质大学出版社,1993年,283—248页;袁疆等编《西北科学考察的先行者:地学家袁复礼的足迹》,北京:新华出版社,2007年,304页。

⑤ 《中国社会科学院考古研究所同仁录》,内部刊物,2010年,209页。

在德国慕尼黑大学获得哲学博士学位,回国后任新生代研究室主任,并在北京大学、北京师范大学等学校任教,新中国成立后曾任中国科学院古脊椎动物研究所主任,是中国古脊椎动物学的开拓者和奠基人。[1]

孙铁仙,即孙云铸(1895—1979),江苏高邮人。1920 年毕业于北京大学地质系,留校任助教,1927 年在德国哈勒大学获理学博士学位。同年回国,任北京大学地质系教授。新中国成立后担任北京大学地质系主任、地质部科学研究院副院长等职。1955 年当选为中国科学院生物地学部委员,是我国地层学和古生物学的主要奠基人之一。[2]

杨钟健和孙云铸与丁道衡同为北京大学地质系的毕业生,杨钟健也参与过西北科考团古生物采集品的研究,孙云铸则在 1955 年北大恢复地质学科时多有参与,因此他们都是与丁道衡过从甚密的同道。袁复礼与他们一起讨论丁道衡遗物的善后处理,也是情理中事。

三、遗物登记册

信件的往来虽迟至 1955 年 11 月,但在丁道衡去世后,袁复礼已经早早开始整理这批书物。信函 1-2 提及:“自闻丁先生逝世后,乃与杨钟健、孙铁仙诸先生商量,都认为应开箱先为整理登记后再议如何处置。今秋委托在我这里的科学院办事员杨圣泉同志把丁先生的四箱书物都作了编号登记工作,并制有清册。”信中提及的清册幸运地留存在袁复礼家属所捐献的材料中,为我们了解这批物品的具体情况提供了绝佳材料。

遗物编册一共 3 本,据封面所记的时间,分别为 1955 年 10 月 21 日、1955 年 12 月、1957 年 3 月,下文依次称编册 1、2、3。这些编册在初期制作完成后,陆续又有增补。借助这 3 本编册及书信可大致还原编制清册的过程。以下首先介绍 3 份编册的具体情形。

编册 1(图 4)封面标题为“丁道衡先生遗物登记册(1955.10.21)”,左上角有牛皮纸贴签,写“统一编号 052”字样。据编制时间可知,此本应是袁复礼在当年秋天委托杨圣泉所编制的清册。编册的本子是丁道衡藏品中的大硬皮笔记本,本册在笔记本条后记有“取出一本作登记册”,即是此本。登记册共 39 页,首页统计物品分类、页次、编号,一共 6 类,依次为石器·玉器,陶器·瓷器,骨器,铜器·铁盔甲,近代瓷器—花瓶,书籍及照片。次页开始的正式编目分为 6 列,分别为品名、件数、编号、原有标签号、采集地点、备注,物件按丁道衡原有的编号依次排列,从丁 001 至丁 812。本册值得关注的信息是部分条目后有相应的处理意见,以说明物品去留,如“拟送还地质部图书馆”“袁先生取阅”“道谦 1956. 12.15”等。“袁先生”即袁复礼;“道谦”是丁道衡的胞弟丁道谦(1913—1999),毕业于西南联大经济系,长期在贵州从事地方经济的研究,新中国成立后调任西南财经大学副教授、图书馆长。他由乐森璕陪同,作为家属代表来处理遗物。丁道谦取走物品的时间是

[1] 《沉痛悼念古生物学家杨钟健同志》,《古脊椎动物与古人类》1979 年第 2 期,97—98 页。

[2] 高振西、王鸿祯《纪念我国著名的地质学家和古生物学家孙云铸先生》,《中国地质》1980 年第 3 期,269—270 页。

1956年12月15日、16日,绝大多数物件是15日取走的,所取走的物品有乳白色石杯(丁089)、花瓶(丁802—808、810—812),书籍有《煤油帝国主义》《古史辨》《填词百法》《胡适文选》等,此外还有新疆风景人物照片。

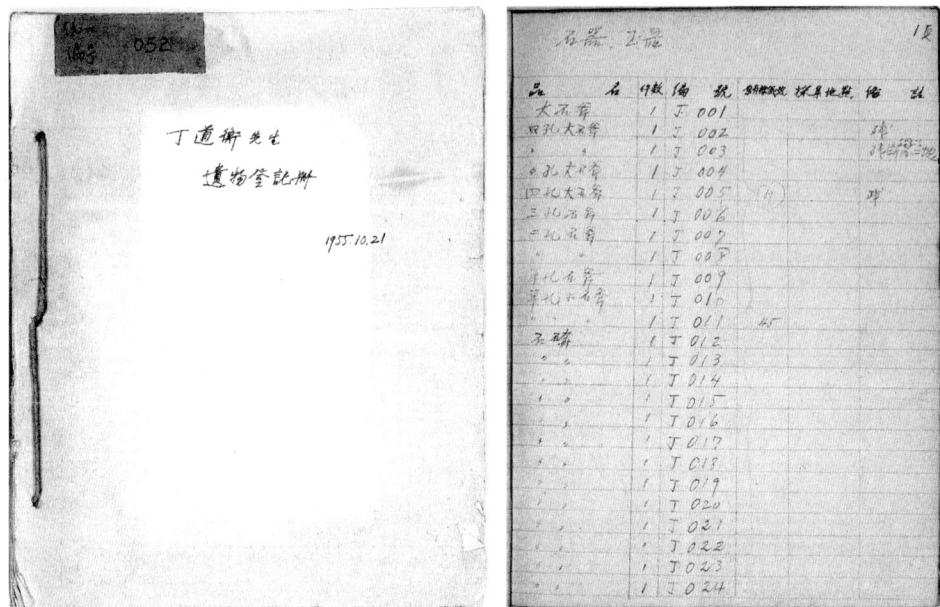

图4　编册1(1955.10.21)

在本册最后有丁道谦对遗物的处理意见:

先兄道衡遗物,经与乐森璕先生一道到北京地质学院和袁复礼先生洽办处理,所有可以取走以作纪念之物,均已按册签收,其余铜器、石器、玉器、陶器、石器[①]、骨器等请按下列办法处理:

1. 关于地质有关书籍一律均请交乐森璕先生保存处理(其中书籍包括中外文者),其他过时的中学教科书等则请转赠中学,如不能赠送,则可以变价或毁去。

2. 铜器、石器、玉器、陶器、骨器及破损近代瓷瓶均请转送考古研究所,以为国家研究资料。

丁道谦于 1956.12.15 北京

丁道谦作为家属代表取走部分纪念物品后,便将西北科考的采集品如数交给考古研究所。

编册2(图5)封面左上角有牛皮纸贴签,写"统一编号044"字样。题为"丁道衡先生寄存考古品、书籍、物品登记册(1955.12)",说明这本册子编制的时间在1955年12月,稍晚

---

①　前有"石器",此系衍文。

于编册 1。本册同编册 1 一样都是丁道衡的大硬皮笔记本，该条后有"取出二本作登记册"，本册即第二本。与编册 1 相比，编册 2 主要变化是对相同条目进行了合并，如编册 1 的残铜器、铜零件等数百条被整合为"残铜器片及其零件（丁 360—585）"，使得编册的篇幅大幅减省，页数降至 12 页。另一处变化是，在首列前有红笔记号"×"，代表已由丁道谦取走。本册另有杨圣泉在 1958 年的补充注释："考古品已送考古所，书籍及物品已由丁道谦先生取去。杨圣泉注（1958.1.24）。"

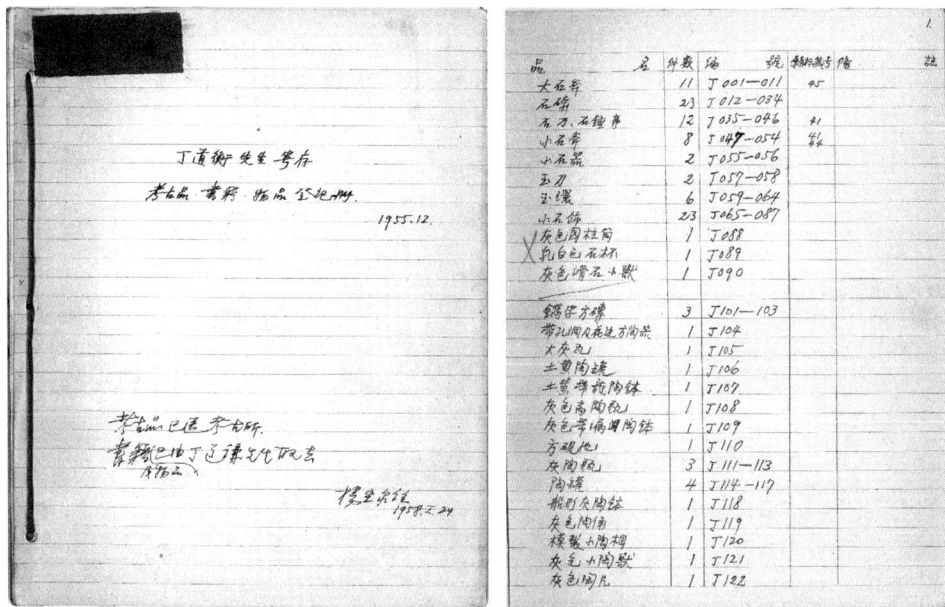

图 5　编册 2(1955.12)

编册 3(图 6)封面左上角有牛皮纸贴签，写"统一编号 024"字样。题为"丁道衡先生在西北采集的考古品编号册（1957.3.制）"。与前两册对比，本册缺少书籍和私人物品部分，

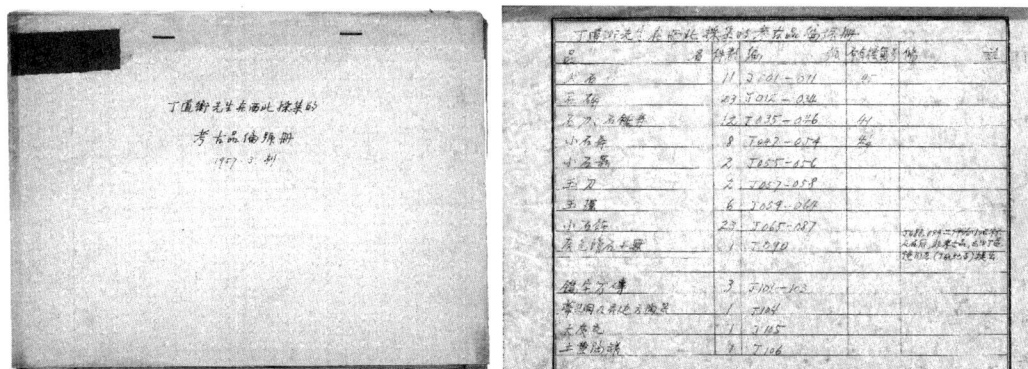

图 6　编册 3(1957.3)

据题名可知是考古品的编目。最后注："以上物品,装成两箱,于 1957 年 4 月 6 日,送至考古研究所。"

由此,据编册制成的时间及内容可知,杨圣泉在 1955 年秋天受袁复礼委托,对袁复礼处所存的四箱丁道衡书物进行了清理登记,制成编册 1。两月后,又合并了同类条目,制成编册 2。次年 12 月,丁道谦取走书籍等私人物品,随之在编册 1、2 中标记。1957 年 3 月,按照"考古研究所需要的古物全部移交公家"的原则,对于考古采集品再作编目,并将目录中的原物于 4 月 6 日送至考古研究所。

四、丁道衡遗物处理编年

以上,联系书信及编册内容可大致还原袁复礼所存丁道衡书物的处理过程,兹系年如下:

丁道衡遗物处理年表

时间	事件	出处
?	丁道衡寄存四箱书信于袁复礼处多年。	信函 1-2
1951	丁道衡来京时曾整理但未运走。	信函 1-2
1952	院系调整,袁复礼调至地质学院,丁道衡调至重庆大学。	
1955.2.21	丁道衡于重庆不幸离世。	
8 月	乐森璕调至北京大学地质地理系。	
10.21	袁复礼委托杨圣泉清理登记,制成编册 1。	信函 1-2、编册 1
11.27	乐森璕致信袁复礼,替黄曦光打听丁道衡生前从新疆考察带回的私人采集的考古资料。	信函 1-1
12.2	袁复礼回信乐森璕,已委托杨圣泉编号登记,附上清单期待处理意见。	信函 1-2
12.5	乐森璕致信黄曦光谈及处理情况。	信函 2-1
12 月	杨圣泉合并同类条目制成编册 2。	编册 2
1956.4.25	黄曦光致信乐森璕,同意处理意见,谭光弼将来京处理。	信函 2-1
5.5	乐森璕致信袁复礼,转达黄曦光的意见。	信函 2-2
10.9	杨圣泉致书乐森璕,催促谭光弼来京点收丁道衡遗物。	信函 2-3
11.22	乐森璕致信袁复礼、杨圣泉,将自己收购的丁道衡的书籍三十余册交谭光弼带回。	信函 2-4
12.15—16	丁道谦、乐森璕至地质学院取走需要作纪念的物品。	编册 1
1957.3	杨圣泉制成考古品编册 3。	编册 3

时间	事件	出处
4.6	丁道衡西北采集考古品装成两箱,送至考古研究所。	编册 3
1958.1.24	杨圣泉确认考古品已送考古所,书籍及物品已由丁道谦先生取去。	编册 2 自注

西北科学考查团在内蒙古、新疆长达五年的考察工作中搜集了丰富的采集品。成员们在新疆各地所得的采集品首先运往乌鲁木齐或奇台,运输过程极为艰辛,全靠驼队,1929 年起每年组织一次采集品的东运至北平,由理事会存于北大三院(沙滩)。北大又拨给原植物实验院落,作为整理采集品和编写报告的处所,丁道衡、黄文弼由此撰写了多篇论文。袁复礼回京后,清华也拨给三院(工字厅旁一个古老的三进院落),对 120 箱采集品进行整理研究①。1931 年 2 月 6 日,这批采集品在女子师范学院研究所首次展览,引起轰动,前后参观者有三千余人②。

抗战爆发后,部分采集品运往南方,但都下落不明,留在北京的标本由沈兼士运到辅仁大学地窖收藏,得以幸存,抗战胜利后搬回清华。1952—1953 年,动植物化石分别送往南京古生物研究所、地质调查所古脊椎动物研究室。1955、1958、1975 年,由杨圣泉、杨秋涛协助,将考古文物(铜器 1 箱,石器 12 箱,陶器 3—4 箱)送至考古所③。据杨圣泉所制清册,袁复礼所存的四箱丁道衡书物中就有大批石器、陶器、瓷器、铜器,于 1957 年 4 月送至考古所,应是新中国成立后西北科学考查团采集品集中处理的阶段性成果之一。

在历时两年的处理过程中,丁道衡家属与以袁复礼、乐森㺱为代表的地质学家对个人采集的考古物品都有提交国家的共识,展现了那个年代知识分子以学术为公器的精神。斯人虽已逝,但通过私人信件揭示了早年的一段考古物品处理的公案,为我们了解动荡年代科学考察的艰辛与学者操守的坚持提供了一个侧影。

五、登记册外的丁道衡资料

丁道衡的遗物在家属和友人的帮助下基本处理完毕,但在 2019 年袁复礼后人捐献的资料中还有一些丁道衡的资料。兹记录如下,以为将来研究提供信息:

资料 1-1 丁道衡采集的珊瑚资料照片

信封包裹。右上角有英文落款三行,自上而下分别为"The Librarian""National Southwest Association University""Kunming, Yunnan"。正面题字"联大图书馆""地质系""丁道衡""新疆石钱滩珊瑚化石""王鸿祯看过"。背面题字"为丁道衡采集珊瑚资料照片,问王鸿祯先生,1993.10 鼎"。据封面题字,袁复礼之子袁鼎向王鸿祯询问后确认是丁

---

①③ 袁复礼《三十年代中瑞合作的西北科学考察团(五)》,《中国科技史料》1984 年第 3 期,69 页。

② 《华北日报》1931 年 2 月 7 日第 6 版。

道衡在新疆石钱滩所搜集的珊瑚化石。

资料 1-2 丁道衡新疆断碑拓片

信封里有宣纸 9 张,空白宣纸 1 张,题"丁道衡先生在新疆采集之石柱字模"。拓片 8 张,右上角有 1—8 编号。

资料 1-3 丁仲良矿物听课笔记

1 本,封面有繁体字"练习册""上海鸿记制"。

资料 1-4 丁道衡《绥远白云鄂博铁矿报告》

单行本论文,一式七份。

资料 1-5 丁道衡关于珊瑚的英文手稿

这批资料中不仅有丁道衡自己的听课笔记、手稿,也有袁复礼所作的批注,"丁道衡推论""丁道衡遗著之一""丁仲良的成绩",说明在丁道衡去世后,袁复礼仍在整理好友生前所留的手稿,以期总结他的学术成就。

附录:丁道衡先生遗物登记册①
(1955.10.21)

目录②

分类	页次	编号
石器·玉器	1—4 页	丁 001—丁 090
陶器·瓷器	5—6	丁 101—丁 138
骨器	7	丁 201—丁 209
铜器·铁盔甲	9—26	丁 301—丁 742
近代瓷器—花瓶	27	丁 801—丁 812
书籍及照片	29—39	

品名	件数	编号	原有标签号	采集地点③	备注
一、石器·玉器					
大石斧	1	丁 001			
双孔大石斧	1	丁 002			残

① "丁道衡先生遗物登记册"以编册 1 为底本录文,校以编册 2、编册 3。编册 2 题名"丁道衡先生寄存考古品、书籍、物品登记册(1955.12)",封面下册题记"考古品已送考古所,书籍及物品已由丁道谦先生取去,杨圣泉注(1958.1.24)";编册 3 题名"丁道衡先生在西北采集的考古品编号册(1957.3.制)"。

② 编册 2、3 无此目录栏。

③ 编册 2、3 无"采集地点"列。

续表

品名	件数	编号	原有标签号	采集地点	备注
双孔大石斧	1	丁003			残断各二块 003-1,003-2
双孔大石斧	1	丁004			
四孔大石斧	1	丁005			残
三孔石斧	1	丁006			
二孔石斧	1	丁007			
二孔石斧	1	丁008			
单孔石斧	1	丁009			
单孔小石斧	1	丁010			
单孔小石斧	1	丁011①	45		
石碐	1	丁012			
石碐	1	丁013			
石碐	1	丁014			
石碐	1	丁015			
石碐	1	丁016			
石碐	1	丁017			
石碐	1	丁018			
石碐	1	丁019			
石碐	1	丁020			
石碐	1	丁021			
石碐	1	丁022			
石碐	1	丁023			
石碐	1	丁024			
石碐	1	丁025			
石碐	1	丁026			
石碐	1	丁027			
石碐	1	丁028			
石碐	1	丁029			

① 前11条,编册2、3合,品名"大石斧",件数"11",编号"丁001—011"。

续表

品名	件数	编号	原有标签号	采集地点	备注
石磷	1	丁 030			
石磷	1	丁 031			
石磷	1	丁 032			
石磷	1	丁 033			
石磷	1	丁 034①			
石坠子	1	丁 035			顶端有一小孔
石锤	1	丁 036			
带孔石锤	1	丁 037			
带孔石锤	1	丁 038			
石锥	1	丁 039			
石锥	1	丁 040			
带孔石刀	1	丁 041			
带孔石刀	1	丁 042			残
带孔石刀	1	丁 043			残
石坠子	1	丁 044	41		
石坠子	1	丁 045	41		
石坠子	1	丁 046②	41		
小石斧	1	丁 047	41		
小石斧	1	丁 048	41		
小石斧	1	丁 049	41		
小石斧	1	丁 050	41		
小石斧	1	丁 051	41		
小石斧	1	丁 052	44		
小石斧	1	丁 053	44		
小石斧	1	丁 054③	44		
小石器	1	丁 055			

① 前 23 条,编册 2、3 合并,品名"石磷",件数"23",编号"丁 012—034"。
② 前 12 条,编册 2、3 合并,品名"石刀、石锤等",件数"12",编号"丁 035—046"。
③ 前 8 条,编册 2、3 合并,品名"小石斧",件数"8",编号"丁 047—054"。

续表

品名	件数	编号	原有标签号	采集地点	备注
小石器	1	丁 056①			
双孔玉刀	1	丁 057			
玉刀	1	丁 058②			
大玉环（苍白带绿色）	1	丁 059		黄河岸，santai	1122B. C. 50 -
白色玉环	1	丁 060			断为二块 060 - 1,060 - 2
灰白色玉环	1	丁 061			
乳黄色玉环	1	丁 062			
灰白带褐色玉环	1	丁 063			
暗绿色玉环	1	丁 064③			
绿色带孔小石饰	1	丁 065			
灰色带孔小石饰	1	丁 066			
浅绿色带孔小石饰	1	丁 067			
浅绿色带孔小石饰	1	丁 068			
浅绿色带孔小石饰	1	丁 069			
浅绿色带孔小石饰	1	丁 070			
浅绿色带孔小石饰	1	丁 071			
浅绿色带孔小石饰	1	丁 072			
浅绿色带孔小石饰	1	丁 073			
浅绿色带孔小石饰	1	丁 074			
浅绿色带孔小石饰	1	丁 075			
浅绿色带孔小石饰	1	丁 076			
浅绿色带孔小石饰	1	丁 077			
浅绿色带孔小石饰	1	丁 078			
浅绿色带孔小石饰	1	丁 079			
浅绿色带孔小石饰	1	丁 080			

① 前 2 条，编册 2、3 合并，品名"小石器"，件数"2"，编号"丁 055—056"。
② 前 2 条，编册 2、3 合并，品名"玉刀"，件数"2"，编号"丁 057—058"。
③ 前 6 条，编册 2、3 合并，品名"玉环"，件数"6"，编号"丁 059—064"。

品名	件数	编号	原有标签号	采集地点	备注
浅绿色带孔小石饰	1	丁081			
浅绿色带孔小石饰	1	丁082			
浅绿色带孔小石饰	1	丁083			
灰色带孔小石人头	1	丁084			
彩色纹条小圆石块	1	丁085			
米色带孔小圆石球	1	丁086			
绿色棱品形带孔小石块	1	丁087①			
灰色圆柱筒	1	丁088	√		
乳白色石杯	1	丁089	道谦收		
灰色滑石小兽②	1	丁090③			
二、陶器·瓷器					
镌阳文字大方砖	1	丁101			
镌阳文字大方砖	1	丁102			
镌阴文字长方砖	1	丁103④			断为二块，103-1、103-2
带孔洞及花边方陶器	1	丁104			
大灰瓦	1	丁105			刻有"刘秀"二字
土黄色陶罐	1	丁106			
土红色带龙陶钵	1	丁107			
灰色高陶瓶	1	丁108			
灰色中带鼓肚及漏洞陶钵	1	丁109			
方砚池	1	丁110			
灰色带绳纹带陶瓶	1	丁111			
灰色带绳纹带陶瓶	1	丁112			

---

① 前23条,编册2、3合并,品名"小石饰",件数"23",编号"丁065—087"。

② 前3条,编册2有红色"×"。

③ 编册3删去丁88、89,并备注"丁088、089二件为小石杯及石筒,非考古品,已由丁道谦同志(丁氏胞弟)提出"。

④ 前3条,编册2、3合并,品名"镌字方砖",件数"3",编号"丁101—103"。

续表

品名	件数	编号	原有标签号	采集地点	备注
灰色小陶瓶	1	丁 113①			
土红色有把小陶罐	1	丁 114			
全身匀布孔眼灰小陶罐	1	丁 115			
带提把有鼓斑灰小陶罐	1	丁 116			
土红色小陶罐	1	丁 117②			
船形灰色陶钵	1	丁 118			
灰色陶俑	1	丁 119			
模制十八只手神小像③	1	丁 120			
灰色小陶兽	1	丁 121			
灰色带字陶片	1	丁 122			
灰红色陶印章	1	丁 123			"平西将军"
灰色陶片	1	丁 124			
灰色陶片	1	丁 125			
灰陶片	1	丁 126			
灰陶片	1	丁 127			
灰陶片	1	丁 128			
灰陶片	1	丁 129④			
土黄色陶环	1	丁 130			
白色小瓷碗	1	丁 131			元大德年间
白色大瓷碗	1	丁 132⑤			破为六块，—1——6
白色大瓷碗	1	丁 133			破为三块，—1——3
栗色龟纹扁形瓷罐	1	丁 134			
深紫黑色小口瓷壶	1	丁 135			
料质棕色小瓶	1	丁 136			

① 前 3 条,编册 2、3 合并,品名"灰陶瓶",件数"3",编号"丁 111—113"。

② 前 4 条,编册 2、3 合并,品名"陶罐",件数"4",编号"丁 114—117"。

③ 编册 2 作"模制小陶相"。

④ 前 6 条,编册 2、3 合并,品名"灰色陶片",件数"6",编号"丁 124—129"。

⑤ 前 2 条,编册 2、3 合并,品名"白色大瓷碗",件数"2",编号"丁 131—132"。

续表

品名	件数	编号	原有标签号	采集地点	备注
绿色瓷像	1	丁 137			
深蓝色龟驮立人像	1	丁 138			背部镌有文字
		丁 139			
		丁 140			
		丁 141			
		丁 142			
		丁 143			
		丁 144			
		丁 145			
		丁 146			
		丁 147			
		丁 148			
		丁 149			
		丁 150①			
三、骨器					
带孔骨饰	1	丁 201	20		
带孔骨饰	1	丁 202	20		
带孔骨饰	1	丁 203	20		
带孔骨饰	1	丁 204	20		
带孔骨饰	1	丁 205②	20		
带孔尖头骨器	1	丁 206			
带孔圆骨柱	1	丁 207			
双股骨夹针	1	丁 208			
小贝壳	1	丁 209			
\					
四、铜器·铁盔甲					
两耳环铜鼎	1	丁 301	16		残破

① 前 12 条,丁 139—150,编册 2 删去,编册 3 同。

② 前 5 条,编册 2、3 合并,品名"带孔骨饰",件数"5",编号"丁 201—205"。

品名	件数	编号	原有标签号	采集地点	备注
两耳环铜鼎	1	丁302	16		残破
铜钵	1	丁303	14		
铜香炉	1	丁304	7		明代
铜香炉	1	丁305①			
四腿带流盛水器	1	丁306			周代
镶木刻皮的铜碗	1	丁307			
佛像铜模	1	丁308			
佛像铜模	1	丁309②			
带木把小佛像铜模	1	丁310			
带木把小佛像铜模	1	丁311③			
铜瓶	1	丁312			
圆铜镜	1	丁313	12		
圆铜镜	1	丁314	12		
圆铜镜	1	丁315	12		破为二片，315-1,315-2
叶形铜镜	1	丁316			
叶形铜镜	1	丁317			
叶形铜镜	1	丁318			
曲边圆铜镜	1	丁319	6		破为二片，319-1,319-2
圆铜镜残片	1	丁320	6		
圆铜镜残片	1	丁321	6		
圆铜镜残片	1	丁322	6		
方铜镜	1	丁323	18		
方铜镜	1	丁324	18		
圆铜镜	1	丁325	15		汉代

① 前5条,编册2、3合并,品名"铜鼎及香炉",件数"5",编号"丁301—305"。
② 前2条,编册2、3合并,品名"佛像铜模",件数"2",编号"丁308、309"。
③ 前2条,编册2、3合并,品名"带木柄小佛像铜模",件数"2",编号"丁310、311"。

续表

品名	件数	编号	原有标签号	采集地点	备注
圆铜镜	1	丁 326①	15		
莲座铜佛像	1	丁 327			
铜相头	1	丁 328			
小立铜像	1	丁 329			元代
小坐铜像	1	丁 330	28		
小立铜像	1	丁 331	25		
小立铜像	1	丁 332			
小立铜像	1	丁 333			
小立铜像	1	丁 334②			
小铜马	1	丁 335			元代
小铜兽	1	丁 336	4		
小铜兽	1	丁 337③	5		
兵器柄的铜头	1	丁 338	17		带刀
兵器柄的铜头	1	丁 339	39		带刀
兵器柄的铜头	1	丁 340	39		带刀
兵器柄的铜头	1	丁 341			带刀
兵器柄的铜头	1	丁 342			带刀
兵器柄的铜头	1	丁 343④			带刀
铜矛?	1	丁 344			
铜戈	1	丁 345			周代
铜戈	1	丁 346	7		
铜戈	1	丁 347⑤	7		
铜刀	1	丁 348			
铜刀	1	丁 349			

① 前 14 条,编册 2、3 合并,品名"铜镜",件数"14",编号"丁 313、326"。
② 前 7 条,编册 2、3 合并,品名"小铜相",件数"7",编号"丁 328—334"。
③ 前 3 条,编册 2、3 合并,品名"铜小铜兽",件数"3",编号"丁 335—337"。
④ 前 6 条,编册 2、3 合并,品名"兵器柄的铜把头(?)",件数"6",编号"丁 338—343"。
⑤ 前 4 条,编册 2、3 合并,品名"铜矛及铜戈",件数"4",编号"丁 344—347"。

品名	件数	编号	原有标签号	采集地点	备注
铜刀	1	丁350①			
铜凿?	1	丁351			有装木柄的孔
铜带钩(圆)	1	丁352			
铜带钩(扁)	1	丁353			汉代
铜带钩(扁)	1	丁354			汉代
铜带钩(扁)	1	丁355			
铜带钩(扁)	1	丁356			
铜带钩(扁)	1	丁357			汉代
铜带钩(扁)	1	丁358			
铜带钩(扁)	1	丁359②	20		
残铜戈	1	丁360	22		
残铜器片	1	丁361			破为二,361-1、362-2
方形铜零件	1	丁362	34		
方形铜零件	1	丁363	34		
方形铜零件	1	丁364	34		
方形铜零件	1	丁365	34		
方形铜零件	1	丁366	34		
方形铜零件	1	丁367	34		
方形铜零件	1	丁368	8		
方形铜零件	1	丁369	25		
方形铜零件	1	丁370	32		破为二件,370-1、370-2
棱形铜零件	1	丁371	40		
棱形铜零件	1	丁372	40		
棱形铜零件	1	丁373	38		
棱形铜零件	1	丁374	38		

① 前3条,编册2、3合并,品名"铜刀",件数"3",编号"丁348—350"。
② 前8条,编册2、3合并,品名"铜带钩",件数"8",编号"丁352—359"。

续表

品名	件数	编号	原有标签号	采集地点	备注
棱形铜零件	1	丁375	38		
棱形铜零件	1	丁376	38		
棱形铜零件	1	丁377	38		
棱形铜零件	1	丁378	38		
棱形铜零件	1	丁379	33		
铜环	1	丁380	40		
带花纹铜零件	1	丁381	40		
带花纹铜零件	1	丁382	40		
带花纹铜零件	1	丁383	40		
带花纹铜零件	1	丁384	40		
漏花铜环	1	丁385	40		
铜零件	1	丁386	33		
铜零件	1	丁387	33		
铜零件	1	丁388	33		
铜零件	1	丁389	33		
铜零件	1	丁390	33		
铜零件	1	丁391	33		
铜零件	1	丁392	33		
铜零件	1	丁393	33		
铜零件	1	丁394	33		
铜零件	1	丁395	33		
铜零件	1	丁396	38		
铜零件	1	丁397	38		
铜零件	1	丁398	38		
铜零件	1	丁399	38		
铜零件	1	丁400	38		
铜零件	1	丁401	38		
铜零件	1	丁402	38		
铜零件	1	丁403	38		

品名	件数	编号	原有标签号	采集地点	备注
铜零件	1	丁404	38		
铜零件	1	丁405	38		
铜零件	1	丁406	38		
铜零件	1	丁407	38		
铜八卦牌	1	丁408	26		
铜环	1	丁409	26		
铜环	1	丁410	26		
铜环	1	丁411	26		
铜环	1	丁412	26		
铜环	1	丁413	26		
铜环	1	丁414	26		
铜环	1	丁415	26		
花铜环	1	丁416	26		
羊头形铜零件	1	丁417	26		
羊头形铜零件	1	丁418	26		
铜环	1	丁419	26		
铜环	1	丁420	26		
铜环	1	丁421	26		
铜环	1	丁422	26		
铜环	1	丁423	26		
花纹铜页片	1	丁424	30		
花纹铜页片	1	丁425	30		
花纹铜页片	1	丁426	30		
花纹铜页片	1	丁427	30		
花纹铜页片	1	丁428	30		
花纹铜页片	1	丁429	30		
花纹铜页片	1	丁430	30		
花纹铜页片	1	丁431	30		
花纹铜零件	1	丁432	11		

续表

品名	件数	编号	原有标签号	采集地点	备注
铜扣	1	丁 433	32		
兽头形铜扣	1	丁 434	32		
铜扣	1	丁 435			
铜扣	1	丁 436			
铜页片	1	丁 437			
管状铜零件	1	丁 438	3		
管状铜零件	1	丁 439	3		
管状铜零件	1	丁 440	3		
铜零件	1	丁 441	3		
管状铜零件	1	丁 442	3		
管状铜零件	1	丁 443	3		
花纹圆铜片	1	丁 444	3		
大圆铜扣	1	丁 445			
蝠形铜饰	1	丁 446			
铜零件	1	丁 447	15		
铜零件	1	丁 448	15		
铜花片	1	丁 449	30		
铜花片	1	丁 450	30		
铜花片	1	丁 451	30		
铜花片	1	丁 452	30		
铜花片	1	丁 453	30		
铜花片	1	丁 454	30		
铜花片	1	丁 455	30		
铜花片	1	丁 456	30		
铜花片	1	丁 457	30		
铜花片	1	丁 458	30		
铜花片	1	丁 459	30		
铜花片	1	丁 460	30		
铜零件	1	丁 461	8		

品名	件数	编号	原有标签号	采集地点	备注
铜零件	1	丁462	8		
铜零件	1	丁463	8		
铜环	1	丁464	8		
铜零件	1	丁465	8		
铜零件	1	丁466	8		
铜零件	1	丁467	8		
铜零件	1	丁468	8		
铜零件	1	丁469	8		
铜零件	1	丁470	8		
铜零件	1	丁471	8		
铜小铃	1	丁472	8		
铜零件	1	丁473	8		
铜零件	1	丁474	8		
铜锥	1	丁475	8		
铜小箍	1	丁476	8		
铜零件	1	丁477	5		
铜零件	1	丁478	5		
铜零件	1	丁479	5		
铜零件	1	丁480	5		
铜小勺	1	丁481	5		
铜零件	1	丁482	5		
铜小鱼	1	丁483	5		
铜零件	1	丁484	5		
铜零件	1	丁485	5		
铜零件	1	丁486	5		
铜零件	1	丁487	5		
铜零件	1	丁488	25		
铜零件	1	丁489	25		
铜零件	1	丁490	25		

品名	件数	编号	原有标签号	采集地点	备注
铜零件	1	丁491	25		
铜零件	1	丁492	25		
铜零件	1	丁493	25		
铜零件	1	丁494	25		
铜零件	1	丁495	25		
铜零件	1	丁496	25		
铜小蟾	1	丁497	25		
铜零件	1	丁498	25		
铜零件	1	丁499	25		
铜零件	1	丁500	25		
铜零件	1	丁501	25		
铜零件	1	丁502	25		
铜零件	1	丁503	25		
铜零件	1	丁504	25		
铜零件	1	丁505	25		
铜零件	1	丁506	25		
铜零件	1	丁507	25		
铜零件	1	丁508	25		
铜零件	1	丁509	25		
铜饰品	1	丁510	112		
铜饰品	1	丁511	112		
铜饰品	1	丁512	112		
铜饰品	1	丁513	20		
铜饰品	1	丁514	20		
铜环	1	丁515	13		
铜棒	1	丁516	13		
管状铜零件	1	丁517	22		
管状铜零件	1	丁518	22		
管状铜零件	1	丁519	22		

品名	件数	编号	原有标签号	采集地点	备注
管状铜零件	1	丁520	22		
铜饰品	1	丁521	22		
铜饰品	1	丁522	22		
铜饰品	1	丁523	22		
铜饰品	1	丁524	22		
铜环扣	1	丁525	7		
铜器零件	1	丁526	7		
铜器零件	1	丁527	7		
铜器零件	1	丁528	7		
铜器零件	1	丁529	7		
铜器零件	1	丁530	7		
铜器零件	1	丁531	7		
铜器零件	1	丁532	7		
铜器零件	1	丁533	7		
铜器零件	1	丁534	7		
铜器零件	1	丁535	7		
铜器零件	1	丁536	7		
铜器零件	1	丁537	7		
铜器零件	1	丁538	7		
铜零件	1	丁539	27		
铜零件	1	丁540	27		
铜零件	1	丁541	27		
铜零件	1	丁542	27		
铜零件	1	丁543	27		
铜零件	1	丁544	27		
铜零件	1	丁545	27		
铜零件	1	丁546	27		
铜零件	1	丁547	27		
铜零件	1	丁548	27		

品名	件数	编号	原有标签号	采集地点	备注
铜零件	1	丁 549	27		
铜零件	1	丁 550	27		
铜零件	1	丁 551	27		
铜零件	1	丁 552	27		
铜零件	1	丁 553	27		
铜饰品	1	丁 554	35		
铜饰品	1	丁 555	35		
铜饰品	1	丁 556	35		
铜饰品	1	丁 557	35		
铜饰品	1	丁 558	35		
铜饰品	1	丁 559	35		
铜饰品	1	丁 560	35		
铜棋子(车)	1	丁 561	35		
铜棋子(象)	1	丁 562	35		
铜饰品	1	丁 563	35		
铜饰品	1	丁 564	35		
铜饰品	1	丁 565	35		
铜饰品	1	丁 566	35		
铜饰品	1	丁 567	35		
铜饰品	1	丁 568	35		
铜饰品	1	丁 569	35		
铜饰品	1	丁 570	35		
铜饰品	1	丁 571	35		
铜饰品	1	丁 572	35		
铜饰品	1	丁 573	35		
铜(银)花片	1	丁 574			
铜(银)花片	1	丁 575			
铜零件	1	丁 576			
铜发针	1	丁 577	31		

续表

品名	件数	编号	原有标签号	采集地点	备注
铜发针	1	丁578	31		
铜发针	1	丁579	31		
铜发针	1	丁580	31		
铜发针	1	丁581	31		
铜饰（长命富贵）	1	丁582	36		
铜饰（羊颈形）	1	丁583	10		
铜器零件	1	丁584	2		
铜器零件	1	丁585①	2		
铜印章	1	丁586	35		
铜印章残块	1	丁587	10		
铜印章	1	丁588	20		
铜印章	1	丁589	25		
铜印章	1	丁590	25		
铜印章	1	丁591	22		
铜印章	1	丁592	22		
大铜印	1	丁593	6		
铁印	1	丁594	6		
铜印章	1	丁595	6		
铜印章	1	丁596	6		
铜印章	1	丁597	6		
铜印章	1	丁598	6		
铜印章	1	丁599	6		
铜印章	1	丁600	6		
铜印章	1	丁601	6		
铜印章	1	丁602	6		
铜印章	1	丁603	6		
铜印章	1	丁604	6		

① 前226条，编册2、3合并，品名"残铜器片及其零件"，件数"226"，编号"丁360—585"。

续表

品名	件数	编号	原有标签号	采集地点	备注
铜印章	1	丁 605	6		
铜印章	1	丁 606	6		
铜印章	1	丁 607	6		
铜印章	1	丁 608	6		
铜印章	1	丁 609	6		
铜印章	1	丁 610	6		
铜印章	1	丁 611	6		
铜印章	1	丁 612	6		
铜印章	1	丁 613	6		
铜印章	1	丁 614	6		
铜印章	1	丁 615	6		
铜印章	1	丁 616	6		
铜印章	1	丁 617①	6		
叉形古铜钱	1	丁 618	32		
叉形古铜钱	1	丁 619	32		
叉形古铜钱	1	丁 620	32		
叉形古铜钱	1	丁 621	32		
叉形古铜钱	1	丁 622	32		
叉形古铜钱	1	丁 623	32		
叉形古铜钱	1	丁 624	32		
叉形古铜钱	1	丁 625②	32		
刀形古铜钱	1	丁 626	32		
刀形古铜钱	1	丁 627	32		
刀形古铜钱	1	丁 628	32		
刀形古铜钱	1	丁 629	32		
刀形古铜钱	1	丁 630	32		
刀形古铜钱	1	丁 631	32		

① 前 32 条,编册 2、3 合并,品名"铜印章",件数"32",编号"丁 586—617"。

② 前 8 条,编册 2、3 合并,品名"叉形古铜钱",件数"8",编号"丁 618—625"。

续表

品名	件数	编号	原有标签号	采集地点	备注
刀形古铜钱	1	丁632①	32		
圆形铜钱	1	丁633	21		
圆形铜钱	1	丁634	21		
圆形铜钱	1	丁635	21		
圆形铜钱	1	丁636	21		
圆形铜钱	1	丁637	21		
圆形铜钱	1	丁638	21		
圆形铜钱	1	丁639	38		
圆形铜钱	1	丁640	29		
圆形铜钱	1	丁641	29		
圆形铜钱	1	丁642	29		
圆形铜钱	1	丁643	29		
圆形铜钱	1	丁644	29		
圆形铜钱	1	丁645	7		
圆形铜钱	1	丁646	7		
圆形铜钱	1	丁647	7		
圆形铜钱	1	丁648	35		
圆形铜钱	1	丁649	35		
圆形铜钱	1	丁650	33		
圆形铜钱	1	丁651	33		
圆形铜钱	1	丁652	28		
圆形铜钱	1	丁653	28		
圆形铜钱	1	丁654	28		
圆形铜钱	1	丁655	28		
圆形铜钱	1	丁656	28		
圆形铜钱	1	丁657	28		
圆形铜钱	1	丁658	19		
圆铜钱	1	丁659	19		

---

① 前7条,编册2、3合并,品名"刀形古铜钱",件数"7",编号"丁626—632"。

续表

品名	件数	编号	原有标签号	采集地点	备注
圆铜钱	1	丁660	19		
圆铜钱	1	丁661	19		
圆铜钱	1	丁662	19		
圆铜钱	1	丁663	19		
圆铜钱	1	丁664	19		
圆铜钱	1	丁665	19		
圆铜钱	1	丁666	19		
圆铜钱	1	丁667	19		
圆铜钱	1	丁668	19		
圆铜钱	1	丁669	19		
圆铜钱	1	丁670	19		
圆铜钱	1	丁671	19		
圆铜钱	1	丁672	19		
圆铜钱	1	丁673	19		
圆铜钱	1	丁674	19		
圆铜钱	1	丁675	19		
圆铜钱	1	丁676	19		
圆铜钱	1	丁677	19		
圆铜钱	1	丁678	19		
圆铜钱	1	丁679	19		
圆铜钱	1	丁680	19		
圆铜钱	1	丁681	27		
圆铜钱	1	丁682	27		
圆铜钱	1	丁683	27		
圆铜钱	1	丁684	27		
圆铜钱	1	丁685	27		
圆铜钱	1	丁686	27		
圆铜钱	1	丁687①	27		

① 前55条,编册2、3合并,品名"圆形铜钱",件数"55",编号"丁633—687"。

续表

品名	件数	编号	原有标签号	采集地点	备注
十二属小铜钱	1	丁688	27		
十二属小铜钱	1	丁689	27		
十二属小铜钱	1	丁690	27		
十二属小铜钱	1	丁691	27		
十二属小铜钱	1	丁692	27		
十二属小铜钱	1	丁693	27		
十二属小铜钱	1	丁694	27		
十二属小铜钱	1	丁695	27		
十二属小铜钱	1	丁696	27		
十二属小铜钱	1	丁697	27		
十二属小铜钱	1	丁698	27		
十二属小铜钱	1	丁699①	27		
铜箭头	1	丁700	11		
铜箭头	1	丁701	11		
铜箭头	1	丁702	35		
铜箭头	1	丁703	35		
铜箭头	1	丁704	35		
铜箭头	1	丁705	35		
铜箭头	1	丁706	4		
铜箭头	1	丁707	4		
铜箭头	1	丁708	4		
铜箭头	1	丁709	4		
铜箭头	1	丁710	8		
铜箭头	1	丁711	8		
铜箭头	1	丁712	8		
铜箭头	1	丁713	36		
铜箭头	1	丁714	27		

———————

① 前12条,编册2、3合并,品名"十二属小铜钱",件数"12",编号"丁688—699",备注"不是全付的"。

续表

品名	件数	编号	原有标签号	采集地点	备注
铜箭头	1	丁 715	21		
铜箭头	1	丁 716	21		
铜箭头	1	丁 717	21		
铜箭头	1	丁 718	21		
铜箭头	1	丁 719	21		
铜箭头	1	丁 720	21		
铜箭头	1	丁 721	21		
铜箭头	1	丁 722	21		
铜箭头	1	丁 723	28		
铜箭头	1	丁 724	28		
铜箭头	1	丁 725	28		
铜箭头	1	丁 726	28		
铜箭头	1	丁 727	28		
铜箭头	1	丁 728	28		
铜箭头	1	丁 729	28		
铜箭头	1	丁 730	10		
铜箭头	1	丁 731	10		
铜箭头	1	丁 732	10		
铜箭头	1	丁 733	10		
铜箭头	1	丁 734	10		
铜箭头	1	丁 735	10		
铜箭头	1	丁 736	10		
铜箭头	1	丁 737	10		
铜箭头	1	丁 738	10		
铜箭头	1	丁 739①	10		
铜箭头	502	丁 740	2		
铁盔	1	丁 741			
甲衣	1 套	丁 742			

---

① 前 40 条,编册 2、3 合并,品名"铜箭头",件数"40",编号"丁 700—739"。

续表

品名	件数	编号	原有标签号	采集地点	备注
铜钱①	1串	未编号			
五、近代瓷器—花瓶					
蓝色瓷花瓶②	1	丁801			
暗蓝绿色瓷花瓶	1	丁802	道谦15/12		
绿色小花瓶	1	丁803	道谦15/12		似为玉石质
绿色小花瓶	1	丁804③	道谦15/12		似为玉石质
乳白灰色瓷花瓶	1	丁805	道谦15/12		
乳白灰色瓷花瓶	1	丁806④	道谦15/12		
彩人物画白瓷花瓶	1	丁807	道谦15/12		
彩人物画白色大瓷瓶	1	丁808⑤	道谦15/12		清乾隆年制
白肚彩花红颈细瓷瓶	1	丁809			清乾隆年制
灰白色一面紫瓷缸	1	丁810	道谦15/12		清康熙年制
白色带紫云蝠瓷花瓶	1	丁811	道谦15/12		清康熙年制
灰绿色素瓷花瓶	1	丁812⑥	道谦15/12		清乾隆年制
藏经	1束	未编号			
碑文字帖	1束	未编号⑦			

书籍(一箱)⑧

书名	册数	备注
西北边防的危机	3	另修正本1
绥远白云鄂博铁矿报告	21	
新疆矿产志略	88	

---

① 此条仅编册3有。

② 编册3品名作"近代蓝瓷花瓶"。

③ 前2条,编册2、3合并,品名"绿色小花瓶",件数"2",编号"丁803—804"。

④ 前2条,编册2、3合并,品名"乳灰色小花瓶",件数"2",编号"丁805—806"。

⑤ 丁802—808,编册2前有红色"×";编册3删去条目,备注"丁802—808为花瓶,由丁道谦取去"。

⑥ 丁810—812,编册2前有红色"×";编册3删去条目。

⑦ 以上未编号的两条,仅编册3有。最下面备注"以上物品,装成两箱,于1957年4月6日,送至考古研究所"。

⑧ 此目编册3无,编册2备注栏无丁道谦取走的记录。

续表

书名	册数	备注
蒙新探险生涯 蒙新人民生活	8	
中国地质学会志	26	四卷一期至十二卷三期,不全。
地质汇报	4	原为6册,内有2册系前地质调查所图书馆的,已提出待送至地质部图书馆。
北京大学地质研究会会刊三、四期	2	
北大地质学会会刊第五期	1	
北大地质学研究录	12	
北大地质研究会年刊第二期	1	
地学杂志	9	
地球时事撮要	2	
清华地学专号	1	
我的探险生涯	24	内分上下册,共为12部。
古生物志	6	
斯文赫定——前藏	1	
中国矿产志略	1	
浙江省矿产调查表	1	
自然科学季刊	1	
大冶铁矿	1	
从脉动学说看古生代地层	1	下寒武纪脉动。
中国地层的一些问题	1	
四川重庆附近地质构造及石油	1	
秦岭山及四川之地质研究	1	
川广铁道路线初勘报告	1	
浙江省矿产调查所汇报第二号	1	
中国矿业纪要	1	
北京西山妙峰山髻髻山一带之火成岩	1	
回文刊物	2	
石油论	1	
煤油帝国主义	1	道谦 15/12
Minerals in Rock Sections	1	

续表

书名	册数	备注
Bibliography of North American Geology，Paleontology，Petrology，Mineralogy for the years 1892—1900（《1892—1900 年北美地理学、岩石学、矿物学参考书目》）①	1	
Mineral Deposits（《矿物沉积》）	1	
白垩纪海相生物群之研究	1	
实用植物学	1	法文
The Molluskan Fauna of Amoy and its Vicinal Regions（《厦门及其周边地区的软体动物群》）	1	
岩石分类	1	
Natural Arrangement in Crystal Symmetry（《晶体对称中的自然排列》）	1	
中国地层与古生物	1	
戈壁侵蚀面	1	
On the Occurrence of fossil Estheria in China and its Geological Significance（《中国发现叶肢介类化石及其地质意义》）	1	
北京西山之寒武纪与奥陶纪地层	1	
弗氏旋转台用法说明	1	
古生代末植物分布之情形与大羽羊齿区植物之时代问题	1	
志留系	1	
Significance of the Sherburne Sandstone in upper Devonic Stratigraphy（《Sherburne 砂岩在上泥盆统地层学中的意义》）	1	
美国与欧洲下奥陶纪地层之比较	2	
Evidences of Primitive Life（《原始生命的证据》）	1	系借自前地质调查所图书馆,拟送还地质部图书馆。
第四纪气候	1	
石门寨古生代下部地层之研究	1	
古生物	1	

---

① 中文译名由笔者所加,仅供参考。下同。

书名	册数	备注
中国东北之发展	1	
自然	3	
矿物	1	稿件
煤铁概论	1	
地质学（上编）	1	
庐山地质志略	1	
Animal Micrology（《动物显微学》）	1	
Dem Andenken meines Vaters（《纪念我的父亲》）	1	
Die Beobachtungsergebnisse Der Triangulationen（《三角测量的结果》）	1	
地质材料及稿件	1束	
古史辨	2	一、二两册，道谦 15/12
四库荟要目录索引（全）	1	
国文集要	1	
填词百法	2	上、下两册，道谦 15/12
胡适文选	1	道谦 15/12
人权论集	1	道谦 15/12
法文文法	1	
法文科学读本	1	
英文新读本	1	
舒塞司三氏平面几何学	1	
葛氏平面三角法	1	
平面及球面三角法	1	
盖氏对数表	1	
华北重力加速度之测定	1	
物理笔记本	1	
斯蒂温物理学	1	
定量化学分析	1	道谦 1956.12.15
普通化学实验大纲	1	
生理学	1	

续表

书名	册数	备注
军事调图与读图	1	
进化论与物源论	1	上卷
汉译科学大纲	4	一至四册,道谦 1956.12.15
亚洲腹地旅行记	1	
西北研究月刊	2	道谦 1956.12.15
陕西实业考查记	1	
实业计划	1	
实业公报	1	
北京繁昌记 第一卷	1	
新疆之文化宝库	1	
西疆交涉志要(上、下)	2	
华俄条约译文异同表	1	
新疆善后意见书	1	×
最近世界外交史(上、下)	2	
中国社会政治科学评论	4	1、2、3、4 号,道谦 1956.12.15
回文刊物①	1	与前一册并
中国地质学会简章草案	1	
贵州新青年	2	道谦 1956.12.15
女师大学术季刊	4	道谦 1956.12.15
The Metropolitan Library Record(《大都会图书馆记录》)	2	
北大讲义	22	
笔记(北大时代)	72	
新疆中俄界务汇编	1	
亚洲形势挂图	1	
欧洲战争形势一览图	1	
1/25000 的三家店图	1	
世界形势一览图	1	

① 编册 2 已经和上条合并,删去此条。

续表

书名	册数	备注
新疆盐产邮电道里图	1	
国际联合会调查团报告书	1	道谦 1956.12.15
影戏杂志	1	
春明外史 一、二册	2	道谦 1956.12.15
北方奇侠传	1	
北方奇侠传(续)①	1	
送君流浪天涯	1	道谦 1956.12.15
水浒传	4	一部,道谦 1956.12.15
中国小说史略	1	道谦 1956.12.15
老残游记(续)	1	道谦 1956.12.15
少年漂泊者	1	道谦 1956.12.15
生命之不可思议	1	
赫克尔一元哲学(上)	1	
评注昭明文选	8	道谦 1956.12.15
国学季刊	1	
西铭辑注	1	
鸣原六集	1	
饮流斋说瓷	2	
湘绮楼文集	4	
中国学术论著集要	1	
释午	1	
十五弗斋诗存	1	
莎氏乐府本事	1	
维克斐牧师传	1	
英文读本	1	
The City of Beautiful Nonsense	1	
The Treasure of the Lake	1	
Jmmensee	1	

---

① 前 2 条,编册 2、3 合并,删去此条,上条册数变为"2"。

书名	册数	备注
茶花女遗事	1	道谦
约翰孙行述	1	
法文进阶	1	
法文初级教程	1	
法文文法	1	
算术教科书	1	
中学动物教科书	1	
几何学	1	
速算术	1	
英文生物学初桄	1	
化学	1	
平面测量	1	
晶体学	1	
中学算学	1	
北大卅五周年纪念刊	1	
北大图书馆及北京图书馆目录	15	
藏经	1束	
碑文字帖	1束	约十张
国画	2幅	
中国喇嘛教	1	
对化学战应有认识	1	
北京大学校史略	1	
关于国医之商榷	1	
肝病论	1	
小型硬皮笔记本	8	
大硬皮笔记本	4	取出一本作登记册
中学生铅笔画	2	
颜鲁公诗品字帖	1	
零页杂文稿	1束	

书名	册数	备注
贵州学生留学北京要览	1	
北京大学丙寅毕业同学录	1	
日记及信札	4	
外交部发去新疆护照	1	
补过斋文牍	32	元、亨、利、贞四套，每套 8 册，道谦
美国博物馆中亚调查记	1	袁先生取阅
Preliminary Notes on the Late Quaternary Glaciation of the North‑Western Himalaya（《喜马拉雅西北部晚第四纪冰期的初步记录》）	1	袁先生取阅
Der Unterlauf des Su-lo-ho und sein Verhältnis zum Lop Nor（《疏勒河下游与罗布泊的关系》）	1	袁先生取阅
Siedlungsmöglichkeiten in Zentral-und West China（《中国中西部地区的定居机会》）	1	袁先生取阅
Monsunbeobachtungen am Südostsande der mongoliachen Steppe in Juni und Juli 1927（《1927 年 6 月和 7 月在蒙古草原东南沙地观测季风》）	1	袁先生取阅
Zweieinhalb Janre，1927—1929，Meteorologische Arbeiten bei Der Zentral Asiatischen Expedition Sven Hedin's（《1927—1929 年斯文·赫定中亚考察队的气象工作》）	1	袁先生取阅
Botanische Mikrotechnik Leitfaden für der Mikroskoprichzoologische Praktikum（《植物微技术，微观动物实践指南》）	1	
Zoologisches Praktikum（《动物学实习》）	1	
Der Biologische Lehrkurs：Anleitung zum Sammeln in Tropischen Ländern（《生物学课程：热带国家采集说明》）	1	
Ameisenkunde（《菌群生态学》）	1	
Entomologischen Reisen（《昆虫学之旅》）	1	
照片及零物	数量	备注
"Photography"像册一本，内照片	94 张	多系新疆各地风景人物照片
"Album"像册一本，内照片	40 张	多系新疆各地风景人物照片
"Album Post Card"像册一本，照片	29 张	系新疆各地照片
新疆各地风景及人物照片	53 张	

照片及零物	数量	备注
地形及剖面照片	2张	
化石照片	26张	
丁氏遗像(二寸)	6张	
大尺寸人物照片	7张	
新疆各地风景及人物胶底片	51张	以上照片均取去,道谦1956.12.15
野外工作手本	1本	(夹底片用),道谦12.16
零物一包		(铁锁二把,钥匙数把,钮扣若干,纪念章一枚,化学表套一个)
古铜钱一串	△	
二寸像铜钱一块		
玻璃相框	3个	

三份登记册分别制于1955年10月(编册1)、12月(编册2)、1957年3月(编册3)。编册2在编册1基础上合并归类,压缩了篇幅。编册3抄录编册2的采集品部分,删去书籍。

1956年12月15、16日,丁道衡胞弟丁道谦取走花瓶、石杯、部分书籍、照片,编册1均有备注,应是取走后所加。编册2在取走的条目前画红色"×",书籍照片部分未有取走记录。编册3是在东西取走后制作,相关条目已删除,备注有取走信息,另新增3条未编号,据末尾小注可知是1957年4月6日需送至考古研究所的物品清单。

相逢在科学的春天

——李征致袁复礼书信疏证

朱玉麒

北京大学中国古代史研究中心暨历史学系

2018 年,在"中国西北科学考查团"进疆九十周年之际,新疆师范大学黄文弼中心举办了系列纪念活动。在 9 月举行的"中国西北科学考查团进疆九十周年高峰论坛"期间,西北科考团成员袁复礼(1893—1987,字希渊)先生的女儿袁刚女士等代表全体后人,将袁复礼当年在内蒙古、新疆考察的部分材料无偿捐赠给黄文弼中心保存和从事研究。此后,与袁复礼相关的文物、文献在陆续整理之后,也都源源不断地移交前来,为中国西北科学考查团学术史和袁复礼本人的研究提供了珍贵的史料。围绕着这些文物、文献相关的研究,也在北京大学中国古代史研究中心和新疆师范大学黄文弼中心的合作下,有条不紊地开展起来。

袁复礼的捐赠文献中,有一批学界往来的通信。其中有一封新疆考古学者、吐鲁番学研究专家李征(1927—1989)先生的来信,是袁复礼晚年和李征就新疆问题进行交流的重要材料。受黄文弼中心委托,本文对此信函进行疏证,以裨于学界对相关学术史的研究。

一、信函录文

1. 信封

李征给袁复礼的信件包括一个牛皮纸信封和 4 页无栏格信笺纸,信封寄件人地址和信笺抬头都印有红色的"文化部文物局古文献研究室"字样;信封的尺寸是 18.4cm×10.0cm,并在单位字样下印有"地址:北京五四大街二九号"(图 1)。其时中国邮政为实现信函分拣自动化的编码方案正在推行试验过程中[①],信封规格和邮编方框都付诸阙如。加上其他的书写内容,信封正面的全部文字是:

---

① 我国邮政系统于 1980 年 7 月 1 日正式在全国宣传推行使用邮政编码,但进展并不顺利,一度全面停止,直至 1986 年才再次推行。参见徐庆恒《我国实行邮政编码可行性的探讨》,《现代邮政》1987 年第 3 期,35 页。

本市　北京地质学院内
家属九号楼中门

　　　　袁复礼教授　　启

　　　　　　文化部文物局古文献研究室　李征
　　　　　　地址：北京五四大街二九号

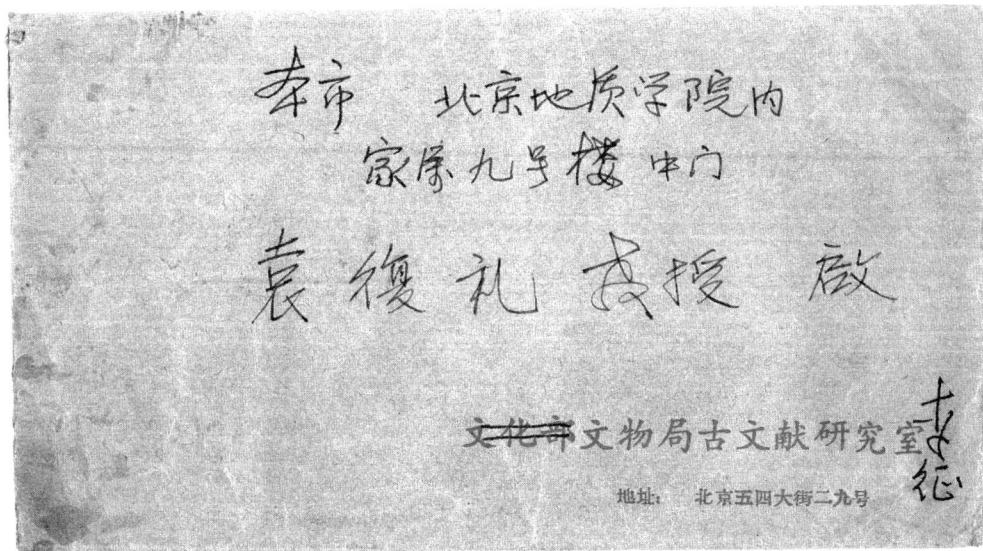

图1　李征寄给袁复礼邮件的信封

　　信封的背面，有两枚邮戳，黑色的邮戳盖在邮票上，邮票已经剪去，可能是袁家或者亲友有集邮的爱好而索去，留下残缺的邮戳只有"1983.10.□/1/34（支）"字样，这是从北京34支局寄出的；盖在右边空白处的红色邮戳是完整的，印有"北京/1983.10.3.10./一/83（支）"字样，这是北京83支局在1983年10月3日上午10点收到邮件而邮递之前的盖戳。李征信笺落款处署有"十.二"的日期，因此可以推想他是在1983年10月2日写完信件后，就从工作单位附近寄出。因为是同城邮寄，第二天即10月3日上午就已经到达袁复礼家附近的邮政支局完成了分拣，袁复礼应该就在当天收到了此封邮件。

2. 信笺内容之一

　　信笺4页（图2），尺寸是19.0cm×26.4cm。信件的内容，分成两个部分，第1页从右到左，竖排书写：

希渊教授如晤：

　　近来身体好！前得送书之便乙晤，惜未能多叙以请教。在《北京晚报》记者访问报导后，您受到了人们的尊敬，我读后更觉亲切。现在健在的西北科学考察团前辈，中国人中大约更少了。您离开乌鲁木齐已半个多世纪了，新疆变化是很大的。遗憾

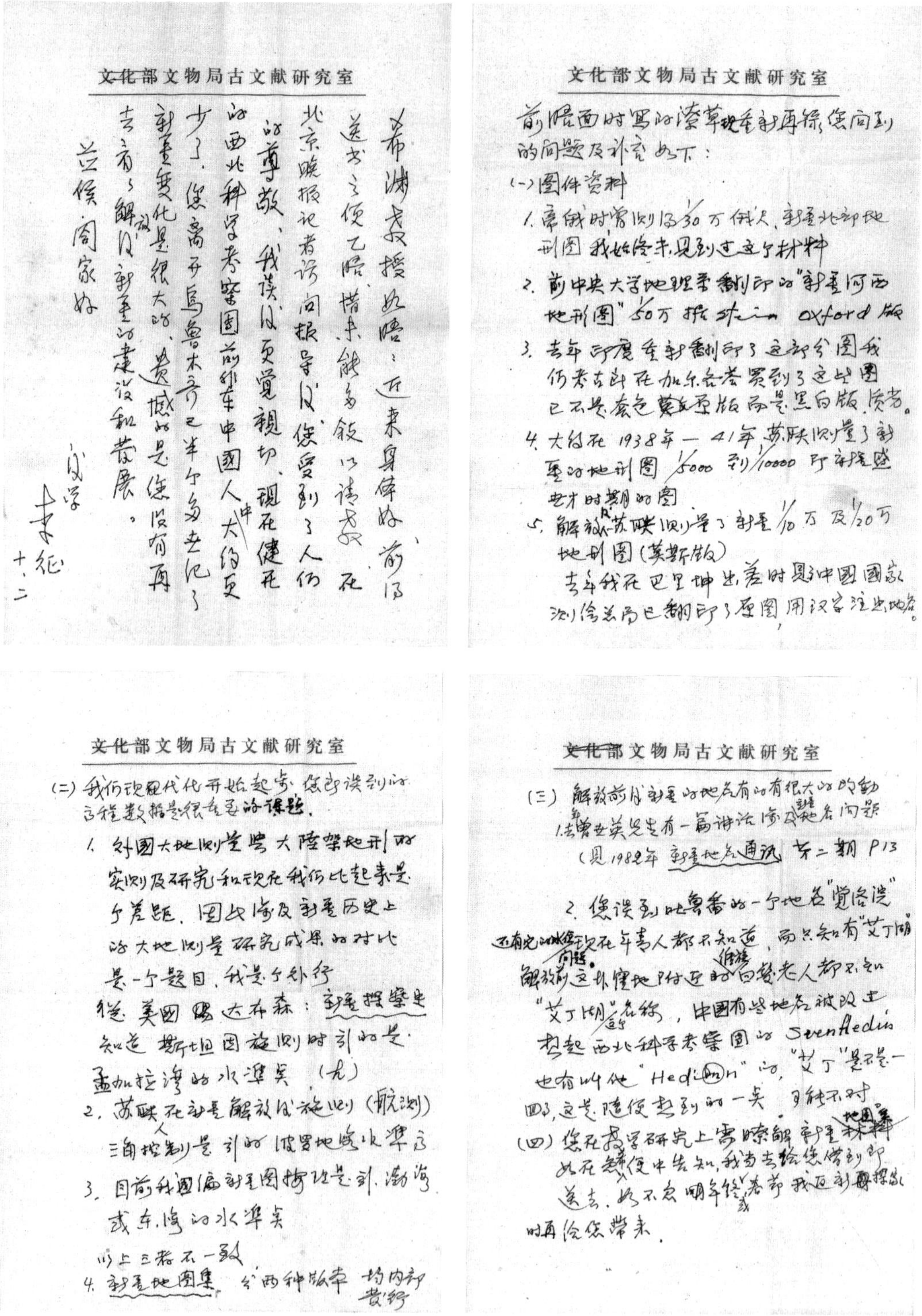

文化部文物局古文献研究室

文化部文物局古文献研究室

文化部文物局古文献研究室

文化部文物局古文献研究室

图 2　李征寄给袁复礼的信件

的是您没有再去看看解放后新疆的建设和发展。

并候 合家好!

后学 李征

十.二

3. 信笺内容之二

信笺后3页,从上到下,横排书写:

前晤面时写的潦草,现重新再录您问到的问题及补充如下:

(一)图件资料

1. 帝俄时,曾测得1/30万俄尺新疆北部地形图,我始终未见到这个材料。

2. 前中央大学地理系翻印的"新疆河西地形图",1/50万,据Stein Oxford版。

3. 去年印度重新翻印了这部分图,我们考古所在加尔各答买到了这些图,已不是套色原版,而是黑白版,质劣。

4. 大约在1938年—41年,苏联测量了新疆的地形图,1/5000到1/10000,即新疆盛世才时期的图。

5. 解放后苏联测量了新疆1/10万及1/20万地形图(莫斯[科]版)。去年我在巴里坤出差时,见了中国国家测绘总局已翻印了原图,用汉字注出地名。

(二)我们现代化开始起步,您所谈到的高程数据,是很重要的课题。

1. 外国大地测量与大陆架地形的实测及研究和现在我们比起来是个差距,因此涉及新疆历史上的大地测量研究成果的对比是一个题目,我是个外行。从美国达布森《新疆探察史》知道,斯坦因施测时引的是孟加拉湾的水准点(h)。

2. 苏联人在新疆解放后施测(航测)三角控制是引的波罗地海水准高。

3. 目前我国编新疆图,按理是引渤海或东海的水准点。

以上三者不一致。

4.《新疆地图集》分两种版本,均内部发行。

(三)解放前后新疆的地名有的有很大的改动。

1. 去年曾世英先生有一篇讲话,涉及新疆地名问题(见1982年《新疆地名通讯》第二期P13)。

2. 您谈到吐鲁番的一个地名"觉罗浣"还有它的水位问题,现在年青人都不知道,而只知有"艾丁湖"。解放前这盐洼地附近的维族白发老人都不知道"艾丁湖"这个名称,中国有些地名被改过。想起西北科学考察团的Sven Hedin也有叫他"Hedin"的,"艾丁"是不是一回事?这是随便想到的一点,可能不对。

(四)您在教学研究上需了解新疆地图集,如在急,希便中告知,我当去给您借到即送去。如不急,年终或春节,我返新探家时,再给您带来。

二、内容疏证

1. 信封上的信息

李征来函所写信封上的地址,是袁复礼任教的北京地质学院。这是 1952 年院系调整期间新成立的工科院校,由清华大学、北京大学、天津大学、唐山铁道学院等院校的地质系科合并组建。在新校舍还未竣工之初,北京地质学院在沙滩的北京大学地质馆、北京大学工学院和河北宣化地质学校三地办学,直到 1954 年后,才陆续迁入今海淀区学院路 29 号中国地质大学的校区①。袁复礼由清华大学地学系调整来北京地质学院,其住处也从清华的照澜院搬入了地质学院西区家属院的九号楼。这是一幢紧邻家属院北大门西侧的四层红砖楼房,按照当时的门牌号,袁复礼家是眷九楼 927 号,在曲尺形的楼房三个单元的中间单元二楼左手,因为袁复礼 1954 年搬入之后一直未曾迁徙,李征信封上注明中门,邮递员自然也能轻松投递到家。

李征所用信封落款处的五四大街二九号,则是原北京大学一院所在地,俗称"北大红楼"。1952 年院系调整、北大迁往西郊原燕京大学校址后,红楼成为国家文物事业管理局的办公地点。20 世纪 70 年代初,为了整理大量出土文献,相继建立了简牍帛书、吐鲁番出土文书等整理小组,并于 1978 年成立了隶属于文物局的古文献研究室,1990 年又改组为中国文物研究所②。李征于 1975—1982 年由新疆维吾尔自治区博物馆抽调到吐鲁番出土文书整理小组工作,因此古文献研究室也成为他当时的工作单位。这些整理小组也都集中在红楼四楼办公。

2. 为中国西北科学考查团正名

李征信件正文的第一页,交代来信的缘起,是问候"寒暄"的礼仪性表述,从中可以了解到他是在之前不久利用送书的便利,拜访了仰慕已久的袁复礼。所送的书,是来自北京的古文献研究室还是来自袁复礼在新疆的友人委托,不能确定,具体的细节,也很难钩稽。李征在北京工作期间,每年都会短期返回新疆休假或到原单位新疆文物考古研究所工作一段时间,而袁复礼在新疆地质系统也有许多同道和学生,甚至他最小的儿子袁鼎在北京地质学院毕业后,也奔赴新疆工作 20 多年,为新疆的煤炭勘查工作付出了汗水③。因此,趁李征返回北京工作之便,新疆亲友委托带书给袁复礼,也顺理成章。信函抬头的"希渊",是袁复礼的字,李征称呼对方的表字,也显见传统文人老派的礼貌。

---

① 郝翔、王焰新主编《中国地质大学史(1952—2012)》"组建北京地质学院",北京:中国地质大学出版社,2012 年,3—6 页。

② 国家文物局编《国家文物局暨直属单位组织机构沿革及领导人名录》,北京:文物出版社,2002 年,268 页。

③ 曾学鲁《袁老一直关注着新疆的建设》,杨遵仪主编《桃李满天下——纪念袁复礼教授百年诞辰》,武汉:中国地质大学出版社,1993 年,140—141 页。

在这种"寒暄"中,李征提到了"在《北京晚报》记者访问报导后,您受到了人们的尊敬"一事。这是指在《北京晚报》1982 年 12 月 27 日第 1 版上发表的张以诚《志在振兴中华——访老地质学家袁复礼教授》的报导,记录了他在北京地质学会和武汉地质学院联合为袁复礼举行庆祝活动之前的采访内容①。自从 1978 年全国科学大会提出了"科学技术是生产力"、呼唤"科学的春天"以来,尊重科学、尊重知识的观念在改革开放的 20 世纪 80 年代蔚为风气,而 1981 年由北京大学学生喊出的"团结起来,振兴中华"口号代表了改革开放的心声,不胫而走,成为"80 年代的时代最强音"②。张以诚的报导介绍九十高龄的袁复礼从事地质教育和地质工作已有六十周年,并且继续在地质教育中培养人才,堪称"老骥伏枥,志在千里",而张的标题用"振兴中华"的口号改写了"志在千里"的成语,为袁复礼科学、爱国的一生作出了富有时代气息的高度评价,可以想见在当时产生的深远影响。

在报导中,张以诚用将近一半的篇幅浓墨重彩地描写了"参加西北科学考察团是袁复礼教授地质生涯中最激动人心的一幕",这一点,在当时需要相当大的勇气。"中国西北科学考查团"是一个由中外科学工作者平等合作、在世界范围都享有盛誉的科学考察团体。考察历时 8 年(1927—1935),涉及的学科众多,包括气象学、地质学、古生物学、地理学、民族学、考古学等,在自然条件恶劣、西北政局动荡的环境下,考查团的成员们克服重重困难,取得了众多令人瞩目的成就,在中国近代科学发展史上意义深远。但是,解放后,这个学术团体由中国科学院接收,给予了比较负面的评价③,因此,西北科考团的贡献在很长的时间里被低估,也淡出了学界与大众的视野。张以诚的报导,差不多是最早对中国西北科学考查团予以正名的风向标。此后,直到 1987 年 5 月 21 日,《人民日报》发表徐恒、王忱《他们的功绩与精神永存——中国西北科学考察团 60 年纪念》的文章,中国西北科学考查团的贡献再次受到了全社会的尊重。

作为将近半个世纪以前的科考活动,中国西北科考团终于可以正面、公开地谈论,确实引起了新疆文物考古工作者李征的共鸣。西北科考团的贡献是他耳熟能详的,而他本人能够从事自己所钟爱的新疆文博考古事业,也是由于另一位中国西北科考团成员、考古学家黄文弼(1893—1966)的力荐④;拨乱反正带来的尊重,让他"读后更觉亲切"。而这个迟到的正名,也使李征感慨"现在健在的西北科学考察团前辈,中国人中大约更少了"。

① 此报导由郭埔嘉学兄代为检索,孙小宁老师提供原文,谨致谢忱。近日笔者又查到更早的报导是张锦桂的文章《志在山川行,愿做铺路石——访八十八岁袁复礼教授》,《地球》1981 年第 1 期,28—30 页。不过从引起的关注度来看,张以诚的报导在当时影响更大。
② 穆晓枫《"团结起来,振兴中华"口号何以传遍全国》,《中国民族博览》2021 年第 5 期,28—29 页。
③ 《本院所属各研究机构概况》"前西北科学考察团":"西科团成立的动机是好的,是想要抵抗帝国主义的,但可惜结果依然是与帝国主义妥协的。"《科学通报》1950 年第 1 卷第 1 期,47—48 页。
④ 《吐鲁番学家李征同志》,《新疆文物》1989 年第 4 期,1 页;朱玉麒《黄文弼旧藏李征书信及相关文献笺证》,《吐鲁番学研究》2019 年第 2 期,16—33 页。

1927 年西北科考团远征之初的 10 名中国科考团员,以及后续的 7 名团员,除了较早离队的崔鹤峰、龚元忠后来没有消息,在 1983 年李征与袁复礼通信之际,只有袁复礼(1893—1987)、尤寅照(1896—1998)、李宪之(1904—2001)、胡振铎(1904—2002)4 人仍然健在。

张以诚的报导在当时确实起到了为袁复礼和中国西北科学考查团正名的影响,因此他也成为袁复礼晚年深受欢迎的同道,此后的 1983 年春天,他再次访问袁复礼,写出了《李仲揆的表情——记袁复礼教授回忆李四光同志的一次谈话》的长文[①]。文章的主角是李四光,但通过袁复礼的谈话记录,也反映了袁复礼早年在地质科学研究领域的重要工作,是研究袁复礼生平的重要文献。张以诚是江苏淮安人,毕业于南京大学和中国地质科学院,先后在中国地质科学院、国家地质总局、地质矿产部、中国地质矿产报、中国矿业报工作,出版过《中国近代地质事业史话》《中国近代矿业史纲要》《张以诚地矿史文集》等著作,在地质、矿产史的研究和学术普及方面有很重要的成果。

袁复礼在新疆的经历,正是参加中国西北科考团的工作,袁复礼是在西北连续考察时间最长、获得采集品最多的工作者。袁复礼在《蒙新五年行程纪》中提及:"二十年十一月,新疆内乱情势稍缓和,余于十一月二十一日离迪化东返。"[②]即他是在 1931 年 11 月 21 日离开乌鲁木齐的,距离李征写信的 1983 年相隔已经 52 年,信中提及"您离开乌鲁木齐已半个多世纪了",确实是实情。但是,当回到西北地学的话题中,袁复礼对于新疆的熟悉程度,又仿佛刚刚离开。我们在李征信件的后续文字中,能够感受到耄耋之年的袁复礼对于遥远的西北浓郁的温情。

3. 新疆地学史的学术接续

信笺后三页的内容,才是李征写信的真正原因——他在接续日前与袁复礼见面时的学术话题。

在第二页的开头,李征提及"前晤面时写的潦草,现重新再录您问到的问题及补充如下",可知袁复礼和李征见面时,谈到了新疆相关的问题,袁复礼请李征记录下他所知道的一些信息。因为没有任何准备,李征当时的记录可能比较随意,没有任何章法。等李征回去以后,想起当时的谈话,重新清理头绪,概括要点,将自己所知的信息,认真誊写给了袁复礼。这些内容,被他概括为三个方面。

(1)关于新疆的地图测量资料

李征提示了他所知道的沙俄及苏联三次测绘新疆地形图的过程,以及斯坦因测绘图先后在中国和印度被翻印出版的情形。我们从李征的生平知道,当他在 1958 年调入新疆博物馆之前,很多年一直在新疆地质调查所工作,练就了一手绘制地图的专业本领;这也使他十分关注新疆地图的测绘历程,能够将以往西方人绘制的地形图的比例尺和翻印情

---

①　张以诚《李仲揆的表情——记袁复礼教授回忆李四光同志的一次谈话》,湖北省李四光研究会、中国地质学会力学专业委员会编《李四光学术研究文集》,北京:地质出版社,1984 年,74—84 页。

②　袁复礼《蒙新五年行程纪》,王忱编《高尚者的墓志铭——首批中国科学家大西北考察实录(1927—1935)》,北京:中国文联出版社,2005 年,279 页。

况了解得如数家珍,确实是测绘学的行家里手。

我们知道袁复礼在中国西北科学考查团期间,主要的贡献在于古生物学、地质学、考古学领域的丰富成果。而事实上,他在沿途绘制的地形图方面,也有非常出色的成绩。他早年留学美国期间(1915—1921),就曾在哥伦比亚大学专门从事作为地质学基础的测量学的学习和实践①。在他的《蒙新五年行程纪》中,往返沿途,都可见记载"作图"的内容,如1927年5月29日开始测量的记录:

> 余于清晨与丁仲良、詹省耕即在河西北平地上测量一基准线。詹君先起首测一万分之一地形图。丁仲良在驻所四周采取变质岩标本。余登各山梁审视近代河水之冲刷现象。是日余等已积极工作,亦吾人在蒙古高原上之第一次实测基准线及详细地形图也。②

当他们开始合作测量的时候,科考团中的西方考察人员此时还没有开始测绘:"西人并无任何工作计划,似欲一视吾人先择何种工作,然后再定者。"是他的引领作用,使西方考察队员也开始从事相关的测绘。袁复礼本人的测绘,都有具体的成果保留下来,在《三十年代中瑞合作的西北科学考察团》(以下简称《三十年代》)中,袁复礼回忆其新疆测绘图的形成:

> 1933—1936年,绘图员李士杰、汪纯明除了清绘我的路线图、剖面图和实测地形图外,还清绘了16幅由我编纂的1/500000新疆山形水系图(北疆9幅,南疆7幅,都采用晕渲线绘法)。③

这些地图后续的情况以及袁复礼对于地形图的重视,有其子袁方的回忆:

> (这些地图)准备提供给中方团员及后来人当作底图使用,惜面临日寇侵华危机,无法印刷。直到1944年在昆明时,才托人在美国印制了300份。这图在解放后发挥了作用,一部分于1949年送解放军总参谋部供进军新疆使用,1951年又把该图50套送交中科院副院长陶孟和(由于1950年"中国学术团体协会"结束工作,明确科考研究交中科院接收)。出于对地形图的重视,1932至1937父亲任清华大学地学系主任期间,还亲自讲授过"地形测量学""地球投影""地质制图学""地形地貌学"等课程。④

可见袁复礼的测绘图在解放新疆的过程中,起到了重要作用。他的学生杜明达回忆说:

---

① 杨光荣、郑虹霞《袁复礼教授轶事》,杨遵仪主编《桃李满天下——纪念袁复礼教授百年诞辰》,武汉:中国地质大学出版社,1993年,167页。
② 袁复礼《蒙新五年行程纪》,王忱编《高尚者的墓志铭——首批中国科学家大西北考察实录(1927—1935)》,279页。
③ 袁复礼《三十年代中瑞合作的西北科学考察团(五)》,《中国科技史料》1984年第3期,69页。
④ 袁方《读懂父亲的一生》,《文汇报》2023年12月24日第8版。

"当年袁老师去西北考察,没有地形图,得靠自己测绘,解放后,由于建设需要由王素、汪纯明两位老先生根据袁老师的原始记录草图及测得的高程和天文点,编绘出新疆地图,新疆和西北其他省分原无地形底图可用。后来这些底图出版了,为新疆的建设工作发挥了作用。"①

作为新疆地形图早期测绘者,袁复礼应该一直关注这方面的成果,因此对于同道李征提供的信息,自然也十分重视,这也是李征在谈话中能够体会到的,因此要专门另外誊写清楚,告知袁复礼。

(2)关于新疆高程测量的水准点

这个依旧是与地图测绘相关的概念。高程是地球表面某一点到平均海平面的垂直距离,对于测量地形地貌、计算山峰高度、绘制地图等都具有重要的意义。事实上这个水准基面的确定是取验潮站长期观测结果计算出来的平均海面,因此各个国家的起算高程其实是有差别的。在这方面,李征虽然谦称他是外行,但也提供了以往新疆地形图测绘中来自斯坦因和苏联方面高程测量的数据以便袁复礼参考。

斯坦因的高程测量,李征认为选取的是孟加拉湾的水准点,其根据是美国达布森《新疆探察史》。该书英文原版名称是 *History of the Discovery and Exploration of Chinese Turkestan*,作者"达布森"译自其英文名 Jack A. Dabbs,当时任教于美国得克萨斯州农业与工程学院(后来的德克萨斯 A&M 大学,Texas A&M University/TAMU)。该书1963 年初版于荷兰海牙(Hague)Mouton & CO,对于了解早年西方探险家在新疆的活动有很大的意义。1976 年 6 月,这部书由新疆维吾尔自治区博物馆组织翻译、内部油印出版,上面没有译者的名字,其实是出自著名的民族古文字学家、敦煌学家、中国国家图书馆研究馆员黄振华(1930—2003)的手笔②,他精通多种西方语言,故翻译质量上乘。李征应该是从这一中文本了解到斯坦因从事新疆测量的水准点的③。

至于苏联的国家高程系统,一向是以波罗地海(Baltic Sea,今译波罗的海)水准为基本高程,这个数据与我们的高程比例是:波罗的海高程=1956 年黄海高程-0.374m。受到苏联测绘的影响,新疆境内的部分水文站很长时间内还在使用"波罗的海高程"。

而中国的高程测量系统,之前是以青岛验潮站 1950—1956 年验潮资料算得的平均海面为零的高程系统。原点设在青岛市观象山,该原点以"1956 年黄海高程系"计算的高程为 72.289 米,这也是李征与袁复礼讨论期间中国测绘的基准,此外还有所谓"渤海高程"(=1956 年黄海高程-3.077m),所以李征在信中认为"目前我国编新疆图,按理是引渤海

---

① 杜明达《回忆有关袁老师的几件事》,杨遵仪主编《桃李满天下——纪念袁复礼教授百年诞辰》,103 页。

② 聂鸿音《黄振华先生生平》,揣振宇、华祖根主编《中国民族研究年鉴 2003 年卷》,北京:民族出版社,2004 年,387 页。

③ 《新疆探察史》中文本 6-2(第六章,2 页)提及斯坦因第一次新疆考察的测绘:"这次测绘终于把和阗纳入了印度三角测量体系。"这是李征认为"斯坦因施测时引的是孟加拉湾的水准点"的根据。

或东海的水准点",事实上,当时启用的是"1956年黄海高程系"。不过,在1987年5月,中国又开始启用计算更精密的黄海平均海面原点数据,即"1985年国家高程基准",这个基准高程＝1956年黄海高程－0.029m。

总之,由于历史的原因,新疆地形图的高程基准曾经出现过不同的系统,这一点在李征和袁复礼的认知中,都是很清楚的。袁复礼在新疆从事测量期间,对于高程数据非常重视,他一般会选择一个假定的水准基面即假定高程来进行推算。如在进行天山博格达峰的高程测量时,南边的柴窝堡湖就是他的测绘基线。等到30多年后中国科学院兰州冰川冻土所组织博格达山冰川考察时,利用袁复礼的测绘数据,继续测绘博格达峰天池以北的地形,结果相隔30多年所测绘的天池南北的博格达山区地形图得以完美拼合。施雅风等人在《袁复礼教授——天山地质与冰川研究的先驱》中这样描述这个精确的奇迹:

> 袁老叙述:1929到1930年在博格达山考察时用小平板仪交会山头和特殊的地形点,用天文方法测经纬度,用气压计定高程。1929年测图比例尺为1:20000,1930年测图比例尺为1:50000,自1928年至1930年前后历时3个夏季。测图的目的是为了地质填图。在测量过程中用照相机望远镜头摄取冰川、地貌和湖泊等地形景观。测绘点都在山头上。测绘基线设在博格达南柴窝堡湖附近。米德生将袁老100多点的测绘成果包括高程、水平角等全部抄录,与米等所测地图拼接。图1(笔者注:本文图3)所示1:50000博格达山地形图中左下角部分(天池以南)即袁老所绘。[1]

图3 天山博格达地形图的完美拼合

此外,在信件中这一部分的最后,李征还记录了新中国新疆地图出版的情况:"《新疆地图集》分两种版本,均内部发行。"这是指新疆维吾尔自治区地图集编纂委员会在1966年内部印制出版的《中华人民共和国新疆维吾尔自治区地图集》,分为汉文和维吾尔文(新文字)两种版本,出版说明强调"本图集是一本机密的地图参考资料",其资料使用一般截至1964年。

---

① 施雅风、郑本兴、米德生《袁复礼教授——天山地质与冰川研究的先驱》,杨遵仪主编《桃李满天下——纪念袁复礼教授百年诞辰》,73页。

（3）新疆的地名问题

李征与袁复礼当天的谈话还涉及新疆多民族地区的地名问题。从事新疆问题的研究者，都会对新疆地名的语言多元和变异性留下深刻印象。在袁复礼的野外考察记录簿中，对地名有很多记录，在写成定稿的《蒙新五年行程纪》和《三十年代》中，大量的西北地名都留下了他对于音译少数民族地名的汉文释义。

而李征也是在新疆多年地质调查、文物考古的工作中，养成了留心地名知识的习惯，因此在他的生平总结中强调其学术成就的社会地位时，会提及其为"新疆地名委员会顾问"的学术兼职[①]。

李征记录下的内容，大概只是他们谈及相关地名问题的很小一部分。在信中，他告知袁复礼，知名的地图学家曾世英也在最近发表过关于新疆地名的讲话稿。曾世英（1899—1994）是袁复礼的同时代人，1932年，就与丁文江、翁文灏一起编制了中国最早的现代地图集《中华民国新地图》。新中国成立后，曾世英历任新华地图社、地图出版社、国家测绘总局测绘科学研究所的领导职务，积极开展外国地名和少数民族语地名的译写标准化、中国地名罗马化等实用地名学研究，著有《中国地名拼写法研究》等著作，主编有《中华人民共和国地图集》《中华人民共和国分省地图集》等。李征提及的曾世英讲话，是其在辽宁省地名学成立大会上的讲话，题作《做好地名工作，展开学术研究》[②]，其中谈及新疆地名的问题："至于新疆的塔城，维吾尔语称 Qogek、哈萨克语称 Qevqek、蒙古语称 Tarbagatar，这是多民族荟萃区域的反映。"

他们还谈到了艾丁湖的老地名"觉罗浣"，新中国以来的地图普遍以维吾尔语艾丁湖命名这个中国最低的洼地，而按照李征的调研，这个称呼甚至也不是当地维吾尔族对它的称谓。李征将其比拟为斯文·赫定（Sven Hedin）未免牵强，但提示我们它的改称有可能是现代人的命名。

说起觉罗浣的地名，袁复礼的学生辈，还曾经回忆起一件相关的往事：

1958年夏，北大对当时的研究生进行考试（口试），地质地理学系领导和地貌及第四纪教研室主任王乃梁先生亲自请袁复礼先生主考，参加考试的研究生有崔之久、王颖、钱宗麟和周慧祥，另有青年教师曹家欣。每人抽到一份试题，曹家欣是关于新构造运动的试题。记得口试中袁先生曾向曹提问："你能说出中国内陆最低的地方在何处？海拔多少？"曹家欣回答："袁先生：我可以不用回答了，我已看到对面墙上挂的中国地形图很清楚地显示出吐鲁番盆地的觉洛浣是－154米。"袁先生听后和其他几位

① 《吐鲁番学家李征同志》，《新疆文物》1989年第4期，1页。

② 曾世英《做好地名工作，展开学术研究》，《社会科学辑刊》1982年第4期，110—113页。该文在当时曾多处转载，如邱洪章主编《地名学研究》第一集，沈阳：辽宁人民出版社，1984年，221—227页。作为内部刊物的《新疆地名通讯》在1982年第2期也转载了这一文章，可能就是因为它涉及新疆地名问题。

"考官"哈哈大笑,袁先生说:"我这个问题提得太不合适了。"①

从这样的回忆中,确实印证了解放初期所使用的中国地形图,艾丁湖依旧使用了"觉罗浣"的老名字。

结　语

1927年中国西北科学考查团启程西行之际,李征在他们的目的地乌鲁木齐方始呱呱坠地。由于家学的影响,李征成年之后,由衷地喜欢上了文物考古工作,因缘际会,在黄文弼第四次新疆考古工作中,得以相随左右,并由黄文弼的推荐而正式成为新中国第一代文物考古工作者。

正是由于这样一种关系,当他因为吐鲁番文书的整理而有机会在北京工作之际,与尊重知识、尊重科学、尊重人才的时代相遇,与曾参加中国西北科学考查团的袁复礼教授相遇,这种"更觉亲切"的感情让他们惺惺相惜。

更重要的是在他们共同关注的新疆问题上,李征由地质而考古、袁复礼由考古而地质的专业背景,增加了他们在交流中隔代知己的欢愉程度。

赶上了"科学的春天"的袁复礼,不顾年迈体病,此时又开启了他再次整理西北考察报告、培养地质人才的航程。1983年底,他的《新疆准噶尔东部火山岩》的论文在学术刊物发表②,《三十年代》的考察记也开始连载。当年9月,他指导在滇西从事科学研究的构造专业研究生毕业,亲自参加了答辩,差不多是全国最为年迈的导师③。此时,李征的到来,让他迫不及待地要就新疆的问题进行交流。

感受到袁复礼"志在振兴中华"的李征,确实体现出他对于学术追求一贯的执着和对待师友有求必应的热情,这封在一般人看起来多余的信件表现了李征追求完美的认真态度,他在信件最后表达的"您在教学研究上需了解新疆地图集,如在急,希便中告知,我当去给您借到即送去……",正是这种急公好义品德的流露;而袁复礼一心学问、不知老之将至的生命姿态,也借由李征的信件,得到了真切的反映。

---

①　于洸、曹家欣《袁复礼教授在北京大学》,杨遵仪主编《桃李满天下——纪念袁复礼教授百年诞辰》,152页。

②　袁复礼《新疆准噶尔东部火山岩》,《地球科学——武汉地质学院学报》1983年第4期,5—14页。

③　参见彭一民《博大精深,一代宗师》,杨遵仪主编《桃李满天下——纪念袁复礼教授百年诞辰》,101—102页。直到1985年92岁高龄,已被诊断为癌症时,他仍旧抱病亲临硕士生褚明记的毕业答辩会,参见万天丰《诲人不倦终不渝——记袁老耄耋之年的几件事》,杨遵仪主编《桃李满天下——纪念袁复礼教授百年诞辰》,150页。

教育救国和科学救国
——纪念袁复礼先生

刘卫东

中国西北科学考查团研究会

2023 年是袁复礼先生诞辰 130 周年,先生德高望重、学识渊博,是我国地质科学奠基人之一,从事地质研究及教育事业 66 年,培养了几代地质人才,桃李满天下。他也是中国现代考古事业的先驱之一。我们谨以此文缅怀袁先生的教书育人岁月。

从长沙"走"到昆明

湘黔滇旅行团(10 位教师合影)
左起:李嘉言、郭海峰、李继侗、许维遹、黄钰生、袁复礼、闻一多(蹲者)、曾昭抡、吴徵镒、毛应斗

"七七事变"后,清华大学奉命南迁,与北京大学和南开大学在长沙成立临时大学,在极端困难的条件下坚持开课。1937年底,南京陷落。1938年2月,长沙临时大学分三路西迁昆明。其中一路即由11名教师和二百多名学生组成的湘黔滇旅行团,他们于2月20日在黄钰生(团长)、曾昭抡、袁复礼、李继侗4人组成的湘黔滇旅行团指导委员会带领下,跋山涉水,历时68天,行程近1700公里,于4月28日抵达昆明。一路上,袁复礼先生指导地质学系的学生采集标本,观察地质现象,绘制行程路线及地质剖面图,拍摄沿路的自然及人文风景。先生曾自夸"年近五十,步行三千"。他乐观的情绪、广博的知识和丰富的野外工作经验,深深地感染和教育了随行的学生,激励了同行的地质专业学子坚定立足地质、建设国家的信念。

西南联大的课外"作业"

三校迁到昆明成立国立西南联合大学,办学物质条件很差,图书缺、设备少,但是师资力量强大,理学院地质地理气象学系的教授们发挥各自特长,团结协作以加强基础理论教学,带领学生开展野外实习及地质调查,对学生编写地质报告严格要求,传授广博知识并重视个别指导。全系的工作赢得校长梅贻琦称赞:"故自滇越、滇缅两交通线相继封锁,国

1940年西南联大地质地理气象学系部分师生合影
前排左起:苏良赫、张席禔、袁复礼、宋叔和
后排左起:徐煜坚、刘庄、米泰恒、刘乃隆、池际尚

189

外图书仪器来源几告断绝之际,本校其他各系之研究与教学工作无不稍受影响,而本系(地学系)乃独得地利,反益趋活跃……"(摘自《复员后之清华(续)》)

袁先生十分关心学生的生活和毕业后的出路。莘莘学子背井离乡来到昆明,生活清苦。他和教师们通过各种途径从川滇康等省承揽地质调查和评价矿产的任务,让学生增长实践知识和学会野外工作方法。在系主任孙云铸、袁先生与时任云南建设厅厅长张邦翰友好协商下,1942 年西南联大地质地理气象学系与云南建设厅合办了云南地质调查所,袁先生兼职顾问。接受政府的地矿勘探任务,不仅开发了当地资源,同时所得收入大部分用于解决学生生活困难,参与的老师们只要了很少的津贴费。

1938 至 1946 年间,西南联大地学系毕业生人数共计 166 人。深厚的师生情谊,激励联大的学生们更坚定了科学报国的决心,后来学生们大都成为新中国地质战线上的骨干和领军人物。

爱护学生

在中国共产党的领导下,1945 年昆明开展了反内战、争民主的爱国学生运动,袁先生站在进步学生一边,支持学生运动。"一二·一"惨案发生时,先生挺身救护被特务手榴弹炸伤的南菁中学教师于再,遭到特务殴打,在家养伤多日才能下床活动。1946 年三校复员后,袁先生在清华大学依然为进步学生提供便利。

科学救国

作为享誉中外的地质学家,在西南联大八年间,受当时经济部部长翁文灏委托,在繁重的教学任务之余,安排时间考察了湘黔川康滇的山山水水,通过找矿来支援抗战,下面是所提交报告或论文的部分目录:

1938 年:《湘东湘西金矿视察报告》(长沙临时大学期间)

1939 年:《西康冕宁麻哈金矿勘察记》

《会理凤山营马鞍山金矿勘查记》

《会理通安拉治沟金矿勘查记》(与苏良赫合著)

1944 年:《云南武定、罗次二县境内铁矿地质报告》

1948 年:《云南横格—横路锌矿》

《西康省盐源县窪里金矿》(合著,1943 年有详细勘察报告交资源委员会及云南地质调查所)

他还应邀到重庆歌乐山山洞煤矿、云南个旧锡矿、东川铜矿、易门铁矿、富源锌矿和一平浪煤矿等矿山去考察地质和指导工作,对矿区的开发提出建议,特别对金矿的开采和经营管理,提出了系统意见,以便更快发挥产能,造福地方,支援抗战。

"工作四日，找得两矿区"

1951 年 8 月，应地质工作计划指导委员会谭锡畴邀请，在任泽雨（赵新斋）陪同下，袁先生带领绥远勘探队严坤元等 8 人前往绥远包头以北（今内蒙古），复查 1927 年 8 月在喀托克呼都克发现的铁矿（白云鄂博西矿），检查了双尖山矿点（东矿），并且在西南 30 公里和东南 10 公里，新发现 2 处外围矿区。在个人简历中袁先生兴奋地写道："工作四日，找得两矿区。"正是丁道衡、袁复礼、何作霖等先生的努力，为白云鄂博的开发拉开了序幕。

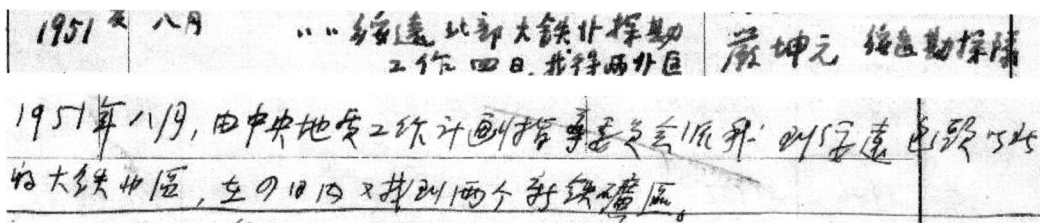

1952 年袁复礼简历截选

袁复礼先生心系家乡发展，1951 年至 1954 年，他担任河北省政府工业厅顾问，应河北省工业厅副厅长苏佑三之邀，数次带领该厅人员考察和初步勘探完县铜矿，完成迁安、滦县、卢龙简略地质图并圈定和评价了迁安铁矿。此外，还完成了评价多处金红石、刚玉矿，为驻冀部队工程找水等地质工作。1955 年，袁先生当选为河北省人民委员会委员。1954 年至 1963 年，被选为第一、二、三届河北省人民代表大会代表。1964 年，被河北省推选为第三届全国人民代表大会代表。

1956 年，由长江水利委员会邀请，袁复礼先生参加了长江三峡高水坝坝址的考察、选址，并在《人民长江》上发表了《长江河流发展史的补充研究》。他还先后参加了刘家峡（1956 年秋）、三门峡（1956 年、1959 年）、紫坪铺（1958 年）水库坝址考察，撰写了《对修建北京市地下铁路的地质工作意见》（1955 年），参加了上海地面沉降（1964 年 5 月）等地质研讨会。1959 年 10 月，袁复礼先生解决了南京长江大桥第四纪层位混乱问题，使勘测队得以按期提交工程报告。

为新中国的考古事业奔忙

袁复礼先生为我国的考古事业做出了诸多贡献，以下为代表性事迹。他分送给各研究机构的采集品，直至 20 世纪 80 年代还有后人研究、发表论文，弥补了科研空白。

时间	内容
1951 年至 1958 年	陆续将整理出来的中国西北科学考查团采集品，分别转交给中国科学院考古所、中国科学院古脊椎动物研究所（北京）、中国科学院古生物研究所（南京）。
1953 年	应邀与杨钟健、裴文中、贾兰坡和夏鼐等共同鉴定"丁村旧石器"。
1954 年 12 月	参加中科院纪念北京猿人头盖骨发现 25 周年大会。
1955 年后	连续两届当选为中国科学院古脊椎动物研究所学术委员会委员。
1965 年 11 月	参加蓝田人现场研讨会。

袁复礼先生在中国西北科学考查团期间

1956年7月,中国科学院古脊椎动物研究所第二届学术委员会
前排:袁复礼(左1)、崔芝兰(左2)、杨钟健(左4)、尹赞勋(左5)
后排:裴文中(左2)、周明镇(左4)

1965年春,蓝田新生代地层现场研讨会
左起:周明镇、裴文中、袁复礼、××、尹赞勋、吴汝康、张席褆、徐仁、××、杨钟健

奉献于新中国的地质教育事业

新中国成立伊始,百废待兴,袁先生的教学任务更加繁忙。

1949 年底在清华大学地学系主任任上与北京大学地质系共同接受燃料工业部部长陈郁请求,组织 1950 年和 1951 年两届培训,培养了二百余名高级地质人员,为新中国输送了首批集中培训的急需地质人才。

1950 年,清华地学系师生在河北平山
左起:朱上庆、陈庸勋、袁复礼、××、蒋荫昌、××、张卓元、王杰、王濮、张忠胤

1952 年 8 月袁复礼参与筹建北京地质学院,致力于新学科即地貌学及第四纪地质学的研究与教学,负责编写教材和指导进修教师和研究生,1959 年起任学院教材编审委员会主任。

1953 年至 1955 年,袁复礼应邀参加中国科学院编译局组织的"地质学名词""岩石学名词"及"矿物学名词"的编译、审定工作。

1959 年袁复礼任主编,带领教研室同志编写了中国第一本《地貌学及第四纪地质学》教材,由此成为我国第四纪地质学、地貌学和新构造学的奠基人之一。

1978 年袁先生已是 85 岁高龄,还认真培养了多名研究生,对后辈关怀备至。1983 年,袁先生抱病亲临硕士生褚明记的毕业答辩会,当天论文答辩的评议员是马杏垣教授与何浩生老师,论文答辩结束后,马杏垣教授高兴地说:"今天我们可真是四世同堂呀!"一时传为佳话。

1983年，袁复礼参加研究生答辩会。前排左一刘光勋、左三袁复礼、左四袁见齐。

一批又一批的地质工作者高唱着中国地质大学校歌《勘探队员之歌》——"攀上了层层的山峰，我们满怀无限的希望，为祖国寻找出丰富的矿藏"，活跃在高山大河、沙漠戈壁，

1983年，袁复礼90诞辰庆祝会上，黄汲清代表中国地质学会致辞后，
举杯"祝师长寿敬一盅"。左一为袁复礼先生。

用自己的脚步丈量祖国大地,为建设富强繁荣的中国打下坚实的基础;一代又一代的学生毕业后走上教师岗位,他们牢记袁先生的教诲,将地质教育事业薪火相传!

　　袁先生从事地质教育事业 66 年,广泛参与了大量学术活动和国家经济建设工程,给相关科研机构寄送了许多采集品。他以渊博的学识、生动的授课、丰富的经验,给予无数求教者各种帮助。他无私的奉献精神、崇高的人格魅力,深得广大师生的爱戴。在纪念袁先生百年诞辰的《桃李满天下》一书中,许多已是花甲之年的学生回忆道,自己是在袁先生的悉心教诲和言传身教下投入地质行业的;许多大师写有纪念文章,缅怀先生献身地质事业、教育报国、科学救国的崇高精神。

《袁复礼西北考察纪》序言

袁　方

　　欣闻北京大学朱玉麒教授组织出版完整的袁复礼《蒙新五年行程纪》《三十年代中瑞合作的西北科学考察团》，以纪念他诞辰 130 周年，我们非常高兴。这是父亲生前的心愿，他一直想把考察中的照片插入行程纪中，出一个完整本。现在，这个愿望终于实现了。

　　提到"完整"，这篇行程纪确实充满了磨难：1937 年父亲完成该文上、中、下三卷的文稿，因日寇侵华无法出版，只能请誊印社手刻，于 10 月油印出上、下两卷各 50 份，但把中卷底稿丢失了。其中只有上卷在 1944 年《地学集刊》2 卷 3、4 期合刊上正式发表过。直到父亲晚年的 1981 年，才在抢救科技史料的呼声中，应杂志社之邀，重新撰写回忆录，补上了丢失的中卷，亦即在新疆三年多的工作历程。

　　对补写过程，我有所了解，时当"文革"后新编教材，地质部把我借调到教育司教材室当编辑，晚上回家住。因父亲在 1979、1980 年先后动了三次大手术，1981 年身体仍然虚弱，我看到他手头只有一本当年的野外记录簿，惊叹他能有这么好的记忆！他编写认真，反复修改抄写，每天扔一大堆草稿，写出整洁的稿件，因此进度很慢，到年底只交了两期稿件。1982 年开始，晚上我以有限的时间帮他整理誊清，完成了第三、四期的稿件，并将各期需要的照片一齐送到杂志社，惜因篇幅所限，最后未配照片。到年底，应载于第五期的"八、奇台到北塔山的路线地质填图"的初稿已写出大半，我誊清后全交待给弟弟，返回西安任教，但是没想到他正处在混乱的搬家期，竟把这部分稿件丢失了。1984 年 1 月我调回北京，才知杂志社已多次催稿，情急之下，只好在第四期内集中记述发掘恐龙的"4 奇台恐龙的发现"那段前，提到"1930—10—24 至 11—30 从奇台到北塔山测了一幅路线地质图……"之后，追加一句"见《地质学报》36 卷第 2 期 113—132 页"搪塞过去。而第五期就直接采用父亲写好的考查团的后期收尾工作，结束了全文。

　　这篇在《中国科技史料》上连载五期出版的回忆录《三十年代中瑞合作的西北科学考察团》，补上了 1937 年丢失的《蒙新五年行程纪》中卷在新疆三年半的工作，实现了父亲多年来的心愿；但又遗失了奇台到北塔山一段虽然只有两个月却相当重要的部分工作，成为憾事。

　　时隔三十多年，新疆师范大学和北京大学对西北科学考查团的文献史料进行详细的整理和研究,2020 年我在网上曾参与朱玉麒教授对父亲当年在新疆的野外记录簿第七册"气象,测量"和两袋 1965 年的《火山岩分带研究》残留手稿的解读,才想到父亲 1982 年写回忆录时,除依据野簿上的日期和驻地的次序,手头还应有他在 1949 至 1956 年已发表的四篇北疆地质专题总结文章,引发了我对内容的兴趣,随后外甥卫东把这四篇加上 1983 年发表的《新疆准噶尔东部的火山岩》的电子版发来。现在喜闻重印的消息,便想借机尝试恢复丢失的奇台到北塔山一段。然而动笔后才发现,虽然对当年誊清稿件的轮廓尤其是捡拾石钱等化石记忆深刻,现在文献材料也丰富,但缺少亲身体验,文字枯燥乏味,虽可补阙,却成为一段地质报告了;其中列举的七八种石钱滩化石在父亲笔下只有拉丁文名称,此次补写特请同事王璞(地质出版社编审,杨遵仪教授的古生物专业研究生)译出中文名,以便阅读。回想当年帮助父亲整理文稿时,曾建议父亲删掉一些情景的描述,例如在"四、三台的人文地形和地貌"一节中,删去了一次观看哈萨克人架鹰狩猎的详细情景,现在看来实在是减少了文章的风趣。

此次重印弥补了我和弟弟的遗憾,使《蒙新五年行程纪》全文再现,我们感慨万千,苏轼诗说"老僧已死成新塔,坏壁无由见旧题",在这里,经过大家的努力,也算是"坏壁修复见旧题"了。

特别感谢朱教授的团队,他们在整理父亲散乱的文字资料、绘制的路线图(有的透明纸老化成碎片)及数千张底片、照片的工作中费尽了心思,付出了极大的艰辛,向他们致敬! 也期待着父亲更多的成果,经由他们的整理而贡献给学界。

2023 年 10 月 6 日,新西兰

文献资料编

袁复礼早年文录

李正一　郭埔嘉 辑

北京大学历史学系

引　言

袁复礼(1893—1987)先生是 20 世纪中国著名的地学家、教育家,综其一生,在我国地质、古生物、考古学等诸多领域,都取得了丰硕的成果。一直到他去世后,仍有遗稿发表。遗憾的是,他的成果一直未能结集出版。在他去世以后,其学生和子女通过《袁复礼生平大事年谱》《袁复礼主要著作目录》和《袁复礼未刊著作》等方式[①],汇总其学术成果,使我们对其学术成果有了比较整体的了解。

2019 年以来,我们在从事"中国西北科学考查团文献史料整理与研究"项目的同时,也积极搜寻袁复礼先生的早年成果,在前人总结的上述年谱、著作目录之外,也陆续有新的发现。袁复礼的这些未经著录的文献,有未刊手稿、往来书信、档案存稿,也有早期发表于报刊的文章。这些内容有助于了解袁复礼的学术历程,使其一生的成绩得到更全面的体现,对于将来《袁复礼著作集》的编辑工作,也有莫大的裨益。此次我们辑录的部分,主要是报刊公开发表的相关内容。为了更全面地理解袁复礼的学术思想,举凡书信、论文及提要、演讲稿、谈话记录等,细大不捐,均在收录范围。辑录过程,也得到袁复礼先生后人袁扬、刘卫东等老师的指导,谨致谢忱。

早年文录目录:

1. 社会组织本乎人情准于时势论(1919)
2. 郑君的精神病与婚姻问题无关(1922)

[①] 杨光荣等编《袁复礼生平大事年谱》,收录于杨遵仪主编《桃李满天下——纪念袁复礼教授百年诞辰》,武汉:中国地质大学出版社,1993 年,276—291 页;又载袁疆等编著《西北科学考察的先行者——地学家袁复礼的足迹》,北京:新华出版社,2007 年,289—310 页。《袁复礼主要著作目录》,分见《桃李满天下——纪念袁复礼教授百年诞辰》,292—295 页;《西北科学考察的先行者——地学家袁复礼的足迹》,311—316 页。《袁复礼未刊著作》7 篇,载《西北科学考察的先行者——地学家袁复礼的足迹》,159—288 页。

正　文

社会组织本乎人情准于时势论

社会之所能组合者,皆本乎天性人情,饥则求食,寒则思衣,晨兴而作,日暮而息。食、衣、作、息四者,皆遗传之性,故吾释之为天性。聚人成群,人群组合而成家成国。家国之中有长幼强弱,长强之于幼弱,饥则食之,危则安之,此顾惜之念,吾释之为人情。

所谓饱食暖衣、安居乐业者,皆由天性发展而成,然此不过有形质者耳。夫饥则食之,危则安之，亦施之于犬马。然人之所施者不仅此，犬马所能报者亦不仅此，盖由有形质者谛出渐演，而进于形而上者。犬马之顾主，交友之情义，近人所谓团结吸力者，吾名之为人情。在家族时代，分名之为忠孝节义；在民族主义时代，分名之为爱国保种，而其表发此情也则一。

顺势利导，责在吾人。其违性背情者，岂仅只有以家族主义时代之说而误者哉。德日教育，号称进步，然一二人险野之心，以铁血为民族主义之利器，遂致以学校报纸，误激民气，使视寸土如泰山，而鄙生命人力于毫毛。人民何罪，趋之战场，而尽屠之耶。

古人命名，今人释义，时变势迁，每易不相吻合。若言父慈子孝，君敬臣忠者，非仪式权术所制定。实人情不有可已者，如吾人以饥饱寒暖、成败安危有形质者观之，情义共同，利害相关。则知忠孝节义之念，乃情发于势之自然。数千年中，朝代更替，异族躏扰，华夏胄裔所能延绵历久者，皆赖此由天性人情中演出之道义以维系之也。

今世民族主义澎涨达于极点，不日海陆交通当增百倍，此其吾人竞存之时乎。相生相养，然后社会之根本始固。人之有长幼强弱，五世不可移者[①]，子幼，亲抚教之；亲老，子承养之，均情理中事。惟今之所可更易者，不在原理，而在解释运用之法。昔之自顾饱暖者，以为子孙可无虑矣，而子孙不肖，身死期年而华屋成荒芜矣。今之自顾饱暖者，以为一身可无虑矣，不知事变之速，有朝不保夕者矣。如自私也，则应尽国人而安之。今之所谓自私者，非自私，实自愚也。盖今世一国之人，皆有所谓共同连带之关系。藏边安危，奉吉当觉有责；蒙古靖乱，闽粤当思良法。昔之秦越，今日不复为异路之人矣。

圣贤之训，于此意颇多。人每以常谈易见，不能见辞思意耳。孔言“泛爱众而亲仁”，亲疏之见，固举世不能无，而泛爱众可止于何底耶？孟言“推恩足以保四海”，推恩以保四海，又可止于何境耶？范文正公亦言“以天下人之忧为忧，以天下人之乐为乐”，古人气量洪大，包括万有，如以晚近习俗绳之，则未免失意矣。

吾国人天性素厚，于竞存中实为不二良质。忧国之士在乎揣情度势，以改良习俗维持风化，然后古训浩然之意可明。今日华胄之兴可待也。

愚会有此篇之作，日昨见吾友张君耀翔稿，爰删详条细则，供此一得之见。张君吾四年知心交，其然吾言乎。张君文见季报第五卷第四期。作者识。

（《留美学生季报》第6卷第2期，1919年，19—22页）

郑君的精神病与婚姻问题无关[②]

这几天从《是非之林》中的信看去，梁君、沈女士、褚君都是要按事实去辩护的，然而今天

① 五：原作“互”，据文义改。

② 郑君即郑思聪，文中梁君为梁启超，沈女士为沈性仁，褚君为褚保衡，陶君为陶孟和。此事起因于《晨报》刊登《两个恋爱的惨剧　因为对方爱情转变　一个失恋者气疯了　一个失恋者气死了》的投稿，指责有一位沈女士转恋有经济实力的大学教授（陶孟和），抛弃前任（郑思聪），致使后者患上精神病（《晨报》1922年3月19日第6版）。之后，梁启超在《晨报》上发表《为新闻风纪起见忠告投稿家及编 （转下页）

(三十)褚君所登的尚有些遗漏,故不妨将他补足,期望读者得到真像是要紧的目的。

要论起褚君那个四要点,我以为(一)(二)两项是泛泛的,能否就按这两项去作根据,亦须要看(三)(四)两项的事实如何,方能定论。

要论起褚君述说沈女士的七条来,那第(三)条沈女士何月到京,是不大详细,那(四)(七)两条更是要些解释,方能完满。

郑君并未曾在南洋中学读书,他是在南洋公学中学班毕业的,毕业后,即考入清华,我与他在清华同学二年,一同出洋后在美两个夏天亦都见过许多次,所以我同他是很知交的,郑君在清华时,同班诸人虽然很佩服他的数学物理的成绩,然而对于他的行动举止,似乎即觉着他的神经系有点不完满。大家都说数学家是好的,但是他总有些发痴。所以可见他以前神经是有缺欠的。

到了美国他入 Princeton 大学去学数学天文,对于这二门成绩很好,惟英文有些差池。他(每)[是]用功的人,惟同学中国人与他所学的功课不一样,只见他(是)[每]晚要耗去几点钟去数天上的星的。因此他的功课就教他的兴趣不同他人一样了。

到了一九一七年三四月间,因为用功过度,得了精神衰弱症。随后就转入纯正神经病,也是有我们同班两个人去照顾他,送到 Trenton 疯人院的,几乎二月过后方才出来。在秋间八月我见了他,他外面亦同常人一样,但他始终不承认他是得过神经病,可见他给沈女士的信,他更不说他的病是神经病了。(参看今天第四条)

在一九一七秋间,郑君转校到哈佛大学,接继去读学。教到了冬天,神经病又发作了,就又入了医院,所以可见他的病不是因为婚姻问题起的了。

到了一九一八春天,医生尚且不教他出院。后来清华监督处打算送他回家,医生始将他放出。他临行前过纽约的时候,我见他病重的连我都不能认识了。

这是在陶君与沈女士订婚之前。送他回国的钟君,现在清华作事,是可作见证的。

到后来郑君回国,又在南洋公学教西洋历史一年多,想知道他的人都晓得的。就是后来旧病重犯,那个旧病的起源上边说的也就算很明了啦。

总之要说是因为一个人性情的转移,将一个富于感情的人牺牲了,在这件事是不准确的。若是富于感情的人神经有些不健全,只因他是富于感情便将以前很短时期认识过的朋友牺牲了,恐怕与郑君相识的朋友们亦不赞成的。

十一,三,三十。

(接上页)辑者一封信》替沈性仁辩护,说事情始末与之前投稿者所讲完全相反(《晨报》1922 年 3 月 25 日第 7 版),沈性仁也回应此事表明态度,《晨报》上登出了她《晨报馆编辑诸先生鉴》一信,同日刊出的还有褚保衡《为一件事实敬告梁启超君》一文,称正是沈女士和陶孟和结婚,才使郑君患了精神病(《晨报》1922 年 3 月 28 日第 7 版)。此后,沈性仁与褚保衡还有信件往来登报(《晨报》1922 年 3 月 29 日第 7 版,《晨报》1922 年 3 月 30 日第 7 版)。袁复礼与郑思聪在清华即是同学,又是同批出洋留学者,对郑思聪的情况有所了解,故发文辨明 3 月 30 日褚保衡《答沈性仁君》一文中的不实之处。因为争论此事的信件多刊登在《晨报》"是非之林"板块,故袁复礼的陈述称"这几天从《是非之林》中的信看去"云云。

按袁君系北高师教授,与郑君同学多年,特据所知陈述郑君之神经病,并非发生于沈女士结婚以后。此外尚有英文北京日报主笔王伯衡君,与郑君在美国同学两年,北大物理学系教授丁燮林君,与郑君同学四年,又北大教授胡适君,亦先郑君在美留学,三君对此事知之甚悉,俱愿作此事负责证人,并谓倘社会上尚有疑难之点,彼等亦愿加入讨论。

记者

(《晨报》1922 年 4 月 2 日第 6 版)

记新发现的石器时代文化

"此次河南渑池发现石器时代的古物,是中国古史学上的一件极重要的事。故我们请发现人安特生博士替我们做一篇文章,记述此事。他此时正在为矿质汇报及中国古物学撰文,故推荐了他的朋友袁复礼先生。不幸袁先生此时又要到河南去发掘了,行期很逼迫,不能做文。我们只好请他做一篇简短的记事,以后再做详细的论文。这两件事,他都允许了。我们现在先发表他的记事。袁先生曾帮助安特生博士整理此次发现的材料,安先生自己曾说得他的力不少;他在百忙中肯替我们做这篇记事,这是我们很感谢的。胡适。"

去年(1921)冬天,在中国文化史上增多了一件新材料。因为在河南渑池发现了一些石器、骨器、陶器,证明是古代人民的遗迹。但未曾找出一件铜器或铁器来,就是能用铁作的针也是用骨头作的,能用铜作的鼎也是瓦器作的。所以,那时候的人还不知道用铜用铁呢。从人类文化史的研究,可回溯最初的人类都是用石器的。以后才发现铜(即红铜Copper)及黄铜(Bronze),至于知道铁器已算是第三步了。所以考古学家都分石器时代、铜器时代及铁器时代三段,表明人类对于他们环境的知识,及他们利用天材的本能。

石器时代又分作"古石器时代"(Paloeolithic)及"新石器时代"(Neolithic)。这两个简便的分别是在乎他们能修饰石器的本领:在古石器时代的石刀石斧石矢都是打磨不光、面上凿打的痕迹多半是坑洼不平。新时期时代的石器都是琢磨平净,不像上时代的那样粗糙。

这次在河南找出来的,确是与新石器的器用相合。不过若是按陶器论起来,有的圆形是用草团将泥瓦围起来打成的,有的圆形是用磨轮磨圆的。在欧洲各处有用磨轮的地方,都有表明用铜器的知识,不过因为在这个地方找不出铜器以外,更有许多用石器的凭据。所以现在暂且将他算作一个石器及铜器的过渡时代,就是"后新石器时代"(Encolithic),这曾在欧洲也是有的。

这次发现的东西:石器中有石镰、石锛、石凿、石圆、石矢、石斧。骨器中有骨针、骨圆、骨珙。陶器中有鼎、鬲、瓮、碗等器。陶器皆不带耀,多系灰色者,唯复色者(Polychrome)亦不少。此种系红地上加黑花,间亦有加白花者。此种陶器与在俄属中亚细亚的阿诺地方及希腊南克利特(Crete)岛所发现者相同。再加研究者可找出三处文化交通的关系。

中国有历史以来,记载就有铁铜的工做。传说的大禹作九鼎就是一个例。现在讲考古学者亦皆以为商周铜器为最古之物。美国考古家 Laufer 于中国古器考究颇深,尚且说中国无石器时代之文。日本学者鸟居龙藏以为在满洲所得者为蒙古人之一支所作。所以此次发现的价值在于发现:

(一)有文字记载的历史以前,中国文化史上确有一石器时代。并且

(二)这石器时代的器皿,都留遗形给后代的人,就是现在日常用的东西,多可由研究而知为从古代器皿所演出。

至于有这石器文化的人类究竟是何种人,确是一个尚未解决的问题。这种人:

(1)是否即是原先的中国人(Proto-Chinese),是否即商周人之祖?

(2)或是他种人,他们的文化经中国人吸收后就灭亡了?(Pre-Chinese)

(3)或是外来的异族(Barlbarian),与中国人同时,而不同风俗?

这个发现是因为一九二一年春天四月,中国政府矿政顾问安特生博士(J. G. Anderson)在河南旅行,经过渑池地方首次发现的。后来在十月得了政府允许,方才到那里挖掘。不过在这个以前他在夏间过奉天时候,曾经过一个穴洞,也发现了少数石器人迹。他现在已经有两次演说发表他这两次发现的结果。他又正在写:

(一)"在中国的一个古文化"(An Early Culture in China),要登在《地质汇报》上。

(二)"奉天砂锅屯穴迹"和

(三)"河南仰韶遗迹"二篇登在《中国古物考》(*Palaeontologia Sinica*)上,将所有详细研究之结果登出,将来于文化史上必有一大供献。

按说这次发现的事,是从地质调查所方面办的。所以这篇先期的报告,虽有新闻性质,论科学家的发现法律(Credit of Discovery and priority),亦应让《地质汇报》方面先登。不过地质调查所丁文江、翁文灏两所长对于从地质方面去研究文化史,极为赞成。安特生博士亦将他所有的底稿给我读过。所以他们三人允许我将这事在这里先简略发表,作一个介绍的文。将来安特生博士的大作出来,那个历史以前的文化方能有详细的论说。

我将这篇写完,后来又想到读者或尚有无疑问,或有看见了这件事而自己愿意到各处去发现的。所以我要将去冬阅历所得的结果,略述说一回:

(一)这样的文化遗址是不常见的。就是发现以后,掘挖的法子亦应有科学家的指导,方能有效。不然地层混乱了,器具就不能分清,要说时代就更不能定了。

(二)这次发现除对于文化史有供献以外,对于农业田亩沟壑之变迁、天气之转徙、森林之胜衰、潜水之升降、河沙之增减,均有考据。所以与平常为古董去掘挖者不同。

(三)这次所得的器皿都是残缺不完的。不过这个新闻发表后,恐怕为金钱的古董商人亦想去掘。那么,对于科学的用意就错了。可惜的是北京现在只有一个小小的历史博物馆,经济困难,不能去作些有秩序的科学研究。如是国内热心的把这个历史博物馆扩张起来,在北京做一个集中点,此种考古学问方能有发达的余地呢。

(《国立北京大学国学季刊》1卷1号,1923年1月,188—191页)

袁复礼致刘复函

敬启者,近接考查团六月五日自距贝勒庙七十里之明安加沙所来公函,及六月五日袁希渊致刘半农信、六月三日黄仲良致庄尚严信、六月五日刘衍淮致刘半农信、五月二十七李宪之致刘半农信,撮其重要事项如下:

……

四、弟等于五月二十六至此,地名胡城图(按:即明安加沙)①,因骆驼未购齐,在此尚须半月方可启身。　袁信

五、弟在此发现石器遗址……在此画地图二日,骑马巡行二日半,日行七十里。袁信

六、旭生与黄仲良、丁仲良、龚狮醒前六日至贝勒庙,丁考查地趾②,黄发现石器遗趾三处。　袁信

七、詹君作图尺助记,气象学生等均努力看气象,学德文。　袁信

八、在包头,旭生提议分股作事,黄为文牍,詹为庶务,丁为巡夜主任,袁为工作主任。袁信

九、如有信,寄绥远区固阳县北黑教堂邮局收下存交西北科学考查团。　袁信

……

西北科学考查团理事会启

十六年六月十七日

注意:以上均照原信节抄,并未更动字句

(《北京大学日刊》第2134号,1927年6月25日第2版,题作“西北科学考查团理事会报告”)

袁复礼致电梅贻琦

西北科学考查团自四月二十日由迪化动身,分途工作③,瑞典科学家分二路,中国科学家分三路。曾在天山北麓发掘采集,成绩极佳。五月二十六日抵古城,由此转赴阿尔泰及伊犁④。近该团团员袁复礼有电致清华学校梅贻琦,报告其个人成绩⑤,原文如下:

(上略)去岁复分路,得古址五十六,石器残整二万三千余,残铜六七百余,陶器十四,陶片八百余,骨贝等四千余。今年在新得古址五十,石器二百五十余,陶片一百八十余,如

---

① 城,据原地名音译当作“城”。

② 趾,据文义当作“质”。

③ 途,《时报》作“送”。

④ 犁,《世界日报》《庸报》作“黎”;《时报》作“梨”。

⑤ “有电致清华学校梅贻琦,报告其个人成绩”,《益世报》作“有电来平,报告成绩”。

采运到京①,请勿开视,免标志遗失错乱,致失效用。(下略)

(《京报(北京)》1928 年 7 月 26 日第 3 版,题作"西北科学考查团 袁复礼电述成绩";《世界日报》1928 年 7 月 26 日第 6 版,题作"西北科学考查团在新成绩 袁复礼电平报告";《益世报(北京)》1928 年 7 月 26 日第 3 版,题作"西北科学考察团 在新疆之成绩 袁复礼来电报告";《庸报》1928 年 7 月 27 日第 4 版,题作"西北科学考查团 新疆一行之成绩 袁复礼致电北平报告";《时报》1928 年 8 月 2 日第 1 张,题作"科学考查团赴新后 袁复礼报告成绩"。)

一九二八年恐龙及其他关于地质之发现

北平通信:斯文·赫定自去年与徐炳昶同抵北平后,重订协定,继续在新疆为发掘之工作,并赴江浙游历。本定于本月初由西伯利亚铁道回新,嗣因外部护照尚未发给,是以迟延,一俟护照领到,即可起程。……现理事会拟将此次考察各项报告等刊印发行,现拟刊印者为赫定之《长征记》,徐炳昶之日记,科学报告六种及赫定探险工作经过等书,均尚在翻译整理之中。……兹将去年发现恐龙袁复礼君之报告,录志如次。(此项报告系由地质调查所侯德封君译)

一九二八年恐龙及其他关于地质之发现

一九二八年九月十一日,有侏罗纪恐龙之发现,在天山山脉北麓小山中,此发现成为科学界最惹人注意之新闻,欲明了其在古生物学中之价值及地质学之地位,则必须经详细之讨论。惟此种讨论,现在尚嫌太早,因若畸形论断,则对于以前天山以北诸探险家之实迹,未免多所遗漏。因吾等所在之地恰为亚洲中心,距图书标本甚远,对以前之出版品及采集品毫无所参考也。据予所能回忆者,如葛利希麦罗兄弟、克伦门子及葛律贝尔之地质工作,并有普利外尔斯基及加鲁则尔之地质考察等,对于此处之地质及地形,均有重要贡献。其他如勃丹欧维其、皮头甫、罗勃罗斯基、欧不鲁支及洪亭敦等,只经乌鲁木齐,未及天山之东部。

统上诸人,其中以葛律贝尔之工作为最有意味。当予离北京时,赵君曾授予剖面图及略图数纸,由伊录自葛律贝尔之作品者(一九〇七、一九〇八)。在一九二八年春,四月二十日至五月六日,予经过葛律贝尔所考察之同一区域,据予所检阅葛律贝尔之实迹的基础,使予不能不认服其精细之观察及解释之正确,惟其所定该低山岩层之时期,则属之过于普通,尤过于时期含浑之安格拉系,此处似当重加研究。按伊图上所指明,其最远点在三台。自五月七号至十九号,予在三台东南各煤铁矿区曾作详细之观察,据该处之植物化石及介壳类等,则此部水西沟系当属于侏罗纪。由此向西观察,则二叠纪之植物化石似亦存在,此处若果为远自西伯利亚之安格拉河流域之地质模范区,因此系实占宽广地层位置,则其地层大有分析研究之价值矣。此后数日(五月二十日至二十五日),尽致力于寻觅

---

① 京,《世界日报》作"平"。

此种红色岩层,何处可发现脊椎动物化石,借此或可鉴定是处岩层上下之各部界限,但终未得结果。

自五月二十五日至八月底,予悉消费于古物之探采,在该处低地中,即三台、支木萨、古城子及漠利河等处之草地及级地中,只在北土巴拉一处之采掘,已费我四十日之久(七月一日至八月十二日)。

但同时予曾用一旧测量器,按三角进行法测量地图,此三角网所占地面,东西长四十公里,南北长七十公里,冀在此纲内,将此丘陵地带(所谓安格拉系者)之地质,作成详细清楚之地图。八月二十七日,予在始新统石子所成之小山顶量角度,得见红色岩层,完全露出于少凡郭之沟谷中,是日晚,在未得任何结果以前,予预断必有重要物件之可寻,并函告徐教授,予之帐幕暂不东移,而停此以研究红色岩层。果然两星期之后,便有突然之获得,在九月十一日,三小片前足址寻得于一红色岩层小山上,断续之掘挖,计四十日,结果共得恐龙全体者三十个,卵一个,幼体三个。

此种可欣幸之信息,虽来自吾探险时期之末季,但观上所述,则知此次发现之结果,种因甚早。盖自予起始工作时,即有此项研究之趋向,非偶然也。此地高山,尖峰陡立,有如高塔,现绕以白冰,颇为美丽,初均为恐龙之猎囿,现则因其易于记识也,每引诱人之趋近,而为行人之目标。吾等探险团长初即认定当在此区(亚洲中心)详审考察。所以此古世界之主人翁、其后代曾分布于全亚洲之恐龙,得出现于科学界,名之曰 Tianshansaurus Svenhedini。天山本身,有其极长之地质历史,其沉积物,有由于陆地之水载至者,有由海水递积者,后又由火山喷发侵入之火成岩,后受地壳之移动,将各岩层或褶或断,继经风化侵刷作用,使高巅均夷为平面,察其岩层,则可知以上步骤,如读史书者。

此地有使人注意者,即以前观察者之断定,以天山东部变质岩殊多,致石炭纪之化石未曾得见,而其实有不然者。五月十八日,在大东沟曾见一厚层白色至灰色海百合石灰岩,载有石英质腕足类化石数种,自十月二十四日至十一月十二日,予曾追随此石灰岩东向,至三百二十里,故此部与天山之他部完全相同,其中石炭纪海水之侵沉,固未常稍厥,且该海水中满载生物。

天山所受之变动,如褶断、侵刷等,其经过历史,均可于天山山麓之低山,即予所谓丘陵地带之岩层中分别认出,此丘陵地带之岩层与曾经上升之天山本部,当大不相同。在此低山中无火成岩,无绿色石英岩及棕色板岩,无中石炭纪石灰岩,无侵入岩,且不似天山本部之褶皱错综,其大断层界,明以清晰之断层石壁,其长期之地面冲刷,或后于侏罗纪岩层(丘陵地带)之变动,然则天山固有侏罗纪层之造成,惟现经冲刷,而无所见矣。

在此丘陵地带中,海水之侵入、陆地之上升,至少约有三次,自深海沉淀之石灰岩,以至暖而干之红色砂岩及粘土之陆地沉淀,显然示明岩性之区别,在水母河之露头,在此厚系岩层之顶部,八百公尺厚之页岩、煤层及砂岩,予名之曰富源系,因此部岩层在富源县露头颇完全也。

下部另有一千八百公尺之岩层,露出于少房郭,其岩层则经平缓之褶皱及断层。一经断层之背斜层,一经断层之向斜层,更有一背斜层及一向斜层,计南北连绵约十六公里。兹为简明起见,将岩层次续,自上而下罗列如左。

上顶岩层,白垩纪粉色砂岩。

下侏罗纪 甲 一、石灰岩及页岩,三百公尺。二、页岩及粘土岩,三百四十公尺。三、页岩及石灰岩间互层,二百五十公尺。四、砂岩及页岩间互层,一百八十公尺。

乙 五、红色岩层及恐龙,五百公尺。六、砾岩及砂岩,五百四十公尺。七、蓝灰色页岩,粘土岩,棕色砂岩及菱铁矿层,六百六十公尺。

上侏罗纪 丙 八、页岩,砂岩,及煤层,五百公尺。九、黄色及灰色粗砂岩,及砾岩,一百公尺,底未露出,共三千五百七十公尺。

是以下侏罗纪之上部,为恐龙存在地,并表现当时气候、沉淀物及地形之变动,其异于甲部及丙部岩层者,因甲部多深海沉淀,而丙部则多内陆递积,或淡水沉淀也。

(《大公报(天津版)》1929 年 5 月 6 日第 2 版)

袁复礼致西北科学考察团理事会

西北科学考察团理事会今春与斯文赫定订约①……该团理事会昨得正在新疆工作之代理团长袁复礼六月中自新来函,报告在喀什左近第三纪地层发现鲨鱼属之化石,兹录原函大意如左②:

(上略)丁仲良仍在喀什左近工作,近有报告,于第三纪地层发现鲨鱼属之化石,实为地质上之新材料。已请其多为追寻,当有极好标本可得。又复(袁自称)在至三台途中,发现地震颠出红石颇厚,觅得蜥(蝎)[蜴]化石十处,并在三台南得有完整化石二具。(下略)③

(《世界日报》1929 年 10 月 23 日第 5 版,题作"西北科学考察团 发现鲨鱼属化石 袁复礼来函报告";《大公报(天津版)》1929 年 10 月 23 日第 4 版,题作"西北考察团 发现鲨鱼化石 团长袁复礼自新疆函告";《益世报(天津)》1929 年 10 月 23 日第 1 张第 2 版,题作"西北科学考察团 赴内蒙甘肃考察 袁复礼在新疆发现化石多种 斯文赫定日内可到平"。)

---

① 《大公报(天津版)》"斯文赫定"后多"博士"二字。
② 此句《大公报(天津版)》作"兹抄原函云"。
③ 《益世报(天津)》的报道,此后还有"平讯:西北科学考查团外国团长斯文赫定教授,由瑞典起程来华一节,已志前报。兹悉赫定氏业由海参崴转道来北平,一二日内即可到达,赫定教授抵平后,不久将再赴西北,为较长期间之考查,预定二年后始可竣事。该团一部分团员业于前数日出发,刻已越过张家口西去"之文。

西哲本体现象两论之略说（续）①

第二现象论

本体与现象之区别，即柏拉图所谓超威性②、世界与经验界。世界可明其理，本体不能经验，现象能经验一切，科学皆是研究现象，何待哲学？但哲学研究之现象与科学研究之现象不同，一部分与一部分之关系，或一部分与全体之关系。哲学家贵在求现象统一，大而天地，小而微尘，皆有关系。如前《本论》中所说之桃花相同关系，不能分开，若分开则不能独立存在，若能独立存在，则非真现象。故可知一部分与一部分有关系，一部分又与全体有关系也。现象论是求生关系点，其生关系之点有二：1. 绝对的；2. 相对的。然观察宇宙一切现象，有相对而无绝对，如老子所谓道德废而有仁义，是，但有两方面：1. 相对统一；2. 相对独立。我做一事，业为人所未做，是绝对的呢，还是相对的呢？如柏拉图之观念论，似绝对独立，但前由梭格拉底来的，后来亚里士多德本之，皆有关系。然则不是绝对，又如尼米超人论，算是绝对的，确由达尔文进化论来与？也亦有关系。就物质来讲，我们心理以地球是独立的，不知远与行星，近与月球皆有关系。时间更不待言，一刹那有关系，过去、现在、未来无不有关系。从这样讲来，一部与一部，一部与全部皆有关系，是相对的，不是绝对的。此相对统一的哲学，就是现象哲学。第有原子论、超绝神论、内在神论种种不同。

原子论

思想本于多元，但是原子论在科学发达以来，内容全变，与印度极微一样。极微为小乘所破，因问极微，有方分与无方分，答曰"有方分"。曰"有方分"，分则仍可分，故为破倒。持此理以破原子，原子亦无存在之可能，于是原子进一步而究电子。故今之原子论，而非昔之原子论。物力以成，又生出问题，既能生有机物与无机物，则原子是活动的。既是活动的③，试问自动的吗，抑被动的呢？若是被动，则尚有使之动者，若是自动，还是有为、无为？原子论谓为自动的，以言宇宙现象，皆原子与原子集合，偶然而成。这种原子与那种原子偶然集合成有机物，那种原子与别种原子偶然集合成无机物④，于此又不无问题。何以这种有机物不偶然生，那种无机物不偶然生⑤，这种有机物而秩序不紊耶（是常然，非偶然）。于是原子论不能成立，而超绝神论出焉。

超绝神论

谓宇宙万物如火炎，上如水流，下皆有最高，无上一种支配。其最高无上者则曰神，此神非鬼神，乃圣而不可知之，谓神。此与基督教谓宇宙万物为上帝支配相符，基督教谓全智全能为神，所造以神，是本体、时间、空间，是现象，此谓超绝神论之说。但现在科学发

---

① 本文前一篇当刊于《威远旅省学会会刊》第 3 期，未能觅得，暂付阙如。

② 柏，原作"拍"，据实际人名改。

③ 此处衍"既是活动的"一句，径删。

④ 集，原作"业"，据文义改。

⑤ 此处衍"那种无机物"一句，径删。

明,不能以此为信,因为神有两大缺点:1. 不能直接经验;2. 不能用思维表现出来。兼之超绝神论,又无客观的妥当性(客观即人心所同然)。所以超绝神论,仍不能满足人类的信仰心。而内在神论以起。

内在神论

即泛神论。以宇宙是神创的,其在宇宙之内,不在宇宙之外,谁举一物都可见神之作用。超绝神论谓宇宙是繁多。不但超绝神论为然,以吾人直接看来,宇宙亦是零零星星的,而以哲学观察起来,宇宙又是统一了。凡宇宙无往,而非神及一切物体的。有神在,如泥含有湿气,亦神也。此与《庄子》言"道在蝼蚁""道在秭稗"相同。此为泛神论之说。第宇宙虽是神,必分能,所能是神,所是宇宙,一而二,二而一也。内在神论以神为能造的自然(属因),宇宙是所造的自然(属果)。哥白尼未发明天文学以前,以宇宙为有限。哥白尼既发明天文学以后,始知宇宙无限。盖此说是受哥白尼之影响,以能造、所造皆无限,此是调和心物二元论,解决原子的难题。超绝神论不能解决,故现在尽主张泛神论。但对于宇宙现象,又生出两种问题。统言之,超绝神论、泛神论都要分能所,其所造物体有目的、无目的,所有谓、无所谓。而原子论说出,偶然是无目的。至超绝神论、内在神论,则未明言研究哲学是求有无目的。于是机械观、目的观之说起焉。

机械观、目的观

机械观谓宇宙进化种种,与机械一样无目的、无意义。目的观则不然,谓宇宙是有目的、有意义。究机械观说,苟无目的,以宇宙递演递进,能生出种种物来,而机械论则未有因果法则。如是宇宙无目的、无意义,而人生于世则无价值可言,何终日劳劳如是。目的观则不然,谓宇宙不但有目的,并还有究竟目的,所以递演递进,是要达到圆满。究竟目的,依此说来,人生斯世,方有价值,作事营谋,方有趣味。即日月之运行,水之就下,火之炎上,本有目的,意义不过不易说出,而其运动又与机械相同。究直接看来,是一种机械;究间接看来,又是求达到目的。如水车是一种机械物,其目的是人用为纳水,以利耕稼;又如自鸣钟,朝日流转,从直接看来是一种机器物,从间接看来,其目的是为吾人计定时间。如是,无论何物,皆有目的,不过有直接、间接之不同。直接、间接难明,究其所以为目的,则归人生问题,解决人生问题,则究人生哲学,人生哲学有伦理、宗教、艺术等,兹不赘焉。

(《威远旅省学会会刊》第4期,1929年,10—12页)

袁复礼谈西北考察

【北平特讯】中瑞合组之西北考察团,于民国十六年离平,在内蒙分三队工作,翌年会于哈密。旋再分成两路考察,担任北疆考察之丁仲良、那林等,业于二十年事毕返平,担任南疆考察之袁复礼等,亦于前日取道蒙绥返抵北平。记者昨晨访袁氏于其南横街私宅,叩以此行经过及收获,承袁氏详告如次:

行程概况 西北考察团于十六年离平,先抵包头,前进逾黑教堂而至呼家图。在呼家图左近已发现石器时代之古物化石等,为数不多。气候测验则无时间断。两个月后,行经海流图地方,发现汉唐古址。再由海流图至三德庙,沿途掘获石器颇多。由此逾乌拉山,全团分三路而行,预定在新疆哈密会齐。赫定、徐炳昶等为中路大队,先抵额济纳河;丁仲良、那林、贝哥等为北路大队,经沙漠至额济纳与中队会齐,北行至哈密;南路大队为本人与詹等四人,由三德庙经大水沟至民勤县(甘肃)绕道至额济纳河,再往哈密。十七年一月,三路在哈密集齐。十七年三四月间,又重新划为两队,分北疆、南疆从事考察。南路事务比较重要,参加人数较多,计有丁仲良、那林、徐炳昶、陶德以及研究气象之学生等十余人。北路只本人与差役数人,因工作比较单纯也。南路工作则为考古、地质、气候等,大都为补赫定氏前次考察之不足。该一行业于民国二十年夏季返平结束。北路工作范围自迪化迤东至新疆北部边境,大部属于地质之考察,气象亦略加测验。工作时间历四年半,于去年十二月十七日始首途东返。途中留意考察,借补不足。所经路途多无人迹者,即偶有骆驼行踪之各地,亦竭力避免,以冀有所发现。结果归途中,又觅到有考古石器者四处,有动物化石者一处。经内蒙南山之中,拟考察草地、民地分界地,以及汉人如何选土之方法。因吾人研究学理者选择可耕之地,有时反不及久处田间之乡农;则其选择方法如何,当然为吾人所亟愿明悉者。不幸此地因军队剿匪,适成战区,左躲右避,终无法进行,只得废然放弃。由百灵庙经一天一夜之路程,赶至由长盛泰口处入绥境。但长盛泰以西六七里即有土匪盘据,黑夜张望,可见烽火。余等乃绕道往包头。包头正北茂明安地方有湖三个,在昔干涸,今夏积水,当详加测量。该地大雁颇多,蒙兵时以枪猎取。近因时有匪扰,深恐鸣枪惊知,乃停止行猎。抵包头后未停,径去归化。计由百灵庙至绥驼行共四日,平昔至少亦须五日。抵绥稍留,即于昨日返平。此本团行程之大概情况。又考察团第二批由平出发者为陈宗器与三瑞典人,共四人,抵西北先后在额济纳、肃州、敦煌、罗布淖尔各地工作,目前在何地,本人已不详知。彼等工作尚未完毕,大约须今年秋季始能返平。

重要发现 全团此行所得结果可分以下数段述之:(一)关于地质方面,南疆考察之一行,发见极古之地层甚多。瑞典团员那林在罗布淖尔获得志留纪之三页虫,为重要发现之一。北路本人发现侏罗纪恐龙与煤层,其中石油及铁皆有,极为奇特。本人对侏罗纪煤层曾作详细之研究,将来或拟专文论述。我国内部辽吉热各省皆有侏罗纪之煤层,皆应加以讨论。盖此次所得材料,尚感觉不甚充足也。此外丁仲良与那林先后发现第三期地层,并掘获海内生物之贝壳类化石等。发现地点则为由喀什噶尔至和阗之途中。古代石器以内蒙各地为最多。去时又采得七千块,归来又采得一万余块。其中小块者占大半,亦有较大者,但为数不多。只有成形之石盘,约一尺见方。以石做成之箭头、斧头与瓦片刀刻瓦片等,多为前所未见者,足供考据之用。依石器、陶器、铜器,迄汉唐而后之聚散问题,用考古学之方法,解决南疆、北疆之河道问题。盖人民居住地址,与河湖有密切关系;人率为近水而居,水道迁移,人亦迁移,湖水干涸,人或移居湖底也。(二)气候方面,气候测验结果,本人与团员气象家郝德氏共得以下之结论:亚洲中部气候变化,并不十分显著,指暂时的雨水,使之增加或减少。那林氏则谓冰期时代前后,气候有变动,本人则谓在第三期中间气候有变动,亦即地壳之变动。当时喜马拉亚山尚为平地,迨成山后,亚洲气候始生变化。

213

当过额济纳河时,郝德曾问本人对那林氏所言之意见。本人除答以前述本人之观察外,并补充谓当时或火山爆裂,使空中水分凝结,而使气候发生变化,亦未可知。郝氏颇赞同。(三)河道变迁,有时有雨水或山上石土冲下之结果,而使水道改变。地震时,土石下落,可截断湖水,地壳在冰期前后曾有一种迟慢的变动,成弯弓形,可使河断而为湖。本人归途中,路经内蒙某地;该地原属平坦,去年因雨水连绵,今年竟成三湖。平地泉现有两湖,据闻亦系因去年雨多之故,确否尚不详;惟已足印证气象变迁与河道之关系。由此可证明其他一切。

今后整理 全团此次采集品共运回北平者四次,每次俱达八九十箱之多。此次本人带回计四十二箱,整理工作,因编目登册,事极繁琐,必须较长之时间,并拟多请谙习兹事者共同工作。加以本人旅行时期过长,抵平拟稍休息,始能着手整理。此项采集品已有临时编目与登记,将来分类后,则制成永久编目及永久登记,以便随时陈列。著述方面,全体团员各就本人工作分段分类而作,每册二三百页不等,凑成一巨帙,而由徐炳昶及赫定两氏著一通论,冠之篇首。此外本人自离平迄归来,每日工作皆有日记,亦拟加以整理后,另行刊印,公之世人云云。

蒙新情况 记者最后询以内蒙、新疆之情势,据袁氏谈称,考察团初抵新疆之际,情形隔膜,颇遭当地官吏之白眼。迨后来彼此熟习,始得相安。金树仁主席对各团员亦极和蔼。俄人在新疆各大城市内皆有,因该省当局向抱不让中国人知道,然而可以利用外国人的心理,故俄人乃得逐步逼入。推厥原因,则由于汉人多贪,而俄人则绝不自私,乃为当局所喜。例如溜脑羊羔皮为新省最大产物,向由官卖,官方年可收入四十万。以汉人经理,有时扫数吞没逃逸,以俄人经理,官方可得三十万。虽余均由俄人扣留,官方仍觉强于汉人为之。由此一端,想见其他。俄人势力之伸入亦不为无因。外蒙本人虽[未]到,但所知者,俄人势力确已不小。主持与俄联者,率皆青年少壮,老年之王公不以为然,多携眷逃至内蒙。惜无宣传,故迄今内地尚不明外蒙真象究为如何。内蒙古情形则极为良好,非复外蒙之高深莫测。九一八事变发生后,以日人之言煽惑,曾迭派代表向内地接洽,共商御侮办法。迨来日人对内蒙绝未放弃其野心,故内蒙颇希望国内当局有一切实久远之图,免为日人所乘。内蒙现有骑兵精锐四千担任外防,编制完全近代化,枪枝亦极精良,富战斗力,国内骑兵殆无以过之。此外绥远、外蒙通商,至今尚未恢复。上月绥省载货骆驼二千被外蒙扣留,近始释放。绥远、新疆间之通商,因内蒙安定,情形尚佳。内地运输货物,以陕甘税重,皆以驼运,经内蒙草地,时间较费,而消耗极少。所费不过向内蒙当局为数甚微之过路税耳。此种驼运,在火车未完成前,其效力殊不下于汽车。惟日人对内蒙之野心未已,一朝实现其欲望,则绥新间之通商又告断绝,危险更甚。中国此时借通商之努力以怀柔内蒙,亦未尝不是一种好办法也云云。

(《大公报(天津版)》1932 年 5 月 12 日第 4 版,题作"袁复礼谈西北考察 注重考古地质 采集成绩极丰 万里壮游五年工作";《武汉日报》1932 年 5 月 17 日第 4 版、18 日第 4 版连载,题作"袁复礼谈考察西北 对地质方面颇多重要发现 借通商怀柔内蒙办法极妥";《盛京日报》1932年5月19日第2版、5月26—27日每日第2版连载;《南宁民国日报》1932年6月3日第2版,题作"万里壮游五年工作 袁复礼谈西北考察 注重考古地质采集成绩极丰";《国立北平图书馆读书月刊》第1卷第9号,1932年,32—37页,题作"袁复礼谈西北考察 万里壮游五年工作 注重考古地质采集成绩极丰";《湖北教育厅公报》第3卷第7期,1932年,13—15页,题作"袁复礼谈西北考察";《蒙文周刊》第67—72期连载,1932年,题作"袁复礼谈西北考察"。)

清华地理学系组织内容与目的①

地理学研究的课程,可以分五个门类:

第一是地形学。就是早年教科书中所说的"地势",及最近的译文所说的"地貌"。地形有平原、高原、山地、峻岭、火山、陵岗、阜、丘、沙漠、河流、湖海,种种的不同;他们的成因、分布、面积、位置是地形学的研究材料。

第二是测绘学。测绘方法有许多。其结果是要在纸上用一定的一个缩小方法,将地形具体表示出来,使我们自己对于地形有一个相当的了解及应用。

第三是人文地理。初步讲的是政治区域,国际的界限;国内分省、分区、分县之标准;城市、商埠的位置;渐进可讲到工商农矿牧畜渔航各种事业的分布;人民生活现状及文化程度,此外如同人类的起源、民族的分布、地形、气候,及天产物如何与人的环境与民族有反应的关系。

第四是气象学。气象的研究材料包含有大气的气压、温度、云形、云量、风向、风力、温度、雨量、阳光。先明了空气现象上理论的解释,再训练用各种仪器作每日的观测及整理长期观测的材料;可以研究一地或一区域气象变迁之差别。其影响于测报天气,及农林、水利、航空等项皆是应用上的供献。

第五是地质学。地质学内分目亦很多,简单的说,可以说:(1)先研究地球组织的成分,由岩石学及矿物学先作一个基础。(2)由古生物学定地层前后的次第。(3)由风力、雨水、河流、冰山、海潮、海浪,各种表面的动分析各种的地形。(4)由造山力及构造地质上,研究地层的错纵表示过去的地壳上的变动历史。

其他如应用地质方面。有矿床学、土壤学、地下潜水的供给等等。亦皆须了解基本地质学上的原则方能研究的。

(二)本系计划及设备:

我们计划将普通地理、区域地理、人文地理都为必修科。而以地质、气象、制图三门为一个三脚架之底柱。目的在训练一种技术。可以实地将有形有质的材料,多为搜集及(研究)。我们若能有任何三种技术之一。在国内偌大的面积之内,尽有工作之可发展。关于必修科内的材料,在实地工作及调查时,亦可以有相当的加入。这样的计划就是说要在一

---

① 本文原题"各系之组织内容与目的:地理学系",兹重拟。

个调查地文地理、地质或气象的时候,同时有一种人生地理材料的采集,如此作去,则一(班)[般]民众及读者,关于理论及实用两方面,可以得他们的互相关系。对于理论科学在实际应用,可以得一个线索。

据近三四年来的课程及设备,我们可以看得出这样计划已有一大部份的实现。第一是气象台的建设及气象仪器的购置、气象的记录及整理。在国内各学校里,总可说是第一等的。其他的设备,如地质标本,制图的参考品,多有充分的增加。前此由校中同人采集考古的材料与地质,最近时期有密切的关系的,亦加入陈列,都是值得报告的。

现在我们欲商订一个此后的计划,只可以根据大概的目标立论。是要以在下学年内第三年级及第四年级课程,能缩小范围使专研究一门之可能为标准。在第一、第二年级多加以数学、物理、化学、社会科学的基础课程,能分小组,或是每个学生在第三、第四年,或至少在第四年,按各人的兴趣,缩小课目的范围,可以免歧路彷徨的弊病。若是对于最注意及富有兴趣或技术专长的数门,可以充分的研究。第二层是要提到基础的课程,如数学、物理、化学、社会科学实在必须修选的。因为地理学一门,素来就有二个趋势,一个趋势是专重地文地理的,一个趋势是加重人生地理的。若是我们加入各人的兴趣及各人技术的准确的不同。则在三、四年级进入深造的时期,各人对于各人的选择课程有最易解决的标准,于各人的成就,及将来实际应用上,都可以得完满的结果。

现在世界经济的慌恐、工商的停滞、失业的问题,均(便)[使]我国对外通商不能发展。我们要对国内发展。更要向边地远方有相当的调查及了解。在研究地理方面的人,都有重大的担负。所以希望本系有充分发展的可能;则各人在将来的成就上,在国中学术上及实际应用上,都可以有相当的贡献。

(《清华暑期周刊》第 2—3 期合刊,1932 年 7 月 18 日,27—28 页,署名"袁希渊先生讲演";《清华暑期周刊》第 3—4 期合刊,1933 年 8 月 6 日,24—26 页,题作"地学系";《世界日报》1932 年 6 月 20 日、6 月 21 日第 7 版另有报道记录稿,题作"袁复礼在清华系统讲演周席上对地理学系内容之报告")

袁希渊谈陕西地质之进化

进化程序分为四个时代分析极详尽　考古会注重周秦文化证明历史真相

新由北平来陕考查史迹之地质专家袁希渊先生,曾于民十二年,经甘陕各地考察地质,十七年在新疆天山发现三叠纪爬虫化石,为世界地质学界之重要发明。并以新疆地质推论陕省之延长石油层,亦系中生代之三叠纪,而非古生代之二叠纪,且推翻西洋学者所持天山北路并无化石之论断。本报记者询袁氏陕西地质详情,承其逐代分(拆)[析],异常详尽,兹述录袁氏所谈陕省地质进化之状况如下:

陕省地质进化之程序,就地质学上之原则言之,分元古代、古生代、中生代、新生代四个时期。(一)元古代为秦岭干脉之岩石,石质为千枚岩及花岗岩。(二)古生代之震旦纪,为三叶虫发达期,寒武纪与奥陶纪为无脊椎动物发达期,震旦纪与寒武纪之一段土质,在陕西尚未考证明确,奥陶纪已考证者为陕省之渭河及北山一带,志留纪之前期为造山期,故此层在陕省未得充分发展,此后即泥盆纪为鱼类与陆产植物之初生期,而在陕省之泥盆纪,为海水沉淀所成,即汉中石灰岩层,石炭纪在欧洲为造煤期,在中国造煤则为二叠纪,恐龙初生期亦在此期,此纪在陕西所发现者为韩城之煤层,在二叠纪之末期,又为造山期。(三)中生代之三叠纪,为陕甘新石油生成期,新省爬虫类之兽,此爬虫即在此层中发现,今陕省延长石油层,即在此纪生成者,侏罗纪之前期为中国第一重要造煤期,今陕北之煤层,亦即系此纪之前期造成者,侏罗纪之后期为造山期,白垩纪为恐龙极盛期,在蒙古经中外人士均有发现,在陕省直西部为白垩纪,□阳及甘肃华亭之石鱼证明当时有湖泽。(四)新生代第三纪包含元新统、始新统、中新统、(工)[上]新统、多新统六期,渐新统之末期与中新统之初期,复为造山期,秦岭山脉即在此时升高地质,在陕西渭南县城东南三十里小山,或属始新统,至于中新统与上新统接衔时代为三趾马(红土)层,在陕省可考证者即陕北府谷县之红土层,多新统之后期与洪积统之前期,在地质学上所发现者有北平之原始人,惟在陕省(当)[尚]无此项发现,须在红土层与黄土层之接衔处探考之。自洪积统之后期至冲积统(即新生代第四纪)是为文化期,在此时期约分旧石器、中石器、新石器三个时代,鄂尔多斯文化层为旧石器时代,渭河流域黄土层,为洪积统末期,此后即为渭河流域新石器灰土层,故新石器时代皆在黄土上部发现。过此以后,即为[有]史期。黄土上层多有雨水及农人搬运,故古址多为湮盖,今后地质学家及考古学家,若努力从事探讨,发前人所未发明者,(供)[贡]献于学术界,实吾人一致之希望也。

袁氏并谓中国商代以前之历史,现代史家尚多在怀疑之中,今后陕省考古会之工作,将致力于新生代第四纪冲积统文化期新石器时代与有史期之间一段工作,故该会刻正搜集周秦民族文化材料,以证明新石器时代与有史期之间史的真相云云。兹特录附表说明如下:

有史期

渭河流域新石器灰土层	时代　新石器	文化期	冲积统	第四纪	新生代
渭河流域黄土层	时代　中石器				
鄂尔多斯文化层	时代　旧石器				
缺	北平原始人		洪积统	第三纪	
			多新统		
府谷红土层	三趾马(红土)层		上新统		
			中新统		
缺	造山期		渐新统		
			始新统		
			元新统		
□□石□□	造山期				

217

续表

北陕煤层 延长石油层	恐龙极盛期	白垩纪	中生代
	造山期	侏罗纪	
	中国造煤期 陕甘新石油生成期	三叠纪	
韩城煤层	造山期	二叠纪	古生代
	恐龙初生期 中国东部造煤期 造煤初期	石炭纪	
汉中石灰岩	陆产植物初生期	泥盆纪	
缺	鱼类初生期	志留纪	
	造山期		
渭河北山石灰岩	无脊椎动物发达期	奥陶纪	
缺		寒武纪	
	三叶虫发达期	震旦纪	
秦岭干脉		元古代	

（《西京日报》1934 年 2 月 5 日第 6 版；《大公报（天津版）》1934 年 2 月 10 日第 4 版报道略同）

《西北矿业与地质之关系》提要

中央社本市讯：中国矿冶工程学会昨日上午在国立北洋工学院第三十二号教室，开论文会，到会员五十余人，来宾三十余人。由朱望祜主席、葛利普博士代表孙云铸讲《沧桑论》。……袁复礼讲《西北矿产与地质之关系》，谢树英讲《天然瓦斯提取汽油之方法及计划》。自九时至十二时，全场精神振作，兴趣浓厚，每一讲演完毕，由各会员分别讨论，于学术上、工业上、国防上，贡献殊多。后以时间所限，如孙云铸所著《动物之变更及其历史》等数篇，已不及详细讨论，明日尚须宣读其他论文，兹将各人所讲大意录后：

......

袁复礼论西北矿产 （四）袁复礼著《西北矿业与地质之关系》。新疆山脉有天山横亘，阿尔泰山与昆仑山分峙南北，自酒泉以西，矿产分布，如金银二种常相互分列，煤矿亦多，铁则在水台一处，如灰色矿物蕴藏尤富，又与蒙古相近之处亦多有之。石油产处颇多，油中含有硫质，又有脑砂与石油矿附生其他金属。矿产尚未有发现，惟最堪注意者，如金矿产生于冰碛地层之中，为一种江土云。

......

（《大公报（天津版）》1934 年 7 月 11 日第 4 版）

投机性的矿业

应先预备采取的程序　发展矿业注意点

本市消息：清华大学教授袁复礼日前在矿展会演词原文，已整理完毕，兹录如次。

今天矿冶地质展览会，兄弟代表一个学术团体说几句话。第一，大家都知道矿业方面是注意工程技术管理营业投资种种的工作，地质方面是注意在搜集材料调查整理及研究科学的工作，这两方面的人才，同时努力，对于国家矿业的发展，一定有相当成效的。早年地质工作方在萌芽，矿冶家均曾有经济及同情的援助，现在更希望矿冶家对于地质机关征询材料的时候，多加供给、研究地质的人必更多能**贡献**他们所研究的结果，使矿业界的同人利用。第二，地质调查的目的，是寻求基本科学的材料，作检定矿产分布及矿量估计的根据。有时我们同人走很远的路程，都是要找到是否能发现面积比较广大、存量比较丰富的矿区，以备将来矿业家投资开发，同时将全国矿产作一个统计，若是有一个时期我们要供给各界发展，我们立时能有一个准定的建议。第三，在目前有一个重要的问题，研究地质的同人能奉告矿业界的同人作详细考虑的，就是矿业可以分为两种，一种是通常的矿业，一种是临时的矿业。**煤矿**，是通常的矿业，是大家所能公认的。此外尚有所谓重金属，如同黄金，亦是通常最重要的矿产，无论什么时候开发，对国家金融方面币制方面都有重要的增进。至于临时的矿业，譬如白银在普通平安的时候，白银兑换价格过低，发展银矿没有利益可图，不过遇有战事，尤其世界各国大战期间，流行的货币仍是白银，在大战期中不可轻易错过这种投机性的矿业。现在钨矿所以如此之贵，是因为各国竞争从事制造军舰的影响，钨矿在冶铁中可作军舰上用的钢铁板。这钨铁竞争收买的现象，就是各国积极扩充战斗力的表示。一旦战事爆发，不只钨矿，就是锌锡锰矿亦都是**临时**的需要的，所以现时我们应预先预备采取这些矿产的程序，统计这些矿产的区域及容量，预备能炼这些矿沙的人才，将来的世界收买他们的时候我们的出产就是我们的财源，所以这类投机的企业是不能不大家注意的。第四，是我们应当注意边疆问题，因为边疆的地方大，山脉中间矿产常比较内地丰富，在内地亦有交通不便，富源不能开，譬如四川陕西的石油。我们认定须开发的，我们就先就交通方面设法，交通顺便，石油亦可顺序的发展。所以许多问题不只限定在矿冶家、资本家，此外政治家亦有相当的责任去解决矿产问题。

（《庸报》1934 年 7 月 12 日第 1 版；《大公报（天津版）》1934 年 7 月 12 日第 4 版，题作"发展矿业　应注意之几点　袁复礼在矿展会演词"。）

新疆考察之结果

贵校同学：今日很荣幸来到贵校，将吾人在西北考察之成绩报告一点。现在先将西北考察团之组织与经过略为说一说。

西北考察团为一纯粹研究科学之组织，团员共二十余人；有研究天文者，有研究地质者，有研究考古者，有采集植物者，有研究气象者，如空气压力、水湿风向者。团员之大多数皆为两人。首领斯文赫丁先生及徐旭生先生。徐旭生先生目前仍继续其考古工作，现在西安。同行之北大讲师黄君等，现在亦同斯文赫丁先生赴新疆继续工作。

兄弟于民国十六年自包头至蒙古，十七年春至新疆，去年五月始由新疆返回。所走之路，以蒙古地方为多。走路之方法，因限于财力，运输只用骆驼；无大汽车，有时甚至须步行，而为工作关系，有时亦非步行不可。一行人员历时四年而返，获得采集品甚多，第一年在蒙古发现哺乳类动物化石；发现石器时代遗物（如石斧、箭头等类）之处，在蒙古有三十余处；每次发现数亦至巨，去年春季在一地发现竟至八千余件之多。去年归途中又曾发现一恐龙。恐龙为一种爬虫类动物，此等发现在考古学上及古生学上均极重要。

自蒙古至新疆，达于天山，再西进则分为二队：一向天山北路前进，兄弟即在此队中；一向天山南路前进，丁道衡先生即在该队中。南路丁道衡先生之队，成绩颇佳，直至印度边境始返。兄弟则北行至阿尔泰山麓，即为新疆驻兵所阻，据云："政府有令，不准再往前进。"考其原因，盖因其地多金矿，而吾人所绘之地图及其他行踪，每被疑为秘密侦伺之故也。不得已而返迪化。迪化附近之山，有高达四五千公尺者，其岭每多积雪，成为冰川，更有一高峰，冬季常有浮云二缕凝于其上，因南北风过此高峰时相遇，所带之湿气在此即行凝聚成云，浮沉其上，有似伞状者，有似烟状者，土人不察，咸传说其上有一道士，已千百岁，终日修炼，未曾离山，此二缕浮云即其炊烟，是昧于自然界之理也；若其上果有道士，亦早为寒气冻僵矣！况其地高岩绝壁亦不能登人。

新疆土地，世人每以其位处边疆化外，多臆断为干燥不毛之域，而不知其地之肥沃实有不减于内地者。每当春夏之季高山积雪融化，山水奔驰，土人往往利用山水开辟沟渠，以溉农田。新疆亦非荒漠之野如吾人所臆想者。如加人力开发，可以进步，迪化公园风景幽美，别有风味，即其（列）[例]也。兹更将其地理、种族、风俗、社会、人情、牲畜、建筑等等，分述于左。

（一）地理

甲，雪山　新疆地多高山，积雪不化。兄弟曾前往测察，所得结果，知凡高于三千五百米达以上之峰，其上之雪，终年不化。兄弟曾至天山东部一最高峰，高五千四百米达。其稍低之山，积雪遇暖即融，冲刷而下，似河流，似瀑布，所经之处，两壁峭立，高山之顶常有远古冰川刻划之痕迹，现时虽无冰川，然河谷每作 U 字形，此即远古冰川所走之路。现此等山谷平坦无冲刷之势，仅成泥沙混杂之小水，潺潺而流。兄弟离迪化经古城至镇西，见其地多小山，冬季积雪甚多。高山之上，则多冰川。自下望之，颇似悬雪。

乙，湖泽　山上既有冰雪冲下，有时复将岩石土块冲下，致将去路堵塞，遂成湖泽。岸上树木丛生，风景殊美，时有乘船往来其上者，望之俨然一西子湖！至于低处洼地，则多干湖，湖底草甚多，冬日土人取之以为燃料。

丙，矿产　新疆矿产，除阿尔泰山、昆仑山产金之外，其地遍为石炭纪地层，然此层皆为海产石灰岩，至于产煤之地层，则属中生纪下部，产额极富；且不用深挖，煤层即在地之最上层。若一旦不慎，落火于其上，煤即燃烧，灭后此地即呈白色。土人取煤,皆用骆驼运输。

丁,牲畜　迪化之南,天山中为蒙古南土尔扈特人种集中之地,地名珠尔都斯川,水草丰富,牧畜尤盛,为蒙疆二地之冠。其地又产良马,为南北马种之最佳者,故该地土人多擅骑马术。迪化附近四十里,森林茂盛,地多白杨,间杂松柏(高出海面一千六百公尺之地始见松树),土人咸牧羊于此。每当阳历八月,天寒雪降,牧童复驱羊下山,入河沟之中以度严冬,夜间则趋于白杨林中"蒙古包"之周围而眠焉。绥远之北有名"沙尔木仑"其地者,水草俱丰,亦为牧畜之区,故牧畜事业实西北一大富源,不独新疆为然也。

(二)种族　新疆种族可分为四:一曰汉人,包括汉回;二曰蒙古人;三曰哈萨;四曰缠头。缠头为新疆土人,多为农为商,案其习惯,每星期中例有一日为集市之期,名曰"巴咱尔"(bazar),即市场之意。今日新疆乱事以致金树仁被省垣汉人驱逐者,即出此,因金压制缠头人过苦也。

所谓哈萨,亦为本地土人之一。其住房类蒙古包,多用树枝为架,支于树林之间,上覆以羊毡,其妇人皆以白布缠头,均以牧畜为业。蒙人约占人口百分之八,汉人百分之一,汉回百分之一。

(三)政治　新疆种族既复杂如上述,故其政治不清明,即易紊乱,近年政治黑暗,迄无上轨道之一日,封建现象至今未(抿)[泯]。金树仁主新时,因其政治手腕不甚高明,事故更多。而各民族之内部亦时因争权夺利而生事端。如新土尔扈特之王为其弟所杀,而王子尚幼,其弟乃为摄政。今春此"摄政王"又为金树仁所毙,此事现正控诉于南京政府,指为金氏罪案之一。

当兄弟离新疆至蒙古境时,过一地,四际荒漠,无寸草生其间。询其地名于驼夫,彼云:"内蒙。"然此地无人无草,究何所属? 亦政治上一悬案也。

(四)宗教　新疆地处边疆,文化较为落后。故迷信之风,尤深于内地;而宗教势力之盛,亦适为其反映。

新疆因种族繁多,宗教信仰亦极复杂。其中当以回教势力为最盛。缠头、哈萨均极信回教。回教之中,百分之二三为汉回。牧童皆信回教。其地汉人中亦间有老道,然绝无和尚。蒙古人之迷信更深。每遇有疾病,并不服药求治,惟祷于神,或仅赴喇嘛庙绕行三匝,以为即可得愈。

(五)建筑　新疆之建筑,亦因种族关系,所采之形式至为不一。前清之季,左宗棠曾带兵往平回乱,两湖之人留于其地者颇多,故迪化有两湖会馆之建立,形式壮丽,至杨增新为省长时,甘肃之人往者复多,因有甘肃会馆之建立,形若宫殿。此等建筑,均为中国式,与汉回之建筑同。普通房屋之建筑,亦多与内地相同。

迪化地多白杨,其南门外一带,白杨尤多,而房屋建筑多为俄式,盖其地昔租于俄,今幸收回矣。

蒙古人多居于"蒙古包"。蒙古包为一种圆形之帐篷,颇类于行军之野营,盖亦为便于迁徙也。其喇嘛庙在阿拉善之"山单庙"最为伟大。其建筑仿西藏形式,极近于近代之西洋建筑。

百灵庙之建筑,中部则为中国宫殿式,两旁为西藏式。此地今为蒙古王公倡议自治集会之所。

数千年前,天山北路多有石刻工艺。山麓远,坟墓之前,又往往有竖一石人者,右手中持一方杯。考其风习,盖与内地坟前之石人石马又异①。内地所见坟墓前之石人石马,为数众多,此则仅为一个,又似为象征所曾战胜之敌人,所雕之石人即为战败民族之造象,竖立于坟墓之前,以示功绩而志纪念也。

新疆情状已如上述,若以新疆与蒙古相较,则新疆实胜于蒙古。蒙古仅为牧畜之地,新疆则尚兼有森林、矿产、牧畜、农业之富源,若能稍事开发,则未来之重要性,恐未必有减于内地各省也。兄弟等于新疆各地采获甚多,装百余箱用骆驼驮归。其中最足以述说者,当为在蒙古采得恐龙化石之一副骨架。恐龙为中生代之白垩纪之生物,较此物更古者则为在新疆天山北麓三叠纪地层中之兽形类之爬虫,数目约有四十具,此种三叠纪之重要动物介于哺乳类与爬虫类之间,其年代甚远,种类变化甚速,为地质学上一重要发现。发现此种爬虫,地层复向下挖掘,发现黑石甚多,其中鱼鳞片片,亦有整鱼形,光泽如新,是为鱼类动物化石。此外又于页岩中发现不少植物化石,可决定其为中古纪侏罗纪下部之植物。黄先生于天山南路罗布泊左近发现汉简。凡此,皆学术上之新获见。

兄弟一行人等,去年一月八日行至新疆边界一山中,遇有哈萨土人一群,此种人因作乱为新省当局逐出者,困于山中,三月未吃面食,仅杀其羊以充饥。见兄弟等至此,即问:"有面没有?"兄弟时正患无羊吃,遂以二百斤面易其羊六只,安然而别。临行尚为彼等照一像,时两方皆持有大枪,安危初未敢料也!及至老虎山,山峦层叠,匪徒甚多,乃停宿一夜,次日再行,幸未遇一匪。今晚携来幻灯片八十余张,映出为大家明了新蒙情形之一助。

回忆兄弟等此次西去,费时约五年,其中在新疆四年,而兄弟在新工作时间,仅二十七阅月,其余一年多光阴,皆代同行者奔走疏通所浪费。盖新省当局,对吾人猜疑颇甚,通信皆被检查,甚至被扣,工作时所感掣肘之处,自可想见。然既已前往,则誓必有所获始归,若当时能得新省当局之协助,则所获成绩恐必超过今兹矣!

(《中法大学月刊》第 4 卷第 3 期,1934 年,129—134 页,署名"袁复礼先生讲王联曾 侯毅　李兆锐记[十一月八日下午四时讲]"。)

袁复礼地质学会报告论文两种提要

北平通信:中国地质学会年会昨日论文会中宣读之论文,节要如次:

(一)《新疆古生代后期与中生代间之不整合》　袁复礼

在世界各部古生代与中生代间之陆成层不整合情形,不甚明显,故二者间之界线,亦

---

① "地"字原文重衍,今删。

往往不甚清晰。据鄙人之意,一切大爬虫类化石,皆应归之于三叠纪,而二叠纪及三叠纪之间,实有极大之不整合存在。

迪化北有一小土山,名曰红山嘴或空心墩,彼处岩石露头,以页岩为主,含有化石极多,据斯行健先生之检定为 Calamiles 等之下石炭纪标准化石。此层曾受折曲作用,其上为三叠纪红色砂岩等岩石,迪化南有二叠纪,而城北无之,三叠纪直接覆于石炭纪之上,可见三叠纪前之不整合极为明显,此为不整合证据之一。在迪化以东及其他各处相似之现象亦仍存在,盖三叠纪乃沉积在各种古生代地层之侵蚀面上,而非直接递积于二叠纪之上也,但有时亦以构造关系,似乎整合于二叠纪之上,古生代之末有极大之造山运动存在,而造成此大侵蚀面——三叠纪前之壮年侵蚀面,当三叠纪沉积之时,地形高下之差甚大,于低洼之处即沉积紫红色泥土,含有爬虫类之化石。

在南非洲之标准剖面图内,二叠纪及三叠纪之爬虫类化石不易详细划分,今在新疆在三叠纪之下,见一大不整合,则于南非洲地质问题之解决或亦不无小补。

三叠纪红色岩层厚约二百六十六公尺,有时或更加厚,亦未可知。

(二)《新疆中生代地层》 袁复礼

新疆中生代地层发育尚称完全,在三叠纪之底部曾发现大爬虫类多种,并有 Estheria 二种,鱼化石一种,是为第一爬虫类层。南非洲之 Beaufort 层,固可与之相当,而 Stromberg 层似亦仍为下三叠纪,在上侏罗纪地层中,曾发现第二爬虫类层。白垩纪地层之存在,则尚有疑问,不能确定。

……

(《大公报(天津版)》1935 年 2 月 17 日第 4 版,题作"地质学会论文"。)

新疆下中生代地层略史

作者于民国十七年五月考察新疆地质时,于孚远县水西沟发现中生代下部地层,得知其煤、铁皆在水成岩内,多属侏罗纪。然其下更发现岩层若干,故继续追求。于同年三月发现三叠纪地层中之兽形类爬行动物化石。十八、十九二年在孚远、阜康、奇台三县继续发掘,二十年又在迪化左近三叠纪层发现鱼化石。为便利计,兹将地层及所含化石作一柱状剖面表列出,将来化石研究完毕后,则化石名表当益增多云。(表略)

(《益世报(天津版)》1936 年 8 月 21 日第 8 版,收录于同版"七学术团体年会"之"中国地理学会中国科学社地学组论文"中。)

研究西北地理所遇到的几个问题

笔者于民国十六年五月加入西北科学考查团,继续无间断的在蒙古新疆考查五年。最近四年在整理考查材料中,又发见许多新问题。有的可以说大体已经解决了,有的尚待研究,或须继续实地考察。现在将地理学中几个问题,先供献给地理界同志,同时并征求意见及解决方法。(编者按:本文曾于今年八月二十日宣读于中国地理学会年会。)

我国的西北面积辽阔,在实地考察的时候,已感觉到人数、时间均不敷分配。回到北平以后,在整理前人工作以备参考中,更觉到文献地图亦不敷应用,甚至于参考书中之基本名辞之定义或即所谓之术语,尚多有混淆,于应用上常常感觉困难。原因在地理学初步发展之时期,西人即在西北实地考察,应用名辞比较简单。近三四十年虽地理学有特殊的进步,地文名辞虽有比较合理的定义,然在西北地理中,尚少沿用。兹分条将其概略列述如左:

甲　自然地理方面

关于西北之山脉、盆地、河流、湖沼、沙漠的区分大致已属详细,而地形的总论,因各家所用名辞定义不同,常常不尽一致。

(一) 盆地之研究

塔里木河盆地一名辞,已为世界地理学者所公认,沿用多年。然只知其自西向东倾斜,西部出山口处多在一千公尺以上,东部泻至罗布诺尔则为八百公尺。

又塔里木河东段之北,隔库鲁克塔克块状山群,有吐鲁番盆地。在鲁克沁左近,有低至海面下二百公尺之地,亦早年所知。

然最近(前六年)西北科学考察团瑞典人那林博士,自库车阿克苏一带,发现塔里木河盆地之北岸,尚保存原旧之地面,自东向西倾斜。可证明盆地造成之历史,并非只经过一次之断层,实系经过若干次之地壳变动也。此外库鲁克塔克山中,更有许多小盆地,且富有水草,可为小规模之垦殖及发展冬季牧畜事业。再关于天山北部准噶尔盆地,虽早已知其自东向西倾斜,而各地海拔高度,所知者则甚稀少。最近研究准噶尔盆地,不似塔里木河盆地发育之一致,乃数个盆地经交叉式之断层作用,接连所成。故东部虽多在六百公尺以上,然亦有数处低至四百公尺以下者。

此外研究盆地者,应研究盆地与其四周山地之地质构造上的关系。笔者于过去二三年内,曾见有二篇论文,只提出几个盆地,而不说到与他们边缘接触的地形。似乎中国是一个多盆地互相接连组成的区域,反而忽略了他们中间的许多山地与高原。这是不应当有的错误。

盆地的边缘常有岩层露头,表示地质构造及盆地构成之经过,与大山内之构造有相异之点,亦普通书中所未提及者也。

(二) 高原、准本原与山地三个名辞在应用上之混淆,于普通地理书中固所常见,尤以在西北各地理书中,未详细审查此类名辞之定义,率尔操觚,以致名辞不准确之实例,最为显著。

高原一名辞,在最近四十年来,已多用在水成岩所成之平升之高地。岩层无大倾斜,地面经河流刻划,多成深峡之区域。此种狭义的高原,在中国西北可谓等于无有。所有的高地,都可以算作山地。他们的地质构造多极复杂,岩层倾斜角度甚大,多经造山力之褶皱及断层所成。

至于准平原之名辞,应当表示一个无沉淀之冲刷面,其上皆属石砾,间或有底部岩层之露头。虽有陵谷,然坡度徐缓,无高山大峡。岩石及岩层多不一致,在天山、昆仑、阿尔泰诸山之山顶,尚能见此种之准平原。然此准平原之造成时期远在各山隆起之前,所以可称为一个古准平面。各山脉之本身,仍应当称为高山地。顶上的古准平面已经为冰川及河流冲削,不尽连续了。

(三)蒙古区地地形的研究

从上述新疆地形的区别,再研究蒙古地形,则所谓高原一名辞,亦不能应用。蒙古至少有两个充分的准平面之冲刷时期。又加白垩纪及新生代之沉积岩层,有的地方准平面仍然保持着,有的经地壳变动成向斜式的大盆地,有的经断层作用成隆起的块状山。在世界其他地方比较小的区域,地文已经划分清楚,而蒙古区因考察人较少,竟以高原一个名辞概括,未免是武断从事。所以希望研究蒙古地文,应当多少按小面积多划分些小区,方能有好结果。参考已有的地图,及多少有实地的考察,方能完成工作。

(四)新疆的雪山及冰川

普通一般人常常将雪山与冰川混为一种地形。在高山地带雪山是常有,然而冰川是积在山谷,似河流一样能流动的冰雪,并不常有。在新疆高二千五六百公尺的山尖,都有积雪。然而雪量并不足,且不能充满河谷而使其流动。所以这种小冰川只附在山顶的坡川,并不入山谷中,应当称为"小冰川"或"悬冰川",方能与公认的冰川分别清楚。在离迪化六十公里的博格达雪山,高度达到五千四百公尺,山内冰川只有六公里,虽然早年曾有过二十六公里的冰川,现在已退化消亡,只留一个遗迹了。在中俄未划界的帕米尔块状山群中,一九二九年苏俄与德国科学家组织一科学考查团,发现了一个巨大的冰川,长四十二公里,为纪念中亚探险家 Fede Shenko(费得森科),所以给这个冰川起名叫费得森科冰川。比较美洲亚拉斯加,从前以为世界最大的冰川长二公里。可是不久以后,在政治方面,苏俄就加添了一个塔尔吉克斯坦苏维埃,将他划入苏境了。最近又加添了一个巴达克山苏维埃(Badak-shan),将帕米尔山地全划入苏境了。若是中国人注意边境问题,也许这个世界第一冰川划在中国境内。又在八十四年前,俄国的谢米诺夫在中俄交界的汗腾格里山峰西境,发现了几个大冰川。其中二个,一名 Inilebek(旨尼勒捷克),一名 Koikaf(科依喀夫),长约四十公里。汗腾格里山东境,在中国境内的冰川长十六公里。今年夏天苏俄又组织了一个探险队,向那里出发,作详细的考查,不知将来科学上得什么结果了。

(五)西北的气候

普通观念总是概括的,对于西北天气亦常犯概括论调的错误。普通一般人以为西北气候异常干燥,夏季少雨,冬季无雪,全境皆然。其实干燥程度在各季不同,山地与盆地,又迥乎不同。盆地各带既然不同,山地之南北亦有分别。故西北气候分区,除按山地与盆地划分之外,更须加入风向与气流种种气象上之因素,加以植物区的标识,方能分清。西北气候,夏季有的地方可以类似撒哈拉沙漠,同时高山上则类似欧洲阿尔卑山的气候。冬季盆地中,有温暖的吐鲁番,同时天山北路草原上有五个月的积雪。从前有"蒙古无雪,新疆无雷"之传说,现在已经证明这只是片面的观察。实际蒙古亦有雪,新疆亦有雷,大陆气候之高山带,亦并不具有大陆(候候)[气候]之特征,若加上人工的选择及经营,大山之中,皆可变为欧洲的瑞士国!

(六) 西北的植物

普通观念以为西北多沙漠,少植物,在少数水源丰富的地方,只多草源。于蒙古似概括的确实,然而尚有许多例外。在不常有人之山谷中亦会见有许多榆树,此外沿河尚有一种矮杨树。至于论到新疆,自高山至盆地,更可按海拔高度分为若干植物带,与世界各大山之植物带略同,如阿尔卑山之长青树、自然林带。此带上下各有一湿草原带,更下则有落叶树林带、白杨树带、榆树带、蒿艾带等等,皆是西北之植物,固有共种类及集群之特征,然亦异常发达也。

乙　人文地理方面

在西北亦有重要的问题。

(一) 民族种类在新疆异常复杂,大多数的人民是我们所知道的缠头人,他们现在改用一个旧名,自称为乌依古尔人(即畏(冗)[兀]尔人)。然而他们历史悠久,乌依古尔在唐末元初之间始为通行名称,中亚民族,曾经过许多的变化,不能说后来将先有的完全消灭。所以他们血统之中,有汉时西域三十六国人种,有隋唐朝的西突厥种,有回教初兴时侵入的波斯及亚拉伯种,有唐时的吐(番)[蕃]及吐谷浑种。自蒙古兴后,成吉斯汗子孙帐下的蒙古及鞑靼种,中亚行商变为农民,各民族及少数中原人的血统,在城市中常见。有与大众面貌骸骨不同的人,在偏僻的小村或山谷中亦见保存。古来单纯血统的人,在新疆西南部莎车、叶城、蒲犁各县的山中,有塔尔吉莫人及萨拉库尔人,皮肤白晰,面有长须,现在亦都用畏兀尔人种一个名辞包括在内了。各大城的人与他城的人总有分别,如哈密、吐(尔)[鲁]番、阿克苏、喀什(即疏附)、莎车、和阗,在面貌上、风俗习惯上均各有其特性。他们的思想、知识、欲望及人生观,亦并不一致。只以皈依回教,及采取固定农业,似可同化为一。我们尚须看他们宣传力及组织力如何,方能决定他们的将来。

外此哈萨克人、吉尔吉斯人、布鲁特人、鞑靼人、都兰人及甘肃陕西移入的回人(简称之为汉回,或称东干),再加上蒙古人,吉林黑龙江移去的锡伯人、索伦人、达勿尔人,东蒙移去的察哈尔人,内地去的及新疆旧有的汉人,约共有三百万人口。

(二) 职业的分配,多按区域及种族而分,除少数缠回、汉鞑靼人及汉人经商外,大多数缠回及都兰人均务农业,其中约三分之一以牧畜为附业,其中少数在冬季以猎牲为附业,更有掏金沙、掘煤、炼铜铁之工业人。蒙古、哈萨克、吉尔吉斯均以牧畜为业。普通观念以为"逐水草事牧畜的人率无定居"的论调,与表现事实,并不准确。收地因人畜数量膨胀,已感觉不敷应用。所以各盟、各区、各山、各谷均有划定或默认之界线,各人不能侵占邻人之地界。每家只有冬窝及夏场之分,每年春季入山放场,秋初下山至盆地中,或转入向阳之山地。故其移居为每年循环的游牧,而不是一去不返的向前移动。(全稿未完,待将来续。)

(《史地》第 1 卷第 2 期,1936 年,7—10 页)

新疆蒙古爬行动物化石地点之地层

西北科学考查团在民国十六年至二十一年经过内蒙及新疆,沿途发掘的爬行动物化石地点,共有九处。按地质史上的年代,可以说四处是属于三叠纪,二处是属于侏罗纪,三处是属于白垩纪。

虽然产化石的地层都是红色的砂岩及泥质页岩,从研究化石的种类结果,可以断定它们的年代。只是此外尚有一比较难分年代的是在两个时代接触带的地层。如同侏罗纪的上层与白垩纪的下层,三叠纪的下层与古生代的二叠纪的最上层,都不容易分开的。因为在这些接触带,化石种类虽然不同,然而只是大同小异。若是没有其他地质上的表示,尽量的有推到上层或移到下层的可能。

我们在当地采集化石的时候,为避免按化石不容易分层的困难,所以将地层的次序在当地可以看得见的,无不尽量的追求,同时在左近采集其他岩层内的他种化石,如湖产软体动物的介壳及湖沼的植物;又将各时代的地壳变动冲刷作用及火成岩之喷发,都划分清楚。不只是将化石年代可以分的比较清楚,更可以将各地方的地质完全经过叙述出来。

兹按地史的顺序说起,先讲新疆的三叠纪地层。沿着我们经过的路线寻找,自迪化城基到孚远城南的小山,共有四百八十里的路程,都包含有三叠纪的岩层。同地三叠纪以下的二叠纪及以上的侏罗纪的岩层亦并不少。去年我曾经发表一篇迪化左近地质和一篇二叠纪及三叠纪分层的探讨,均登在《清华大学理科报告》。现在我将阜康及孚远二县所有的岩层,再谈一谈。在此节要中,只谈每纪与其他纪的接触带。

在这二县采集的爬行动物共有四处,一在阜康县,名叫树沟,此处是十八年五月发掘的。红色泥质页岩以下的地层未露出地面,上面与侏罗纪岩层及煤层距离亦不远。在此地掘得二十个体兽形爬行类,都在红色岩层的上部。以下尚有化石一层,因为十八年十月新疆省政府的阻止,未能发掘。

其余三个地点皆在孚远县西南八十里之烧房沟的左近。一为大龙口西南之刻划台地,是十七年九月最初发现的地点。一为烧房沟之东红山。一为大东沟外之烧房沟上游之坚立岩层。三个地方相距大约都有二十里。

按地层的褶皱不同的情形有化石的岩层现在已证明可分为两层,却都属于三叠纪,有化石的一层内亦有“变相”:自大东沟向北至东红山中间,尚有红色泥质页岩露出。那里并无爬行动物而有湖产 Estheria 及湖内沉淀的铁砂。在大龙口左近地双叉河左近也有同样的化石在绿名岩层中。在大龙口及韭菜沟都有二叠纪含石油之黑页岩。反之在大东沟,双叉河两地此黑页岩皆经颇骤烈的褶皱,以后又被冲刷,故所存不多,甚至全缺。此处与迪化左近地质参考,可知褶皱作用是二叠纪以后、三叠纪以前最重要的地壳变动。变动以后又有冲刷及沉积,沉积的情形由 Estheria 及水龙兽类(Lgstaosauyus)证明是当时近湖泽的盆地,中间完全是湖地。

只在这四处发掘的理由,是因为除了三叠纪岩层未在地面露出以外,更有三叠纪的沉积是"变相"的,在树沟的西边及烧沟的西边,三叠纪的岩层都是绿色及灰色砂岩及砾岩,表示陆地上山麓的沉积情形。在两沟地的东边都是属于侏罗纪的岩层。所以除了这四个采掘地点以外,可以发掘的地方很少。

按杨钟健先生化石研究的结果,可分三叠纪的红色层分为两亚层:一为二齿兽类层,一为水龙兽层。与南非洲同样的岩层及化石可以相比。因为南非所有的岩层都是微近水平的一个大盆地,在二叠纪中间或二叠纪以后,及三叠以后及三叠纪以前,没有地壳变动。所以分化石层尚不甚难,而划分地质时期确不容易。这就是说与新疆一样,二齿兽层划在二叠纪水龙兽划在三(纪叠)[叠纪]。根据我自己的考察都可归在三叠纪的下层。该层尚可分为二亚层。如此则地壳变动在二叠纪之末三叠纪以前,比较合于地壳变动应在一时期之(未)[末]的理论了。

二叠纪虹色砂岩以上的岩层,亦有相当丰富的化石。去春戈君定邦曾发表一文,论鱼类化石。

三叠纪之(项)[顶]部与侏罗纪之接触带,亦颇值注意。在孚远县水西沟的黄二梁层采得的植物化石,经斯行健先生鉴定确定为三叠顶(歆)[部]之物,再上则为侏罗纪下层的植物化石,所以这两层的分界,极为清楚。

再说侏罗纪与白垩纪的接触带与我所以为的侏罗纪的恐龙类化石。新疆北部的大盆地,西人都称为准噶尔盆地,在地图上的表示都是一个大沙丘的地带。其实沙丘之宽度只占三四十里,亦不尽连续。自沙丘带至北塔山及乌仑古河的南岸,都有高度极低的石山。这个山群从前的地质家尚到过。我在民国十九年冬天及二十年春天在那地方考查。这个地名现在叫煤窑,或叫老爷庙,即从前宋末元初时代的白骨甸。我遇见自石炭纪至侏罗纪各种地层,今天只可讲侏罗纪的地层在这个盆地内异常丰富。四望岗陵的地方有一大煤区,他出的是无烟的煨炭,与甘肃民勤县的西窑及山西大同煤田上层的四尺煨炭层性质一致。而且都属于侏罗纪。在这个侏罗纪煤田向西南分布,虽然地面上看不见煤层,可是有一层含丰富植物化石的页岩,在此页岩上,有一砂岩内包含侏罗纪的森林。现在有一块地方,仍然看见许多的树干化石直立在风化的砂岩中间。在这个砂岩的岗陵地上,在十九年十二月五日发现了紫红色侏罗纪的砂岩内有四架大恐龙,最近经杨钟健先生鉴定为二个新种,内中有二架已整理完了,定一个名字为"奇台天山龙"。此外尚有一个肉食类的恐龙,正在研究中。我以为此层应当属于侏罗纪的缘故,是在这区域的地层直接连贯,并且这些恐龙的死及树木的死都是由于火山的喷发。火山流浆溢出,将恐龙窒死,将树木埋压。所以树干都变成石英质,与美国阿里左纳省的木化石完全一样。火山流岩在恐龙区的西边及煤田区的南边、西边、东边尚未风化,所以散布甚广。更南则又为一个粉色红砂岩,与上述的岩层完全不同,是我以为的白垩纪。至于这个判定的根据,是在北塔山的南麓更加以证明的。

在述说北塔山以前,我先述说迪化东南的一个地方,这个地方属昌吉县,名头道河,左近煤田很多,在煤层上边亦找到一个恐龙的大肩骨,与白骨甸的岩层相当,下层亦有同样的侏罗纪化石。这是新疆第二个侏罗纪恐龙地点。

上述二处侏罗纪与白垩纪的分界,一处在上面有火山流岩,二处都与更上的白垩纪地层不平行,作不整合的接触。

在十九年十一月二十八九日,我到北塔山的东南麓发现了侏罗纪 Hausmannia 植物化石层,这石层是向东南倾斜。更上的一层是粉色的砂岩,在这个砂岩里又发现一个恐龙大骨,现在尚未开箱鉴定。然而按地层不整合与白骨甸南的粉色砂岩均是同样,所以这地方的恐龙暂且定为白垩纪。

此外,尚有两处白垩纪化石地点均在绥远宁夏的北部,化石已由杨钟健先生发表,一个在宁夏的是二十一年发掘,与外蒙之谷氏绘龙比较,宁夏这化石躯干骨骼极为完全,名为宁夏绘龙。地面极为平坦,在当地的岩层次第不显著,只有化石地点南一百多里地形多(讲)[沟]谷,方见以下的岩石都是花(刚)[岗]岩,即所谓之杭爱山准平原经过地壳拗曲作一白垩纪之沉积盆地也。

第三个地方是民国十七年秋天丁道衡先生哈拉托罗盖找到的三个鹦鹉喙龙,一为丁氏鹦鹉喙龙,一为奥氏鹦鹉喙龙,一为蒙古原禽龙。前一个是新种,第二个在外蒙乌什,第三个在外蒙昂代赛尔找到过,只是在外蒙未同产一处,现在哈拉托罗盖在同一层找到,更可反证外蒙二处都属于一层。哈拉托罗盖的地,我(各)[个]人亦走过二次,第一次在那里找到植物化石,后来因为绝粮,留一个信给丁先生请他继续发掘,所以他对这个地点特别注意。二十一年我又加作了岩层分(折)[析]的工作,这个分工合作的结果将哈拉托罗盖的岩层更分清楚了。

这个鹦(鹅)[鹉]喙龙的岩层分布亦甚广,只是每次匆匆走过,所以发掘时间太少。这个区域亦一个风化的准平原的盆地,最低是白垩纪,更上则为第三纪下部(初新统)及渐新统的地岩,更上则为玄武流岩,如不加详细追求,这个地方是一个流岩的陵岗地,只有向大道南方多走十几里,方能找到白垩纪的岩层。

(《大公报(天津版)》1937 年 2 月 23 日第 10 版)

法属北非在大战中的重要性[①]

近一个□□的新闻使全世界的人惊□:为什么在法属北非发动了第二战场? 在这□战场开辟的前一天,在八日报载六日的消息,我们只知道在地中海西口英国海军根据地直布□罗陀□英海军登陆演习及洗□停船的新闻,第二天(九日)报上突然□出□日及八日英军在北非发动攻势,继续的两日内,在北非沿海十二处登岸,阿尔及尔□□□。法国国防部长兼海军部长达尔朗被俘,或系投降,或系诚心与同盟合作,□过三日的军事行动,盟军在法属北非境内的势力即行奠定,消息传来,均证明同盟国军事家在发动□有□□□的

---

① 本篇及下文,均因纸本漫漶,姑作录文如此,俟将来修订。

□□,及□□的□□,更□保守□□的行动,方能如此□□,□□□□不只□□□□□□□□□□□□以及沦亡□的人民同时感觉盛大的□□,并使□□□的□□□□□□,试看□心关于十一月十一日方能开始□□□□,□显露轴心国并未□□□□可有□□的变化。

至于法属北非是否真正为第二战场,今天尚不能详细讨论,至少是作战全面上多了一个战场,可以掣动轴心国的注意,并可牵掣轴心军□不集中在□□及北欧、西欧三方□的进攻及占有,还□□□□□内所受的轴心的压迫,及减少在挪威、丹麦、荷兰、比国、法国的德国□军,更吸取德、意二国境内的新军及余留的武器。

我们□看法属北非的位置:是在意属特黎波里坦尼亚(即是利比亚)的西边,面积占非洲北部的一半,在陆地上与特黎波里坦尼亚□边的埃及,东南边的英属苏丹,南边的法属西非(及尼几尔),包围了意属特黎波里坦尼亚,只□边界皆□撒哈拉大沙漠地带,夏日干旱,温度特高(摄氏表三十七□以上),风沙伏飞,汽油既易蒸发,坦克车的机器亦易为细沙□□,使用不灵,所以在冬季军事行动,较为容易处理。

在海面上,除了西□□□的丹吉尔占了小部分外,法属北非的海岸线的距离正与我国的东南海岸相□,就是与自青岛至广州□雷州半岛一带的□□一样,□□□岸线的□曲太少,沿海地势平坦,可以停泊上船可防□□□的□□有限,现在我们□□的大港是十二个与小港十二个而已。

法属北非分为三区:最西为摩洛哥□旧时首府,亦名为摩洛哥,现□名为马拉喀什,□□内地已失其重要性,距海岸一百六十公里,海岸皆临大西洋。摩洛哥地□海大港有二:西北为卡萨布兰卡,西南港口为摩洛多尔;更南港口为阿革,又南即为西班牙属之伊夫□;最北港口为拉巴特,是法国行政的首府在卡萨布兰卡之北,自拉巴拉至北岸□□的□□,题□新首府非斯;又卡城之南尚有□□□,计摩洛哥区□□共有港口七个。

法属北非的中□是□□及□□□,并且是最大的一区,与□东北的□□□□□□□□□□中的西南部,阿尔及利亚□的首府为阿尔及尔□□大□□□□□,□□□□□□□□□是易攻难守,比较良好的海港是□区北岸最西的□□(□□□□□□较□),又阿尔及尔城西海岸□□□□□□□处,阿尔西□□卡□及布斯□二地及□□近东又有阿尔□与玛可□□□木二地,此外□□□东边□侧,□□非利普□尔与波□,非利普城与阿尔及尔中□□有□□斯、布吉、日□利三个小□,阿区海岸共有十二个港口。

最东南比□□□小的突尼西亚□□□□□□□□比较重要,因为有□个特点:(一)突尼西亚有□□的□□□□□面的海岸。(二)突尼西亚有两个优良的港口,□的□□突尼斯在北岸东北角的海□中,形势□□□□□法属北非的港口为优良,易守难攻,故攻势须由□□□□□□,□□□城之□□方能□□,突尼斯西边的港口为□□,在突尼斯□波那□□□之间,□□重要性□于突尼斯,假设法国□□土□□的□□□□□□,当□相当的重要形势。(三)突尼西亚的东□□□□口是□□,与英国地中海中部的□□马耳他岛最□□,如盟军□□□□可与马耳他岛的英□□作一个□形的攻势,争取意属特黎波里城。□□□□,意属北非就可以完全为同盟国控制,此外苏斯以南的东□岸□□斯巴克斯与喀伯斯总计突尼西亚共有五个□。

亚尔及利及突尼西亚的海岸外围,除中立的西班牙及地中海西部的西属巴利阿利群岛在西北方最近外,尚有(一)意属的撒丁尼亚岛,在比塞大正北,该岛的首府卡革利阿利在岛的南岸,距突尼斯城与亚那港均约一百六十海里,距比塞大港不及一百海里,(二)意属西西利岛,在突尼斯东北。该岛首府巴勒尔摩在岛北岸,距突尼斯城一百六十海里,飞机距离□至马尔他岛之距离相等,只西西利岛西端的两个小城:特拉巴尼与马萨拉,及更西之伊□的群岛的四个小岛更具有威胁的可能,最感有威胁突尼斯□突区东岸的是更近的意属□泰雷利。亚岛及拉□培杜萨岛□此外的岛等待地中海海上作战时,都是重要点,可是亦是同盟国最熟知的地方,空战更易达到。

法国□□北非亦有三百年的历史。只是亦十年前方能合并阿尔及利亚,保护突尼西亚。反之,摩洛哥在前二十年尚名为独立,但是常常有各国的志愿军参杂,一起在那里与摩洛哥人作战,在第一次欧洲大战以后的三年中仍有许多志愿军去那里投效法军。一九二一年始归法国保护。现在突尼斯及摩洛哥仍有本地的王子,在阿尔及利亚已无有旧时的□□了,本地人民是闪族的巴尔巴尔种,言语与阿列伯语大同小异,分在农、工商业及草原的牧畜业,有安定的生活,亦有些阿列伯人及犹太人,多是□人。三区共有一千四百余万的人口,法国人口占全体人口二十八份之一,约有五十万人。在阿尔及尔亚,法国殖民最多,且多为大地主及资本家。摩洛哥法国殖民最少,多在沿海及沿□路线。突尼西亚因距意国较近,意人反多□法人,□□□国人民占本□人口十分之一,全国人口共二百五十万人,亦是此次作战最须注意的。

物产除五谷,菜类,及牲畜外,尚富有制造肥田粉的磷矿,军需资源有铁矿、镍矿、钴矿,□矿都很丰富,□□、铜矿、铅矿亦有相当的产量。

如再细检讨矿产资源的产量,更可见轴心国□要法国和平□□,方能吸取法属北非的资源。意大利本身自产铁矿每年只有九十余万吨,平时每年须输入十八九万吨的铁矿,一百八十万吨的生铁,五六十万的□铁。在与美国断交以前,这二百六十万的钢铁原料大多部分都自美国输入。在欧洲,法国及卢森堡国境内的铁矿供给德国军□有余,□要再供给意国则感觉不足,可是阿及利亚产□有二百三十余万吨,突尼西亚产铁九十四五万吨,法属摩洛哥产铁六七千吨,共计有三百三十余万吨,已较平时意国需要,□用的多七十万吨,如再加西班牙属的摩洛哥部分,更可加有一百四十万吨。关于镍矿,德国自产只三四百吨,然尚可自那□榨取六七千吨,虽仍感觉不足,故更不能再分给意国。意国无任何钴矿,所以摩洛哥产镍二三百吨虽属少量,意国亦要尽力吸取去作镍铁合金。钴矿,德意二国均无产额,法属摩洛哥则每年可产钴矿五千三百吨,含纯钴五百八十吨,实超过德意的需要,如技术优良,或可补代□矿的不足,去作钴铁合金。□矿,意国每年只产四百吨,阿尔(几)[及]利亚则年产一千吨,法属摩洛哥□二百吨,西属摩洛哥二百吨,在无任何铁矿出产的轴心亦看作是重要的。北非石油虽产量较少,在四年前每年已达二万二千桶,最近二年仍可增加产量,或已达五万桶,在比塞大、阿兰、非斯三个城外左近皆有油田,且系新发现地带,如开发工具齐全,产量亦可达数十万桶。因无公□产□,不能□□□定,总之自□需□□上□□,同□□家不能□□法国□□,使□□安到北非尽量榨取。

此外北非与□国均缺少煤田,德、法境内则产量特丰,西班牙方面煤田矿产量亦有可观。德国每年可产煤一万万七千万吨与褐炭一万万八千万吨,法国每年产煤可达四千四百万吨与褐炭一百万吨,意国每年产煤八十万吨与褐炭七十万吨,阿尔及利亚每年产煤可二万吨,西班牙则每年可产七百万煤及褐炭三十万吨。意因缺少煤炭,所以在意国本土北部用水力发电作为燃料有相当的成功。意大利是否能利用西班牙本土之煤□尚属可疑,为进攻□占或试行榨取亦有可能性。

在交通方面,沿海岸均有与海岸平行的铁路贯穿三区,又自阿兰、非利普□尔及突尼斯三城有伸入内地七百公里至一千公里的铁路,自突尼斯南入内地的□路的终点,是在意属特利波坦尼亚界内□加□美斯城,这条铁路一千余公里,是最重要,从那里可乘□□牵引轮卡车穿过撒哈拉至中非及西非。前十年法国昔传汽车公司曾乘此项卡车直达南非,近年汽东驶行路并当更确定,军事行动更便利,所以北非在大战、全面战的路线上,亦占重要位置。

至于在军事上的战略问题,可以有□是(一)如何在突尼西亚进行驱逐轴心军队出境;(二)如何□□意属北非境内隆美尔的德军;(三)如何消灭地中海岛上轴心的军事根据地;(四)如何使西班牙保守中立,不令轴心军队再沦陷一个大国;(五)如何可自南向北进攻意大利及巴尔干,及(六)如何解放法国、希腊及南斯拉夫,在最近的将来半年中,当有相当的表现。

(《中央日报(昆明)》1942 年 11 月 15 日,第 2—3 版)

今后边疆问题应从治标着手
袁复礼教授昨演讲

本报讯:民厅边疆行政委员会,中华基督教会边疆服务部及青年会合办之边疆问题□□讲,昨□联大地学□主任袁复礼教授讲"边疆问题及地□背景",□□□□会主任委员□□□(志)[致]介绍辞,□即于袁教授讲演:

略谓□边疆非边界,边界为边疆问题中之一部份,边界带只国境上的一条线,边疆则包括□个□□的面积,故我人□边疆问题□与地理背景,有莫大关系。现今对于边疆问题当注意□缺□。一、边疆□人口稀少,因是生活方式太简□,不足以维持多量之人民□生活。二、边疆山大水深,交通不便,政治力量不能达到。三、气候不□,外人之□往,因气候不良而疾病丛生,使旅客认为□途。袁氏言今后开发边疆,指出其途径如下。一、对山势地形,□尽力作实际□□查,深入□境,以正确之仪器□□其真相。二、对卫生方面,应注意其病□及病源,以及发现其气候上之原因而加预防治疗之。三、对边疆经济地理,尤当知其地质□□,以及矿物□□所□,以便□收大批工人及技术员入内。袁氏□后谓:以往我国大□实行治标而无治本,宣传□□□实际,今后当从实际之治标□□,

埋头工作云。

(《扫荡报(昆明)》1944 年 11 月 28 日第 3 版)

来函更正

编者先生,贵报十二月十日登载鄙人"近因同情学生,被暴徒袭击,并捣毁寓所,书籍衣物损失甚巨"云云;查此项报道皆系误传,仅于十二月一日鄙人在联大新校舍因劝解,被兵士用木棍板凳殴打五六下,只伤筋肉,并无伤痕,十二月十日舍间完全平静。敬请惠予更正为荷。顺颂着祺。袁复礼手上,十二月十九日。

(《大公报(重庆版)》1946 年 1 月 1 日第 3 版)

河流之变化式

本市讯:地质学会北平分会,昨(八)日下午二时,在地质调查所举行第三次地质讨论会,出席会员孙云铸、高平、冯景兰、(斐)[裴]文中等五十余人。首由清华地质系主任袁复礼,讲"河流之变化式",此乃一崭新之问题。袁氏以黄河为例,内容颇多可供治黄(志)[之]参考,故引起热烈之讨论。讨论会至四时许始散。袁氏讲词称:

河流变化之现象有两点,最值得注意:(一)河水面之涨落,(二)冲刷作用与沉积作用,可以叠互更变。此两种变化各有许多因素。假设一个因素遇有变化,则其他各因素,即因之或消或长,造成有一无比较可能预测之变化式。至河水面涨落之因素,为:(1)降雨量,包括降雨密度,及各季中之密度之分布。(2)地下水(潜水)量:又加地面上之泥沙,与下覆之岩石,浸透水量之能力及速度。(3)蒸发量:空气中各季之温度。(4)河水量:由于上述三种,及河流受水之面积。(或称之水系区,或称之为一"盆地"单位。)(5)地面上之植物(森林及草原)分布及密度,可以(甲)阻止风暴时之骤雨,尽入河身。(乙)维持潜水量长期供给。(丙)河水量及河水面长期稳定。(6)河流之纵剖面及横剖面,及河系内之各种地形,尤以坡度之急坡山地与平地为比例。袁氏继称:上述六因素,为防止泛滥及加以利用之各工程设计需要之资料。六种因素进行中,遇有一个或一个以上有变化时,其他因素亦因之互为消长。结果能使一个河流或该河之一段,有水面上升或下降之变化。其极端之现象为:(甲)在干旱期或干旱区,河谷为干谷。(乙)在平地上遇雨季过长,骤雨过猛之时则泛滥。

(《世界日报》1947 年 3 月 9 日第 3 版,题作"地质学会平分会昨举行讨论会由袁复礼讲演河流之变化式")

北平六科学团体联合年会感言

笔者曾于民国三十三年十月十四日,登载《云南日报》关于该年科学团体联合年会感言,今年三十六年我国科学界的展望,仍然相同,缘将该文略为增减,以应贵报之征文。总希国人能使科学事业多为推进,方不致百业皆陷停顿,有如现时之景况①。

科学是人类知识推进的结果。在科学未曾发达的时期,知识的推进经过了极缓慢的过程,并且常常停顿在一个阶级中。过了许多年再行发展。我们从人类演化史中寻找科学发展的痕迹,可以找到几个原则,值得我们的注意:(一)偶然的发现是长期追求的一个结果。(二)一个新发现常常引起许多连锁性的发现,使人民生活方式起改变作用。(三)科学的发现自古至今具有一个加速率的过程。(四)社会环境具有伟大的推动力或反动力。(五)科学本身仍然在演化过程中,并不是一个亘古不变的学术立论。

在人类演化史中,现代科学是一个最新的产物。现代科学与前一百年中的科学的异点,是在系统上、追求方法上,有显著的区别。科学猛进的开始时期,恰与我国革命同时。换言之,只是最近四十年的一个奇迹。在最近三十余年中,我国科学界的供献,在质的方面并不落后。只在量的方面与欧美比较,实在不能比拟。症结所在,是我国全国人士应当加以考虑的。兹将上述概略再详数言:

一、科学的起始常常是个偶然的发现。但偶然的发现,并不是整个的科学,反是一个长期追求的结晶。在人类史中许多事实都可以证明这个理论:据考古学者与地质学者的推算,人类已有一百万年的历史。最初在原始人的时代,常常经过十几万年后,方能改变他们的生活方式。生活方式的改变就是新发明的象征。偶然的一个新发明常常引起了许多其他的新发明,生活方式就随之接连不断的转变。于是从远古的旧石器时代一百万年的各种过程,方进入了所谓新石器时代。

二、除了上述的一个偶然发现的结果外,在人类知识推进中,尚有一个加速推进的趋势,假设再由人类史去找证明,我们可以假定:新石器时代到青铜时代有七八千年,青铜时代到铁器时代有三四千年,铁器时代到现在有二千年。科学的开始只有五百年,真正有系统的科学亦不过一百三十年。最近三十年我们才看到世界进步的国家达到全盘科学化的程度。

三、在近二千年中,人类知识的发展并不是一帆风顺的向前迈进。有过希腊罗马及我国春秋战国时代思想猛进趋向科学化以后,欧洲的宗教神权思想及封建制度,以及我国的经典训诂及党锢政争,都是限制思想的反动势力。不只将精神文化使之开倒车,尤将对于物质文明的注意使之间断。直至文艺复兴以后,学者思想自由,方引起普遍的对于实物加以注意。海洋探险及发现新大陆、环绕地球的大陆航行等,使一般寻求新知识的眼界放宽,才进到近五百来年的科学酝酿时期。

近一百年以来科学工具日有进步,或是经过多次的改良或是新发明的增加,方有现代研究科学必要的工具。只就仪器方面来讲,我们可以提到望远镜、显微镜、分光仪、爱克司光线及放射质物体回转机。我们用这些仪器方能了解物质的结构及它们的能力。远至天体,微至细菌,美至结晶体,妙至人造代用品,至于各种合金、机器、药物、滋补品及原子能

① 此段,《浙瓯日报》报道无。

力,都是近三十年以来新科学有系统研究的结果。

四、近三十年的科学结果,是有过长期的讨论及改正,加以室内实物试验及野外观察,方能达到的。试看四五十年前的结论已有大部份不合现代的结果。所以说科学并不是一个固定的学问,而是经过演化的学问。科学研究是长期不间断的研究,若是间断必致落伍。抗战以后,沦陷了不少的科学工具,并未曾沦陷了一个科学研究者,过去九年中我们在后方除了个人努力不辍外,在量在质工具在人才的各方面不能多加扩充,复员以后仍为筹备工作,尚未能积极研究。此种情况如仍继续下去,只可以说是正在停顿中。除了科学本身为固定的目标进行工作外,须引起社会的注意。社会尤应加以密切连系及辅助。如此方能使科学的结果深入民间,对于所有的生活方式加以科学化。能达到此种理想,方能达到所谓福利普遍化。

五、在最近三十年中,我们遭遇了两次世界大战,各国在生死存亡的关头,将平时所有的物质文明都运用到战场上。将所有的工厂都改变到兵工制造上。一切的武器、坦克车、飞机以及其他战斗及运输工具都是根据素日培养科学的结果,加在实用军事工程中。第二次世界大战机械化部队代替了旧日步兵、骑兵、炮兵的分配。第一次大战的战略及战术已成过去。第二次大战的战略及战术以惊人的理由,不能不归功于科学配备的精审。

六、今后如何改善科学的应用,实在是当今的最要问题。同时需提及将来科学教育应如何普及群众,使社会中一般的生活如何改善提高以及救济建设等等的问题。过去抗战中有许多次可以解决此问题的机会可是已经失了不少。我国人士千万不要再失了与科学界联络的机会,利用他们全部的知识。科学界自信科学愈能近代化愈能节省人力物力的虚耗。现在急需应当补充的设备及增加人才的需要,正是节省将来的虚耗。故不能再错过机会。青年的会员会友尤应当耐苦研究,使科学为科学进展及科学为国为社会的服务。如大学四年时期过短,能忍耐多读几年亦是急切的需要。千万不要存功利速成的观念。如需要更多量的救济方能度过十年寒窗的苦读,亦不妨尽量的提出,在提案会中加以讨论。最后敬祝六科学团体开一个圆满的联合年会①。

(《华北日报》1947 年 10 月 10 日第 5 版;《浙瓯日报》1947 年 10 月 27 日第 4 版,题作"科学的起始与进步"。)

我们的科学"质"并不落后

科学是人类知识推进的结果,在科学不发达的时候,知识的推进,曾经过极缓慢的过程,并且常常停顿在一个阶段中而不推进。在人类的演化史中,科学是一个最新的产物。最值得注意的是:科学猛进的开始,恰与我国革命史同时,在最(进)[近]三十余年中,我国科学界的供献,在质的方面并不落后,只是在量的方面,与欧美比较,实不能相提并论。

欲想使我国科学界有所成就,并非一蹴可成,政府必须注意到科学的培养。平日以科

---

① "如需要更多量的"至此四句,《浙瓯日报》报道无。

学为一种装饰品而不从事培养深刻的科学研究,是不会有新的发明与成就的。以原子的研究为例,如无相当的设备与仪器,而想研究原子,根本是件不可能的事。

科学家不但需要在课室里钻研,更须到各地去旅行,以广眼界,并可有新的发现。与其派遣若干视察专员到各地巡视,莫如匀出一些名额资助一些科学专家到各地去作实地研究。这绝不是一件耗费国库的事。

第二次大战的战略与战术所以惊人的理由,不能不归功于科学。我国即以科学配备之缺乏,未能迎头赶上以致只能抗守,无力反攻。胜利后同盟国人士有一种通行语:"美国以生产为胜利工具,英国以轰炸为胜利工具,苏联以战斗为胜利工具,中国以等待为胜利工具。"此语虽似刻薄,不容易被我国公开的承认,然而足可以值得我们警惕的。

(《浙瓯日报》1947 年 10 月 29 日第 4 版)

西康省盐源县夷族支别表及叙言(附各土司世袭表)

叙 言

笔者与王君恒源于二十七年冬经过盐源县时,遇县绅邓科长,存有该县《夷族支别考》一文。邓君着手搜集之原意,系备作该县编纂县志之用。笔者以其搜集详尽,系统清明,故改用表格方式,托友人誊录一份,以备沿途征询之用。尔后每于途次,晚间与夷目畅谈,至午夜时即为诵读,以追探其支别。彼辈皆惊叹此表之详审,并供给截至二十七年新加之房支。此表稿件已存十年,而邓君原稿尚未见诸付梓,惜其日久湮没无闻,故为露布,并希盐源及他县士绅继续邓君之努力,将最近十年各县夷族支别予以补填,并作迁移之考证。盖此不只为省县各级之行政可资应用之材料,实为探讨民族演化史中之特有价值之实例。

夷族中之能记录及兼司占卜者,在夷语中称之为"笔墨"(读音如贝母),即汉字笔墨先生之简称。如设法向"笔墨"询明各支族之起源,较为可嘉。至于管家娃子之口述,则有不可尽信者,如将宁属十县及雷马峨屏之材料搜集齐全,或较此表有二十余倍之丰富,斯亦笔者所极为期待者。川省地质调查所现任所长常隆庆君,曾编有《雷马峨屏夷支分布之考证》,亦为详审之作品,惜未在手边,无从引用。重庆行辕自十七年至十九年,曾屡作调查,只有各县支族名称,而缺各支互相之系统,是亦有待补充之一例。

夷族旧称倮倮,分支散住宁属各县者分三大支,自越嶲小相岭以南与西昌宁安、宁河流一带,称名为嗓利;小相岭以北者曰神渣;在普雄(昭觉)与宁南居住者曰伊啰;在盐源县境内只有神渣及嗓利两支,而无伊啰。

盐源县境内之神渣支,分九个总支,四十六个分支。嗓利支不分总支,只有分支,计有二十一分支。每分支之下有一房,或多至七房。截至民国二十七年冬,神渣支有一百房,嗓利支有三十二房,又六亚房。此外尚有同村居住不另立房者,或分村居住之不另立房者,皆在表中备考一项内注明。

二十八年春,笔者自冕宁沿安宁湖谷前行,时见有多数夷人自西昌县境渡安宁河,向西移动。或入盐源境内,或更西移入九龙县境内,又加最近十年分居移动,似此表已不合实情。惟此表尚有其本身之价值者,亦有数项:(一)可以指示夷族亦注重系统之传述,其中尤以神渣支为最,只平行支派并非尽属兄弟,其中父、子、叔、侄同时并存,亦可平分支房。故夷族中,尚缺乏汉人族谱式之父子传代之辈数。(二)可以见到十年前盐源县夷族支派及分布。(三)可为日后调查之根据及示范之蓝本。(四)可以见到邓先生探寻之精尽。

夷族习俗重分居制度,婚后即行迁移,另觅居处,远近不甚介意,只表示其无依赖性而已。婚前须备就独立之资产及能保护妻子之勇力,故奖励骁勇,鄙夷怯懦,初视之,每以为截夺攘取,已成固定性格,细推其发动心理,实为创造性之变态。在无宗教、无法制之他地初民社会中,亦为屡见不鲜之现象,因有分居制度,故分支之下有分房及支房之名。

神渣及嗓利二大支之分别,系以地区分而不因血统分,其下又分之九个总支及百余分支,则系有血统分支之意义。总支及分支皆用倮㑩名,再下又分之支房,则多采用汉姓,有倮㑩名加冠汉姓,亦有姓名皆用汉字汉音。此种现象正为夷族渐趋汉化之表示。汉化起始之年月虽难考证,若以有汉姓年龄最老者约计之,约在七十三年以前,即公历一八七五年,适为前清光绪元年。以该年为起始汉化之时,似极属可能。惟此项运动只限盐源、盐边及西昌冕、宁数县而言。会理宁南则似较早,昭觉、越嶲尚多未采用汉姓,故在吾人之生活岁月中,适为夷族汉化演进期。而汉化之先后及程度又各自不同,欧美各国欲研究民族学及民俗学者,多远至各洲跋涉求之,而吾人能目诸在国境内有此种民族演化及民族移动之实例,亦可自庆遭逢时会,尤可鼓舞研究边民社会者作更深刻之努力也。

据邓科长考据:盐源夷族之移入,系自前清道光二十三年始,前此么麽族土司概用汉佃。彼时各土司互议,招入倮㑩作为夷佃,以抵制汉佃,似汉佃多不能按期交租,又不受予取予求之苛政,始有此换招夷族之举。不知夷族个性亦系爱好自由,且骁勇善斗,故今日两盐(盐源及盐边两县)已成反客为主之势。旧日四司五所之九个土司,只木里宣慰司以喇嘛宗教为一维系之力量,尚能维持旧日权威,其余土司虽机警善于应变者,至多只可保存一少部分田亩,及兼营商业。更有凌替式微,土寨分寨已为夷族占有者。故为明了两种政治社会组织之互相消长起见,更将自盐源旧县志中抄缮各土司世袭表,并加入参考碑志所得之改正,及近日之各土司姓名,以备追求边县史乘之一助。此种现代史料虽属生硬,但为实录之一种,与远古史料每多互相淆乱,闭门造车者,不可同日语也。

文中术语概就宁属方言择用者,日后他省县人士前去考查时,用之较为方便易懂。

各表目次:(一)神渣总支表(一表);

(二)神渣各总支下之分支及分房地点位置表(九表);

(三)各土司之历史及概况表(九表)。

(以下表格从略)

(《边政公论》第7卷第2期,1948年,19—28页)

书评:西南微之 Na-Khi 古国

The Ancient Na-Khi Kingdom of Southwest China. 1947 Toseph F. Rock

是书为哈佛燕京研究院专刊第八种,一九四七年美国麻省剑桥哈佛大学出版部印行。原文为英文,分一、二两册,共五百五十四面,其中索引六十五面,地名索引十二面外,附风景、人物图版二百五十六版,地图四幅。

是书专论云南西北部。著者洛克博士,似在第一次欧战期中即随奥国植物学家韩得尔·玛再提氏在滇内旅行,迄后历年旅居昆明,常至云、康、藏边区考察,而以丽江为其工作中心。抗战期间一再迁移,初去安南,继至印度,终于三十三年去美,完成此书。计其关于该区之工作已逾二十余年,同时普遍搜集西南、西北各省县志及土司谱牒,故著者能将沿途见闻与书牒所载互相穿插成文,堪称巨著。内容包括地理、历史、民族文化、土司谱牒、山川风景、庙宇居民等等之材料。洛氏以一西人能将中文典籍加以考订,实为难能可贵。至于行文典雅,插图精美,尤足多者。

第一册分二卷,共十六章。第一卷第一章略述昆明在历史中演变及昆明至丽江之路线(似为旧日驿路与现时之公路不同)。第二卷第六章论中甸,其余皆专论丽江史地及南诏及武定土司。第二册论丽江以西之其宗、维西、德钦及以东之永宁、宁蒗、盐源。著者工作之原来动机,本为植物采集及解决植物分布之问题,故此书中亦多附有各地植物、花草、树木之专名辞。进为研究么些民族之分布,更进搜讨各土司之历史,及么些象形文字。是书约于一九四〇年即完稿,其中加有一九三二年旧稿,及以前专载美国地理杂志之图稿。出版以前杂集各稿时,又添加附注若干,以求精审。其中关于吾人最感兴趣之象形文字只是引言,尚未全部露布。据著者云于一九四四年春,输运轮船经阿拉伯海,为敌人攻击,译文及其他原文均为遗失。近闻洛克博士又卜居丽江继续工作,谅以后另有专书问世。吾人可拭目待之。

丽江居金沙江上游,地处云南之西北部,玉珑雪山高耸其北,农亩井然,生活舒适,居民么些族(又作摩娑或摩挲),自称纳希,而不喜外人称之为么些。该族天性纯洁,举止潇洒,历年游人均为称道不置。故洛氏以其搜集丰富之材料编就此书,足堪为吾人研究边区史地之重要参考。洛氏其个人旅行路线为纲,更深讨其历史,加以各种志书及谱牒之考证,更引读者入胜。

丽江土司木氏存有家谱两种。第一种远溯唐初武德年中之叶古年,高宗上元年间之秋阳及天宝年中之阳谷(至前清雍正初年之木钟为止)。丽江区在东汉时属越嶲郡,六朝时为筶国诏之定筶县,又名三聪,或作三赕或三甸。秋阳之子阳谷即三甸总管,妻名弥均习鼠,历传阳谷都谷、都谷刺具、刺具普蒙、普蒙普王,助唐平吐蕃,获十六城,封武勋公。普王刺完、刺完西内、西内西可。时南诏独立,与唐隔绝,西可自称越嶲诏军民总管。西可刺士、刺土俄均、俄均牟具、(宋太祖年中)牟具牟西、牟西牟磋。时为宋仁宗至和年间,大理段氏渐强盛,牟磋遂自立,称摩娑诏(评者按摩娑二字与牟磋音近似,牟与木二音又近似,故可能摩娑、幺些,或摩挲皆起自牟磋之时,而明初赐姓木氏,亦自牟、摩二音转者)。牟磋之子为牟磋牟乐,孙牟乐牟保自称大将军,自秋阳至牟保共十七代(子袭父名,为南诏通例)。

牟保养子为牟保阿琮,又编入宗谱第二种,为第二代。第二种宗谱自第一代起即有绘像并像赞,均见收洛氏书中。其第一世名"爷爷"(见洛氏书中图版第九版),据像实云来自昆仑山,为西域蒙古人,当宋徽宗时至丽江。著者洛克博士又谓"丽江本地人,有神话式之传说谓阿琮为忽必烈途中遇一摩娑女所生,女自沉江,子为牟保抚养。惟其时间错差,不可尽信"。

牟保阿琮子(三世)阿琮、阿良与宋理宗及元宪宗同时。彼时忽必烈始南征,阿良迎之于刺巴江,授职为茶罕章管民官。传(四世)阿良阿胡(《南诏野史》名之曰兀)、(五世)阿胡阿烈(《南诏野史》名之为亮)为丽江路军民总管府。(六世)阿烈阿甲,废府改宣抚司,又改州。以上二十一世之墓,均在玉珑山麓。

七世阿甲阿得,时值元末,任通安州知州,寻改丽江宣抚司副使。明洪武十五年,傅友德入滇,阿得投诚,改授世袭土官知府职事,奉诏赐姓木,始用木氏。全名木得,字自然,号恒忠。自木得以后,始葬丽江近郊。传(八世)木初(阿得阿木)、(九世)木土(阿木阿土)、(十世)木森(阿土阿地)、(十一世)木嵚(阿地阿习)、(十二世)木泰(阿习阿牙)、(十三世)木定(阿牙阿秋)、(十四世)木公(阿秋阿公)、(十五世)木高(阿公阿目)、(十六世)木东(阿目阿都)、(十七世)木旺(阿都阿胜)、(十八世)木青(阿胜阿宅)、(十九世)木增(阿宅阿寺),字长卿,号生白。

二十世木懿(阿寺阿春),时值明季鼎革,清军于顺治十六年入滇,木懿投诚,授丽江府。二十一世木靖(阿春阿俗)、二十二世木尧(阿俗阿胃)、二十三代木兴(阿胃阿挥)、二十四代木钟(阿挥阿住),适值雍正元年改土归流,家产、文书均被抄没。钟妻高氏寿,集历代所赐券牒封诰,秘密收藏,得传至今。其子(二十五世)木德(始不用俗名),雍正三年袭土通判,然以后只拥空名,权势所及,只及私家佃农而已。历传(二十六代)木秀、(二十七代)木睿、(廿八代)木汉、(二十九代)木景、(三十代)木荫(荫卒于民国八年)。子木标卒于民国十七年。(三十二代)木瑗、(三十三代)木松奎,均在世。

以上皆系摘录第一册第二卷四、五、六各章之洛氏原文。第七章洛氏又译《南诏野史》补充之,自唐迄今共计五十代矣。

至于丽江幺些,自称 Na-Khi,洛氏未给汉文译字,其音近似纳希与那喜之间。据云首音"纳"或"那"意为黑,希或喜意为人,以黑色为上云。

幺些文字有二种,一为敦巴施罗所创,其弟子锅巴所传,形介于汉字与啰倮字之间,洛氏以为来自西康草原,展转至丽江者;另一即为象形文,用鱼、虫、鸟、兽、花、草、人物之形,以其名字之音代音或义。象形文字现仍有多人能读能译;锅巴文则现识者已属极少数。象形文字所用之动植物,皆为丽江本地产物,故洛氏以为源出丽江,虽未明白指出,似以为麦宗(阿琮)或其祖先"爷爷"所创(?)。

历观原文所载,木氏各代或恪守官箴,或武功鼎盛,或文章典雅,可谓人才辈出。著者将其世谱尽为译出,著志欣佩之意,木尧、木兴屡受征调,率兵剿匪,未遑内政,致为宵小所乘。木钟接事只四十日,即被改土归流。洛氏述之尤详。

洛氏于此书中盛赞乾隆八年编纂《丽江府志》之管学宣。管氏字未亭,江西安福县人。于《府志》序文中一再论及吏治问题,大意谓亲民之官,应以人民福利为前题,虽在边徼,黎民自能向化云云。盖念木氏末代未遑内政,追为警惕,并以勉励后之来者。洛氏附言:据伊目睹,均未能达到管氏之理想云。

总之此书材料极丰,容时当再续论之。

(《边政公论》第 7 卷第 4 期,1948 年,59—60 页)

徐炳昶佚文辑录

汪　娟[1]　蒋以昀[2] 辑

[1] 嘉兴大学文法学院
[2] 新疆师范大学中国语言文学学院

引　　言

徐炳昶(1888—1976)，字旭生，河南唐河人。20 世纪著名的历史学家、考古学家和教育家。1927 年 5 月，作为北京大学教务长的徐炳昶先生担任中国西北科学考查团中方团长，踏上了西北科考的漫漫征程，后来出版《徐旭生西游日记》三册，并开启了他由哲学转向考古、寻找中国上古源头的学术事业。徐炳昶先生取得了多方面的学术成果，2021 年由中华书局整理出版的 12 卷本《徐旭生文集》是其一生学术的总汇。

2019 年以来，我们在从事"中国西北科学考查团文献史料整理与研究"项目的同时，也积极搜寻徐炳昶先生的早年成果，在《徐旭生文集》之外，也续有新的发现。此次辑录的佚文，主要是报刊公开发表的相关内容，按照发表时间排列。为了更好地理解徐炳昶先生的学术思想，举凡文章、书信、电文及演讲稿等①，细大不捐，均在收录范围中。

佚文目录：

1. 对于国会议场用三殿的抗议(1923)

2. 学术应有的对象(1925)

3. 北大开学上课事致《晨报》函(1926)

4. 报告西北科学考查团近况致刘半农函(1928)

5. 西北科学考察团发现化石骨骼事致理事会电文(1929)

6. 覆女附中学生家长书(1930)

7. 致女附中教职员函(1930)

8. 为反对艺术学院改名致该院学生会函(1930)

---

① 演讲稿以比较忠实于演讲实录者为收录标准，有关西北科考团的相关演讲，另辟《新闻报道中的徐炳昶·西北科考编》收入，此处不赘。

<h1 style="text-align:center">正　文</h1>

对于国会议场用三殿的抗议

自从很长的时候[①]，我已经在报上看到国会议场要用三殿的风说。但是在那个时候，

---

① 很,原文作"狠",据当代词义改,下同,不具。

我想我虽然处在这个无奇不有的中国，何至于就看见这样荒谬的事情。就是有这样的议论，我们贵国的国民，岂有不抗议的道理，所以当时我一点抗议的思想也没有。可是等了几个月，实在的事情，大出我意料之外。改用的风声一天紧似一天，抗议我还是没有看见一件——也许是我看的报太少也未可知。我可真忍不著了，不过这几天我的精神不好，并且很忙，所以又迟了几天还没写出。昨天看报，见军阀首领吴佩孚居然有抗议的文件。我叹一声说：我国人民这样的程度和态度，受军阀的宰割，真是活该！大军阀的抗议，当然比我们书生的话能发生效力大的多，但是他所说的话，并不是我所要说的话，所以现在我不能不抽一点空给大家少说几句。

国会议场不能用三殿有两方面理由，其实全是很简单的。第一，政治上的理由。就是三殿在历史上曾经代表过无上主权，现在这种主权既然名义上转到国民全体，这个地方就不能不给国民留着。议会诸君，你们自己总要认清你们自己的地位，你们同政府和法院，虽然所司不同，其实全是国民全体所请帮办事情的伙计——我不用公仆一词，因为奴仆带卑下的意思；也不用首领一词，因为他带过高的意思。——你们不能占据三殿，也就同黎元洪的不能占据三海，溥仪的不能占据"大内"一样。少有一点不同的地方，就在于溥仪的暂缓移出，还有二三百年的君主给他分负一点篡据的责任。黎元洪的不肯立时开放三海，还有袁世凯等几个人给他分负一点责任。至于诸位的想篡用三殿，可就是诸位自己的责任了。

近来国会诸君对于军阀，虽然有不少言之污口的事情，可是对于国民却大摇大摆，很想拿起主人翁的架子。如果国民愿意忍受这样的态度，那我们驱除了一个暴君，却另外找出几百个暴君，岂不是自寻苦恼。革命先烈如果想建设这样的政体，那他们不惟死的不值，他们的思想也实在是荒谬糊涂。国民如果有不愿为八百暴君作奴仆的人，就应该急起反抗他们的篡夺态度。那反对议场僭用三殿，也就是一件很有意义的事情了。

第二就是美术上的理由。三殿为中国式建筑最宏伟工程之一，是人人全知道的。这种工程在世界美术史上要占什么的位置，更是不用多说。这实在是中华民国最大宝藏中的一件，我们应该怎么样爱护他，保全他。进一步说，这件美术品，实在不是我们中国一国的宝藏，却是人类全体的宝藏，如果海外各贤达用美术的观察点，口诛笔伐我们议员破坏美术的罪名，我们全不能不承认他，不能不感谢他。不过这样，我们国民的体面，有点难过罢了。

我最终还有忠告议员诸君的两句话。第一就是诸位尊严的保存，不在于外边的虚局面，而在于实权的使用。诸位会听见说过法国的鲁伟尔 Louvre 和斐色野 Versailles 王宫么，这两座世界著名的王宫，现在为公开的博物馆。法国的参众两院局缩于迫狭的 Palais du Luxembourg 和 Palais da Bour bon 里面，并没有听说有一个人提议改用。可是当大战的时候，他们把很大的权柄委托给霞飞元帅，而霞飞元帅却谨慎小心，一点的违法事情全不敢作。诸位现在对于军阀有什么样的威力，所应该尽力的是什么方向，诸位自己明白么？第二，也不管诸位恋栈不恋栈，总不至于想诸议员的座位，当作子孙的世业。诸位的子孙如果还是没有常识,没有一点审美的观念,也就罢了,如果他们少有一点审美的观念,他们嘴里或者不说,心里一定说,我们的祖父怎样能荒谬到这步田地,这样伟大的美术品全毁坏掉。贪一时虚名,受无穷的埋怨。诸位仔细想想,那可值得么。

(附注)这一篇文字,是说国会不应该用三殿,不单指现在的国会,就是将来无论怎样好的国会,也不应处用三殿。所以现在国会诸君的行为与这个问题并无关系,请诸君不要误会。

(《京报(北京)》1923 年 5 月 25 日第 5 版)

学术应有的对象

我今天来只讲一句话,很粗浅的,很明白的,不过我却要重重的讲,并要对全国人讲。这句话就是学术应有的对象,是自然,不是书本。你们看这句话不是很明白,很粗浅吗?但是仔细看来,中国已有四千年的文化,哲学发展已有两千多年都没有把这句话的意思弄清楚。希腊人就是对于这个意思清楚的。

现在我们先说说欧洲的思想。当纪元前六世纪时,有一个小国叫希腊,他们国度里一般人对自然界的现象很感到兴味,总想设法来说明。从纪元前六世纪到四百五十年之间共一百多年,各人都有一本书讲自然界。与中国的古书不同,不是像《大学》《中庸》讲治国平天下的一类话。他们讲自然有以为是火所成的,有以为是水所成,或以为气所成。他们既然讲明白自然界是什么一回事,所以对于自然一天一天的知识多了。欧洲后来的各派哲学及科学,此时都已萌芽。不过希腊人的短处是没有多耐心,虽然他们长处是思想清楚明白。所以大家对于自然既然讲的很多,互相冲突,都没有耐心求一个总解决,遂以为我们终不能知道自然,遂处处怀疑了。于是哲人派起,以为真理不可能,知识不可能。社会、道德都因此取消了;因社会、道德必有共同性,现在处处怀疑,还有什么社会和道德? 苏克拉第(Socrates)继起,以为如此下去不得了,乃讨论人生问题,以为道德是可以得到的。后来他的徒子徒孙 Plato、Aristotle,也是讲人生问题和道德问题。不过以为 Socrates 讲的太狭,必要拿人生来讲自然界,人生怎样,觉得自然界也是怎样的。这种以为自然界可随我们的意思叫他如何就如何,确是大错了。欧洲思想由此受了一个大挫折。然而他们到底是希腊的人。希腊人都不重应用,应用科学放在科学的末尾,所以他们也不十分重应用。自 Aristotle 死了以后,学风却大变了。一般都讲应用了,都要求自身精神的安宁。所以研究自然,也是为人生的,为精神的安宁的,思想自然衰落了。到基督教输入以后,则更惧自然界,称是罪恶之源。教中原有这样很高的教士,却因为惧自然界,所以思想仍不振。再后,才慢慢转过来又研究自然界,才渐渐的对自然界有兴味。这就是一千五百年的文艺复兴。文艺复兴只是又捉住研究自然的意思,那时无论什么都到自然里去找,所以最兴盛的学派是自然主义(Naturalism)。后十八九世纪遂更向这条路走了。

我们再反过来看看中国。中国学术之兴也在纪元前。不过像老子就不注意自然。他因世道太乱，所谓物质文明太发达，处处要归真返朴，注意力仍在人生，并不是自然。至于孔子，我们可看《论语》，则无一不是讲的人生问题，叫人应如何如何，对于自然，对于天道，是不讲的。就是《易经·系辞》上所引孔子的话，仍是人生问题，并未说到自然，不过《易经》非《系辞》一部分，则是讲自然的了。如所讲的乾坤，有人比之于现在物理学上的力和物质，或者是对的。根本点即是"精义入神以致用也"，所谓神是宇宙全体。我们想人生致用，必要研究自然全体，增长自然的知识也渐渐发达。不过他们的终点还在人生，以致中国的学术赶不上希腊。如几何学在欧洲纪元前三世纪已经体大思精，逻辑在 Aristotle 以前已经很完了。在中国只是《墨子》上一点，□远不及他们。我们所以可以说中国春秋战国时的学术发达总赶不上希腊。秦始皇以后，学术自然更衰落了。后来到了宋朝，学术才渐渐兴起。但一班研究学问的，还是讲人生，讲人生哲学，替道德找根基。他们研究人何以为善，何以不要为恶，福祸同善恶只是一部分相应的，不必怎样讲天道。但是张载一般人也略讲到自然界的。他在《西铭》上说：我们出于天地，天地是我们的父母；我们要想做孝子，就应该按天地的意旨去做。所以必要知道天地，知道自然。他在《正蒙》上所得，许多也与近代科学相近。朱熹就以为地本来是气，后成液体，再后成固体，与科学所告诉我们的很相同。并且他有一种证明：在高山上可以掘出蚌壳，足见高山从前也是海洋。这不是宋朝有些人也讲自然吗？其实他们的中心点，仍是为人生才研究自然的。朱子死了以后，一个个都仍是讲人生。到了明代，许多学者都要不管外面的物体，当然更说不到研究自然。清代学风则是重书本，考古学很兴盛，是几千年来所没有看见的。

总之，中国学术在古代就远不及希腊，后来也比不上欧洲，统因为研究人生，不研究自然界，只在书本上留神，而这又因为重致用，无用于人生的就不要研究。所以，人生、致用、书本三样就害死中国了。其实人生在宇宙中极其渺小，人不过是宇宙间的灰尘，无论在他外面的直接有关的和间接有关的，统统要留神到！人类的伟大，人类的任务，就是征服自然。但征服自然又谈何容易！欧洲人曾说要征服自然，必先顺从自然，确是不错的。我们中国人从来没有耐心研究自然本身。今后学术界的努力，应该向研究自然一条路走去。学术的对象应该是释然。不过诸君不要误会，我讲学术应有对象是自然，并非叫诸君把现在读的书统统丢开。我是想诸君以书本当作别人对于自然界观察的结果。我们读了书，必要问自然界是不是这样。所以书本只是工具，自然界才是我们的目的。现在的通病，就是把教科书当作天经地义，虽然有些人不再把四书五经当作天经地义了，这是大不对的。就如研究美术，也必要向自然界研究。中国美术之不振，也就是离开自然的原故。吴道子等所以画的好，是向自然界研究才画好的。后来人不是(1)以自己心里所想的画出来，画梅枝可像枣树枝，就是(2)以古人画的做标本来临摹，所以永不会好。再讲我们自己身体罢。要身体好，也是要常接触自然。我们两个好朋友，太阳和新鲜空气，如不常常接触，身体必不能好。总之，自然是我们的父母，我们必不能离开它。要研究学术，必须问它；要身体好，也必要找它！（完）

我们适在每礼拜都请外面人来讲演一次。但是这一次徐先生的讲演，实在给我们许多暗示：他将他近来研究西洋思想史及中国思想史所得的结果，竟在这一次讲演中贡献给我们，我们应当如何致谢！徐先生观察中国思想不发达的原因，从历史上证明是只讲人生不研究自然的结果，实在是发前人所未发，我觉得很值得使我们现在研究中国思想的人注意。我于致谢之余，特赘数语，请阅者不可轻忽视之。

基相赘语。十四，十，十四。

（《京报（北京）》1925 年 10 月 16 日"京报副刊"第 F1—2 版，原有副标题"徐炳昶先生在适存中学讲演，文伟记"。）

北大开学上课事致《晨报》函

本报前月三十日载有"北大生上课运动无效果"一则，内容为北大教务长徐炳昶对学生代表之谈话。昨日徐氏致书本社，谓该段谈话有一点错误，请求更正。该项来函所述，与北大上课问题颇有关系，特披露之于新闻栏。徐函云：

《晨报》总编辑先生大鉴：今日看贵报，看见北大开学运动无效一条，内中所载学生同我的谈话，里面颇有失实的地方，不得不更正一下。

昨天学生找我相谈的话很多，我也记不清楚，贵报所载底话，大约全是我所说过底话，不过有一点却是错误的。如果单看贵报所载底谈话，好像现在北大的开学未上课，就是我所主张开学不上课的办法的实行，那却是大错而特错。不错，如果没有钱，止好开学不上课，我当日曾有过这样的主张。不过这一次的开学预备上课，却完全是另外的一件事情，与我的主张无干。我所以主张如果没有钱就不上课的理由，是因为没有钱强要上课，一定是大多数的教员不能上堂（留神"能"字），而学校却绝没有补救的方法；少数的教员和一部分的学生在那里无精打采的敷衍，归结也是对于学生的学业没有什么好处，所不同的，就是学期还得计算，学生到年限还要毕业，制造出来些有名无实的文凭罢了。

然而我还主张开学，就是：第一，自然是因为在这个年头儿，学校一关门，就有兵大爷占据的危险，北大的图书仪器，虽然说离完备的距离还不晓得有几千万里，可是一经毁坏，将来即使有充分的经费，想恢复到这步田地，已经不是三五年里面所能办得到；第二，也因为学生留京的还多，不给他们一点求知识的机会，实在有点太对不起人。因为有这两种原因，所以我主张立时开学，设法筹一笔小款项，将图书馆和试验室照常进行，另外组织些自由的讲演，使学生也可以得到些普通知识。——这些不过是我和我的朋友一部分人的意见。现在代理校长余先生的意见却并不如此，他说：如果少有一点款项，大家还是上课为好；如果简直没有钱，大家全得走路。他并且觉得活动款项很有若干成的希望，所以主张立时开学，竭力筹备，一俟款项有着，即当实行上课。他这样的意见，自然也是很有理由，所以我们也就赞成，竭力筹备上课事宜。可是归结是否能够上课，却全要看经费的是否有办法。我同余先生的意见并没有什么大不同，所不同的就是我的意见立时定出开学不上课的办法，他的意见是进行上课以待款项。现在学校正在进行上课，当然不是采用我同我的同意见人的主张，这一点颇有一点小关系，所以请你更正一下。徐炳昶白，十月三十日。

（《晨报》1926 年 11 月 1 日第 6 版，原题作"北大代理校长仍进行上课 徐炳昶之谈话"，此处标题据文义另拟，下同，不具）

报告西北科学考查团近况致刘半农函

北平讯：西北考查团出发经年，该团团员前已屡有信来，报告该团工作经过。今徐旭生、黄文弼又致函刘复（半农），报告该团近状甚详。惟因经济甚困难，希望速筹接济。赫定已于六月初抵德国柏林后即回瑞典，拟留三星期后再从柏林来中国，赫定此行亦全为筹款云。兹录徐、黄两君函文如左。

徐旭生函

半农先生如握。初八日我给理事会写完信以后，匆匆忙忙、不完不备地给你写几句，命从本团回的仆人带上面呈，不晓得你已经接到否？在这封信里面，给你出了两个题目，一个还容易，是请人译一篇文字，登在导报上面；一个很难，是请诸位筹款，我并且还说我虽然很感激你，给我家里筹款，但是归志并未仍消，我很希望你们来一位督率着去工作，我可以回去筹款云云。这些话你骤然看起，或者很生气，以为旭生得陇望蜀，意存要挟，如果你这样想，那也不能怪你。我现在把详细情形告诉你说，请你替我想想，如果我们自己一点款项筹不来，我枯守在这里，是否还有一点趣味？我现在将各方面经济情形，分列如下：

（一）赫定先生方面的经济状况。我们在哈纳河的时候，有一天赫定先生问我："你猜我第一年能用多少钱？"我回答说："我一点也不知道，但是……但是……我在北京的时候，我臆测总离十万不远。可是现在看起，这个数目，不像能够，以至于离二十万不远也未可知。"他说："差不多，实在九万几千美金。"他这一笔早已用完了，我疑惑这德飞行场 Lufthansa 捐助的数目[①]，另外听说他还在瑞典募的二万多，他自己还有一万多也全花掉。团员中的经费，据说有三个是由瑞典款内出的，另外全由德国款出。说到这里，我不能不叹世界上不经济的事太多，我们未来到新疆以前，杨将军莫明真相，调兵遣将，如临大敌，听说也花了不少的钱。如果把赫定先生及杨将军所费的钱，加起来拿来使我们节俭着办，依我的计划，可以组织一比现在考查团兼中西两方面完备的多的团体，继续工作可至十年。如果那样，专就学术一方面讲，我们对于新疆的研究，几可以与英国人对于英国的研究、法国人对于法国的研究争美。然而黄金竟全是这样虚掷，真令我们这些书呆子跺脚也。

（二）赫定先生现在的心理。德人因飞行计划不成功，不愿意再多拿钱。赫定先生在表面上万不肯从他嘴里说出不履行协定的话，口口声声要拿出养老的钱，破釜沉舟作一下子。但是(有)[由]骨子里，遇着这种局面谁不心痛，又怎么样能专怪他老先生呢？他的家产据说合中国十二三万元，如果这样连下去，中国方面另外筹不出一点款，他总得有五万

[①]　Lufthansa，原文作"Lnfthainsg"，据实际名称改。此后拼写错误均据正确拼写改正，不具。

元赔他。前些时总想把气象台早完全交给中国人办,又一天他告诉我说:他们瑞典团员议定,如果将来必须用他家产的时候,他们每月止领原薪四分之一。这样有暗示性的诡话,全是他心疼私产的表示。

(三) 我国方面的经济。我们在北京的时候,臆想我们方面每月可余百十块钱,在蒙古草地走了七八个月,一定余不少的钱。其实不然,这几个月我还没有算,在戈壁中间我算了一次,我设想十六年年底到哈密,除了应出的钱不花一个,团中尚残剩一两块钱,我可以相信花的钱至是必要的钱。少带一点私人的性质,即不敢出公帐。我个人的钱也花了一二百元,总之团中颇难有余钱的希望。

(四) 过去和将来的工作计划。我们一到蒙古,就感觉到北京时候的臆想,顺着一条大路走到车会成就回头的计划,完全要不得。如果一定那样作,除了(法)[德]国团员的工作无大变更外,瑞典和中国的团员,花了多少万块钱,就专以中国团员讲,就北京应领的薪水计算,也是好几万,可是归结不过作了些路线图,广阔四五十里,不完不备的地质图、考古图,这岂不是一个笑话么? 赫定先生方面,总是想便利纳(利)[林]、(欠)[贝]格满二人的独立工作,我就也决定竭力发展我们团员的独立工作。去年袁希渊分队除去驼畜、粮食外,又用了千数块钱。今年五队出发,纳林、(见)[贝]格满带去七千元,中国每队已带去二千元,加上驼畜、箱件费,不下七千元,假定如果照北京那样想办法,赫定先生至少可以节俭两万块钱,经费不至于那样困难。然而如果真那样去作工作的结果,要减去五六倍不止。我们大胆负责,向发展方面去作,我想是一种大成功,绝无损害。我现在计划今年秋冬之间,要自己出一队,从和阗起到婼羌,从离大路北边百余里、大家从未走过的沙漠里面寻找古物古迹,并划路线图,然而需要经费也不下一二千元,可是经费现在那里呢?

不过,据医生所接瑞典信,似乎安德生对于赫定先生有重行求和、不再为难的意思。如此,则他或能筹一部分款亦未可知。我国团员方面将来用钱还不在少数,希渊、黄仲良两队少有发掘,两千款项已用过半,不有接济,恐难继续。赫定先生此次实在已经特别帮忙,再向他交涉,太觉不好意思,且合同规定不作大发掘,我们也没有理由再向他张口,所以我前两封信,请你募集一两万款,实在是万不得已的办法。幸政局更新,国是稍定,筹款或且比较容易。我拟等赫定先生来后,将诸事商议就绪,由西伯利亚回北京一次。如果能筹得过万的款,我就再来,如果不然,只好请理事会另外派人来,我也要休息一休息了。这边气象台于本团回后,由新疆接收已有成议,希望将来不致有何变动。甘肃气象台还要请赶紧向那边接洽,将来办法,台设蒙地用款较多,如移别处,可托人兼办,用款无几。但我想同他们接洽,不如劝他们多办几处。甘肃地方辽阔,如期敷用,总需十几处,如本团现在所办观测温度、湿度、气压、风、云、雨六项仪器,每台费不过五六百元,观测可托学校中教员兼办,每月津贴他三五十块钱,已经很好。总之十气象台仪器和开办费不能过万,常年经费有六七千亦可敷用,希望甘省当局提倡科学,将来各省皆可仿办。此类计划,当日也同杨荩臣将军谈过,他尚在依违,未有所决。将来如果此间时局大定,我还要同当局说,或能成功,亦未可知。这边当作的工作,实在太多。说我国自行组织考查团,以李仲揆为团长,未知确否? 如果属实,可同仲揆商议,将本团的团员斟酌改属,使他们能继续工作,也是一件很好的办法。大学近来情形如何,能否见示。即候文祺! 徐炳昶拜手上书。七月十八日。

黄文弼函

……

(《时报》1928年10月4日第2版,原题作"报告西北科学考查团近况之两函,徐旭生、黄文弼致刘半农"。)

西北科学考察团发现化石骨骼事致理事会电文

西北科学考查团派往天山北路考查之徐炳昶等,近在迪化东孚远县境内三台附近,发现化石骨骼各种古物,理事会昨接徐来电报告。兹录原电如左:

北平大阮府胡同刘半农兄

转理事会、北大、清华、上海中央研究院诸先生鉴:本年天山北路工作,得有极好成绩,袁希渊九月十一日于迪化东孚远县境内三台附近,发现下侏罗纪红沙岩层,得古蜥蜴(蛋)〔恐〕龙化石,继续采集得骨骼三十具,外有原始孵卵之(蛋)〔恐〕龙婴形环绕母体,并在较上之砾岩层中得(蛋)〔恐〕龙卵一,此为亚洲侏罗纪地层中(蛋)〔恐〕龙之第一次发现,对于亚洲古生物进化同为极重要的贡献。徐炳昶。

(《世界日报》1929年1月11日第6版;《华北日报》1929年1月11日第5版,原题作"西北科学考察团发现化石骨骼,徐炳昶来电报告"。)

覆女附中学生家长书

女附中隶属问题,已成为平教育界中一重要问题,自教部维持原令,仍令女附中归隶女师院消息传来后,女附中主任、教职员、学生相继发表宣言。兹闻女师院长徐炳昶昨有函复女附中学生家长,对于女附中应隶属女师院之理由及事实,叙述颇为详切。兹录如下:

女附中学生家长诸先生均鉴:敬复者,炳昶上月下旬由南京返北平,得读沈王仲慈等二百九十四人签名盖章之惠函一封,命炳昶自动取消收回女附中之原议。署名诸先生亦多教育名流、炳昶旧友,恕其过失,动以情感,语重心长,令人惕恻。未及作复,又收到刘元蔚、李海山等一百九十二人惠函一封,谓此次女附中违反部令,召集家长会议时,到会者不过数人,其所发反对接收之函电,不足代表合校学生之家长,协定并对于欧阳晓澜、韩桂丛二君私人有所诋毁。即欲并函答复,适值二十六日北平大学校务会议时,因改属问题两方相持不下,无法解决。讨论结果,议决再呈教育部请作决定。在此时间内,而炳昶哓哓有所陈说,颇犯作宣传之嫌疑,故默尔而息,静候解决。现北平大学尚未接到批示,而报端又复甚嚣尘上,谓欧阳君及附中职教员因改隶一案教部仍维前令,愤激辞职,学生通电,并有一致护校、决心流血之词。因改隶一细事而误会至此,行见学生学业将受重要无从挽救之损失,如再守缄默,恐误会更深,获戾更甚,故不惮烦渎,陈述颠未理由,惟明达垂察焉。炳昶颛愚,惟耳中所闻谣传颇多,然对于家长诸先生之人数意见,殊不欲妄有所猜测,个人私事更不愿有所闻问,故所陈辨别,仅限于本事,非敢有略也。

女子师范自民国八年改高等以后,即因学生之须实习及教育理想之须试验(附中设立之理由一为实习,二为试验,二者并重。盖教育专科研究有得,即当试验,欲图教育之逐渐改善,殊无他法。近日各方言者,皆偏重学生实习,忽略教育理想试验,故附陈于此),感觉有设立附属中小及蒙养园之必要,乃于民国五年方还先生长校时,添设女附中,延聘欧阳晓澜先生主任。后因校舍迫狭,又将本校校舍抵押于义品公司,借款五万余元,于辟才胡同建筑附中校舍,延至今日,本息尚未归还,每月须与义品公司费时纠葛。此点诸先生或知之,或尚未知之也。其后附中因欧阳先生及附中各同事之努力,本校各先生之辅助,办理成绩尚属不恶。民国十四年,本校同人因对于校长杨荫榆有所不满,横被章士钊之摧残,斯时欧阳先生恐卷入漩涡,致令学童失学,毅然决然,谋附校之脱离,其毅力有足多者。自是以后,附校虽时时脱离本校,然因基础良好,数年来仍得保其优良之校誉,此自诸先生所熟见,无庸赘述。虽然所谓成绩优良者,亦仅于北平各校中比较优良而已。世界文化各国,教育进步极速,我国着着落后,必须专精励志,急起直追,想亦为诸先生之所同感。炳昶前数年即感觉北平中小教育与理想教育距离过远,然因课余鲜暇,未能详思,尚未知其症结之所在。

民国十六年率领西北科学考查团西行工作,日与自然界相接触,一日在骆驼背上沉思积虑,始恍然于中西教育不相及之由来,为说颇长,更仆难终。然约而论之,可分两谊。教育宗旨,在于体力的锻炼、思想的练习、美感的陶冶。然此三者,每易偏重,常难调和。调和关钥,实在自然界自身。必须使学童常常与自然界相熟悉,再以书籍、仪器辅助其认识,然后体力得以锻炼,思想得以练习,美感得以陶冶。此一谊也。欧陆人士,对于精确(exactitude)有热烈的要求,故能极深研几,发明各种精密之科学。吾国人士思想含混,不求精进,故所得知识,止能及性质的(qualitative),不能及数量的(quantitative)。如于此点不急图挽救,而欲言科学的进步,洵属南辕北辙。补救之法,必须于中小学中作一种过正的矫枉,使学生对于数量观念非常熟悉,对于精确具有内心的要求。而后精密科学的研求得有起点。此二谊也。至于升学,为研精学问时必有之过程,讲义为求学时之必要工具,虽亦未可轻视,然教育之目的固不在是。今日我国之优良学校,不过整齐功课,使学生熟悉讲义,以薪升学已耳。如果长此终古,则中国教育之现状,亦长此终古可也。

炳昶既悟此谊,即怀二愿,一希望回内地后,对于上二谊文字之鼓吹,二希望能自己作办一种中小学,使此种理想得有试验之机会。回平以后,各同志强长第二师范学院,院务倥偬,对于上二愿,亦暂犀置。然常与当代教育名流谈述上二谊,皆蒙赞许,自信益深。适因本院改大后,第次毕业需要实习,而附中直隶北平大学,颇多转折困难,且暑假招生,程度难齐,慨然于中小学之重要。而女附中小与本院关系甚深,因避风潮卷入而独立,风潮完毕二复归,亦自属正当办法,故遂有收归女附中小之提议。收归之动机不过如此,收归之责任,炳昶自尸之。并非如来函所云误于左右一·二人所言。且即使炳昶听信一二人之言,采用之前,必经缜密考虑;采用之后,炳昶即当自己负责,万不能因办事不顺利,遂诿过于一二人。

定议后,适本院秘书田培林、教员韩道之因公入都,炳昶即令其以此意转达蒋教育部长,蒋部长答称北平大学自身无办附属中小学及蒙养学园之理由,改隶第二师范学院,当然不成问题。然此次不过口头问答,并无公文来往。北平大学改组后,余款分配时,教育部来单首列师范大学及其附中小,北平大学师范学院(去"第二"二字)项下,列举附中小蒙养园各增款若干后,又总计师范学院共增款(能)[若]干,是已将附校圈改隶师范学院。第二次来单,则附中小及蒙养园之项目,皆已消失,只书师范学院一万九千余元。此时炳昶适代理北平大学校务会议主席,办公处执事人问炳昶:部令如此,经费将如何发放?即经答以照旧发放。后与校务会议诸同人谈及此事,诸同人谓大学自身对于附校园既无从管理,改隶自属当然。可提出改隶,即可毕事。炳昶答以现时校长既未就职,校务会议不宜负此重任,且个人正任主席,亦在嫌疑之地,不如禀教育部请求核准,经众讨论无疑议,遂由北平大学转呈教育部。请求改隶之经过,不过如是。日前附中教职员所攻击炳昶利用主席地位非法呈请教育部之经过,亦不过如是。诸先生可自探查其有一言之虚否耶?

教育部既批准改隶,欧阳君呈请大学部抗议此事,并请大学转呈教育部请其取消原令,是时校务会议诸先生颇主张抑置不理,炳昶谓该附中虽已改隶,然在未接收之前,其所陈请当然转呈。是转呈一事,炳昶实主之。炳昶又托本院教授董鲁安先生见欧阳君及附中各同事,陈述经过,并疏通意见。本院学生因附中反抗改隶,举动诸多不合,意见愤激,将开会协商对付方法,炳昶恐误会更深,禁止开会。炳昶自南京回后,本院学生要求扣留附中十一月份经费,炳昶答以附中教职员虽有误会,然因此而使附中学生受一日学业之损失,亦所不愿。经济封锁政策,无论何时,皆不采取。附中教职员常自诩其学生、学风之优良,然因一无关闳旨之改隶问题,致使学生在大学办公处院内受寒半日、牺牲学业亦所不惜,其所谓善良之学风果应如此耶?炳昶意定,遂嘱办公处将十一月经费赶速发出。附中教职员所称炳昶摧残学校之经过,不过如此。诸先生当亦有亲友子女在本院肄业,可自探查其有一言之虚否耶?

附中教职员及诸先生反对改隶之唯一借口,不过谓本院多风潮,恐附中卷入漩涡。本院同人对于杨荫榆、章士钊之奋斗,诚自盛大,然此举在革命史上自有其相当之价值,诸先生当自知之。此后四年,有何风潮?且近数年来何学校无风潮,诸先生问附校独立对于本院究竟有何不利,遍询局外、局中是否有人能言?然本院收回附中之理由、缘起、经过,实无一点不可与人以共见。诸先生反对改隶之理由,是否能与炳昶及同人明言之耶?欧阳先生办学认真,然食古未化,诸先生以为然耶否耶?附中小及蒙养园皆待改良整顿,诸先生以为需要耶,否耶?本院有附属中学之必要,而女附中为本院所立,欧阳先生为本校所聘请,本院今日对于附中尚有负担(义品公司押款)。避风潮而出,无风潮而归,其不合正谊之处何在,诸先生能明言之否耶?

或谓本院收回附中自无异议,然事前当与附中同人协商,感情疏通,自易为力,贸然收回,激起反动,自属非策。前日在校务会议时,家长请愿代表吴郁周先生亦以是点为言,吴先生亦炳昶旧友也。虽然,难言之矣!本院同人对于附中同人之长短颇能知之,惜其所短,决不敢埋没其所长。至附中同人对本院同人是否有同样的了解,颇未易言。感情久恶,并非炳昶所激成,诸先生当亦有知之。诸先生如以为意见可疏通,则今日似尚未晚。炳昶对于欧阳先生及附中诸同事决无误解。欧阳先生及附中诸同事前日对于本院诸同人之误会,本院诸同人绝不芥蒂,此炳昶之所敢保证。欧阳先生思想虽稍陈旧,而办事认真,经验闳富,亦属附中极需要之人才。如诸先生能劝勉欧阳先生及附中诸同事惠然合作,来与本院教育系诸先生同谋经教练之改善,保其所长,去其所短,日新月异,使学童得有预备,将来可以精确之方法,对于自然界作亲切之认识,则炳昶之所馨香祷祝者也。天气严寒,诸惟珍摄。特复,即候文祺。徐炳昶谨启。一月十四日。

(《世界日报》1930年1月15日第5版;《新晨报》1930年1月15、16日第7版;《益世报(北京)》1930年1月16、17日第6版;《华北日报》1930年1月15日第5—6版。原题作"徐炳昶覆女附中学生家长书,详述女附中应隶属女师院之理由"。)

致女附中教职员函

女师院长徐炳昶昨有函致女附中教职员,请于欧阳晓澜未到校以前维持上课。兹录原函如次:

附属中学校教职员诸先生均鉴:(径)[敬]启者,自附属中学校不愿遵奉部令、反对改隶以来,闻该校学生学业、纪律两方面已受重大之损失。本院于一月二十五日接到北平大学指令内开:为训令事。前奉教育部第二九三九号令饬,以附属女子中小学及蒙养园,应拨归本大学女子师范学院管辖。等因。业经分别令行,遵照在案。旋据该院呈称附小及蒙养园,业均分别遵照办理,惟女附中反对改隶,请转呈教育部维持拨还原令。等情。当经转呈去后,兹奉教育部第六八号指令内开:呈附属女中改隶困难情形,请指令示遵由。呈悉。应仍照本部第二九三九号令办理。此令。等因。奉此。合行令仰该院遵照办理。此令。等因。则本院自应遵奉部令,收回该校。嗣于一月二十八日由本院续聘欧阳晓澜为该校主任。因欧阳先生不在平,聘函退回。现寒假将毕,开学在迩,即请诸先生顾念学生学业,于欧阳主任未到校以前,维持上课,勿荒时日。昶整理该附校计画,原定于本年暑假后实行,暑假以前,一仍旧贯。经费来后,本院自当通知。届时派会计持正式收条来取,即当照发,毫无其他问题。该附校中有所谓学生护校会之组织,即就不愿改隶者之立脚点言,亦属有百害而无一利。因附校对本院有存在之理由,即因其为本院之实习学校;对社会有存在之理由,即因其为诸先生所自(翊)[诩]之善良学风。如不愿为本院之实习学校,则对本院已失存在之理由。如该护校会继续废弛学业,妄行活动,则诸先生所自(翊)[诩]之善良学风,亦将扫地而尽,自取消其存在之理由。此所谓有百害也。闻一部份教职员及学生颇虑本院之武力接收及经济封锁,本院有实习学校之必要,教育部发本院款项,命本院办实习学校。该附校愿为本院之实习学校者,本院自当继续办理,否则停止另办,何嫌何疑而用武力接收?暑假以前,止要诸先生维持上课,本院绝不改易原定计划,用经济封锁,致旷废诸生学业。且即用经济封锁,亦岂该护校会之所能为力,其狂可恨,其愚亦可悯,此所谓无一利也。请诸先生体念斯意,告诫学生停止进行,实属该附校学生之幸。如有人真不愿改隶,止有赴诉教育部之一法。昔如是,今后亦尚如是,勿惑歧途,致蹈愆尤。至如在报纸上之捏造事实,淆乱是非,浪费纸墨,结果谨足毁辱报纸之荣誉,亦可无庸继续。特此,即候课祺。女子师范学院院长徐炳昶拜手上言。二月六日。

(《华北日报》1930年2月8日第5版;《益世报(北京)》1930年2月8日第6版;《世界日报》1930年2月8日第5版;《新晨报》1930年2月8日第7版。原题作"女附中改隶问题沉寂中,徐炳昶致函该校教职员,请维持校务如期工作"。)

为反对艺术学院改名致该院学生会函

艺术学院教职员学生反对改称专门学校,该校教职员代表郑颖孙屡次向教部长蒋梦麟请愿,蒋表示态度,如艺术院坚持反对改专,暑假前未将改专办妥,则暑假后停办该院。郑代表闻讯,大哭不已,谓艺术教育前途殊堪痛心,非力争不可。北平大学校校务会议主席徐炳昶以私人名义转函教部,援助艺术院,反对改专。徐氏昨日致函艺术院学生会表明态度。原函录左。

径复者:函呈均悉。贵院同学意见,已由昶及各院长以私人名义转函教部,代为请求。俟得覆,当再奉达也。此致艺术学院学生会。徐炳昶启。

(《新晨报》1930年2月16日第7版,原题作"艺院如坚持不改专,暑假后则停办该院。徐炳昶力谋调解"。)

为报就职女子学院代院长日期事上教育部呈文

女子学院代理院长徐炳昶,昨日(十七日)上午八时到院视事,与各主任曾有一度之会商。并呈报北平大学,虽已就职,但不能久行兼代。请转呈教部,赶速遴正式院长。原呈录下:

为呈报就职日期事。案奉函开:接奉教育部蒋部长处电开:北平大学鉴:据北平大学李校长面陈女子学院院长经利彬请准辞职,情词恳切,拟请照准。女子学院院长在遴选期内,拟由徐炳昶暂行兼代一节,应照准,即希遵照。等因。奉此。相应函达,即请查照为荷。等因。奉此。炳昶遵于本月十七日到院视事,理合备文呈报到院日期,即请查照备案。惟炳昶猥以菲材,忝长女子师范学院院长,事务繁多。兹又兼理女子学院院长,责任重大,实不能久行兼代。务请钧校转呈教育部,赶速遴选正式院长来院主持,俾卸仔肩,实为公便。谨呈国立北平大学国立北平大学。女子学院代理院长徐炳昶谨呈。

(《华北日报》1930年2月18日第5版;《世界日报》1930年2月18日第5版;《新晨报》1930年2月18日第7版。原题作"徐炳昶昨就女院代理院长 并呈报平大谓不能久代"。)

为师大无护校会事致中央电文

前日外传师大教育系反对教授李湘宸,兹闻该校校长徐炳昶致电中央,声明一切。电文照录如左:

南京中央党部,国民政府行政院、教育部钧鉴:报载师大护校会致电政府部院,诬告教授李湘宸等,未审有无此电。查属校并无护校会名目,亦无该项文电发表,当系外闻匿名捏造。特电呈明。师大校长徐炳昶叩。巧(十八日)印。

(《益世报(北京)》1931 年 4 月 19 日第 6 版;《京报(北京)》1931 年 4 月 19 日第 7 版;《华北日报》1931 年 4 月 19 日第 6 版;《世界日报》1931 年 4 月 19 日第 6 版。原题作"徐炳昶电中央声明该校无护校会"。)

为师大两部合组北平师范大学事致教育部电文

北平师范大学第一第二两部昨日宣告合并,校名为国立北平师范大学,分设教育、文学、理学三院,校长徐炳昶,昨电呈教育部,报告遵令合并。原电录左:

南京教育部均鉴:本校第一第二两部部务联席会议昨日开会,议决第一第二两部遵令合组国立北平师范大学,定于七月一日宣告成立,分设教育、文、理三院,第一第二两部名义,同时取消,详情续陈。师大徐炳昶叩。东(一日)

(《世界日报》1931 年 7 月 2 日第 6 版;《益世报(北京)》1931 年 7 月 2 日第 6 版;《华北日报》1931 年 7 月 2 日第 6 版。原题作"师大两部实行合并,徐炳昶电教部报告"。)

为师大两部合组北平师范大学事通知

男女两师大奉令合并改称国立师范大学校,业已竣事,该校校长徐炳昶昨发出通知。原文如下:

径启者:查本校案奉教育部训令第二四九号内开:查原隶北平大学之女子师范学院及其附属学校,业经本部决定,自本学期起不再隶属于北平大学,与该校合并为国立北平师范大学,俾造成国内一完善之养成中等师资及教育行政人员与研究教育学术之机关,况值国家整顿教育,该校所负之使命綦重,兹规定该大学应改进之事项如下:一,合组后之国立北平师范大学,暂分第一、第二两部,其两部所设之各学系,应如何避免重复,及依照大学组织法组织设置学院,逐渐废止两部之分立,由国立师范大学校长于本年暑假前拟具详细办法,呈部核夺(下略)。等因。本校遵于四月初改称第一部,并通知女子师范学院改称第二部,并分别函达,各在案。现在暑期已届,此项过渡办法应即废止,以图改进。兹经六月二十九日第一部、第二部部务会议议决,本校第一、第二两部合组国立北平师范大学定于本年七月一日宣告成立,并将国立北平师范大学第一部、第二部名称取消等语,除遵令并依照议决业如期办理、分别呈报布告外,相应函达。即希查照为荷。

(《华北日报》1931 年 7 月 20 日第 8 版,原题作"师大两部合组师范大学,徐炳昶发出通知"。)

为催拨师大六月经费事致教育部长李书华电文

师范大学校长徐炳昶,昨日再电教育部长李书华,催拨六月份增费,原电录左:

南京教育部李部长钧鉴:本校六月份经费尚未拨到,至感困难,请速电汇,以便支配。北平师大校长徐炳昶叩。删(十五日)。

(《世界日报》1931 年 8 月 16 日第 6 版,原题作"师大催拨经费,徐炳昶昨电李叔华"。)

为催拨师大七八月经费等事致教育部长李书华电文

师大校长徐炳昶昨电教部,催拨七八月经费及六月份增费,原电如下:

南京教育部李部长钧鉴:巧(十八日)电奉悉。本校六月份增费,尚未奉到,窘迫异常,即恳照拨,以纾眉急。开学在即,七八两月经费,并祈早发。北平师大校长徐炳昶叩。勘(二十八日)。

(《世界日报》1931 年 8 月 29 日第 6 版,原题作"徐炳昶电教部催拨经费"。)

请即日复食致王季绪函

自北洋工学院代理院长王季绪绝食后,各方慰问者函电不绝,师范大学校长徐炳昶昨日亦有函致王,请为国珍重,即日复食。兹录原函如下:

季绪先生文鉴:此次暴日侵略东省,有加靡已,凡属国民无论为友为敌,亟宜悉泯嫌怨,团结一致,共赴国难。乃和会诸公未能捐除成见,早现统一,殊令人触望。昨闻先生忧国情殷,遽尔绝食,以冀当局觉悟,敬佩之余,曷胜惶虑。当此危急存亡之秋,正赖老成指导青年,努力救国。务希俯徇众请,为国珍重,即日复食。无任盼祷之至。专此奉布,祇颂台绥。弟徐炳昶启。十一月六日。

(《世界日报》1931 年 11 月 7 日第 7 版,原题作"徐炳昶函王季绪请即日复食"。)

为辞去北师大校长事致李干臣电文

师大校长徐炳昶,前以本校经费积欠数月,曾与北大校长蒋梦麟偕同赴京,与教育、财政两部接洽,迅将经费扫数发汇。乃呼节无灵,徐以愧见学校同人,一面致电该校教务长李顺卿,表示经费无着,本人决不返校,已向教部辞职,一面则束装北返,已于前午(十三)十一时十分乘平浦通车抵平,即返私宅,并未到校。该校教职员接徐辞职电后,异常惊骇,当于前晚召集紧急校务会议,众以际此国家多故,正赖同谋共济,当即议决一面致电教部恳切挽留,一面备函推定教育院长李湘宸、理学院长刘拓、文学院长黎劭西、教务长李顺卿四人为代表,于昨午(十四)赴徐之私宅,恳切慰留,请即到校,同时教育部亦来电慰留,兹将各电函分录于下。

(一)致李干臣电

师范大学李干臣先生鉴:经费无办法,昶已向教部辞职,请会同院长秘书继续维持,昶今晚动身回平,不返校,请转知舍下。昶。真(十一日)。

......

(《华北日报》1931 年 11 月 15 日第 6 版;《京报》1931 年 11 月 15 日第 6 版;《世界日报》1931 年 11 月 15 日第 7 版。原题作"教部慰留徐炳昶,徐昨回平并未到校视事,学生明晨开全体大会"。)

为济南兵工厂停工事致国府及军委会、韩复榘电文

北平学术界章德禧、谌亚达、袁民宝、黄文弼、谢国桢等数十人,为济南兵工厂停工一事,前晚在前师范大学校长徐炳昶宅集议。佥以正值沪滨血战、全国愤激、一致准备长久抵抗之时,停止兵工厂工作,无异束手待毙,特由到会人员签名,分电国民政府、军事委员会,及山东主席韩复榘,请积极整顿该兵工厂等,以充实军械,以御外侮。各电昨已发出,原文如左:

致国民政府及军事委员会电:(衔略)顷闻报载济南兵工厂因厂长舞弊,突然宣告停工,并有沪滨各厂先后停顿等语。当此国难方殷,前敌忠勇将士喋血鏖战之时,后方接济何能断绝?消息如果属实,无异自取灭亡。炳昶等惶骇愤激,特电乞钧座对济厂澈底查办,严惩贪婪误国人员,以儆效尤,并立筹巨款,令国内大小兵厂迅即一体开工,星夜赶造,接济前方。其近在防地者,相机迁移,继续工作。如有类似济厂情形,或有意延误者,均以军法从事。民族生存死亡,实所攸关,炳昶等誓当竭尽棉薄,向国内外同胞呼号奔走,筹集款项,充裕军储,以为政府后盾。迫切电陈,伏祈矜鉴。徐炳昶等十八人同叩。宥(二十六日)。

致济南韩复榘电:济南韩主席钧鉴:顷闻报载济南兵工厂因黄裳舞弊,突然宣告停工等语,炳昶等披阅之下,不胜骇愤。当此国难方殷,前敌忠勇将士喋血鏖战之时,关系全军命脉之军火何等重要!如报载不诬,则该厂长贪婪误国,罪在不赦,特电恳将该厂长先行扣留,澈底查究。果罪状确实,转请中央执行枪毙,以儆效尤,一面迅令该厂人员立即复工,星夜赶造,以供前方急需。临电迫切,无任盼祷。徐炳昶等十八人同叩。宥(二十六日)印。

(《世界日报》1932 年 2 月 27 日第 7 版;《京报(北京)》1932 年 2 月 27 日第 3 版;《大公报(天津)》1932 年 2 月 27 日第 5 版。原题作"徐炳昶等电国府及军委会请查办济南兵工厂令即日复工 并致电韩复榘请扣留该厂厂长"。)

为呼吁南北同时反攻事致洛阳国民政府暨二中全会电文

教育界徐炳昶钱玄同等以沪战我军变更战略,昨特电国府及二中全会,吁请南北同时反攻。原电如左:

洛阳国民政府暨二中全会钧鉴:浏河失防,敌焰凶张,十九路军血战经月,何以任其孤拒,竟尔后援不继。沪渎骸骨遍野,洛阳冠盖缤纷。瞻瞩两地,骇愤交并。今日之事不容

观望,南北应立即反攻。各方仍图保个人实力,即为祖宗社稷国民万世仇敌。政府诸公其明宣意旨,以示国人。徐炳昶、钱玄同、童德禧、吴文潞、王尚济、何士骥、魏建功。

(《世界日报》1932年3月4日第7版,原题作"徐炳昶等呼愿南北同时反攻,昨电国府及二中全会"。)

为撤回和会代表积极抵抗事致国民政府及军事委员会电文

北平学术界徐炳昶等为上海日本延期撤兵事,昨致电民国政府行政院及军事委员会,请撤回代表,积极抵抗。兹录原电如左:

国民政府林主席、汪院长、蒋军事委员长钧鉴:沪上中日和议,业经两旬,日兵之撤与与不撤,两言可决。来时不过旬日,撤退何须数月?且淞沪一带秩序早已恢复,若必借故驻留,则彼随时可以挑衅,而我必至防不胜防,懈我敌忾之心,长彼侵略之焰,其害将有不可胜言者。我政府宜于此时立刻撤回代表,一方将和议经过报告国联,一方通告全国积极抵抗。若徒掩耳盗铃,欺骗国人于"六月""四月""希望""切望"之争,则国人将有不能为诸公谅者。际此国难正殷,炳昶等本不敢妄唱高调,特分属国民,存亡与共,心所谓危,敢不直告。徐炳昶、黄文弼、李宗武、吴文潞、谌亚达、马衡、袁民宝、童德禧、王尚济、魏建功、何士骥叩。文(十二)。

(《益世报(北京)》1932年4月13日第3版;《世界日报》1932年4月13日第7版;《华北日报》1932年4月13日第3版;《京报》1932年4月13日第3版。原题作"撤回和会代表积极抵抗,徐炳昶等电国府军委会"。)

宁失平津不弃热河并为张学良将军进一言

日本人入寇,现在已经达到最尖锐的阶段。虽然说,这两天前线消息颇感沉寂,而"万木无声待雨来",强房一定是在那里狂热的筹备,期一鼓而下热河,固属毫无疑问。可是在这样生死存亡之秋,而我泱泱大国风的平津人士所急于知道的,并不是热河的存亡,却是平津的得失!他们大多数的意见,好像是说:热河是丢定了,止要敌人停在那里,不来平津,也算好了!你要是问他为什么这样看重平津却不看重热河的理由,他们一定可以找出来什么天津为华北第一的商埠啦、什么北平为中国文化结晶体啦,种种不相干的饰词来搪塞你。实在他们这些话说,同怕日本人,想回家过年,怕考试而借口于扩大抗日运动的议论,同是一种亡国奴性十足的表现;他们真正的理由,不过是因为他们舒舒服服在平津住着,恐怕日本人来伤损着他们罢了。我对于这一班奴性十足的贤士大夫,也止好安慰他们说:如果日本人来到平津,虽然也不见得不掳掠你们的财产,奸淫你们的妇女,可是也不见得就比刘曜、王弥之对于洛阳人民,乌珠尼玛哈之对于汴京人民会怎么样的厉害,还许比他们较好一点也未可知,你们尽可以放心。但是我们对于你们有一点小小的请求,就是从此对于一切国事免开尊口!

文物为一个民族的一件顶可宝贵的东西,果然不错。但是在这里我要说一句极偏激

257

的话：我们祖宗之所以惨淡辛苦创造这些文物，是为他们的子孙的，并不是为他们的敌人的。我们这些不肖的子孙，能够保存它，自然应该出死力地保存。如果不然，有地方搬运，把它搬到别处可也，否则暂留以待后来恢复亦可也，即同它同归于尽亦无不可！杀了自己的妻子，烧了自己房屋，拼命死战、横尸沙场的人，以现在看起，诚然未免有点野蛮，但是这些英雄总还人气充满，绝非奴性十足的人们所能望其肩背。至于说文物为人类所公有，不应这样随便毁坏等等，更是一种（谈）[淡]话。人类如果认某一部分文物应该保存，就应该主持正义，阻止强盗的掠夺，否则他们也止好"请闭尊口"，并不配批评与它同归于尽的人们的毁坏。重要商埠，如果能不失，保存一个重要的饷源，在作战时自有关系。但我敢说一句话，就是此次战事，如果失了沿海各大城就毫无办法的时候，那也不配说什么抵抗！要而言之，今日的平津，能守则守，不能守，止要不是甘心退让，已经使仇敌受了严重的损失，那就丢掉，也还无关宏旨。

至于热河，为华北的藩屏，中国本部通东三省的门户，此着一失，全盘尽输。敌得平津而我仍守热河，则我仍有办法而敌处难境；敌得热河而我局守平津，则敌得从容布置而我日受迫胁。且敌人一逾滦河，平津附近，千里平原，守御不易。若热河则有环山以资屏障，后面有张绥铁路以利转运，有太原兵工厂以便军械的补充，有绥远后套的米麦以便军饷的接济，何嫌何疑而自甘暴弃？我们希望全国人士把这件事的先后缓急，审量清楚，发大决心，宁失平津，不弃热河。愿作义勇军者到河去，愿救护伤兵者到热河去，愿接济饷械者送到热河去。与热河的防守有直接关系者则急之，无直接关系者少缓之。尤希望东南人士目光远大，全体明了热河的关系重要，知道热河现在的人民稀少，物产贫瘠，以养多量之军队，绝非其力之所能任；即使政府倾全国之力，费数百千万的金钱，以救济热河，防御热河，均不应有所怨望，并且应督促政府如是作。止要热河能守得住，我们东北的事，全国的事，总还可以有办法。

我现在要对于与防守河顶有关系的张学良将军进几句质直而恳切的话如下：

将军父子，其好恶映于全国民之心中者约有数变：民国十三四年以前，军阀交争，将军父子为军阀之一，为人民所不喜，然与其他军阀固无所拣择。五卅惨案以后，全国愤激，国民政府时在广州，尤出其全力以与英人相抗争，而将军父子乃为北洋军阀的首领，以与新兴的国民运动相抵拄，这个时候，全国人民颇有与将军父子不共戴天之势，所以将军父子外虽有帝国主义者的暗助，内虽有北洋各军阀的环拱，而竟无法支持，几于一蹶不振。是为国民对于将军父子感情最恶劣的时期。将军出关以后，情形大为好转。将军不顾日本人的阻挠，毅然改悬青天白日旗，复归民国，固属重要原因之一，而老将军不肯签字于卖国条约，以致殉国难于皇姑屯，秘幕为国人所知，亦属一个极关重要的原因。国民好恶之至公，实属无可湮没。自此以后，国民政府知将军之忠诚，且无大野心，多所倚畀。在东省，又适打通路成，葫芦岛的开港又积极进行，国民对于将军，颇有很大的希望。是为国民对于将军感情良好时期。九一八国变突起，全国上下均应负责，固不能全怪将军。然前数月风声已紧，将军竟毫无所准备，以致全国很大的兵工厂，很多的飞机、坦克车、枪械，均拱手送人,将军固不能辞其咎。全国人民对将军的感情骤变恶劣,洵非无理。然将军大失人望的地方,尚不在此。九一八之变,犹可以事前不知相推诿,锦州全师入关,又有何说?将军自诿力薄,亦有一部分的道理,然无论如何,总不能薄于马占山、王德林之徒,而彼等固能矢死奋斗,为国民所景仰。就是上海十九路军拼命鏖战,誉满中外,他们的实力也不能比将军的强。可是将军竟全师入关了!谓非有保全实力的私图,谁其信之!此后国民对于将军的感情,备极恶劣。将军自谓父子不卖国,此事大家亦可相信,然误国之咎,虽爱将军者亦不能为将军解。现在热河的事情更紧急了,将军图晚盖之期已经到了。将军应该赶紧舍去纷华靡丽的北平,到热河亲自督战。一转移间,人心立振,情感立变。大家全知道将军虽一时为他人所蒙蔽,而终为热血之男子,并非阘茸之纨绔,其热烈帮助将军,必有过于十九路军在上海作战时之所见者。如果大家齐力,热河尚可以守。如此则不惟热河有办法,华北有办法,即东三省问题亦将有办法。是为上策。否则自审材力不给,赶紧奉身而退,毫无留恋,请中央另派人接收,或请命中央,径交与冯玉祥将军接续指挥,亦尚不失为有策。否则欲退不舍,欲战不敢,热河先失,平津亦必不能守。将军欲入邻境,则邻境必不纳,欲处国内,则为国人所咒骂,欲送国外,则为外人所唾弃,百世之下,犹有余臭,孝子慈孙犹羞以为祖父。不断之害,必至于斯。将军聪明人,其已熟思而审计之否乎?质直之言,尚乞谅察也。二二,一,十九。

（《大公报（天津）》1933 年 1 月 23 日第 3 版）

我个人对于陕西的各种感想

我这一次派到陕西去考古,在那里住了四个多月。回平以后,朋友见着面,大家对于谜一般的陕西,总是发不少相类的问题。至于我个人呢,我也总是用差不多的话来答复。说来说去,总是那一套的话,可是问的人还是要接续的问,我仍是得好像话匣子一样的回答。我现在把这些感想,写到后面,算作一个总答复。这也不过是想节省一点时间,免得像话匣子一样天天继续着唱,毫没有一点想鼓吹什么、宣传什么的意思。

开场锣鼓打毕,即此开演。

每次遇着人问我"陕西到底是怎么样?"的时候,我总是告诉他说:陕西是好极了!专以考古方面说,陕西固然是一个异常的好、全国无从比拟的一个地方。就是以全体去说,陕西也真是一个可敬可爱可歌可泣的地方。并且还要留神:陕西还不是囫囵吞枣的可敬、可爱、可歌、可泣,却是可敬!可爱!可歌!可泣!它现在处在一种惨苦的境遇,可令人悲泣的地方实在太多!但是无论如何它那可敬、可爱、可歌的特点,总还依然存在。它有一个极伟大的过去,是差不多大家全知道的。它一定有无限的将来,却是我个人毫不能移易的一种确信。可是现在的灾祸,实在太大,怎么样使它走出现在的难关?却是一件很难解决的问题,值得全国贤士大夫集中精力去解决这一个问题。

怎么样说"专以考古方面说,陕西是一个异常的好、全国无以比拟的一个地方"呢?陕西有周秦汉唐的陵墓,有极丰富的碑林,是一件人人知道的事体,可是各省,尤其北方诸省,如河南、山东、山西、河北,不是也有相类的情形么?——那固然不错。但是汉唐古物俯拾即是,哪一省也不能同陕西相比。我们在陕西几个月,目的并不在研究汉唐,而汉唐古物到处映入眼帘,也不能不注意及之。汉长安故城,规模显露于地上,残砖剩瓦,随处出土。隋唐石刻,有历史之价值,而弃置于荒烟蔓草间者,尤不知凡几。固然也有记东汉明帝时修关帝殿的妄人(长安西南北丰镐村清凉寺嘉庆二年碑),但是千年以上之真正古器物,真美不胜收也。并且,如河南之洛阳等城,固亦为考古学家所竞聚之重要地点,但三十年来,古物古迹,几全被盗掘古物者毁坏净尽,至陕西,则除几少之例外,尚完全保存于地中。虽今日盗掘奸宄,已有舍洛阳而向陕西的趋势,然如文化团体、地方长官能赶紧设法,尚非难事。再将时间延长来说:渭水附近的黄土冈原,最便于太古人民的住居,石器时代的遗迹,随处皆是。即最近三五百年来,陕西文化亦有特别的发展:各村均有整齐的庙宇,无庙无壁画,庙中无室无壁画。百分之八九十均在水平线以上,其庄严伟丽,有艺术上极高之价值者亦尚多有。并且颜料经久,历时甚长而丹青若新,不似他地经数十年即已黯淡无色。北平空有很多的牌楼,即最著名之北海琼岛东西之牌楼,其斗棋之伟丽,尚逊于陕西各县之牌楼。我们在残破饥饿之岐山城内,看见巍奂的牌楼,斗棋富丽,下有藻井,即走遍北平,也找不出能比得上的建筑物也。每村几皆有戏楼,我们常看见不及百家之村,而有精巧戏楼,两边有整齐之壁画;后面木槅,有工细之雕刻;上面有图案整洁之天花板。虽近年颇多残破,而完好者仍自不少。兴平城隍庙内之戏楼,高共三层,建筑雄伟。我个人见闻简陋,除颐和园外,尚没有看见第二座呢!庙前旗杆,多用铁,或用石,其构造均合于艺术之原则。铁旗杆间蟠龙凤,下悬铃铎,随风和鸣,令人神醉。余如塑像艺术之发达,雕石、雕砖、雕木之工艺,不惟普遍,而且美好,均为此地的特色。所以在陕西,上自石器时代,下迄民国,无不有古之可考。说是全国无从比拟的一个地方,里面不含有一点夸张的意义。

为什么说"陕西是可敬!可爱!可歌!可泣!现在虽处在可悲泣的境遇,而它那可敬、可爱、可歌的特点,还依然存在"呢?陕西的山水为一种雄伟而兼秀丽的山水,陕西的人民为一种极质直好义的人民,陕西不出人才则已,一出人才,那气魄伟大,非别省人之所易企及。试申言之。

中国北方山水多雄伟,而山多童秃,水流平原,遂欠秀丽之致。南方如江浙一带,山软水温,倩丽宜人,令人神醉,令人气短。秦岭介南北之间,动植物兼南方而有之。博大雄伟,包罗万象,如太白之高,几当四千公尺,为近海各省之所不能有。太华之石,浑然天成,我游山颇多,曾未见其伦比;内中森林丰富,与北方各山的崛突枯奇大异其趣。渭河广川,多倚冈原,原田层叠而上,可植佳木,一突一拗,多出流泉,美而不媚,秀而不纤。稍一整理,可成乐园。

陕西民性朴厚,无佻达的恶习。旧俗:每一庙修成,即演戏请客。邻村接到请帖者,均争相馈送,这一个背来二斗麦,那一个担来三斗米,共襄盛举,庙益巍奂。虽事关迷信,而时代不同,此实代表公益。陕民的质直好义,盖由天性。未习者或厌其笨拙,日亲者常感其朴诚。并且西北地气高寒，必须与自然界坚决奋争，才能生存。归结精神聚于竞生，无游思幻想的余裕，所以文学、哲学常逊于东南，而与自然界斗争的结果，体魄坚实，精神习于实用，常能负重致远，遗大投艰，绝非东南脆弱人士之所能企及。周秦汉唐，中国重心在西北的时候，国力比较发扬。及至重心渐渐移到东南，国势就一天比一天萎缩。民性的不同，也是一个顶重要的原因。

就以近百年说，朝邑的阎敬铭，他的老师路德不过是一个八股匠，他所受的教育，也是顶普通的教育。可是当前清富力不很充裕的时候，他在户部几年，就能综核名实，一点不扰百姓，却已经积了几千万两的银子。他老先生的计画，是兴修芦汉（今之平汉）铁路以打通南北的隔阂。不幸，喜欢享福的老太婆不明大计，却想把钱抓来，兴修个人享福的颐和园。他老先生在专制严威的下面，却能不顾身家性命的关系，毅然决然，多次的拒绝。归结，被赶回家，悒郁以死。如果他的计画成功，甲午之战也未见得就闹到那样的国威坠地。他老先生的办法就是脚踏实地去作，一点花头没有，却是能以一身系国家全局的兴衰。这真是陕西民性的特色！

再就最近长城一役而言，在南天门与强虏喋血争死的关麟征将军，身受重伤，壮志不挫。蒋委员长送了两千元的养伤费，关将军却因为家乡灾荒太重，汇到家中，赈了饥民。他的伤刚养好，就又赶回前（救）〔线〕，再同强虏拼死。这样的气概，真是陕西健儿的本色！并且我相信这样的气概在陕西并不算什么，要找有的是，不独关麟征一人而已也。

即以人民的体格而言，自从我们的朋友孙伏园先生游了陕西，说从来说"长安水边多丽人"，我们却是也没有见到水，也没有见到丽人。自从他这样一说，大家没有到过陕西的人，总觉得陕地枯干，陕民奇丑，又加以此几年之饥饿，大约已经三分像人，七分像鬼了。我们这一次到陕西，我同白涤洲先生诸人就觉得不是那回事。自从我们同游兴教寺，白先生就竭力反对孙先生的偏见。他说伏园没有走到水边，自然不见丽人。我们今日走到水边，自然看见丽人，毫无足异。今春法人 Reclus 游陕西，回时，我问他对于陕西的感想。他说：最使他诧异的，是陕民的型范美。Le type des habitants de shansi cst lses bean. 我从此以后，更详细的留神，觉得他的话一点不错。伏园南人，喜欢南方那一种好玩的（mignon）小脸。至于北方人壮健的美，他似乎不容易领略到。陕西的人民，除了多吃鸦片烟，对于体格有极大的损失，剩下不吃烟的人民实在很壮健、很美丽。所以说："陕西人民现在虽处可悲泣的境遇，而它那些可敬、可爱、可歌的特点还依然存在。"

然则它那可泣的程度，又到哪一步田地呢？——那说起来能使人掉泪！陕西这些年来，天灾人祸，无所不用其极。自从十七年闹旱灾以来，今年已经到了第六年。这几年里面，除了二十年收了大半收以外，另外几年，几乎全没有收。我们今年春天到那边去的时候，一冬没有见雪，春天的雨也还没有下来，人心异常的恐惶。可是以后雨下来了，春夏的雨，总算很调匀。大家很有希望，感觉到或者能平均到少半收。可是以后又闹黑霜，又闹大风。我亲眼看见从前希望收三斗以上的麦苗，现在又只几升。被灾的区域，我还不详细有多么大，但是今年麦季的收成，平均算起，还是很不好，那是毫无疑义的。人祸方面：自从民国以来,天天闹革命,天天闹土匪,几乎没有安生的一天。

尤其了不得的,就是我们贤明的政府,要把祸国殃民的西北军逼到潼关里面,使他们全饿死在里面。不知道他们有枪杆的人,怎么样能够就饿死!如果不是没有枪杆的人,已经完全饿死,他们又怎么样能饿死。陕西人民本多储蓄,西北军无他法可想,不能不竭力收没。就是民国十九年在河南苦战的冯方几十万军队,哪一个不是由陕西转输给养?这样连年的大灾,又加之以由贤明政府造成的人祸,这样陕西的人民,怎么样还能有一点生机呢?冯军败后,杨虎城将军入关。杨本武人,对于吏治,非其所长。那时候省政府的秘书长,就是事实上的主席。可是当时的秘书长南某,实在是一个大投机分子。贿赂公行,无官不卖!在这等情形之下,陕西的人民,现在还能有若干孑遗者,真不可谓非幸事也!

至其被灾的轻重程度,略如下述:陕西原分三道,一关中;二陕北;三陕南。陕南人祸重而无天灾,陕北有天灾而少人祸,均受祸较轻。陕南素称富裕,其气候已属南方,并无旱灾。但自吴新田蟠据若干年,重征苛敛,陕南已非复前日之陕南。加以陕南物产丰富,财源流通,全仗汉江,每年将出产浮汉江,下达汉口。易钱而归,生计以裕。自从湖北为共产党蟠据以后,汉江不通,商道闭塞,于是陕南人遂穷的不得了。可是由省政府一方面看起,其他各部分全有灾荒,独陕南没有灾荒,钱不问陕南的百姓要,向谁要?至于陕南的百姓,虽然不缺吃的,可是米也卖不出钱,对于上面的苛捐杂税,仍是没有法子应付。这样一来,陕南的地方官,遂终日把小百姓抓来,打着屁股板子要钱。人民虽说还有饭吃,而死于敲朴之下者,固自不少。至于陕北,素号贫瘠,人民亦稀,可是从民国以来,地方秩序还没有大破坏过,镇守那边二十年的井岳秀,也没有其他的野心,颇能与民休息。所以那边虽然也有天灾而人祸较少,人民也还能对付着生活。

最了不得的,就是素称沃野千里的关中道。关中道人民素称繁庶,灾前,陕西全省居民计一千三百万,而关中道居其大半。争陕西的总是首先争关中道。第一因为它的富庶,第二因为地较平坦,利于用兵,终天争城掠地,打过来,打过去。大人先生穷年累月互相攻杀,一旦见面,握手言"误会"。可是人民方面,已经鬻妻卖子,饿莩遍野了。又加之以五年荒旱,人民愈无法生活。这几年里面,陕西损失人民不下二百万,大约皆关中道人民也。关中又可分渭南、渭北,渭水南岸各地,离南山较近,雨泽较多,受祸稍轻。渭北各地,旱灾更重,而西部各县尤为奇惨。以武功、扶风为中心,岐山、兴平次之。我们在岐山,田子平县长告诉我们说:岐山灾前人民十三万余,现只余八万余而已。在武功,店家告诉我们说:那里人民已经饿死一多半,逃去一两成,现在剩下的不过一两成而已。我们走到武功、扶风,就想问那里是否还有灾。因为必有人民,才能谈灾,现在人民快全完了,哪里还有灾之可言!那里土地荒芜的总有一多半,至于村中十分之七八的房屋,已经拆砖卖瓦,止剩四壁矗立(因为陕西皆土墙,所以还留住四壁,不然,岂能有一壁留遗哉!)者,则西部各县,大抵如是,不仅灾重各县为然也。我们并且听说,这些房也不见得全是他们自己拆卖,有时候,官家去要钱粮而人民已无存,就拆掉他的房子,卖掉他的瓦。(如此情形,必须记起。

因为世界虽大,同样的情形一定不会有,我们大可以之自豪于世界各国也。)渭水以中,土地膏腴,素不患灾,本稍可调剂他地的重灾,可是到处种鸦片,又不能种佳谷。烟苗有税!烟膏有税!烟灯有税!烟灯每县应担任若干盏,强收硬派。你家有牛一头,怎么样能不担任一盏?你家有驴一只,怎么样能不担任一盏?他省人民吸烟,至于牛也须吸烟、驴也须吸烟者,或者只有陕西一省也。至于土匪,现在倒没有大股,并且与其说是土匪,不如说是饥民。他们因为抬票没有人赎,所以也不抬票。所抢夺者,也不过是三斗麦、五斗谷而已。

最惨苦者,谁家有三元、五元,他们全能探听清楚。常有人今日卖了儿女,得了三元、五元,今天夜里,就有刀客光临。推说无钱,他一定对你说,我们已经打听清楚,你今天卖了娃,得了三元或五元,赶紧全拿出来,给我!我们在凤翔的时候,每天晚晌,听见城外枪声"空同",城内驻军,固不敢出城门一步,他们并不是怕土匪众多(实在没有几个),是因为军队几个月不发饷,把军士散出去,就恐怕很难回来。共产党大股由陕南一过,还算没有什么蹂躏,可是追匪的官军,由民间取给养,就不容易对付。据说中央某师在某县驻扎若干时,由民间供给军米八百石,临去的时候,留了大洋六百元。用不着说,这六百元大洋,大约是进县大老爷或乡先生的荷包里,不见得有一元能入小百姓的手中。渭北有一部分共产党,但是势力还小,行踪飘忽,并且陕西自耕农多,如果政治稍有办法,当不致成大患。

教育界终天闹风潮,甚至于用刀子几乎将校长扎死。教育当局,一遇风潮,就疑惑后面有什么特别的背景,常常派人视察,收没《苏俄视察记》一类的书籍。可是据我们来看,与其说是某党某系的影响,不如说真正的背景,是学生吃不饱,心中郁闷,有触即发。教职员吃不饱,没有精神好好教书办学。并且教职员吃不饱,不能不作一点小弊。学生吃不饱,愤火中烧,稍有见闻,便一发而不可遏。

我们在凤翔,住在省立二中里面,当时稍有风潮,并没有上课。学生大部分是从家事背来一袋玉米 zenzer(玉米磨破,他们就这样叫,河南、河北,叫作玉米 sher),每天自己煮出两碗稀粥,吃一吃——其实这些学生还不全是小康之家的子弟。就是上课,他们也不能上操场。因为在教室中,肚子还容易对付,一到操场,肚子就很难对付了。教职员则每月薪水按八成发,所发的又是本省票子,这种票子我们离陕西的时候,换价稍涨。至今年春天总只合七八成也。并且他们在那里一个月,七折八扣的薪水只发了两个月。他们当时要回家,没有盘川走不脱!校长李实之,人极忠实,终天仰屋兴嗟。据说上次发薪水后,校中只剩百余元,当时所剩,不过三五十元而已——要之,陕西天灾人祸,已达极点。各方面有问题,各方面无办法。我虽然毫不能移易的确信它有一种无限的将来,可是怎么样才能使它早点从巨大的灾祸里面走出来,真是令人搔首,令人悲叹的一件大困难问题也。

照上面所说陕西现在的情形,像这样可敬、可爱、可歌的地方和人民,竟陷到这样惨苦的境遇,真足令石人下泪。我们的国难是这样的严重,全国的经济,陷于大不景气的状态,你虽然还是确信它有无限的将来,可是,□少说,最近的将来,恐怕我们不能有什么办法罢。——最近很有人这样想。我们的朋友傅孟真先生就是其中的一个,他说:"我们现在暂且不必说那样大而无当的开发西北。其实,就是说的人也不过说说罢了。我们做事总得有步骤，我们现时先把东南整理好，再谈开发西北，以后谈才能不是空谈，办才能脚踏实地去办。"这实在不是一个理论的问题，是一个实际的问题。不是应该谈开发西北与否的问题，却是西北问题是否能暂时停下不筹办法与不能的问题。把东南整理好，遥遥何年，我们中国是一整个的。西北问题不有相当的解决，东南是否就能整理好，却也很成问题。缅甸、安南是中国的毛发，东三省、新疆是中国的支体，至于陕西、甘肃，却是中国的腰胁、腹心。剪尽毛发，麻木的人或可诿为无关痛痒；断一支体，全身或尚可对付不致死去。至于敌人攻进腰胁、腹〔心〕，却说等我把别一部份整理好，再作道理，那恐怕很难找出办法罢！

西北问题如果最近不急筹办法，出路大约只有两种：第一，一概不管。那我们也不相信，这样接续五六年的荒旱，就会无限度的、无变化的继续下去，也许又会好三两年。可是荒旱的真正原因，还没有闹清楚，不要说有所补救了。三两年后，元气未复，又继续接着闹个三两回，那陕西、甘肃一带的人民全体要损失过半。到那个时候，不归外国人管理，那也不是人道所允许。归结，还不能下侪印度，为一受压榨的殖民，却要像加拿大、澳洲土人，渐就消灭，外来客民渐渐成了主人。第二，还在那里管，却没有一个整个的计划。今年三百万，明年五百万（现在中央对于陕西，每月协济三十万。听说最近加为五十万，未知确否。冯钦哉的一师开出关外，大约已由中央给饷。并且赈济的款项，每年还有若干万汇入。就以现在说，每年已经不止三百万，五百万已也），东南筋疲力尽的供给，而西北毫无所补益，归结仍要走到第一条路上去。这样的办法，我们乡下人叫作老婆子点灯油，尽灯火将熄，最经济的办法，是添一大灯油，就立时可以复明起来，可是老婆子爱惜灯油，一点一点添上去，归结油浪费的很多，灯却仍在救不明。现在政府所取，很可怜的，正是老婆子添油的办法，归结东南的脂膏日竭，西北一点也救不出来。西北一去，东南虽想为小朝廷的苟安求活，万不可得。除了这两条，还能有第三条出路么？并且自从国难突起以后，我们看出我国士大夫有一种异常严重、足以把全民族送入万劫不复的大病根。抵抗的步步失败，也就是这个大病根作的祟，可是全国人民对于这个总病根还没有感觉到，这真是危险万状。总病根是什么？就是衮衮诸公的几乎全体、教育界名流的大多数，以至于青年学子也不是少数。

他们除了东南的大都会，就完全不能生活。首都易到洛阳，他们就不能终日居。至于西安，真正是人间地狱，那怎么样能够去生活！嘴里说努力建设东南，实在贪恋东南的舒服，怕受西北的艰苦。你同他们一谈西北，他们仅止不好意思明目张胆的说应该把它割让给外国，可是弦外之音，总要说，这样毫无办法的赘疣，就是割弃也绝无可惜之处。人家英国人可以远离繁华靡丽的故乡，跑到数万里外的加拿大，跑到数万里外的澳洲，筚路蓝缕，以启山林，这些地方今日已经成了第二的祖国。我国士大夫却贪恋目前的享受，甘愿抛弃我们祖先发祥的地方，我们祖先圣贤豪杰坟墓所在的地方，毫无顾惜。人类之度量相越，乃至如是。如果说上西北太辛苦，那我们可以毫无疑惑的断定这比当年英国人的深入蛮荒，与烟瘴野人拼命奋斗，以建树人家全民族千万年的大业，舒服的多。如果说西北毫无办法,那可以设想:现在如果把它割让欧美各国,那十年、二十年以后,一定百废具举,万象全新,不再像今天这样荒凉的情况。如果今日的士大夫,不从此时起,得大澈悟,发大愿心,痛自振刷,痛自忏悔,具深入西北和饥民同忍寒受饿的决心,刻苦的享受,奋厉的工作,从千辛万苦中间打出一条活路来,那不惟西北沦亡,就是莽莽神洲,也要不久就没有我们民族插嘴的余地也。呜呼!

西北问题既如是其严重,着手工作又如是其艰辛,然则我们今日想要救济西北,端底应该从什么地方下手呢?——这很难说。可是第一总要有一个全体的计划,不要枝枝节节去作,蹈"老婆子添油"的覆辙,第二,也要酌量国民力之所能及,万不可浮夸以误事。但是在谈一切之先,有一个意见,虽不甚正确,却很值得慎重考虑者,则董时进先生之意见也。董先生曾经发表过一篇文章,大体的意思是说:西北荒旱的原因,大约复杂而深远。大家最近争吵着要造林植树,觉得林一造起来,旱灾就完全可以避免。实在原因,恐不如是简单。中国对于林木的毁坏,并不自近年始,则林木的缺少,并不是灾荒的惟一原因,或者也并不是顶重要的原因。董先生疑惑陕西很多的土地,本不适于播种,强把它开垦起来,草皮锄去,没有紧束土壤的东西,西北地高,每年经雨水的冲洗,有机物质全被流去,土壤日瘠,泥沙流入河中,下游河患日增。董先生因此种种原因,就有一种很大胆的建议,他以为应该将大部分不适播种之田,仍放作牧田,草日畅茂,壤土自不易流去。余一部分,虽宜播种,而旱灾频仍,宜设法使人民稀疏。中原膏腴,每家种三五十亩即可敷用者,那边使每家种一两顷地。如此则三两年中,有一年丰收,即无饿死的恐慌!——他的大意如此。自从他这一篇文章发表以后,我还没有看见一篇整重讨论的文章。却见有一位先生,大约是陕西的一个学生,在报上发表一篇东西,把董先生骂得狗血喷头。他对于董先生文章的前提,全未谈及,他主要的理由,就是说陕西并不是人烟稀疏,想着怎么作就可以任便怎么作的地方。他这样的理由,难道董先生就会不知道?如果董先生的前提破不了,那你要那样作,固然可以照着那个方向去作。就不想那样作,归结也一样要走到那一条路上去!

自然界最大的趋势,人类并没有办法可以阻(当)[挡]。比方说,在地球上面,凡中央亚细亚的湖沼,全一天天的减小。天山南路,在最古时期为一个大湖沼(我们西北科学考查团瑞典团员那林先生的新发见),近世变成一片沙漠,只剩了罗布淖尔很小的湖沼,就是一个显例。

如果陕西近年的旱灾,属于这一个大变动,那就已经陷于绝望,很难找出另外的法子救济。那就用董先生的办法,虽然未能删除灾祸,却可以使灾祸的来临稍为缓和,也真是一个贤明的办法。不过由我们这些具有常识、无专门知识,却亲身到过那地方的人来看,现在的旱灾,同地球上那一种大变动似乎无大关系。地质上的变动,非常的缓慢,数万年、数十万年以后,陕西也或者变成大沙漠;至于现在,则离周秦汉唐的盛时,还不很远,地质上大约还没有很大的不同。那个时候,今日讲开渠,明天讲开渠,就是表明地方离海太远,雨量成严重的问题。现在还是那一类的情形,而水利不修,沟渠日塞,怎么样能够怪近几年的大荒旱呢?

据我们的意思，陕西地方情形，可分三种来讲：一平地，二原上，三山上。陕西地形，不像北方的大平原，仅有平地、山上之分。它却是平地之外，还有高原。走上去看，也同平地一样。不过土厚水深，掘井必至一二十丈，始能见水。那边平地，可不成大问题。离河近地，固自来不患旱，即离河较远，而近年掘井甚多，非遇奇旱，可有办法。南山上因雨泽不缺，近来平地或原上之居民，多往毁林木，辟为耕田。此等斜坡，绝不适于耕种。开垦数年，土壤全无，山骨突现，其害极大。宜由官家恺切晓谕，严厉禁止。董先生反对开垦之意见，如仅限于山地者，固最为适宜也。陕西最大问题，实在原上。以我们耳目之所见闻，董先生意见施于原上，殊不适宜。原上黄土，年年风积。就是靠得住唐朝的地层，也上面有一二尺的堆集。听农夫说，土壤很肥，止要有雨，就能丰收。黄河下流的沙土，也未必就是陕西原上的土壤。要而言之，这样的大灾荒，似乎是气象上的问题，并不是土壤的问题。故董先生的意见，除了行于极小一部分的山上，无有是处。

董先生的办法既不合适，然则你又有什么新鲜的好办法呢？——毫无新鲜的，全是很平常的，并且比较救急的办法，不过是人云亦云；不过是赶紧修通陇海线路西潼段，并且把它往西延长以利交通；不过是修筑陕南、陕北的汽车路以吸收陕南过剩的谷米。华洋义赈会所兴修的泾惠渠，已经刻日完工。洛水附近的渠，在杨主席时已经测量计划，大致就绪，希望邵主席能继续办理，成功以后，一定可以解决一部分的问题。这些除陇海路、泾惠渠正在修筑，希望早日完成外，余二事用款并不很多，也希望中央同省政府筹划办法，当属不难办到。

在这里，还有两件事情，如不坚决办理，余事也要变成麻木，无大用处。则第一禁烟、第二裁兵是也。陕西烟税的繁重，吸食的普遍，实在是穷苦极惨。灾民伏人檐下，犹复豆灯荧荧，握管以吸。观此情形，真令人悲痛欲绝。此毒不除，种族有绝灭的一日，不仅国家沦亡已也。最奇谬者，谓天灾太重，人民太苦，宜暂允其种烟稍资补助。此等贪官污吏的遁词，令人怒眦欲裂。种烟不收税，已属饮鸩止渴，或尚可言。强迫以种，竭泽以税，人民脂膏已经竭尽，如无此法，已经一文难名，自有此邪说，又得有百千万的搜刮。如此而名曰休息民力，其将谁欺！去年奉中央的命令，开始也尚雷厉风行，其后又复虎头蛇尾，照样收税。幸原上烟苗大约枯死，春烟难成，对于此稿项菜色的难民的搜刮，或难太多。今年立志铲除，当不甚难。最重要者，为裁撤戒烟局，删除此万恶之税收机关。责成地方长官赏罚严明，民间绝不会有什么样违抗，希望贤明长官毫无瞻徇，竭力铲除，则造福自多。

陕西兵额，我曾听省政府秘书长耿寿伯先生计算一次，人数大约在十万上下。其实维持地方秩序，毫不须此巨大兵额，此等饥军，终日欲逃，无任何战斗力之可言。姑息不加整理，除兵民交困、政治无法进行外，毫无其他好处。如果想恃此兵力，争雄中原，则殷鉴不远，姑举几个与陕西有关的人物，已可明了。头脑颇为清晰的刘镇华，前在陕西，因军队过多，运用不灵。憨玉琨欲作河南督军，刘虽不很赞成，而牵率出关，相连以倒。革命勇敢的胡景翼，军队过多，未能检束，河南受祸深重，卒被驱逐，陕西受其影响，亦无大办法。以致艰苦卓绝，悍鸷善战，为历史不可多得人才之冯玉祥，也因为军队过多，无法找出路，人民受其荼毒,军队卒以溃散。以亲手训练、严格拔取的部下,继续分离,彼亦无如何也!所以残民以逞者流,无有不倒者。想杨虎城将军素明大义,必不忍因个人的私图,贻桑梓无穷的灾祸。军队也并不需要怎么样的编遣,止要不继续召募,自可日少。或问愿归田者,与以一月或两月饷,愿归者必多。可酌留驻守陕南一师,陕北一师,关中三师或二师,以之维持秩序,绝无不足之患。陕西每年收入,约及千万。现军队仅发维持费,闻每月需五十万。如余四五师,不难发放全饷。然后严厉训练,战斗力自强,比之饥军当有超过,很难计算者。筹画汽车路及河渠,且工且赈,解散的饥兵可无失业之虞。——此二者办到,军政、吏治以及其他应举各政,始有办法。否则无论怎么好的计划,亦仅徒托空言,很难有其他的善法也。

交通方便,河渠流通,鸦片肃清,兵额减少,陕西的饥荒,大约可根本救济了。——唯唯,否否,不然。直到此时,陕西饥荒的真正原因,还没有弄清楚,怎么样能谈到根本救济呢?陕西这五六年的荒旱,原因如何?人祸固然担很大一部分的责任,可是这几年的天灾,也的确很厉害。据父老的传说,近年止有前清光绪二年及二十六年有旱灾,余年雨水,颇为调匀。何以此次遂亘五六年之久?说是因林木的砍伐,而此现象的确不自近年始。且近百数十年中林木砍伐的实在情形如何,亦无调查。我常同李宜之先生谈陕西的旱灾,因而及地震川竭等事。他说:在历史上,陕西的地震山崩、川竭、旱灾等事,似乎成一种周期:隔些年坏,隔些年好。我问他是否可以知道此种周期按何种定律发展,他说还没有研究到。这个重要问题,也急待科学历史家、气象家、地质学家以及他种科学家,公开的努力研究解决。很有人疑惑此次的大旱灾,同民国十六年地震有关系,并且有人说,此次地震后井中水低落四尺。可是这样重要的问题,也没有经科学家的研究和证明。

今年春天雨水不缺,又闹黑霜及风灾,以致麦秋异常减收。这黑霜及风灾的原因如何?从前有没有?如果从前也有,何以从前不为灾,此次却成重灾?如果从前没有,何以近来忽有?我疑惑所谓黑霜,不过降霜不时,田苗黑枯。农民不察,讹传黑霜。可是我同他们说,他们说不然。据说黑霜降时还带臭味,这似乎同吾乡所说的臭雾是一类东西。究之黑霜、臭雾是否同类?成分如何?原因如何?无一问题不须要真正科学家的研究。各大河流每年的排水量如何?所带泥沙如何?同雨量的关系若何?何水宜灌溉?何水不宜?这些类的问题,曷胜枚举。至于与荒旱无干而与陕民生计有重要关系的问题,比方说:延长石油为陕西很大的富源,可是因为油田散处平面,不聚盆地,致令开采不易。此种矿田的特别情形,各国均有。我们将发明何种新法,才能不货弃于地?一切问题,均待科学家的真正研究才能解决,可是陕西无适合此项要求的科学团体。现在不要说国家没有巨款开发西北,就是设想现在已经筹得巨款,而漫无筹划,冒然从事,一定还要蹈前清张之洞的覆辙:钢铁厂已兴办多年,而炼铁炉同矿石还没有配好。

所以在最近数年中,国家对于西北所需要的,不是巨款,却是一种详细调查研究的组织。国家宜设立一纯学术机关(比方说西北研究院),养一般能吃苦耐劳的学者,责成他们,使他们于五年之内,将西北的气象、土壤、动物、植物及植物简略的历史,河流、地质、社会情形调查,以及其他与救济西北直接、间接有关系的现象完全调查、整理清楚,然后再增加一部专门技术人材(开始调查已须技术人材,但不如作设计时需要的多),仅于一年或二年内,将开发的详细计划设计完成。那时候国家应筹一笔巨款,努力建设。至于关于石油等类特别的人材,国家应设一种奖金,从五万元到十万元,以鼓励发明的人材。并且对于设计良好、研究已有相当成绩、发明很有希望的人材,如果他们需要款项以完成其发明,国家经详密审查后,得与以各种的补助。如此则数年以内,西北足可自给。一二十年以内,西北可完全恢复周秦汉唐的盛况,国家恢复周秦汉唐盛时威力的时候,大约也不远了。从岌岌颇难终日的今日,悬想到三五十年的大计划,以蜩螗沸羹的今日中国,悬想到恢复周秦汉唐盛时的境况,闻子之言,浩瀚无极,先生可谓能做大梦者矣!——否:不然,一场美梦,却止做了三五十年,可谓迫促太无优裕之致了。

我还有关系千百年的大梦,虽不专属西北,却与我国的西北有极密切的关系,如果先生不以听梦话为太讨厌,吾尚当为子终言之。我在此梦中第一种感觉,就是现在世界人类,实在是太浑蛋了。我们经过数十年的努力,到现在,对于自然界的知识总算有相当的进步;所用机械的能力,也总算有相当的发展。可是这些东西不终天想着拿它来生人,却终天想着用它来互相残杀,这岂不是浑蛋到十二分!他们互相残杀的借口,总是说,他要杀我。终天压榨他人,剥夺他人,使他人不能出气,而每天睡觉,却总是作人将杀我的恶梦。其愚顽可怪悯有如此者。受择术不仁的军械商、失心狂走的偏狭爱国者的麻醉,又造出来些颇好听的话说,以麻醉不知利害的青年,使之救人无术,杀人有胆。殊不知杀人者人恒杀之,不戢自焚,为我国古先圣贤颠扑不破的明训。人固死矣,而已又何能独生!

他们对内对外,动说人口过剩,不得不夺取殖民地以容纳之。争夺不易,不惜强迫小百姓鬻妻卖儿以力赴之。实在,如果我们人类的科学家能善用我们的科学及机械的能力,小小地球,容纳百万万的人民,当不很难。世界文化日高,生产率日减,达到最高密度的时期,还远的很。不以慈善伟大的自然界母亲的怀中,找取正当的生活需要品,乃终天同小哥哥、小姊姊、小弟弟、小妹妹抓破脸,打破头,想把他们的玩物、糖果、食物完全拦为己有。这样的人类,应谥之曰大愚,不解其又奚疑!

现在世界上的人类,不及二十万万,已经使经济学者镇日皱眉,你现在说可容到百万万,你是不是丧心病狂?否则你又有什么奇怪方法,可以达到目的呢?有一组平常的方法,无一个奇怪的方法。这一组中顶重要的方法,尤其是平常的,不过呼风唤雨而已。——呼风唤雨,却说是尤其平常的方法,先生真是发狂了!——唯唯,少安勿躁,待我与子言其概略。人类知道自然界某部分现象的真正原因,就可以使某部分的现象被我们征服。在佛兰克林以前,有人谈及使用雷电,(熟)[孰]不嗤为丧心病狂?而今则电力可以由人的随意指挥,供人用如水火也。吾人现在对于自然界的认识,虽说未见得怎么样了不得,可是对于气象的真正原因,已经约略的知道。知道这些并不是玉皇大帝的下令,四海老龙王及巽二滕六的执行人,却是由于空气中饱含水蒸气的程度。空气饱含水蒸气与否,风向可以限定之。风力的方向,气压的厚薄,可以指挥之。今日大家正在忙着相杀,不去努力研究,以机械的能力改换气压,自然还没有办法。如果大家真正努力,说机械的能力就不能改变气压者,未必太看不起现代机械的能力。如果气压能变换,风力方向为什么不能受指挥? 如果既能呼风,空气中所含水蒸气的程度为什么不能改变? 又为什么就不能唤? 而且呼风唤雨,苏俄的科学家,也正在那里竭力研究,以蘄达到目的,并不是我们几个人的私见。中国西北,最缺的是雨泽,我们就应该努力的研究呼风唤雨。此不仅为西北,不仅为中国,而中国的西北亦自在范围中。不管三十年、五十年、一百八十年,只要努力完全成功,则造福人群真无涯量。虽说自然界还有不能抵抗的变迁:数十百千万年以后,陕西大概一定变为沙漠,人类一定仍会绝灭。可是在这期限以前,陕西的地方既可辟为世界的乐园,陕西的人民也可以优游燕乐、安享太平! 周秦汉唐的盛时,又何足道! 这样的大梦,岂不比刚才三五十年的救死的、紧张的梦,更为有趣么?

长话短说 言归正传,今日西北的开发,并不是一个理论上的问题,却是一个实际上迫不及待的问题。如果今日所谓中国的知识阶级也者,尚还有些微的知识,他们一定可以看清环境,勇猛的向边远的地方无远弗届,不惮艰辛的工作。如此,则工作之后有代价,艰辛之后得愉快,国家的前途当有无限的希望。否则苟安偷活,消磨永日,那也等不到什么子孙,自己的及身,一定要受人家的宛转宰割,那结果也就不忍言,也无须言矣! 言尽于此,余不多述。民国二十二年八月五日写毕。

(《世界日报》1933 年 8 月 19—28 日,第 7 版)

拟在斗鸡台进行发掘致陕西省政府意见书

省府消息。省府近准陕西考古会函送该会工作主任徐炳昶拟具发掘宝鸡斗鸡台意见书,谓已经该会全体赞同,请令饬宝鸡县政府届时妥为保护,省府昨已令饬宝鸡县政府遵照办理。兹将徐炳昶所拟发掘宝鸡斗鸡台意见书录之如次:

本会工作步骤,拟定先研究周民族及秦民族之初期文化。去年五六月间,炳昶曾亲赴宝鸡一带调查,知宝鸡县东十五里斗鸡台及其附近秦民族所留下之遗迹颇多,虽曾经党匪玉琨私行发掘,而未经颓坏之遗迹尚多,有重新发掘之价值。以上各节早经与诸位先生正式谈及,猥蒙赞同。现筹备完毕,拟于本月十日以后即赴该地工作,经各委员核准,并由本会正式函请省政府,饬该地地方官妥加保护,以利工作进行。至将来在该地借用民间地亩,拟于炳昶到宝鸡后与地方官斟酌当地情形,优与补偿。亦希请省政府令知地方官,晓谕该地人民勿得留难。(中央社)

(《西京日报》1934 年 4 月 15 日第 7 版,原题作"发掘斗鸡台,工作人员今出发,到达后稍事布置开始工作,并请宝鸡县政府派员协助,徐炳昶拟具意见书函请省府保护"。)

对于《我的探险生涯》及《亚洲腹地旅行记》译本之一种提议

《我的探险生涯》及《亚洲腹地旅行记》均系译自瑞典斯文赫定博士之 *Mein Leben als Entdecker*,在本刊第三十三期中已由觉明君介绍批评,勿容再述。觉明君疑后译本曾由我校阅,实在我对于是书,仅翻阅十余页,余则出版以前并无暇翻阅到,故对于关系佛教之名词讹误,丝毫未能改正。但此亦小节目,不必赘言。今日余所欲献议于原译人及出版书局者,实有一事,此书果如觉明君所言:为中学生之读本,而能比普通之修身伦理教科书高出若干倍者,故余实望一两年后每一中学生均有此一本书,一读再读,以至于熟读。但今日之书价太高,实属未便。前译本太贵,可无论。后译本虽较廉,而一元五角,仍非今日每一中学生之所能企及。忆余战前在法国时,曾有一种名著之版本,内系报纸印刷,字虽稍密,亦不致伤目。长短约百五六十页。里面插画及封面均极精良。价值则仅十九铜子(每佛郎二十铜子)。据言此种书每一本,书局所赚不过一二铜子,而因书为人人所必读,赚钱甚多。现在我希望原译人将原书之讹误竭力删除,书中有不容易明白者,可由译人增加注解及地图。印刷书局则勿贪近利,可出版精本及通行本两种。第二种急须早出,至精本竣有需要再印。通行本参考法国战前名著通行本办法,薄利售卖。据我们计算,无论如何,在一块钱以内,一定仍可以收回工本。如此,每本虽获利甚微,而销数每年可望到万本以上,总数已很有可观。且如此作,不啻为本书局作一种极有力量的广告。似此种公私交利的办法,希望原译人及出版书局赶紧一试也。

觉明附识:前评于两译本的日本人名中,曾将橘瑞超误写为橘慧超,今趁徐先生提及此评之便,附正于末。

(《大公报(天津版)》1934 年 11 月 24 日第 11 版图书副刊)

今日中国的士大夫必如何才能做到救国工作

平大女子文理学院日前敦请考古专家徐炳昶演讲,题为"今日中国的士大夫必如何才能做到救国的工作"。该原文昨日已整理完竣、发表。原文如下:

关于"今日中国的士大夫必如何才能作到救国的工作"问题,不能用简单话去谈他,且非常重要。今尽余所知,想到就说罢了。救国工作,人人都会觉得是刻不容缓的事情。

现在国将不国,百孔千疮,文化衰退,农村破产,经济凋敝,内忧外患,层出不穷的现状下,救国工作刻不容缓。然而救国为极困难之事,怎样救国,究竟经何救起,原因何在? 这自然各方面说来未免太多,先就受人欺辱的顶直接原因论。敌人骂中国为无组织之国家,实在吾人自己,应该承认是的确的。如果为一个有组织的国家,决不致受欺侮达如此之地步,中国也如外人所说的一盘散沙,故为人欺侮,故如今要如何才能有组织、有国法,不为散沙,皆为极重大之问题。吾人从历史上看来,工商农的社会是比较有组织,而农业社会比较松(解)[懈],理由就是因为农村社会至今无论任何地方,是组织在大家庭生活下,故组织精神一天天低落下去。至于工商业社会,为四方人民共营经济生活,故其组织能力日渐增大。再举一例证明:世界宪法进行,以英国为最佳,英国为宪法之母国,人人都知道,可是英国社会就是工人、商人占大多数,农人占少数。又如欧洲法、德两国农人的比例数,较英国大,工商人的比较数小,其宪法的进行,就不及英国。再说奥、俄等东欧诸国,就是到十九世纪下半纪民治主义达到最高潮的时期,他们的宪政总是不很成功。可是农民占大部分的国家,因为农民自身无组织,宪政即不容易成功,由此很小的例子,即可知道组织与农工商有很大的关系。中国是以农立国的国家,所以外人常说中国无组织,但是这并不是一种不可救药的症候,东欧现在也渐渐的有组织,他们的国家也渐有发展。可是中国的无组织,是万不可以再继续下去的了! 若想在此时期讨生存,非有组织莫有其他办法,因为人家是整个的,而我们是散的,人口不在乎多少,就看组织与否,这是人人能感到的。但是说到组织,工商业较易。中国十之八九为农民,不管将来或是仍以农立国,或是应该以工商业立国,总之现在中国农民占大多数,故组织最大多数的民众,就是组织农民,是救中国唯一办法。农民一天不能有组织,我们中华民族一天没有得救的希望。

可是现在主要的毛病是组织农民的不易。要谈组织,先要问如何组织,谁能替他们组,靠农民自身么? 绝不能。各国农民不会自己组织,中国农民尤其不会,因为农村经济的破产及教育的缺乏,农民自身既愚且贫,自己绝无组织起来的能力,农民自身既不可能,希望农民以外的什么人呢? 工商业么? 这本是一条能走得通的路,外国就是采取这条路,欧美就是从工商业把异族的资财吸收以繁荣都市,再把剩余的资本加入农村,以工商业来组织农民,但是这条路在欧美可行,在中国则无望。因为欧美各国的工商业资本非常充裕,而工商的人数几占全国的大多数,如此丰富的条件,当然是可行。中国的工商业,则自顾不暇,不要说因为世界经济的不景气,影响了中国工商业的破产,就是世界不闹恐慌,中国工商业也没有工夫来帮助农民的,而且工商业人数在全国比较起来,数目也太小,所以望他们组织农民,是万万不可能的。现在就看读书的人了,将来的政治界,也不过是现在的念书的人,这些念书人,就是所谓士大夫者。

在中国历史上,士大夫是处于特殊的地位,中国几次的革命,也是念书人领导,不似欧美为工商业领导者。那末组织农民不靠别人,就靠念书的士大夫。况士大夫"不耕而食,不织而衣",靠社会其他阶级养活,由天职方面说,也没有推却的余地。所以当今士大夫们应该起来负起组织农民的责任,但是事实上还有很大的困难,就是士大夫组织农民,还得不到农民的信任。第一因为士大夫的生活,不能与农民打成一片;第二利害与农民根本冲突。中国读书人的地位,是在农民之上的。中国原来古训,是"耕也,馁在其中矣;学也,禄在其中矣","万般皆下品,惟有读书高"。几千年来,养成士大夫的骄奢习性,是与农民生活背道而驰的。但是中国是处在半殖民地地位,所谓"不耕而食,不织而衣"的士大夫也者,所食、所穿、所享受,无非是父老兄弟出血汗的产品,他们的享受愈丰富,农民的苦痛愈增加。这样的利害情形,是与农民完全冲突的,渐渐的与农民走在极相反的两条道路上,这种现象不适合的教育制度,应该负极大一部份的责任。这个问题太大,而且不是今天所谈的范围内,我会在《独立评论》发表三四万言的《教育罪言》,由该文里可以知道我的教育主张。

总而言之,中国是半殖民地的国家,农民都很穷苦,不能抄袭各帝国主义的大富豪的教育制度,就是抄袭也抄不像的,画虎不成反类狗,这是一定的道理。中国现在与社会经济全不相合的教育制度,对于农村破产,应负极大的责任。尤其是所谓教会学校,我不敢一口抹煞,可是我们的确可以说他们的当局,从不切实想到中国社会的经济情形,认真为中国社会找出路,弄得从教会学校出来的学生,消费扩张,而生产则毫无办法,中国的农村不急速的破产,又能怎么样? 所以中国农村破产的原因,与不良的教育制度有很大的关系,如果教育不如此,或不致破产得这样快! 现今士大夫的生活与农民相隔绝、利害冲突,如组织农民,先看自身如何解决矛盾生活,如何使生活与农民打成一片,那时得到农民之信任,就有组织农民的希望。我有一种教育主张,与现在教育方针不同,即国民教育(包括初中)采取农教制度,即为农(时闲)[闲时]大家读书,农忙时大家去种田。到高中以后,亦须从事生产,尽量使农民得到享受,而工作无过度,非如今日之农民只有义务,无有享受之机会,所谓士大夫者则只有享受,没有尽义务。这种主张,无非是供消耗者的享受,止是主张必有生产,并无什么奇怪,并不反对物质的享受,止是主张必有生产,才能享受,没有生产以前,就不配享受,就是同样意思,非如此国家不能找得出路来。中国古时候也曾有人如是主张,不过这般有不愿多说话,所以从没有著书留下。大圣人许行就是这样主张者之一,彼一面讲学,一面过种田生活,彼主张"贤者与民并耕而食",中国现在之士大夫如谈救国,即须将生活与农民打成一片,利害与农民作成一致,到那时自己本身也成了农民,自然就会得到农民之信仰,但仅将(的)[生]活与农民打成一片,利害与农民作成一致,是不能够将农民组织起来的,吾人想组织民众,得先问士大夫本身有无组织?

吾人所看到的士大夫,在某一时期有少数人还能团结,到人多时似乎反而成一盘散沙。外国人说,中国人很聪明,可是外国一个人就是一个人,而中国十个人加起来,却还只能称作一个人。所以中国自身无组织,士大夫亦不能例外,其主要原因就是太随便,很少有法律观念。在中国算为满不在乎的开会规则,在外国则认为是神圣不可侵犯的条文。这种守法规观念若不养成,则永远是一盘散沙。如果此点不能改,自身决不会有组织,更谈不上组织农民。就平时看,就算规则,就异时看,就算纪律。我们现在必须用法家的规制、兵家的纪律,而后自身才能组织起来,才能有组织民众的可能性。现在生活与农民打成一片,利害与农民没有冲突,也能遵守纪律,如此必能做到救国的工作了。还不是因为救国为很大的事,其中困难,仍然很多,救国对于国家是有好处的,对于个人牺牲却很大,在此情形下,若没有很浓厚热烈的感情,是困难的,因为有个人利害的冲突,或者只能暂时往前走而不能持久,也难料言。所以想负救国责任者,不单是生活与农民打成一片,不单是有守纪律的精神,还应当有热烈的感情。对于社会的全体,应有艰苦卓绝的精神,即有着任何挫折,总算有着相当安慰的。总之,我们应该学许行的办法、法家的规制、兵家的纪律、墨翟的兼爱精神,才有训练农民、组织农民的办法。

我们今天谈到许行,谈到墨翟,独没谈到孔丘,这是什么意思? 平心讲起,孔丘这个人对于中华文化是很有功绩的,但是他的功绩是在开先,并不是在集成,说他集大成,实在是一件极大的错误,这个问题非今日所能谈。不过孔丘最大的功绩,是开风气之先,所以在他之后的墨翟、许行、孟轲、荀卿、韩非的思想,全比他高明,并且现在我们并不是想打倒一个偶像,再找出几个偶像来替代他,我们今日必须靠准自己的理性,发展一切精密的科学,才能有打出这难关的希望。无论什么样的偶像全没用处,但是他们的精神有伟大的一方面,我们应该采取的。

最后谈到中国救国问题非某人的问题。如果像今日的士大夫只尽量(想)[享]受,而工作的情形无改变,即今日的国民党无法办,就是后日的法西斯党,什么党都不行。如果士大夫能有觉悟,恶习改除,就是今日的国民党,也未始不能想出办法。在现在的情形之下,在某一政党还未成功的时候,也还有些坚苦卓绝的人才,可是不以后吸收多量的士大夫不能成功,自身不腐化,却就无法吸收多量的士大夫,并且成功之后,此少数艰苦卓绝者,也(同)[因]为太过辛苦,精神疲惫,终于腐化,归结国家越来越糟。如民十七年后的政府就是当日的同人学生,现在上台了,也对现社会无办法,原因就是士大夫本身的生活要求过高。中国士大夫的生活比起欧美士大夫的生活也许差点,但以中国现在情形说,农民已负不了如此的重任。

这个问题为全民族的死生问题,我也不希望大家全信我的主张,但是我希望大家对于这以下的问题:中华民族如果想得振救,除了使大多数的农民有组织,是否有其他的办法?除了士大夫,还能有什么人能组织农民,今日的士大夫是否有法子担负他们天职所万不应推脱的责任,必须有什么精神的改革,才能担负这样的责任? 对于这一些的问题,能常常想想才好。

(《京报(北京)》1935 年 11 月 22—25 日,第 7 版,原有副标题作"徐炳昶在女子学院讲演"。)

为促就豫省主席致商震电文

河南旅平闻人徐炳昶、冯友兰、傅铜、秦钻、丁作韶、杨震文,于昨日下午五时在半亩园聚餐,并拟就代电新任豫主席商震,请早日就职,并将于日内派丁作韶赴保,面谒商氏促驾。兹将致商之原电录次:

保定商主席钧鉴:荣膺特命,主持豫政,遂听之下,无任欢欣。侧闻我公谦让未遑,有远行之志。时局险危,端借砥柱。国事蜩螗,未容高蹈。祈早日莅汴就职,以慰豫人喁喁之望,等语(下略)。

(《世界日报》1935 年 12 月 17 日第 7 版,原题作"徐炳昶冯友兰等致电商震促早就豫主席职"。)

研究边疆问题应有之态度

徐先生为我国蒙古学家,道德高尚,学识渊博,此次应边疆问题研究会之请,讲演"研究边疆问题之态度",颇多卓识伟见、高瞻远瞩之语,研究边疆问题者,不可不注意及之。特录其讲词大意,供诸报读。惟笔者学浅识陋,难免有错舛误解之处,此点尚希徐先生鉴谅也。

上次余来燕京参加边疆问题讨论会,闻敖暴二先生谈及汉人在边疆举动,多属荒谬。

据余所知,实际情形亦确如此。余在新疆时,常与当地汉人往还,尤以天津杨柳青(彼等自称曰"青")之小贩为多。彼等尝对余言:边地经商与内地不同,边民无识,须以欺诈行之,始可获巨利。并以自骄之态度述其诈行曰:如番人入店市货,以十元置柜台上,即可借卖货之际,暗中窃取一二元,置之袋中,若番人追诘,则责其诈财。又如番人市布,一丈多给八尺,若番人穷索,则口吐白涎,店伙即起欲行凶,番人以人命事大,即急引退。类此暴行,就余所知者,已经甚多,余不知者尚不知有若干起也。又番俗混淆,男女之界甚宽,惟汉人之任意俾侮,则引起番民不少反感。试思此种态度,果吾人所当取者,其所生之反响又当如何? 强凌弱、众暴寡,考之历史,几成定理,汉人之欺侮番族,亦何足怪? 惟余孤考中国历史,知我汉民族种族偏见甚少,凡风俗习惯文化之与吾相近相等者,皆我族类。以是能包罗万象,同化异族,中国今日所以能蔚为四万万人之庞大民族,殆即此故。若论其血统,则混杂莫能辨也,以如此宽怀广大之民族,今竟对于本国同胞出以非行,岂非矛盾? 此无他,只缘边民之习惯风俗与内地稍异,而其文化又较低落也。

兹进而探讨汉民族对待国内其他各族之态度,最好以帝国主义待异民族之态度拟之,或可得一清晰之概念。帝国主义之组织力极强,种族之偏见亦最深,其中尤以德国民族为尤甚。彼帝国主义者,挟其强固之组织、缜密之计划,以吮吸弱小民族之膏血,用以繁荣其本国社会。惟其欲剥削榨取异民族也,乃研究之、笼络之、劝诱之,不稍伤其感情,用遂其鲸吞之志,观乎英人之于印度,概可了然。若汉民族则不然,彼等无自眩其血统者,亦无惟我独优之观念,彼等之歧视异族,以其风俗习惯不与我同,非然者则兄弟也。明儒王船山固恨番人者,且曾作愤激之言,盖亦鉴于番夷之作乱,初不存种族偏见。唐逐突厥,(汉)〔漠〕南遂空,其降众千万口,魏征主纵之使还故土,盖惧养痈遗患,只太宗以之置于塞下,亦在求同化耳。唐代文化灿烂可观,即由于与胡人同化之故。至于咒吸异族膏血以繁荣本国社会,则汉民族从无此种思想。因其无野心,对异民族亦无研究、无计划。不讲求相安之策、互助之道,以任边境杂居之民因风俗习惯文化之不同,而互相扎挤,终则因番民不堪汉人之欺压,遂起而反抗,重演五胡乱华之惨局。此种态度以好处之,则出〔上〕层统治者宽怀大度;以坏处言,则上层统治者消极误事,不顾及少数民族之福利。闭关时代,尚可苟安弥缝,终其极不过重演五胡乱华之悲剧。今则门户大开,此种地带苟为帝国主义之势力侵入,则以中国政府之无计划、无对策,即难免分裂之虞矣。

历朝对付边疆,多以利用喇嘛、王公为手段,但求其内向相安足矣,而未计及此种羁(縻)〔縻〕政策所生之恶果。实则喇嘛教为害甚烈。以蒙古言,余敢谓喇嘛教若不铲除,则蒙人实难有复兴之望。蒙古风俗,兄弟数人,仅一人得结婚,其余悉数出家作喇嘛,长此以往,则蒙人实有断种之虞。且蒙人男女界限不严,喇嘛又未能守其童身,以是梅毒流行甚烈,本地医药知识,几等于零,因之医治乏术,蔓延弥广。所幸者即蒙人整日生活于大自然之中,抗毒素极强,一时未能酿成大害。中国政府利用喇嘛、王公,以其为政府所提倡,多数内向也。但此策推行之结果,实于蒙古民族前途大有不利。我人如以俄人之待外蒙例之,即知我政府之政策实甚笨拙,此无怪蒙古觉悟青年多数痛恨汉人也。

　　根据以上所论,吾人知中国政府对待异民族之长处在于宽大,短处在于无组织、无计划。帝国主义对待异民族之长处,在于有组织、有计划,而短处则在于民族偏见太深。白人固轻视有色人种,又何尝不轻视同色人种哉？岂特轻视同色人种而已,即同种人种有时亦因故轻视之,此由德人之轻视犹太人及亚尔萨斯地区之人可以推知。既明人我优点、缺点之所在,当知吾人对待边疆民族所应取之态度矣。即变消极为积极的态度,变无组织的、无计划的为有组织的、有计划的态度,并进而积极研究之是也。惟研究之时,切不可存优秀之心、怀歧视之念,新疆一般汉人多视"缠头"为蛮族,实则当地之疲骨如柴、烟瘾绝大、踯躅街头者,尽汉人也。

　　世无特别优秀之人种,亦无百无一长之民族。以蒙古论,蒙人对待宾客(能说蒙古话即可)甚厚,宿其家三数日,亦不取客人一值。又蒙古盗窃之事极少,窃贼多为人所不齿,偶有获窃贼之物者,亦即弃之,以为不洁也。蒙人男女皆善骑马,常自乘一骑,日行数百里,天晚遇帐篷则投宿,否则露宿郊外,无所戒惧,此种笃诚勇敢之精神,实非汉人所能及。又蒙人身体极强,此可由当地梅毒盛行,蒙人绝少顾忌,而当地汉人一着花柳即便死掉可证,故边疆汉人子嗣不发达者,多娶蒙女为妻,其子女必众多健康也。蒙人多不洁,而新疆缠头之爱清洁则远胜汉人。如洗碗既毕,不以抹布擦拭,而以清水濯之,即是一例。可见汉族不如他族之处,亦正不少,他山正可借镜,何得轻存优越之观念,徒惹土人之恶感哉？余常以为汉人之帮助边民,亦正如长兄之助其幼弟,义应如此,责所当然,彼此绝无上下优劣之可分。吾汉族从无种族之偏见,今更应以服务人类、服务世界之精神,并以其老大哥之资格,诚诚恳恳,帮助边疆异民族,使其繁荣滋长,日进于文明之境。余相信过去之误会、今日之隔膜,必可一扫而空。不消极,不放任,不存在帝国主义榨取之野心,积极的、有计划的帮助边疆诸民族,能如此,不特我汉民族之福利,亦人类世界之幸福也。此亦即吾人研究边疆问题所应取之态度也。

　　(《燕京新闻》1936 年 11 月 10 日第 3 版,原题作"边疆问题研究会公开演讲,徐炳昶讲'研究边疆问题应有之态度'"。)

斗鸡台考古工作情形

　　陕西省考古会工作组主任徐炳昶氏日前由平来陕,出席考古会第三届年会。记者为明了考古会工作情形起见,特晤徐氏叩询一切,承发表书面谈话如下:

　　民国二十四年五月,宝鸡县先秦遗址之斗鸡台发掘暂告结束,此后即从事整理工作。整理范围,分墓葬与非墓葬两部份。迄今墓葬部份已大致整理就绪,所得结果,以时代论,可分为三代墓(瓦鬲墓在内)及汉代以后墓两期,全部报告约于二十五年底可以付印。至非墓葬部份,虽尚在继续整理中,然大概结束,已可明了。盖斗鸡台自新石器时代以来,即有居民,直至隋朝陈仓县治移去以后,始渐稀少。按其文化层之分次,共可分为三期,最早(即地层最下层)为新石器时代期,次之(即次下层)为仰韶期(或云新石器时代末期),再次(即最上层)为瓦鬲期(即与瓦鬲墓同层)。此新石器时代期在我国甘肃之齐家坪(宁定县)及东三省、内外蒙古等处,虽陆续已有发现,然多自地面零星采集,或系简单之试掘,证据未经确凿。至此次斗鸡台发掘所得之遗迹,先得一极完整之六灰坑,以此坑为标准,后得同样之灰坑五,在国内实为第一见,凡在此层所出之陶器,均系形式特异,彩色绝无,花纹质地亦均极简单粗糙,且在新石器时代末期之仰韶陶片层之下,故为真正之新石器时代遗址无疑。此种发现实至堪宝重,至全部整理清楚,完成报告,尚须数月以后。惟已定明年暑假以前准备出版,本组原拟明春开始发掘长安县西南之周丰镐西京遗址,以为研究周民族文化之预备,但因斗鸡台得一如此重要发现,其附带关系之问题,尚颇复杂,故仍拟继续发掘期于一年或半年内清理完毕,再行改换发掘地点。

(《西京日报》1936 年 11 月 18 日第 7 版,原题作"徐炳昶昨书面发表考古会工作情形,斗鸡台发现六灰坑极为宝重,附带问题复杂,明春决继续发掘"。)

我们怎样才能免除迷信

迷信是一种很普遍的现象,无论在什么民族中间,总要有多多少少的迷信。不过在知识很简单、文化不发达的民族,迷信就异常的多;在知识比较丰富、文化比较发达的民族里边,迷信就比较的少。迷信是可以阻碍我们进步的,是可以使我们的生活逐渐变贫乏,渐渐至于消亡掉的。所以,我们如果不想生活则已,如果还想生活,必须对于免除迷信的方法异常的注意。可是我们怎么样才能免除迷信呢?

一,我们不要轻信。这一点又可以分为两方面。第一,总要知道我们的官觉是很容易错误的。我们通常取得知识的工具顶重要的就是我们的官觉。比方说拿眼睛去看,拿耳朵去听,除去了官觉,就不能有知识。可是,我们的官觉有时候很靠不住的。古代希腊人说得好:"如果把我们左手放在凉水桶里,右手放在热水桶里,过了一会儿,我们把两手拿出来一同放在温水桶里。同是一桶水,我们左手一定觉得热,右手一定觉得冷。"可见我们的官觉有时候很靠不住。有些人怀了一肚子神狐鬼怪,晚上走路看见一棵树,就以为是一个鬼。因为害怕的缘故,有时候在他眼睛里边,真是看见了鬼的鼻子、眼睛,你如果说他没有看见,这是很冤枉的。可是他眼睛里边所看见的,那是他从前脑子里边的印象变换出来的,并不是真有其事。他如果能大着胆子仔细一看,就可以知道这些并不是实在的。近代人类知识最大的进步,顶重要的就是用器械帮助我们的官觉。比方说,刚才所说的水桶,我们的手分辨不出来他的冷热,我们可以用温度表来量他。时候的长短,正在工作的人觉得很短,正在等一件事情的人觉得很长,我们有时钟来测量他。很远的地方看不清楚,我们有望远镜把他拉近,很小的东西看不见,我们有显微镜把他放大。用种种精密的器械,来帮助我们不甚靠得住的官觉,我们才可以得到比较精确的知识。当不能得到器械帮助的时候,我们总要常常想着,我们的官觉不是绝对靠得住的,那就不容易轻于陷于迷信。第二,要知道人们传说一件事,是很容易失去真相的。我曾经看见过一个电影,他的大意是说,有夫妇俩住在乡下度蜜月,在一块吃饭时,他的丈夫很甜蜜的轻轻把他妇人脸上打一下,他所用的女仆看见了,就告诉人家说,我们的先生打了我们的太太了。第二个人告诉第三个人说,某人打了他的太太打得很重。第三个人告诉第四个人说他简直把她打伤了。第四个告诉第五个人说伤得很重,第六个人说简直打死了。于是乎大家就动了公愤,聚了许多人要声讨那个打死妇人的罪人。一进门,见他们夫妇正在很甜蜜的从里边一块儿走出来,大家全莫名其妙,以后打听出结果,才一笑而罢。这些话固然有点形容的过甚,可是心理学家常常做此种心理测验,所得结果也与此相同。比方三十个学生,叫二十九个人全出去,只留一个在那里,同他谈一个比较复杂的故事。以后再让一个人进来叫第一个人给他述说,以后便接着叫那些人进来,一个人给一个人讲述,结果,到第三十个人的时候,原来故事的性质便有重大的变化。这种测验,我们全可以照样的试一试,一定可以得出同样的结果。比方,第一个人告诉第二个人说,我在某地方似乎见过一种什么东西,第二个人告诉第三个人说时,便成某某在什么地方见过一种什么东西,第三个人便可以说,某人在什么地方清清楚楚地看见过什么东西。以后愈传越广,便可添枝戴叶成了一个有声有色的故事。社会上种种鬼神的故事,往往须眉毕现,其实你仔细找去,便怎样也找不出他的根据。我们若对于我们所听说的事,加一番仔细的审查,那迷信便不容易成立了。

二,我们总要鼓动起来求知的兴趣。我们上边所说不过是从消极方面减少迷信成立的成分,如果积极方面我们不能增加我们的知识,就因为我们脑筋里的空虚,那迷信总是容易乘机而动的。一件事情不常见他,偶然见到就容易害怕,这也是迷信成立的重要根源。古代的人不常看见蛇,偶然看见就疑惑他有什么样的神通。可是动物学家或者什么捕蛇的叫化子,因为他们常常看见蛇,对于他的习性异常清楚,从前的人幻想的什么样的神通便全消减了。研究电学的人,对于电的性质很熟习,所以不过觉得它是同水火一类的东西,绝不觉得有什么雷公雷母能烧死什么样的恶人。无论什么样的惊骇,全是起于知识缺乏,我们只要当闲着的时候,不要去吃喝嫖赌作那些与人无益、于己有损的事,却常去对于我们所看到、所听到、所感觉到的一切东西很有兴趣的去观察他,时候长了,自然对于这些东西的性质比较明白。有一部分明白,关于这一部分的迷信就会消减;有许多部分的明白,这些迷信自然就要减少成分,以至于完全消灭。

三,我们要对于知识的精确性有一种热烈的要求。一切的迷信,可以说全藏在含混的观念下面。不管是占课的、看相的、看地的、批八字的,及其他种种借迷信以生活的人们,说的话总是含混不清楚的,总是不可捉摸的。因为不清楚,他将来就可以随便的解释。比方说,他说你明年要有一点好运气,这好运气的精细界说是什么,他绝不会给你说出。到明年,除了你异常糟糕,一点的好机会也碰不着,那自然他也没有说法。不过这机会是很少的,到时候如果你碰着很好的机会,他固然可以大张其辞说他的占课灵验,就是生活比较普通平安,他也可以说你是交好运。所以在一大半情形之下,他的话全可以说得通的。可是科学的知识,就大不相同了,他要说明天十二点日蚀,日蚀到三分五厘,那就是十二点多一分或少一分才开初蚀,或是蚀到三分四厘或六厘,那全算科学家的失败。科学的知识是不容有一点含混性的,在文化历史上有些很重要的事情,就是全由这样产生的。古代的希腊人,对于任何含混的观念全不肯承受,所以他对于科学的学说,比同时任何民族全伟大。在十七世纪,法国的笛卡尔提倡一种学说,说是无论什么不清楚、不明白的观念,我们全不能承受。以后大家对于他的学说,翕然成风,欧洲中世纪的各种迷信便一天一天退步,近代精确知识的发达,这实在是一个很重要的原因。我们如果对于我们所听的话,个个字总要弄清楚他的含义,那我们就比较容易的判断这句话的真伪是非。

总而言之,迷信的成立,是由于我们思想的懒惰。要想免除迷信,唯一的方法,就是使我们思想常常勤动,对于我们所看见的,所听到的,所感觉的一切事物仔细去观察它,常常去思想它,用种种方法去比较它,去推断它,那迷信自然一天一天的减少,以至于消灭了。

(《华北日报》1937 年 5 月 8 日第 7 版)

我们对于国内寡小民族应取的态度

大凡由一个单纯民族组成的国家,在世界历史上全是很少的。大国不必说,在欧洲,就是数百万人的国家,如比利时、瑞士等类,也还包括着三四个不同的民族。大多数的国家全由多数的民族组成。普通,他们里面总有一个人民比较多,势力比较大,也或者文化比较高的民族为中心,另外有若干较寡较小的民族同他们合作。在这个时候,较多数大的民族对于寡小民族所取的态度、所用的政策,对于他们国家的前途有很大的关系。我们中华数千年来,以汉族为中心,另外有不少的寡小的民族同汉族合作,是一件人人皆知的事实。汉族对其他寡小民族的态度、政策,同中华民国的前途有极大的关系,是一件绝不容有疑义的定理。近代欧美各帝国,其中心民族对于寡小民族的态度政策,均与我们大不相同,两边比较起来也互有得失。并且现在我们的敌国正在挑拨离间,想破坏我中华民族的大团结,我们稍有不慎,就要中他们的诡计。然则,把我们数千年来所取的态度、所用的政策,同近世欧美帝国的态度政策比较起来,检讨起来,并决定我们今日所应实用的态度政策,实在是一件很重要不过的事情。

(一) 我们在历史上对寡小民族的精神

凡一个民族对于一件重要的事情,总有一个历久不变的精神。态度政策全是跟着这种精神以俱来的。明白了这种精神,对于他们态度和政策的讲明,已经是势如破竹。可是,凡说一种精神全是说它是一种理想的。说它是理想,就是说在事实上所表现多不能恰到好处,只是一个悬在前面的共同理想。另外一方面,它既是一件共同的理想,它就像是一个中心,一切的事情,虽说多数还不能完全同它相合,但是全体都好像是围绕着它,不能离开太远。像这样的看法,才可以找出来历史上主要的潮流,不至于拿三五偶然的事件遮蔽着真正的方向。然则我们对寡小民族的历久不变的真精神,到底是什么呢?

第一,我们可以说:我们的真精神是我们的民族偏见很浅。民族(Nation)这个观念是到欧洲近世才发达的。像在古代罗马帝国时候,就是在纪元后七、八世纪沙尔大帝的时候,民族观念,仅少说,是与近代的人大不相同的。近代的人说一个民族,就是假想着它里面的每一个人在血统上原来是一致的。因为血统的纯粹,就生出对于自己民族的骄傲,对于其他民族的蔑视。其实，如果稍微研究一点历史，如果不是闭着眼睛瞎说，全可以明白世界上没有纯粹的血统。疯狂的希特勒高唱"阿利安民族高于一切，日耳曼民族高于一切"的学说，我们要问他，日耳曼传说中最早的民族英雄是什么人？是不是 Attila？这位先生是那一种族？是否是匈奴族？恐怕他也要瞠目不知所对了！至于我们中华民族，从来只是一个文化的团体，没有这样似是而非的偏见。我们的圣贤垂训就是："诸侯用夷礼，则夷之；夷而进于中国，则中国之。"诸侯是我们本族的首长，礼包括风俗习惯而言，夷是指外国人。说这句话的意思，是要说：就是我们自己的首长，他要改用外国的风俗习惯，我们只好拿看待外国人的方法看待他；就是外国人，只要他肯改用中国的风俗习惯，我们也就可以像看待中国人一样看待他。这个教条，并不是一条偶然的垂训，却是两三千年来大家遵守弗渝的真精神。

因此，第二，我们对寡小民族的态度是兼容并包的。我们数十年来，"内中国而外夷狄"，只是因为他们的文化道德同我们的水平线不合，并不是因为他们是夷狄。这一点，就是民族观念最强的王船山先生也还是清清楚楚的守着这个限度。他对于金日磾、长孙无忌、尉迟敬德、李光弼等外国种姓很清楚的人毫无贬辞，甚至于慕容恪身为夷酋，只因为他有不嗜杀人的美德，就特别嘉许。这一切全可以证明我们的圣贤专注意于文化道德的标准，对于无法弄清楚的血统问题并不重视。在汉魏，四夷投诚，多迁之于内地。这并不是想把他们分配于豪族，作为奴隶，这是他们觉得这样办，这些投诚的民族才容易同化，他们文化及道德的水准，才容易同我们一样。虽说后来因为政治未全上轨道，以致闹出五胡乱华的大乱子。但是经过一番的扰乱，还是达到同化的目的，都仍是因为我们历来的态度就是兼容并包的，不是排斥异己的。

第三，我们对寡小民族的政策是防患的，是偏于消极的。我们对于四周围的寡小民族，不管他们是否隶属于我们政治的范围，全是希望他们不来扰乱我们，各种不同的政策，全是要达到此目的。"薄伐猃狁，至于太原"的政策为历代文人所歌颂，就是因为它可以代表互不相扰的倾向。有时候，也未尝不可以"大张挞伐，扫穴犁庭"。但是细读当时谋臣策士事前的备划、事过的善后，全可以看出，我们并非有利于他们的土地人民，不过防备他们使不为我患而已。宋元明清之革除土官，郡县边地，除了迫于不得已的情形，也绝没有芟刈其人民，扩充我土田的行为。明清朝利用喇嘛教治理蒙藏，有似于愚民者之所为，但如果知道吐蕃、蒙古扰乱边境的历史，计算到当时双方人民受祸的惨酷，则利用他们自然的信仰，以训扰其野性，使双方得以安居乐业，仍不失为两利的善策。读清乾隆皇帝在北京雍和宫及他处所立的喇嘛教碑，就可以知道他们的政策仍不失防患的本意。我们当时的工商业，虽不足以语近代化的规模，但比附近寡小民族的工商业全要高出许多。以比十六七世纪欧洲各民族对非、美各州民族的差异，殆有过之，无弗及者。如果国家奖励，并不难造成近世帝国主义吸收他民族脂膏以繁荣本国的样子。但是这样办法，同我们中华民族历久不变的精神相刺谬，没有被采用的希望。所以现在我们研究历史，说当日谋国诸君子对于像近世帝国主义的作风，"不为也，非不能也"毫没有一点夸张的地方。因为除了防患没有其他的目的,所以一切积极的建设,全谈不到。偶然立一个学校,教训他们的子弟是可能的。至于经济、交通、卫生及其他一切建设,因为离防患的目的很远,并且当时人觉得这些对于提高他们的文化道德水平也无关系,所以全不能成问题。

(二) 欧美各国对于寡小民族的精神

第一,他们同我们相反,对于民族的成见异常的深。民族观念在西欧,虽说近七八百年才开始发展,可是到了十九世纪的下半纪,算是登了峰造了极。几乎可以说:有一种特殊的语言,就有一个排斥异己的民族。他们的语言又是异常复杂,走几百里地,总要变换一种语言。走几十里地就变换语言的,也不是没有。比利时的地方,不及中国的一府,语言就有七种的不同。在感情方面,就有七种的歧异。像在我们中国,从东三省走到云南、贵州还可以随便说话的现象,他们做梦也难做到。他们这些民族,差不多总有一个强盛的时代,他们就拿他们最盛时代的领土,悬为理想,叫它作民族的理想(Idee Nationele)。各种民族的理想,互相重叠,互相排挤,结果演成互相残杀的惨剧。你要告诉他们说:民族观念是相当近世的,你这个民族,既有所始,必有所终。将来必有一时,你这个民族的名义可以不存在于世间。听见这话的,不要说普通的人民,就是很有学问的人,一百个人里面一定有九十九个人,说你所说的是疯话。他们虽然没有天朝大国的虚荣幻觉,可是他们全是相当的骄傲。

所以,第二,他们的态度是抱的本民族至上主义。不惟犹太民族觉得他们自己是天的选民,就是什么德国人、英国人、法国人,那一国人不觉得他们是天的选民?我们中国的先哲虽说对于国家民族也极为重视,但是他们对于民族,不过如上面所说,看作一种文化道德的团体。对于国家,他们知道上面还有一个人类的团体,就把它叫做天下,从来没有觉得国家是至上的。至于欧洲,从马基业佛以后,可以说,一切的政治家全是承他的衣钵,看国家是至上的,国与国的中间是没有什么道德原则可守的。他们的国家又全是狭义民族的国家,所以进一步,就是民族至上主义。现在德国的国社党正是他们很好的代表。其实不惟国社党,他们从来就是如此。他们的民族主义又是极含混的。比方说:法国的阿尔萨斯、罗兰两省,从人种同语言上说,谁也不能否认他们是属于日尔曼系,但是德国当日用全力把他们争回去以后,却不肯拿待德国公民的待法待他们,所以这两省的人民宁愿属于法国,不愿属于德国。

我们并不否认欧洲有许多贤哲,有正谊、人道等最高尚的理想,并且艰苦的为它们奋斗。可是我们更不能否认英美的政治家从来不信任这些抽象的观念;法国的政治家拿这些观念当作一种玩艺。德国虽然对于观念能有信仰,可是他们政治家所信仰的,并不是康德、叔本华诸人的人道观念,却是特莱式开、本哈底诸人的武力至上主义。因为有这样的极偏狭的思想。

所以,第三,他们对寡小民族的政策是积极压榨以繁荣本民族的。他们从他们的民族主义、资本主义所合成的一个主义,叫做帝国主义。从这个主义所生出的政策,剪毛的、吸血的。他们最典型的代表是英国。至于我们敌人的吃肉帝国主义,是昏蛋的,并不是正宗老牌。他们不能忍受别民族的不愿作羊,可是另一方面,却也不愿他们的羊太瘦,以至于无毛可剪,无血可吸。他们不惟对于殖民地如此,就是对于本国也是如此。英国人为什么总同爱尔兰人闹不好,便是因为英国人要剪他们的毛,吸他们的血,他们却不甘心忍受的缘故。现在德国人为什么那样恨犹太人,就因为德国人要剪他们的毛不很容易,而他们自己的血又有被他们吸去嫌疑的缘故。因为要剪他们的毛,吸他们的血,所以就要为他们便利交通以使毛容易剪,血容易吸。又要为他们改良卫生,免得将来无毛可剪,无血可吸。教育有可以帮助剪毛吸血工作的,也要积极举办,有对于此工作无益或有损的,那就万万不能允许。一切政策的施行,全以对此种工作有益与否为标准。并且他们意志坚强,不惜出全力以赴之,所以在他们的殖民地里面,也可以夸说是百废俱举,绝不是我们那样消极防患政策所能够赶得上。

(三)我们今日所应取的态度、应用的政策

因为民族的精神不同,所以两边的态度及政策也因之有很大的差异。因为我们民族的偏见很浅,我们的态度兼容并包,所以四千年来,包涵孕育,成了世界上一个最庞大的民族。我们不要误认汉族为同出一源,永久如此。实在,三代时候的夏后、殷商、周、秦、楚、徐、句吴、于越以及其他,全是些独立的民族。他们中间的分别,绝不亚于希腊之于罗马,英国之于波兰。秦汉以后,历史更明:所谓鲜卑、乌桓、吐谷浑、契丹、女真、满洲人,以及一部分的匈奴、柔然、突厥、回纥、蒙古人,不是变化为汉人,是到那里去了?我们今日如果稍留神一点,还不难把我们的形貌分作西北的典型、下江的典型、两广的典型及其他典型,这就可以证明我们原来的血统并不是一元的。

但是我们的历史是统一的,我们的感情是统一的,我们的语言差不多是统一的。黑龙江同云南相隔数千里,可是无论什么人,全不愿意分作两国。此次抗战之所以能长久支持,就亏得我们的土地大、人民多。人民之所以众多就因为我们的民族偏见甚浅,对于异族能兼容并包的缘故。可是因为我们的政策不过是防患,精神偏于消极,所以闹到百务废弛,组织松懈,机构不适于抗战。并且我们不能否认:压榨异族的政策虽然为贤哲所反对,不为国家所保护,而细民却利用寡小民族的语言不通、经济力薄弱,仍不免暗地的进行。蒙古人所传"向汉人赊一捆葱,而辗转年月,层层剥削,还了二百两银子还没有清账"的故事,虽然并没有历史的价值,可是汉商的剥削寡小民族,却也是一定的事实。我在新疆和蒙古,好多的汉商亲自告诉我说些他们剥削"夷人"的几乎很难相信的故事。这样的情形全可以延搁我们的公共理想,使它不容易实现,使我们那喜欢挑拨离间的敌人有所借口。

至于欧美帝国主义者之所为,虽说也能一时好像百废俱举,并且繁荣了本民族,可是民族间的感情一天一天的恶劣,归结要闹出人我皆弊。并且十九世纪是帝国主义的鼎盛时期,廿世纪是它的没落时期。等到它快要没落的时候,我们又掇拾别人的牙慧,也未免太昏庸了。我们原来消极的办法,既然闹出来很大的毛病,与时代不适合,他们积极的办法,虽然有很多可取处,而精神错误,也要"差之毫厘,谬以千里"。

这两方面办法的不合是有一个共同的原因,就是一国内主要的民族,无论他们的态度积极消极,他们的观点完全以自己为中心,对于别民族自身的利益不甚注意。仅少说是穿过自己带色的眼镜去看,没有法子看出它们的正色的。积极建设以便利压榨,固然是以自己的利益为中心,就是消极防患的政策,又何尝不是忽视了兄弟民族本身的利益。从人类全体的利害观点去看,消极办法,利小,害亦小;积极办法,利大,害亦大。度短量长,"秦则失矣,而楚亦未为得也"。

吾人今日,如果不想救亡图存抗战建国则已,如果还想救亡图存抗战建国,那就需要高掌远跖,在这两种走不通的道路以外,另辟一种新道路。实在说起,也未见得是一个纯新的道路,仍是我国的旧理想。我国儒家所想象的大同社会,"以天下为一家,以中国为一人",绝不是消极防患所能完事,必须要拿出来积极的精神,找出来适当的理法,才能使这个理想有成功的希望。我们今日应当承继先哲高尚的理想,积极前进。可是我们的积极,不同欧美帝国主义的积极。我们只想到我们的中华民族,纯没有什么汉族、满族、蒙古族及其他民族的歧视。我们的师长法国大社会学家杜尔干说得好:"民族不是由于血统或语言的,是由于沿袭流传(Tradilun)和感情的。"我们不管我们原来的血统和语言怎么样的歧异,只要我们曾经同患难共安乐,已历年所,我们的感情融合一片,那我们就属于一个"Nation"。我们汉人同蒙古人、满洲人、西藏人、突厥人、苗瑶、童黎以及其他各小民族,已经同患难共安乐数百年或数千年了。我们的利害相同,我们的悲欢相通,我们同属于中华民族,尚有什么分别的可言?如果说有分别,那也就像一家兄弟的分别。

我们汉族,因为人民较多,文化较高,成了国内民族的老大哥。但是,既成了老大哥,就要拿出来老大哥的身份。老大哥的真正身份,绝不是压迫各位小兄弟以便利私图,是要汲汲孳孳,谋全家的福利,就是说,谋各位小兄弟的福利,利用自己特别丰富的经验以指导各位小兄弟的不及,"中也养不中,才也养不才"。我们今日对于民族的小兄弟,第一步应该明了他们、认识他们(自己的小兄弟,可是对于他们的认识,有时候还要借助外人,那真是大笑话了)。第二步应该体贴他们的苦痛,帮助他们解除。就他们的自身着想,看出来他们应该走的前途,然后尽力帮助他们、推动他们、纠正他们,使他们的生活渐渐改善,他们的知识渐渐增高,携手同心以抵抗强权,促进人类的大同,那中华民族将来在历史上一定可称为人类中最优良的民族。至于希特勒及其党徒的自称自赞,这个时候,真像日月出而爝火熄,夫何足言?夫何足言?

(《益世报(昆明)》1938 年 12 月 19 日、26 日,第 4 版,署名旭生。)

我的两个建议

今年的抗战为抗战期间中最艰苦的阶段,大约是一件一定不可移的事实。这句话并不是要说今年的敌人特别的可怕。本来敌人并没有特别可怕的地方,这一年半的抗战更可以坚定我们的信念。顶重要的就是敌人气小易盈,对于用人政治毫无办法,我们中国在抗战以前,不幸想做汉奸的人并不见很少。可是敌人的设施,逼着这些想作汉奸的人不作汉奸。某将领所言:"大家没有作过汉奸,所以还想去作汉奸。我是一个过来人,才真知道汉奸不是人作的。如来早知道汉奸这样难作,哪个混账王八蛋去作汉奸!"这些真是剖心沥血的话。现在抗战已经十八个月,没有一个像人的军人去作汉奸,这真是敌人所想像不到的一件大失败。尤其重要的是我国民智不开,抗战以前,老百姓觉得谁来也可以纳粮的,真是比比皆是。可是敌人这一年多奸淫掳掠,无恶不作,强迫着想作顺民的人民真真确确地明白了顺民的万不能作,纷纷地加入游击的工作。现在山西、河北、山东及其他各省的情形,真是去年这个时候我们所不敢希望的。

我们本来有极大的缺点,感谢敌人用惨苦的事实替我们宣传,把我们的缺陷弥补了一大部分。并且敌人在攻陷武汉以前,真正是一鼓作气。现在已经到了再而衰的时候。只要我们苦撑下去,最后的胜利是绝不能成问题的。但是大家总不要忘记:我们是一个经过二十余年内战的弱国,敌人却是一个四五十年养精蓄锐的强国。强国虽然到了疲弊的时候,对于弱国还是一个极大的威胁。我有一个朋友,他的围棋下的很坏,可是他有几句话说的很有趣,他说:"因为我的棋下的坏,所以高棋同我下,总要让我几个子。每次我总同让我子的人说:请你不要让子,只要你允许我一个条件,就是允许我得于必要时连下两子。可是,这一个简单的条件,无论那一位高棋全不敢答应我!"他这几句话足以指明什么? 我觉得它很可以指明:就是很高的棋同很低的棋下,所争者不过一个子。下棋如是,作战争胜亦复如是。历史上许多幸胜或不幸败的故事,就是因为自己或敌人多下一着或少下一着。我们的敌人本年固然已经衰惫,如果我们能坚苦支持,不难等到明年他们三而竭的时候。但是他们到底是强国,并且他们去年还有速战速决的企图。所谓"其战也不怒",到了现在,他们的迷梦已经粉碎,他们开始明白,如果不能将中国完全打倒,他们自己也就要陷于不得了的地位。所以我们这一次的抗战固然是我们生死的开头,可是他们现在也到了他们的生死关头,至少说,到了他们统治阶级的生死关头。两方面现在全已经到了生死相拼的程度,而我们是弱国,所以我们说,今年的抗战为抗战期间中最艰苦的阶段。

我们既然到了全民族生死的关头,就不能问什么艰苦不艰苦。并且我们所应该受的艰苦,我们从抗战的第一天起就完全料到,所以一点也不怕他。但是,一年半抗战的经验,一方面固然可以完全证明敌人的不足畏,铲除恐日病的心理,另外一方面,我们自身的事情还没有完全调理好,也是一件无容讳言的真实。当这个生死关头所争不过一子的时候,我们如果不急起直追,力争先着,结果一定影响于抗战的前途。至少说,要把我们最后胜利的期限展长,使全国极大多数的民众多受些不必要的痛苦。军事、工业、经济及其他专门的事业自有主者,并且也绝不是我们外行的人所应该插嘴。现在我只就我个人耳目之所闻见,并且认为很重要的两点,向我们的政府及大众略说一说:

第一,我们中国中下级行政人员的腐败实在太厉害了。抗战以来虽有改进,离理想的程度,还差的太远。任何事业还是他们发财的机会。有不少的联保主任,回他们的家,趾高气扬,他们的家人不问就知道又有兵役的征发。他们的发财机会又到来了。我们确切知道:我们的老百姓太好了。他们并不怕去当兵打仗。我亲自看见,有一个联保主任,当县政府宣布他那联保里面应该出两个兵,他就亲自跑到应征的人的家里剀切劝谕。以后又发动民众盛大欢送,归结很高兴地自动去了三个。我又知道:有一个地方近来出一种怪现象:就是老百姓怕被征就自动地先去当兵。为什么呢? 就是因为应征的壮丁,官长不令他们吃饱。这一类的黑暗现象,实在是太普遍了。如果不急图挽救,直接影响到兵役的前途,间接就影响到军队的战斗力。并且那些城狐社鼠,趋避的方法很巧妙,用普通法律的手续想到澄清他们的目的,异常地困难。大凡一个大改革的时间,必有他特殊的办法,也全是不得已的结果。他们对于这样的非常时期,就应该有非常时期的办法。我们想到的应急办法约有两种:第一,加强村民大会的实权,使保甲长于每月初一十五召集村民大会,报告其所举办的事情。村民有疑惑的地方,全可提出质问的权利。这一班城狐社鼠之所以能恃张为幻,全在于他们是暗地去作,并不拿到桌子面上去研究,如果一切事情全拿到大庭广众里面去研究,他们就不容易胡作非为。并且在法令范围之中,如果村民大会发现他的作弊有明确的证据,也可以赋给大会以罢免权利。上面用法律相督责,下面用权利相监督,上下交勉,对于扫除弊端,自属易易。第二,前清同光年间的中兴,当时吏治还相当修明,彭玉麟诸人的到处巡查,“先斩后奏”,不任城狐社鼠的巧于趋避,实属一个重要的原因。现在宜略仿其意,特派刚正严明的大员,与之以“先斩后奏”的权利,使遇因战取利,害民误国的贪污,立时正法。将来杀戮不需到二十人,而社会观德即当为之一变。“一家哭何如一路哭?”此法若行,将来前敌将士及后方人民不晓得要死多少。反对的人一定骂前者为共产党的办法,后者为顽固落伍的办法,殊不知前者为广西实用有效的办法,与共产党无干。普通法院重失入、轻失出,使贪污误国者异于趋避,不足以救急。必须用后项非常的办法,始足以挽救颓风。希望最高当局详酌厉行,无惑浮议。吏治一清,抗战前途一定顺利了。

第二,我对现在这样处在全民族生死的关头,节约运动的重要,实在人人皆知。不幸这种运动的有名无实,也是人人皆知。汽油贫乏而舞场剧台的门前,尚见不少的汽车。宴会仅限十元,而山珍海错的杯酌,账条虽不越十元,小费却能有五倍六倍的增加。上下相蒙,阳奉阴违。并且这样的生活,如果抗战下去,绝对无法维持,所以不愿舍弃这种腐臭生活的人没有一个不希望战事早日终结。近日动摇、主和的人,也未见得就是贪利卖国,不过带了一架留恋他们那样特殊不合理的生活的带色眼镜,那大地全要变色,玄黄全要失位。我们可以武断说一句话:这样不能咬紧牙关以济大难的人,就不配作自由的国民。对于这样腐臭的人不能严厉制裁的民族,就不配生存于世界。我们的敌人,在甲午战争,在日俄战争,全是因为满清政府和沙皇政府不能抗战到底,救了他们最后的溃败。今日敌国军阀政府的溃败已经在望,恐怕没有人能救,除了这样一班只顾个人享受、不顾民族生存的人们。所以这一班人虽没有汉奸的事迹,却有汉奸的罪状。此种汉奸不除,我们抗战的前途实在很黯淡。在这一点,国家几条法令并没有大用处。欧战的时候,我们在法国看见:如果有壮年男子在后方闲游,他最怕的就是埋伏兵的恶嘲骂到脸上,因为这样,所以全国一心,终究把敌人赶出国境。我们现在也要全国上下感觉到这种汉奸的可怕,不畏强御,口诛笔伐,严厉制裁。这种人均意志薄弱,不堪一击。腐臭的汉奸绝迹,我们最后的胜利就到眼前了。

这两点虽说很普通,却是抗战的总枢纽。这个总枢纽不整理好,其他方面,纵有很好的计划,也很难进行顺利。希望全国人士对于这两点严切注意,则国家民族前途实嘉赖之。

(《益世报(昆明)》1939 年 1 月 15 日第 1 版,署名徐虚生。)

吾人对于德灭捷克所能得到的教训

欧战后新建国家中,以捷克斯拉夫为最兴盛。农业几可自给,旧日奥匈帝国内百分之八十的工商业会在其境内,其军械工业之发达,为近日国人之所熟知。且欧战初停时,各国产业衰落,捷克斯拉夫境内又无大纷扰,和平发展,还成为欧陆重要工商业中心之一,其政治又颇平等自治。虽人种复杂,而因马撒利克诸大政治家之努力,几称完全解决。英国文学家韦尔斯对于未来世界之揣测,谓洲洲各国均陷入战祸,独捷克斯拉夫因当局的贤明,幸免此灾。且各国当筋疲力竭之余,无法停战,仍因捷克斯拉夫之调处而中止。此虽系一文学家之幻想,而亦足见捷克斯拉夫当局极孚众望。以如此兴隆之国家,乃因国际形势之变化,强邻之贪婪与国之懦弱,未匝年间,国家覆亡。且兵未血刃,开从来亡国未有之纪录!世事变化之剧烈,真足令人惊心动魄。然空穴来风,捷克斯拉夫立国,虽在四战之地,而若无内在之弱点,亡国又何能如是之迅速? 吾人处事变发生之后,观察较易,察其立国之始,循其衰亡之势,可得教训,略有数端。

一、国防固贵险阻,而地利不如人和,古有明训,人和不足,即有险阻,亦成赘疣。捷克斯拉夫立国之二主要民族捷克人及斯洛伐克人所居之地,本无天然重要之界线,新国所包之民族尚有默亚尔人、卢赛尼亚人、犹太人、波兰人。尤其棘手者为三百余万之日耳曼人。日耳曼人民族主义素强,早有与德意志联合成一大帝国国酝释,且有多数地主。一九一九年,捷克斯拉夫国会通过一整理土地的计划,是后任何地主所有的产案,无论在何种情形之下,均不能超过五百捷亩。产业被剥夺的地主可得相当的赔偿,所让出来的土地由政府以贱价卖与人民。此虽为进步的(辨)[办]法,而地主的日耳曼人自应反对。(救)[故]通过此法案时,仅有捷克及斯洛伐克人,至日尔曼及默亚尔人均拒绝参加。去年苏台地域因纳粹的鼓动,讼称彼等所受的待遇为不能忍受,似仅能指这一类的事件。一九二七年捷克斯拉夫的教育部长对其预算委员会的报告曾说,每三万三千六百二十八个捷克人里面有一捷文学校,每三万三千个日耳曼人里面有一日耳曼文学校。且自一九二六年石维纳内阁起,均有日尔曼人参加,一切待遇实难指示若何不平等的地方。至默亚尔人、卢塞尼亚人则旧属匈牙利,与匈牙利人相竞争。虽卢塞尼亚人前属匈牙利时,待遇恶劣,而属捷后因其人知识程度太低,不肯与以自治全权,因而对捷感情甚恶。此类区域,本民族自决之原则,本非捷有。然当日捷代表争议及威尔逊全力主张归捷的理由,即因军事的方便。如此他们即可有喀尔巴阡、埃尔兹诸山脉的天然国防线。此后捷政府又于此诸山脉中,因天然地势,建树新式、强固的防御工程。经如此严密的计划,似可高枕无忧矣。殊不知德、奥并后,日耳曼人又有归入德意志的骚动。当时张伯伦谓即助捷开战,而捷籍日耳曼人终属无法解决的问题,此虽为不愿战争者掩饰之词,而亦属当日实在情形。试思大战一起,虽有极坚固之防御线,而防线以内有三百余万之敌人,内外兼顾,其不利可知。设当日画界线时,仅以捷克及斯洛伐克人之所居者为限,虽天然险要稍差,而用近代科学方法,固不难建筑一人为的防御线。虽未能完全有恃无恐,而生于忧患,死于安乐,亦未必不能抵抗强邻的压迫。境内虽尚不免有少日耳曼人,而数甚小,不足为患。较之专恃地利,未得人和,至紧急时而张皇失措者,其利害相去固甚远也。

二、处今日交通极便,世界全体利害息息相关之时,任何国家明欲立国,即不能闭关自守,必须对于他国慎择善交,以收辅车之援,是一定的道理。但是国家命根在于自身,并不在于友邦,自身强固,组织分子的大多数,有随时随地为它牺牲的决心,再加之以联络与国,国家一定盛强。反之,国民对于自己国家毫无自信心,无为国家牺牲(于)[的]勇气,即使与国遍天下,也绝不能有救于危亡。此亦天经地义,毫无一点疑义的定律。我国春秋之末,鲁国势屡弱,几将不国,而吴、越荐为上国,狼吞虎视,绝无国际道德之可信。但此时鲁君臣上下均有死国御侮之决心,童子也有执干戈以卫社稷之勇气。及至兵临城下,即素日褒衣博带如有若之徒,不惜三踊幕庭,以期与敌人拼死生,所以终能却敌,以延国家数百年之生命。美国独立战争,如无华盛顿诸人的坚苦卓绝,在 Princeton、Trenton、Saratoga 各地的浴血鏖战,即有佛兰克林奔走呼号,仍属毫无用处。捷克斯拉夫因强邻逼处,乃与法、苏缔约以强外援,谋国甚善。去年苏台之变,法受英之牵掣,踌躇不前,固属变出意外。然此时国力无亏,未至不能抵抗。抵抗三五月后,国际形[势]不疑变化。法见捷之坚决,德锋已挫,即专为自身之利害,亦将出而一战。且是时苏已宣言履行盟约,小协约国群起制匈牙利,不使乘衅,大致国际形势未为[不]利。拼命一决,即至不幸,而邻国鲸吞,亦付颇高之代价。国民精神一振,复兴之基础固已奠定。待国际形势之变①,重整河山,殆可断言。奈何一失外援,精神一蹶不振,拱手让人,任敌宰割。虽然,犹或有说,去一肢以救全身,或仍不失为下策也。慕尼黑之字已签,国际之形势已明:英法畏战之心已揭,强邻无厌之欲已著,全国惧亡,国尚可为。急定国是,速结人心,当弃者毅然弃之,当守者决然守之。以二三千万镑之财力,四十师机械化之军械,意志一定,以敌一外强中干的德意志,岂患无术?奈何荏苒四五月,左支右吾,毫无筹划?一旦强邻又至,除向狼吻中讨生活,无他办法!哈柴入虞庭泣陈,已属无策,然决定必抗之策,再申最后之求,托国政于僚友,置死生于度外。一旦不反,而领导抗战尚自有人,获犹可信也。奈何一误再误,受人胁迫,遂签字于卖国条约,尚不能及一孱弱昏庸之楚怀王!且此次德复侵捷,国际形势即将剧变,张伯伦之幻梦已醒,法国受压迫之感觉渐增。保全捷人疆土,不惟法人,即英人亦负有道义上

---

① 变:疑衍一字,据文义删除。

之责任。即撇开道义,而利害相迫,亦不容英、法之坐视。盖前次德尚有辞以借,且汉伦党徒内讧,亦为捷军之致命伤。绥靖政策,在张伯伦及其党徒观之,尚有成功之可能。此次则德食言而肥,毫无解说;苏台区已割让,内患稍弭;德据捷地,则欧洲均势将完全打破。虽英、法有愿德人东进以纾近忧之企图,但此不过指商业利益,未必即愿其扩充领土。且愿其与苏俄冲突,已得收渔人之利,并非有所爱于德国也。故此次如捷人能支持一月,欧强纷纷加入,盖可断言。即至不幸,而抗战结束亦不过亡国耳! 尚能有何灾祸之增加? 然则哈柴等之甘心屈服,亦不过为己身之生命及利禄设想,何尝有国家利害之可言! 主张武器全能论者,动云血肉不敌枪炮,其所执持,固甚显著。然枪炮虽精,岂能自放? 阿比西尼亚之武器劣于捷克斯拉夫者,盖以一计,而彼尚能再接再厉,予敌人以重创,迄于今,意大利之创痍盖尚未复。且阿比西尼亚亡于内奸,亡于降将,非亡于战也。捷克斯拉夫之军械,其量其质,皆足与世界强国颉颃,而卒一弹不发,拱手授人! 世之重军械而忽精神者,亲于此两国之往事,其能有所悟矣。

三、世界之野心阴谋家朝三暮四,诡计多端。弱小民族稍一不慎,即受其欺罔以自取覆亡。如斯洛伐克民族,在捷克斯拉夫国内为建国重要原素之一,毫未受不平等之待遇,乃惑于德国纳粹之邪说,向捷克民族求独立——为虎做伥,覆亡宗国——卒之德人朝许独立而夕即进占! (其许独立之时,尚恐二民族之联合以抵抗也!)且此次,如斯洛伐克人能与捷克人联合,则犹可一战。彼等以后掣(时)[肘]而国必亡。是亡国之罪,斯洛伐克人实居其首。日耳曼人在捷境内久为主人,奥匈解体,捷国成立,主人之特权全失,固日冀望捷克与斯洛伐克二民族之解散而倾覆! 今日旧作主人之日耳曼人计诚得矣,斯洛伐克人沦为臣仆,欲求如前日之自由,何可复得。弱小民族力未能独立,而好自做主张者,尚其鉴于斯洛瓦克人之覆辙而能有所悟耶!

四、现在世界各强国中,处境最困难者为法国。盖东南、正东均属强敌,西南之西班牙又成敌友,三面受敌,势成孤立。本愿东(苏联)[联苏],西联英,恢复战前协约国之局面,而因英、苏同床异梦,且英近苏远,遂不得不亲英而疏苏。今日国策惟英马首是瞻,视强敌之坐大而无可如何。去大战胜利曾几何日,而国势削弱,遂至此极,其政治家内心之痛苦,殆有不堪者。其国有基本之弱点一,有政治之大错误一,二点交会,遂成难挽之大错。其他细节,均属枝叶。基本弱点为人口之不增加,人民亘大半世纪,不能越过四千万之数目。以处于六千余万德国人、四千余万意国人之侧(德国人口以前不比法国多,意国前二三十年尚比法国少),自觉势逼出此。因人口之限制,民性虽极勇敢,而不愿轻战,不敢轻战。然处今日疯狂之时代,敢战者强,不敢战者弱。法国有此先天之弱点,故难争强世界。其政治上巨大之错误,则为欧战停后,强烈爱国之老虎总理克莱孟叟绝对不知——且亦不愿知——天道起伏盛衰之微机,幻想六千余万有高等文化之人民,可以人为永久压抑。出其积成厚册之约章,强迫战败国承认,卒之未可实行,敌我交敝。幸有白利安诸人之远识,与德人结《卢加诺条约》整理一切,而后欧陆局势得暂安十余年。然由治国有道、邦交无识之班加来掣其肘,堕其功,德国之温和政治家无从抬头,激烈之希特莱遂一跃而登台。法国此时又无拼命之决心,遂致事事退让,与国解体。积至今日,处势不得不拼,而作战之难,难于奥、捷尚存时数倍而未有已!吾人观于二十年中法国强弱之变化,深信谋国者必须深思潜观,讦谟远猷,勿贪小利,勿竞近功,始能使国家人类均受其福。识不及远,顽强爱国,本以爱之,适以害之,非善计也。

最后,则希特莱之所为,迷谬狂惑,几尽人而可知。然毕士马克失之于割法二省,以激成克莱孟叟;克莱孟叟、班加来又变本加厉,以激成希特莱,因果推荡,势有必至,无足怪者。纳粹加之以大胆果决,遂使世界皇皇,不遑宁处。然进锐者退速,飘风急而不终朝。昔日本吞吾之东北数省,币原喜三郎称之谓吞一炸弹,德之吞并捷克,殆亦同之。第十世纪之史家 Widnkind 有言:"许多时期经过了,在这些时期中,撒克逊人为获取一广大帝国而战,斯拉夫人为维护其自由,反抗至恶劣的屈服而战。"昔日之撒克逊人亦即今日之德意志人,经过二十世纪,其贪婪野心犹昔。西方文化并不低落之斯拉夫人,今日虽谋国不审,为强敌所压服,其必能继先人之传统,为维护其自由,反抗至恶劣的屈服而奋斗矣。

吾人对于德、捷的事变所能得到的教训,大致如此。吾人对于捷克斯拉夫人民多所责难,尤以对于斯洛瓦克民族,深悯其遇而恨其愚。捷克斯拉夫已矣!吾人尚何忍从井以下石?但如世界各二、三等国家均如捷民,望大国之风而披靡,则狂惑如希特来之流亚者,且将成为至圣神武之太祖高皇帝——而人类之文化亦将反于前十余世纪之黑暗时代——吾人为人类全体之前涂着想,亦岂能无一言耶?反观吾国,以前二三十年生活于列强均势之下,其立国亦颇有似于捷克斯拉夫。幸"九一八"之后,人皆惧亡,上下淬厉;小试之于"一二八"、长城、白灵庙各战役而自信心益固。全体抗战以来,上下同心,有数十万先烈之壮烈牺牲而敌锋全挫。现敌人已再鼓而衰,离三鼓而竭之境域已不甚远。鉴于阿比西尼亚及捷克斯拉夫之往事,其必能坚决抗战,辛苦建国,以挽人类文化于将衰矣。

(《益世报(昆明)》1939 年 3 月 26 日第 2—3 版,署名徐虚生)

用历史的观点对鲁格夫尔先生说几句话

前些天,有一位苗族的同志鲁格夫尔君来过两封信:第一封,反对"学究的大唱特唱苗夷汉同源论",而"希望政府当局能给以实际平等权利";第二封反对近来要人名流所常讲的"我们是黄帝的子孙""黄帝子孙不当汉奸"的话头,希望对"变相的大民族主义的宣传须绝对禁止"。这两封信,已经由颉刚先生很明白地给以答复。他所说的"我们的团结的基础,建筑在'团结则生,不团结则死'的必然趋势上,不建立于一个种族上,更不建筑于一个祖先上",实则是最正当不过的讲法。不过,我看鲁格夫尔君虽然自己对同源论"不赞成,也不反对",但是他一方面说"夷苗自己决不承认是与汉族同源的",另外一方面,他自己署的头衔却是"蛮夷之民"与"三苗子孙",可见他是主张异源论的。如果苗汉果然是严格的异源,我个人既不主张同源,也不主张异源,看以下的说法,就可以知道,如果历史上果然有不可超过、不可磨灭的大裂痕,即使有"团结则生,不团结则死"的趋势,那我们真想团结,却需要比没有这样大裂痕的时候作更大的努力,才有成功的希望。历史总是历史。我们研究历史的人最要不得，并且最应竭力避免的毛病，就是由于迁就形势一时的需要而毁灭，或湮没或曲解历史上真实的事实。（这样毛病，德国的历史家犯的相当的利害，至于日本的历史家则犯到可笑的程度！）我们研究我们祖宗的历史，遇着他们措置得当的地方，固然可以很高兴，即使遇着他们犯着严重错误的时候，也应该勇敢地承认，指明出来，使现在和将来的人，赶紧起来补救，那才是正常的办法。毁灭、湮没或曲解历史的事实，是一种不勇和不智的行为，因为历史的真实，绝不是人类所能毁灭或湮没，这样地作，一定错误愈甚，陷溺愈深。可是把由误会而生出来的裂痕解释清楚，使大家不再作无聊的争执，这正是研究历史的人的职责。并且我个人对于这一方面的意见，同颉刚先生的意见，也有些出入，所以也来搀几句话。

在入正题以前，还有几句话来说，就是当清末和民国初年，有若干的学者相信苗族是中国的土著，逐渐受汉人的压迫，才退处于深山幽箐之中。现在虽然学术界已经抛弃了这个假说，可是还有不少的人对于此说总有点疑惑。其实在这里，毫无可疑的地方。这个假说是同汉族西来的假说互相补足的。后说一倒，前说不攻自破。十九世纪后半纪，有些欧洲的学者主张华人西来。中国的学者，比方说章太炎先生等，也主张此说。此后欧人因为此说无确实的证据，已经没有人相信。我们中国考古学者近二十年的工作，虽然不敢说周口店的猿人就是我们直系的祖先（因为他们离我们二三十万年，还不是真人[Homo Sapiens]，只是猿人），但是对于新石器时代的研究，总可以证明当时的人同现在北方的居民没有多大的区别。我们如果说：一万年以内，汉人总在中国居住，总不会有很大的错误的。汉人既为中国的土著，则并无逐渐压迫苗民向南方出走的情事。他们那样无根据的假说，毫无可凭信的价值。

然则汉苗在历史上简直没有争端么？那怎么会没有？不过这件事情异常地复杂，不是那样简单的一句话所能包含。我近来研究古史的结果，知道我国当四五千年以前，居住的人民大约可以分作三个集团。西方和北方的可以叫作炎黄集团。这一个集团西起甘肃，北至察哈尔及河北，东据山东一部分，南在河南境内，与其他两集团犬牙交错。凡炎帝（非神农、伏羲。神农是时代的名字，并非人名或部族名，与太皞、炎帝无关系）、共工、黄帝、颛顼、喾、尧、舜、禹、契、稷等及氐（古书多讹为互）羌均属此集团。东方的可以叫作风偃集团。这个集团居住的地方，是山东的南部，安徽江苏的北部，河南东部的一小部分。凡太皞、蚩尤、少皞、皋陶及徐、舒等部均属此集团。秦原应亦属此集团，但因入仕于商，后流落于西方。蚩尤，前些年的学者，误认为苗民，如此则当属于南方集团。但《逸周书·尝麦解》明言"黄帝执蚩尤杀之于中冀"，继即言"乃命少昊清司马鸟师以正五帝之官"，是与周诛讨立武庚，诛武庚立微子同类。少昊墟在曲阜，属东方风偃集体，蚩尤亦必属此集团。且据《汉书·地理志》及《皇览》，蚩尤庙及冢均在汉寿张县（今东平），则属于东方集团，毫无疑问。我所以叫他作风偃集团者，是因为风姓、偃姓、嬴姓国家均属此集团，而偃、嬴古音相近，似本属一姓（此意段玉裁《说文解字注》已言之），言偃可以包嬴。南方集团可以叫作祝融集体，也可以叫作苗蛮集团。此集团盛时，势力及黄河以南，湖北、湖南、江西及四川之一部好像全属于它。凡三苗、昆吾、大彭、豕韦、荆楚及今日所知南方各部族,全是这一个集团里面的。《禹贡》雍州下固然有"三危既宅,三苗不叙"之文,不少的学者认为三苗到西方去。但是吴起所说"三苗之国,左洞庭,右彭蠡",很清楚地指明三苗的疆域。另外《左传》"先王居梼杌于四裔,以御魑魅,故允姓之奸,居于瓜州"之文,颇可以说明雍州三苗与苗蛮本土的关系。

因为梼杌为颛顼氏之不才子,而楚史名梼杌,楚亦出于颛顼,故梼杌当即楚祖。我疑惑他就是帝所诛的重黎。重黎与共工,在古史中所传,或恶或善,随传人不同。允姓为梼杌的后裔,则属于南方集团,而居于瓜州,疑史前亦有秦迁西戎、泰伯入吴一类的故事。而古史茫昧,已不可考。我说当时大致有三个集团,是指的文化集团。更显明的说,是因为风俗习惯不同而分的集团,并不是指什么血统的关系。世界上只有希特莱和其党徒那一班妄人,才能曲解历史的事迹,主张纯粹的血统,夸张日尔曼人高于一切!实在,只要是人类,除了他们各自住在山南海北、风马牛不相及的不说,他们只要所处的地方在邻近的区域,就要发生种种的相互关系。关系可分以为善的、恶的两方面:善的是互相婚媾,怒的互相争夺。这两方面并不是截然划分。在普通的情形下,是婚媾、争夺同时并进的。斗争欺压,互相争服。如果有文化浅深的分别,也并不是文化深的常统治文化浅的,却是有盛衰,迭相争服。如果文化深的部族,社会性发展,团体强固,或器械坚利,那就很容易统治浅化的部族。反过来说,如果文化深的部族,达到相当的高度,而腐败下来,堕落下来,他们也很容易受浅化部族的统治。大致说起,生活苦的统治,乐的被统治。几乎可以说是一种找不出破例的自然定律。不管深化部族统治浅化,或者正相反对,只要他们生活在一个区域,时候久以后,他们因为互通婚姻的关系,无论用什么法子,也不能禁止住他们的互通婚姻,社会互相同化,把两个风俗习惯不同的团体,变成完全相同,以至于各相忘掉自己的根源。这是世界上最普遍和最永久的现象。所以我们说:世界上没有纯粹的血统,是绝不怕有武断嫌疑的。再进一步说,一群人的风俗习惯已经变换,即使他们还记得从前的根源,而感情已因风俗习惯而改易,只能属于新族,与旧部族关系极浅。吴越非同源,而风俗习惯大致相同,即容易联合和并合,吴鲁同出于周,而风俗习惯完全不同,均互视为异域。前清汉军,当时已属于满人集团;今日的满洲人完全与汉人同化,汉人没有人把他们看作属于另外的部族,他们自己也不愿意表示属于别族,则由文化的观点只能说他们是汉族。如果从纯人种学的观点看起,即今日的汉人恐怕至少也能分出三五个典型。

我们虽然对于人种学属门外汉,而走过南北各省,三几种不同的典型,大约全可以感觉到。所分集团谈血统,毫无是处。话说的太远,即此打住。且说当时三集团的分别,虽已消除许多,现在非许多研究历史的人竭力爬梳,不容易看出来,当时却有很显著的分别。

《吕刑篇》中斥蚩尤及苗民,就是炎黄集团中人对于他两集团的判断。蚩尤、东夷、徐戎不断骚乱,远未可知,就在周之盛时,风偃集团也好像未尝为臣虞夏之时,三苗叛服无常。周不见三苗而蛮荆时劳王师,盖苗古音作毛,苗蛮阴阳对转,苗与蛮并非异部,蛮之大国为楚。《左传》言"楚人谓之乳谷,谓虎於菟",由此推论,各集团语言差异,或不下今日普通话与闽广话的分别。这三个集团，至东周以后，交通日繁，风俗习惯逐渐相近。到了战国，疆域全泯。屈原以祝融集团中之天才，一跃而为中国文学不祧之祖。《楚辞》所描写的，实即三苗国内的风物。许行、陈良诸人，均能砥砺磨炼，为学术的重镇。虽说孟子还在引"荆舒是惩"的文字，膺击许行，还留着从前各集团竞争的微弱痕迹，而普遍说起，各部族的文化实已可融合无间。风偃集团的同化尤为彻底。太皞、少皞、皋陶全进了古代圣王贤相的系统。大儒荀卿，称述徐偃王，也厕之于贤圣之列。三集团混合，汉族开始形成。秦汉以前的文化实即三集团中贤圣共同努力的结果。今日的汉族，实即炎黄集团、风偃集团祝融集团混合无间的苗裔。此三集团中居住不远中原，交通方便的人民，已经参加了创造民族文化的大业，而居住穷岩幽谷的人士，或多故步自封，虽属炎黄、风偃、祝融的后裔，而风尚固陋，无言语侏，若姜戎大岳之后而沦为诸戎者，盖亦少。汉后的氐羌、苗蛮、鲜卑、匈奴即属此类。彼此中间的界域，乃因风俗习惯从中作梗，与血统问题并无关系。我们近日来到西南，见到不少苗、童、罗罗、么些的同人，除了言语衣服，种种外在的区别以外，骨骼等躯干，仔细看来，虽然不是找不出些微的区别，可是这些区别，远不如短小精悍的两广居民与方脸高身的北方居民中间的区别大。（用三集团说明古史，范围太大，此地不及详说，详见余所著的《中国历史上的传说时代》。）

我想我们中国现在绝没有分氏族，判血统，排斥异族，像希特勒及其党徒那样的妄人。今日的要务，是大家处在这样竞争剧烈的大时代里面，应该怎么样去求生活。求生活的办法，并不是某种文化消灭某种文化的问题，而是大家应该怎么样互相携手，互相督促，赶速近代化，以适应于今日环境的问题。比方说，我国的行政机构不够改良，虽顺应抗战的需要，而治理少数部族的官吏，因为情形的隔阂，自己的容易腐败，效率差，实在是一种无容讳言的事实。怎么样去振奋改良，使我们言语不易交换的同胞，情得上达，以增进行政的效率，这是其一。少数部族全是我们应该最关切的同胞，而我们对于他们的言语、风俗、习惯，以及饥寒、痛苦几乎全无所知，现在应该如何加紧研究，使一切的情形毫无隔阂，这又是其一。这一切少数部族，应如何对于近世科学，加紧研究，对于公共卫生应如何竭力改良，以及其他近代化的事情，应如何赶快进行。这里面固然有些事情为财力所限制，但如果本着穷干苦干的精神，也未始不能找着相当的办法，这又是其一。因为汉人占着各部族老大哥的地位，固然负不小责任，但是一切改革，由外铄者难为功，由自动者易为力。还希望各部族中的明达人士，积极工作，勿惮烦难，始有成功的希望。前几天，报上载一篇旅行家的游记，略说，一次走到苗村，一个很喜欢听无线电的苗民，问他电台有福建及广东的广播，为什么没有苗语的广播？他这位先生当时异常地窘，只好撒一句谎，说也有苗语广播，不过不在今天，这样的答法虽然可混过一时，归结谎证出来以后，还是很糟。实在的情形，是汉人精通苗语，能胜广播的责任者，简直不见得有。作广播的人需要相当丰富的常识，苗民中能胜任者，恐怕也不见得多。广东及福建的广播，大约全是他们本省人自己担任。如果苗民中有胜任愉快的人员建议中央广播电台添设苗语广播，想来应该是一件很容易的事情。少数部族中明达人士喜欢听广播，是一件很好的现象。增加各种语言广播是我们大家应该努力做到的事情。很希望大家，尤其是各部族的先达，加紧努力。读鲁格夫尔君的来书，他的常识，似有相当的充实。希望其认清路线，加紧努力。至于他所抗议的"黄帝子孙"的话头固然不够科学，应该避免，但是他所自署的三苗子孙，不科学的程度也完全一样，果当日三苗民族处于两湖，那么未必不是伍员、屈原、许行、陈良、蒋浣、曾国藩诸人的祖先，鲁格夫尔君的远处云南，也未必有直属的关系。总之，这些话均不可谈。最要紧的一句话，就是如果大家仍是故步自封，不向近代化的共同目标加紧努力，无论属于何种部族，以及何人为祖先，全得糟糕。希望大家认清这一点，互相提携，加紧努力才好。

二八，六，十

（《益世报（昆明）》1939 年 6 月 12 日第 4 版，署名徐虚生）

论胜败的关头

《左传》上记载：当春秋之末，楚国残破之后，与强邻吴国战，水陆皆败，死伤众多，楚国人全吓坏了，觉得覆亡不远。可是这个时候担当全国重任的令尹子西反倒很高兴说：现在才真有办法了！他于是改建都城，修明政事，楚国从此复兴，吴国渐就衰亡。

看中外几千年的历史，忧劳可以兴邦，逸豫乃以亡身，自然之理，历历不爽。楚庄王的伯业，乃由于他"日讨国人而申儆之，吁民生之不易、祸至之无日"。就是最近大家亲眼看见的事：苏联的史达林，当德国打击他们的前几年，就日日儆惕，告戒国人，强敌不久就要来打我们了，赶紧准备，千万不要临时赶不及呀！因为他这样的知惧，所以能加紧努力，著著争先，就是希特勒利用他那世界上最高度的工业，倾全国的力量来攻击他，他还能竭力抗击，转败为胜，使这一个混世魔王一败涂地。戒惧可以兴邦，此尤为其荦荦大者。足征古今中外，地有异，时有异，而此理不易。

我国在九一八以前，大家狃于列国均势以下的生活，视为固然，泄泄沓沓，毫无起色。东北之大炮一响，强盗入室狎处，全国人士始恍然于列国均势之并不能保障我们的生存，四顾无依，皇皇不可终日。可是我国国势的转机正在此际。九一八以□，我国日寻干戈，自此以后，危机依次相继，而觉每□□□□□□□□□乃群众极为惧亡之□有以致之。七七以还，人心更奋，□□□□□□□□□士卒无生之气，□□□□愈厉，力挫敌锋，风声所□□□□□□□□洋战事起后，苦斗之□□□思喘息，本亦常事，而误信胜利之可□□□□□致暮气来袭，无复前数年之警惕戒惧。兼以此时战事已经数年，本身困难日以增加，物价高涨，图挽救者仅能小为补苴，并未能高瞻远瞩，迎头痛击（如近日所行的贴补政策，及力谋改善士兵生活，皆迎头拦截之方法。然事后言之则易，事前具此胆识，或近超人矣），驯致奉公守法者无法生活，堤防一溃，而吏治、军政在在受严重之打击。将骄卒饿，战斗力遂日益消沉。本年河南、湖南、广西各战役，退败之速或有出于敌人意计之外者。此等万分痛心之事，固昭昭在人耳目，无庸讳言，不能讳言，抑不当讳言。盖胜败常事，不讳言而力图挽救，始能转危为安，转败为胜，如讳疾忌医，劳必沦胥以亡，此理之常，无足怪者。

我国自抗战之初,即因迫于自卫,激于正义,挺身奋斗,义无旋踵,大多数的人虽说也有模模糊糊的最后胜利的信仰,但是真正的结局如何,恐怕是言人人异。大家□公同感觉到的是我们自身不容易有独力击退敌人的能力;举国上下所希望的是坚苦支持,以待国际形势的好转。可是所谓好转也者,是指世界强国强迫敌人退步,如三国强迫退还辽东的前例呢?还是来帮助我们打仗呢?这恐怕是很有问题。相信后者的人大约限于很少的人。大多数的人还是希望世界列强以道义援助我们,制裁敌人。就是当九国公约国家在比京开会失败以后,大家总还保持着愿望,以为将来总有实现的一天。

至于战争的长短,则当开战的初期,我们所预备的军火和财政,仅可支持半年。所以当时如果有一个人说:我们的抗战可以延长到七八年,世界全体的人要说他是疯子,毫无例外。政府在武汉的时候,不少消息灵通的人相信三年可完,大多数的人也相信他们的意见。至于什么"四强之一"啦,什么"并肩作战"啦,我想当日的全国人士做梦也没有一个人梦到:这话是绝对的真实,毫无夸张。欧战开始,颇出多数人的意外,但是相信轴心必败,英法的胜利大约是干涉日本的第一步。法国覆败,英伦危急,更出人意料之外,可是此时我们已经抗战三年有余,毫无不能支持下去的情形,我们自觉有点了不起,实起于此时。太平洋战事起,很多的人感觉到一年半载之内战事即可完事。美英受挫,殊出吾人意料之外,但因此更觉得自己了不起。蒙之美人为战事的方便,且实敬吾四五年抗战的坚毅,拉我们为四强之一,于是乎我们的精神飘飘,受宠若惊,既未能预料战事之尚须长期坚苦,遂日望胜利的自临。蹉跎因循又已三年,困难日增,形见势绌。不惟河南、湖南、广西战事不利,敌人且以轻骑数千,闯入黔境,以致战时首都的重庆、供应线总站的昆明,均感到严重的威胁。而七八年坚苦抗战所争得之自信心又致根本动摇;悲观之徒又觉土崩瓦解之势已成,一经败坏,无可收拾。然细分析近七八年来战况与人心的变迁,不难看出初期的成功是由于举国上下的忧勤戒惧,今年的大挫败固多由于久战自身的困难,然由于吾人自身的自大蹉跎者亦殊不少。"死于安乐,生于忧患""其亡其亡,系于苞桑",则今日全国的忧危惧亡,实属去危就安的最大转机。而太平洋战事发生后的喜出望外已足以证明从前估计的未合,近月余的意外惊恐更足以证明近数年蹉跎自大的荒谬。惟因前日喜出望外而不知警,遂致今日惧异寻常而几难振。今日惧则大佳,而如悲观绝望反足以麻痹坚苦奋斗的努力。知前日过喜之为大误,即可知今日过惧亦属非是。奋迅自勉,转危为安,使今日而有子西其人者,必欣然大喜曰:"如今可为矣!"

近数日来,贵州军事著著转机,我军追入广西,敌人退守河池,已可证明前日的过度忧恐毫无根据,然敌人打通南北交通线的企图必将实现,友军在我国登陆之壮举又增困难,吾人危机尚大,万不可有一毫之疏忽。政府于此时应对于各种弊端著著改进,对于所已决定之改善将士及公务人员生活的办法务须迅速并澈底实行,庶几奉公守法者可以安心供职,而后对于违法渎职者即可峻法严惩。吾国近年法尚宽纵,桂林、柳州、南宁失职的将领作何惩处,国人弗知,实深忧惧。法国大革命时,全欧皆敌,迫临都城,卒能转危为安,不惟击退强敌,且能耀武异国,原因固多,而此时的赏罚严明,许多有功将领,一经败退,即时送登断头台上,实为其重要原因之一。抚今追昔,实应借鉴,此外此时尚有一件大忌,全国上下不可不严行警惕者,则为不同心协力以救危亡、争胜利,而徒互相埋怨,以牵掣上项之努力。须知今日的困难由于人谋不臧者固居百分之三四十,而由于战事自身者却居百分之五六十。我说这句话绝没有为人谋的一部分脱卸责任的意思。须知战事真正的胜败关头并不系于后者而系于前者,那我们怎么样能不急起直追以力图争取呢?尤其居高位的人权势在握,小有悠忽,即贻国家民族以无穷的大患,责任重大,尤无待言。所以我们人民对于政府作善意的督责,不惟是我们的权利,并且是我们的义务。不过不穷始末,恶意诬谤,麻痹抗战的努力,却是等于自杀的办法。

衮衮当轴所居的职务重要,所负的责任巨大。我们职务卑微,但在我们的小范围以内,也未始无一部分的责任。他们的重大责任固多未尽,我们的有限责任也未必就完全作到,毫无遗憾。我有一个下屎棋的朋友,可是他说一句话却异常有意思。他说:"我的棋下得不好,人家高手每同我下必让我几个子。我每次请他们不必让我几个子,却请求他们让我一个很简单的条件,就是:得于必要时连下两子,可是他们虽国手也不敢答应我!"我引他这句话的意思,是说低棋同国棋所差虽远,然遇□要时,所差的仍不过是一子。弱国和强国的战斗,紧急的时候也常常决定于一着的胜负。我们全国的人要大家淬厉精神,人人自信我就是那个必争的且万不可错误的一子,虽风浪坚险,而胜利的彼岸固已清楚在望。鼓勇前进,奋力以赴,那岸就可以早日达到,不致多时迟延了。

(《中央日报(昆明)》1944 年 12 月 17 日第 2 版)

由中西文化观点看我国的东北问题

近日我国东北所发生的问题不惟使我全国人民恐惧凄惶,忧大祸之将复至,就是全世界爱好和平的人士也全踌躇愁思,恐因此遂引起世界人不安的导火线。实在此问题来源极远,近之即可归之于世界政治,美苏的争霸,远之尚可推之于中西文化的分歧。如不寻根溯源,颇难明了此事变的真正意义。笔者不揣固陋,今日愿就中西文化的观点来推求此次事变的来胧与去路。

中西文化问题太大了,就是写几本大书,也绝不怕无话可说,所以在这篇短文中绝无法得到对它全体的概念,我们仅能把与本题有关的话简略地说一说,以指明我们的看法。我们说中西文化,我们要从三方面来看。第一方面是西方哲学家杜威等所说西方人所研究偏于人与自然关系方面,中国人所研究偏于人与人的关系方面的说法,(致大)[大致]说是不错的。西方学术对于人与自然关系的大成功异常显著不必多说。我国学术对于人与人关系的成功,从此次的抗战就可以得到确实的证明:我国在四五千年以前,人口稀少,其数量也无以异于西方的小民族,至当日的埃及和巴比伦帝国的人口数目虽不大清楚,而超过我华夏族远甚,殆可断言。可是西方文化古老的民族一个一个地倾覆了,消失了,而我中华民族因为同化力特别强,对四周的小民族兼容并包,直至今日,专从数量来说,已经居了全世界的第一位。所以我们虽说经过数十年的内战,预备毫无,又经世界的诸等强国以全力相压迫,而我们仍能崛起抗战、万众一心,以获得最后之胜利。我们此次制胜最重要的因素是地广民众,而地广又由于民众,民众由于同化力强,绝非偶然——历史上无偶然的事件——而此特赋的同化力就可以证明我们中华民族对于人与人的关系,实有其特别独到之处。

第二方面是笔者由于近数年研究的结果,知道我们中国的文化同西方的比较起来,可以三个字来综括:一曰久,二曰稳,三曰缓。缓最容易看出。拿汉唐时候的中国同当日的欧洲相比,那一件不比他们高明的多,可是到了今日,我们反倒事事落后,其缓慢也实在可惊! 至于稳,如果久能证明,稳也就连带证明,不稳何以能久? 对于久可以有很合理的怀疑,大致说:我们中国的历史不能同欧洲的任何国相比,而臆愿自埃及、巴比伦以来全体的西方相比。如果这样地比较,那我国的历史却比他们短,并不久于他们。这些话固然有相当的道理,但是问题仍然存在,并没有解决,不过引到别处去罢了。西方各国同化力弱,每个民族全有它很兴盛的时候,可是过了这一个时候渐渐地衰微了,消失了。这个时候,固然可以比作一条河流的伏流,但是它既消失不见,将来即使再出现,那也只能算作另外的一条河,不能算作从前的河流了。至我国则同化力强,俨如海纳百川,波澜壮阔,虽时有曲折,而枝干分明,了无隐晦。他国的断流绝滞,何能相比? 就说此非一川之流,但是它们何以不能相合,而我独能合? 问题岂非依旧存在? 所以此久、此缓、此稳,皆为我国文化的特色。并且这三点仍为一事之三方面表示,互相为用,非有异体。

第三方面,关系更重,为笔者今日所愿特别强调的一点,就是我国数千年的文化偏于世界精神,或者说的更恰切一点,是偏于天下精神。(因为世界的观念是从印度外来的,今日此词涵义,总有与国家凿枘不合的情势;天下与国家难有广狭的分别,而前者乃由后者推广,绝无凿枘。)西方数千年的文化偏于地方精神、部分精神。

以上所说的三方面,也是因观察人的立足点不同,所以所见不同;也是互相为用,并非异体。看后面所说,自可明了。

西方自西元前三千年,即有埃及及巴比伦的灿烂文化。纪元前二千年左右,巴比伦汉莫拉比王的伟大法典(约当我国夏初)尤为世界所□称。文化古而且高,真非同时任何国之所能企及。但是这两个的朝代,顶长也不过三四百年,像中国商周的六百余年或八百余年者,绝无所有。并且他们的覆亡总是由于外国的蛮族,文化荡然无存,并不像中国的三代更易。而文化绵延。其所属之各小民族间,文化虽有交流,而帝国一覆亡,各民族又复分崩离析,不似我国三代相承一两千年。后虽周室衰亡,而从前此疆彼界的民族部分已经逐渐消失。此时西方的地域精神,部分精神已渐形成,但史缺有间,特色尚不够显著。希腊文化超越古今为吾人之所五体投地佩服者,但其政治意识仅限于市府(city),地域精神异常发达,大帝国的组织已为其意念之所不及,遑论天下! 所以他们虽有亚历山大王的雄才大略,而个人一死,帝国完全分裂,此亦由其特殊精神限之。

但西方也并不是完全没有世界精神的抬头,代表此精神者,曰罗马帝国,曰天主教会。罗马帝国的组织,颇近两汉帝国,在它的境内,对于民族的歧视,并且严重。并且斯多噶派哲学家也颇重世界精神,对于帝国的政治也颇有影响。西方政治之近于我国者以此时为最。但是在它前面,没有商周那样千余年的包容养育,在它后面,又没有唐宋明清大统一的继承,帝国衰亡而所代表的精神又复若明若昧。天主教最初期或未必完全脱离地域精神,但从圣保罗以后,其宣传福音,以人类全体为对象,盖已进入极端的世界精神。罗马教会总是憧憬着帝国的盛时,反对分离的倾向,也就是因为它们所代表的精神完全一样。虽然如此,教会不过是一种精神的势力,没有政治的实权,所以对于政治上的分离倾向,不能作真正有效的反抗。十一二世纪,罗马教皇颇愿扩充实力于政治范围,而因各地方国王的抵抗,完全失败。中世纪将结束,欧洲的地域精神乃以崭新的姿态出现于各国。十五世纪上半纪,英法百年战争的末期,由法国的一个牧羊女子若望达克代表出现。若望达克未出以前,一百个英国兵可以赶着三百个法国兵跑;当她出来以后,事情完全翻过来,一百个法国兵可以赶着三百个英国兵跑!这也并不是因为若望达克的权力大,这是因为她代表着一种欧洲中世纪所不明了的精神——新地域精神。也就是近世纪所说的 nationalism——民族主义或国家主义。由于她的奋斗,法国的国家民族精神最早地成功。英国人被法国人赶回岛上,而英人的国家民族精神也逐渐显著。此后数世纪中,这种精神渗透西方的各角落。至本世纪上一次世界大战以后,而民族自决的呼声一时高唱入云。此种地域精神的发达,可谓登峰造极。(在这里,我却不能不声明几句话,就是国父孙先生所倡导的民族主义,大家全晓得它出于近世的 Nationalism,可是从另一方面讲,它已经不是真正欧洲之所谓 Nationalism——狭义的国家主义或民族主义。因为一谈 Nationalism,固然有它的光明方面,也有它的黑暗方面。它有光明,因为它可以鼓励被压迫的民族奋起自卫;它有黑暗,因为它在自身里面本含有国家民族高于一切的意义,所以多走一步,就要夸张自己的国家民族,蔑视他人的国家民族,由自卫以进于侵略,可是这一步却又是很难不走的。从它的扩张方面看,它又叫作帝国主义,其实仍是一件东西。孙先生于天下精神发达的中国,所以能采撷精华,吐弃糟粕,保持自卫的精神,消除侵略的倾向。无论任何人读孙先生的遗教,全可以感觉到,在他所讲的民族主义中,毫不含有侵略的臭味,可是欧美人所谈的 Nationalism 的涵义绝不如此。)

自从十五世纪起,近五百年来,西方政治活动的原动力,几乎可以说国家民族主义占据最主要的部分,这就是要说他们的主要原动力是地域精神,并不是世界精神或天下精神。可是在这很长的时间中间,世界精神或天下精神是否也有点萌芽呢?曰有。在政治上曾发生影响的共有两次,不过发生不久,又变了质,又回到他们原来的地域精神了。第一次是十八世纪末期法国大革命初期,当法国大革命的农民军队,以解放者的姿态出现于欧洲,欧洲各处的平民"箪食壶浆以迎王师",当时激动全欧洲的原动力,实在是一种世界精神。可是不久拿破仑出来,他的军队就变了质,从前绝不掳掠的军队现在全变成掳掠的能手。他们这样的地域精神又激起日尔曼、俄国、英国及其他各国的地域精神、民族主义,而拿破仑遂致一败涂地。

第二次是俄国大革命的初期,当列宁在世的时候,他们世界的倾向还相当地浓厚,孙先生主持下的广州政府就是在这样情形之下与苏联合作的。大家全知道在列宁去世以后史达林与托洛斯基剧烈争斗，前者完胜后者。可是当列宁在世的时候，他们两个全在重要的政治舞台上活动，并没有显著的冲突，这是因为什么？ 这是因为在革命的初期，在列宁的伟大精神领导之下，并不是地域精神、民族主义占势力，至少说，当时是可东可西，地域精神当时并不特别占优势。当日的土耳其、波斯、中国同苏联的国交非常亲睦。也就是因为这些，列宁去世后，托史二氏明争暗斗，经三四年之久，而托氏被放逐。托氏主张世界革命，为西方帝国主义者所深忌，史氏主张一国建设，与各国原有的地域精神不大冲突，所以托败史胜。欧人均谓为和平派战胜激烈派。可是这是各国国家民族主义者、帝国主义者的看法，如果就被压迫的民族看，主张世界革命就不能不联络世界上被压迫的民族，就不能不以平等精神与各民族相交涉。一国建设则完全由于一民族自卫的观点，复失了世界精神，则由自卫而至原来的帝[国]主义相距至近。托败史胜，不可谓非从世界主义到国家民族主义之一大转捩。

大家还要留神第一次五年计划始于一九二八年，而是年即为托(民)[氏]被放逐之年。第一次五年计划的中心为重工业，为武器工业，苏联宁冒一部分人民饿死的危险，而必发达重工业、武器工业，它所走的路已经全是国家民族主义的路。大家更注意欧洲列强对于苏联新建国的威胁，自一九二〇白俄军队完全消灭以后已大轻减。至一九二四年，欧洲各国的阴谋虽不少，而有与苏联拼命之勇气与决心者则绝无。至于德国的纳粹则此时的势力尚不足言。如果当日鼓动苏联建国的精神非欧洲从前固有的国家民族主义，它也没有走别一条路的办法，并不能以实逼于此，无他路可走自解。并且中苏的冲突，也大约从这个时候起。这些年月并不是偶合的，苏联几次五年计划，著著成功，遂又一跃而为世界强国。此次世界大战，民族精神发展达于顶点。在一九四二最艰危的时期，德国以全力相压，当日可以说世界的任何国家，除了苏联，没有一国能以担负起如此的重任！ 其民族精神之强度，实极可惊。

但在这里总要特别留神的，就是他们是由于民族精神的鼓舞，却并不是由于世界精神的振奋。他们的新民族政策在国内取消了各民族的歧视，在战争中间获得了极大的效果，固无疑问，但这是狭义的国家民族政策的改善，还谈不到世界精神或天下精神。他们忍受了超人的坚苦，才赢得全世惊愕的胜利，既得以后，精神继续，志得意满。偶遇对他们怀疑的人即怫然而怒，觉其违犯自然律者亦固其宜。且其建国时，外侮内忧，环至叠来，其所经过极为艰苦。处如此的环境，警觉性不得不发达，可是警觉性发达的结果，势或至于神经衰弱。专顾自己的安全，而忘别国亦有安全问题。骄傲与警觉均称过度，遂由正当的国家民族主义走过了恶劣的侵略的帝国主义的界线。

此点看清，然后知道他们在革命初年，自动宣布放弃帝俄时代所攫得的非法利益，并非故意骗人，而停战未久，莫洛托夫即大声疾呼，以我东北的铁路及大连旅顺为其丧失之权利，庆贺其恢复者毫无奇怪。初期与中国、土耳其、波斯皆邦交敦睦，而最近与此三国无不龃龉者，亦自有其必至之势。帝俄变之为苏俄，也不过像英国的保守党的政府换成工党,虽在内政方面有很大的差异,而在外交方面,自有其不变之国策,换汤不能换药。用过去历史以勘验,其因果之关系固当有若烛照。数计者对方之情形既明,则吾人应该如何对付问题亦殊简单。至有人疑社会主义与帝国主义无法相容者,殊不知社会主义为内政问题,它的对方为资本主义;帝国主义为外交问题,它的对方为世界主义;资本主义与帝国主义在过去固有若干的关系,但并非不可分离的关系;社会主义与帝国主义中间并无绝不相容的矛盾,今日苏联的行为即可为极显著的证明! 如曰非然,则□帝俄掠夺、苏俄革命初年自动放弃之非法利益又被谋求为已失之权利,此等中间之分别亦诚难名。

苏联社会主义建设,解除了资本家与劳工的矛盾,在内政上可谓完全成功,美英法各国比之,均甚落后,此为铁一般的事实。但当我国的战国时代,秦国经大政治家卫鞅的改革,也消除了社会内在的不少矛盾,此后国力充沛,著著进步,但是秦国战争的侵略性质,不惟毫无灭损,并且增加速度。苏联近二三十年内政改革的成功,真可比得上卫鞅改革的成功。但内政外交,各有范围,必须分清。如有人因为景仰强秦内政的修明而遂推崇它侵略政策的改换,是真思想搅绕,仁而近于愚者矣。

我国当春秋战国之时,列国分立,后卒统一,颇似近日世界的缩影,故笔者将借之以便自己的说明,大家全知道战国末期统一全中国者为西方之秦,但此乃武力的统一,支持仅十余年,至以文化统一,支持数千年之久,乃非西方强大之秦,而为东方弱小之鲁。此不惟因我国数千年来所信仰者均为儒家,且因儒家对于全中国的学术实有筚路蓝缕的功绩。盖当春秋以前及春秋时代,能受教育者仅限于贵族。自孔子以“有教无类”的精神,学不厌而教不倦,“人洁己以进,与其洁也,不保其往也”,而后子路以混混儿、子贡以市侩、颜渊鄙以大道,皆得受教孔门,蔚得世用,而后贵族与平民在受教育方面的隔离完全打破。世人均知儒墨二家的冲突,而不知墨子鲁人,且系平民,如无孔子打破限制教育的藩篱,则墨子是否有受教育的机会,实已大成问题,遑论建立学派,启迪后人! 法家卫鞅、韩非之流皆曾受学于儒者,关系尤极明显。所以孟子虽致慨于处士的横议,但如无孔子,学术不逮于平民,处士虽欲横议而不可得。孔子既出,平民得受教育,则虽欲禁之使无横议而亦不可得! 然则百家的争鸣,孔子启之,谓战国时代我国灿烂之文化均发源于齐鲁,绝无夸张。

秦以暴力宰割中国,而延世不过十余年,虽鲁暂时受宰割,而终能以学术沾溉全中国,至数千年之久。揣想将来,如能有一国,既可以学术沾溉全世界,而又不被宰割,固属至善。但天意常难尽如人愿,如有人问笔者:设想中国在将来二者不可得兼,即汝希望中国为秦乎? 抑宁愿中国为鲁乎? 希望中国宰割世界乎? 抑宁愿暂受宰割而终能以文化沾溉世界乎? 笔者如遇此问,则将毅然决然毫无疑惑答曰:吾宁愿吾祖国为鲁,却不愿其为秦! 盖吾相信人类的使命绝非互相杀戮。暴力的宰割有已时,而文化的沾溉无穷期。希望祖国务其远者大者可也,吾国数千年中所行使者为齐鲁和平的文化,吾仍愿其发扬光大,以沾溉于全世界,不希望其急功近利,蹈暴秦的覆辙。

即在西方,亦有不少人士宁愿为学术辉煌的希腊,不愿为政治大成功的罗马,盖世界爱好和平的人士固有“此心同,此理同”者。虽然,要知鲁之所以为鲁,鲁文化之所以能发展为全中国的文化,固非容易。当春秋的初期或中叶,伯主御世,重视文物,在列国中间的关系,亦尚有信义之可言。鲁则发扬文物,以信义自立于列国之间,虽无烜赫的武功,而庶邦皆仰之为文物领袖。逮春秋末造,吴越荐为上国,文物信义,弃若弁髦,暴戾恣睢,惟力是视!以重礼教、崇信义之鲁,而欲立国于当时,诚属非易。但鲁之柄权者颇有远识,虽人尚远而已先知戒惧,三次大蒐以整军经武,(古之大蒐,今之大阅也。)故敌人一旦来逼,尚能强自支持。(此意本王船山之《春秋世论》。)且孔子弟子遍天下,孔子爱国,弟子均因爱师而爱鲁,遂多有助于鲁。孔子提倡执干戈以卫社稷,故孔氏之徒战阵皆勇,当齐师大军压境、举国不欲战的时候,而冉有以偏师遮,樊迟以幼年弱质担当车右队后,遂能踊跃用命。大败齐师,迫之宵遁,以救祖国于危亡。孔氏之徒又有有若,凡读当时书者极可知其为褒衣博带之老先生,但当吴师逼国都,宗国危迫之际,有微虎勇士,私自约下七百人,要与吴王拼命,夜中攻他的住所,并且在幕帐里面,三次踊跃以选择最勇壮的斗士,最后选出三百人,而有若老先生却就是这三百人中的一个。吴王也听说这班勇士要同他拼命,骇得不得了,一夜之中,竟换过三次住所。像这样君臣上下全有宁死不屈以保卫祖国的决心,所谓"鲁虽无与立,必有与毙",这就是说它虽不能强,但是在紧急的时候,肯和它同生死,人却是很□。所以在这一个惊风骇浪之中,他们那样的微弱,却还可以立国,可以发展自己的文化。不惟如是,他们对强敌虽是那样的勇敢,而对自己的人,却是"鲁以相忍为国",诸事忍让,不为己甚。当日各国有权臣,鲁国也有权臣,他国间或逐弃,鲁国的昭公也是被逐去的。但鲁昭是自己先攻季氏,兵打败了,自己跑出去。鲁国的藩臣季平子却并不敢和他国的权臣一样,立即另外立一个君,却等昭公回来,等到七八年之久。直等昭公死了,才敢另外立君。这样地乱七八糟是当日列国之所同,而这样雍容不迫、不敢为己甚的办法,却是鲁国特殊的风气。

最可注意的是鲁国当日有叔孙辄及公山不狃,是两个跑到吴国去的叛臣,至少说,是两个在祖国不得意而跑出外国去的异党。当吴王要伐鲁国的时候,自然先要问他们。第一个问的是叔孙辄,他也就同任何的叛臣一样,希望宗邦的不幸,他就答说鲁国有名无实,伐它一定成功。可是当他退出以后,立时告诉他的朋友公山不狃,不狃却很严厉地斥责他说:"非礼也。"又说:君子在本国虽意见不合,却不能逃往仇敌之邦。如果跑到外国,还没有委质为臣,而宗邦有难,止有赶紧跑回去,同它共生死;如果已经委质为臣,那也得替宗邦掩盖秽恶。而且人的行为是不能以私怨就废了乡党之好,现在你因为一点小怨就想覆亡宗邦,这岂不是太难了么?最后又劝他说:吴王要使你引路,你一定得辞,吴王必将使我引路。叔孙辄开始虽然很丧心,可是听了这些好话,却也很知道惭愧。吴王以后果然问公山不狃,他却尽力的阻挠他,说鲁国急的时候很有能死战的人,并且唇亡齿寒,别的强国也要救它,伐它很难成功。虽然如此,吴王还是要伐鲁,果然使公山不狃引路,他就利用此机会,故意引他们走些险道,以便宗邦有时候可以预备。大家总不要忘掉他避难来吴,如果吴王知道他这样爱国,一怒杀掉他很难说。鲁国的人这样不记私怨,不顾一己的生死以保卫宗邦,这真是鲁以相忍为国的微版注脚。他们对外这样地坚毅勇敢,对内这样地忍让,两者互相为用,所以能保卫宗邦,发扬自己的特殊文化,大家还要注意,鲁当定、哀的时候,实在是一个新旧交替的时候,各国的旧文化已近崩溃,而旧者既无新机,早晚是要消灭的。此时为将来一切学派的开山祖师的孔子尚还在世,他的教育能力也还未能尽量发展其效用。(于)[如]果此时候鲁国覆亡,邹鲁的士大夫大都殉国,无优游研讨的余暇,那中国的文化思想史将有另外的写法,也属必然。惟其对外有强毅不屈服的意志,对内有不斗闲气、忍辱含诟的精神,所以终能孕育出伟大的文化。鲁国之能以文化统一全中国,盖如是其不易。吾人居今鉴古,无亦有应熟思而审虑之乎?

今日世界的文化为西方的文化科学发达、工艺精良,诚非吾国旧文化之所能企其肩背。但此等文化仍属一偏:对于人与自然的关系固极猛进,而对于人与人之关系,其落后之程度亦颇惊人。希腊虽然不乏伟大的道德学者如苏格拉底、柏拉图、亚力斯多德诸鸿哲,而其所注意点,原希腊人的天才,多在理论方面,如论道德行为是否可能,如何始可能,具何种性质始可称为道德行为等类,然道德科学,或推广之,称之曰社会科学,实属理论范围。法大社会学家孔德谓社会学之基础必立于历史上面,实即此义。希腊天才对于经验的琐屑固极不耐,所以他们在纯理科学如几何、逻辑之类,均有惊人的成就,而经验科学方面的进展,殊属微末。天主教在实用的道德方面亦有不少的改良,但是它自是偏重感情的,不重理性的,几乎可以说是盲目的。它在用简单的教条提高民众的道德水准一方面的努力很有成功,但是社会现象复杂万状,想用专重感情、不尚理性的方法去应付,实太不足。天主教在中世纪,常常用很仁慈的名义——或者真是用很仁慈的心思,也很难说——作出来些极残酷的事情,如果看清楚,实在也并无足怪。近世的文化,是复兴希腊人对于自然的兴趣,而方法方面却加进一种新原素经验。这样一来,人与自然关系的科学突飞猛进,而人与人的关系的科学,社会学或社会科学,直至前世纪中叶才开始受人注意。就是这样,仍因它的基础,历史科学不够发达,仍受了很大的限制。

我说西洋的历史科学不够发达,一定有很多的人觉得太奇怪,其实或者可以说并不是它不够发达,而是因为地域精神、民族偏见发达的过甚,所以限制了它正常的发达。自前世纪中叶以后,德国的历史研究风起云涌,可是因为他们爱国的情感过度强烈,归结不免歪曲事实,以证明他们所希望能成立的理论,最后将国家、民族引入于极难挽救的深渊。如果他们对于人与人的关系比较明白,他们何至于跟随类似疯狂的希特勒,为国家民族为孤注?各国学者虽亦有不少,明白情感之可妨碍[学]术进步,而能强自抑制,平心讨论事件者殊不多见。苏联社会事业虽称发达,而其历史的整理与研究实不足言。笔者自信对于苏联实不乏同情,法文豪 Barbusse 所著《史达林传》等类著作,读之即甚感兴趣,但对于苏联自身所公布的史料,尤以革命史料为最,虽勉强阅读,而皆难终篇。盖其宣传之气味逼人,如我辈需要革命资料,虽未尝不可一阅,而如需要革命历史,则此类书实属不值一读。如将此社会科学建树于此等基础的上面,则在沙上建屋,亦不足以喻其□弱。如依此类知识,而谋改进人与人的关系,则南辕北辙,终无至期矣。依以上所说,足知西方学者对于历史知识虽学丰富,历史研究之方法虽亦至发达,而因主观过盛,虽日日标举客观,而有色眼镜终不能不戴,则终难有伟大的成功。

我国数千年来,无论何学派,其讨论之方法,皆能考古昔,称先王,坚守经验科学之壁垒。虽因抽象科学太不发达,当影响及于方法部分,使其精确程度多有欠缺,而如此缺点一经认清,急起直追,尚为不难补救,至史料储积之丰富,超越世界任何民族,则已为各国史学者之所公认。尤重要者,即为我国学者从来对于民族偏见甚为淡泊,实为治人文学科学者最可宝贵之良好传统。如能对此良好传统加以发扬光大,而又采择西方之抽象科学以增加其方法部分之精确程度,兼程努力,锲而不舍,数十年后,我国对于人与人关系的研究,超越各国,对于将来人类组织方面有特殊及伟大之贡献盖可断言。要之,吾人对于人与自然关系之知识,固当加紧努力,勿落人后,以保卫祖国之屹立,而对于人与人关系之科学则不宜妄自菲薄,极力争前进,发扬吾人的优良传统,以图大有贡献于世界。吾人力争祖国的自由与独立,不当由偏狭的民族精神出发,(至不含侵略倾向的民族精神则为民族健康意识的自然表现,应当竭力保持,固无待言。)而应发扬固有的天下精神,由改良政治、平治国家的方法,以达于利益人群的大目的。但非对外有强毅不屈、宁死不屈的精神,对内有互相容忍的弘量,亦无以达此目的。

今日我国即以八年坚苦抗战得到此独立建国的机会,而又谋以和平之方法,解决国内的纠纷,由一党政治以渐变于多党政治,似有不愿走暴秦路而走鲁国路的倾向。希望能衡量发展忍让为国的态度,以保证护此祖国以谋造福于人群。吾友邦人士各爱其国家民族,即使小有过分,而依今日的世界道德水平线衡量,亦尚无大错误。吾人虽系秉天下主义,而当他国尚重地域主义、民族主义的时候,仍必须爱护此祖国,发扬吾优良的传统,始能达到造福人群的大目的。如有人孤行己意,因自己无法走通,而即惭怒愤嫉,不惜牵引异邦以割裂祖国者,则高之仅可自比于段祺瑞,(段氏今日盖棺论定,称不卖国,但吾人对其所行政策,矢死反对,亦毫无错误,因如不坚决反对,彼必将陷中国于异国之附庸也。)下之即无以自别于殷汝耕,徒祸国家、民族,对于己党与己身皆毫无所利,一失足成千古恨,愿吾国人均深懔之。

笔者最后尚有一言,即今日世界大通,休戚不可分,将来必须统一,但达此途径,可由两路。以暴力统一者,可速成而必蹈暴秦的覆辙,必再变而用王道及和平的方法,始可渐进于安宁。以和平及文化方求求统一者,路必较长,时必较缓。然此为人类智慧发达的结晶,可使人类得到比较长时期的安宁,人类品质进于较高尚的境地。因为笔者确信人类真正的使命,乃为互相信爱,而非互相杀戮,但非人与人的关系比今日大有进步,亦无以完成此使命。此点其几甚微,所关极大,仍希望全体人类有以熟思而审得之也。

(《中央日报(昆明)》1946 年 6 月 2 日第 2 版;3 日第 2、4 版;4 日第 4 版)

对于反对内战的学生进一言

我今天要说的几句,并不是向极少的相信政府腐败已经无可救药非打倒不可的学生说的。我对他们的意见,固然不同意,但是如果他们真正相信他们自己的话,他们总还算有他们自己的理由。如果我还要向他们说一句话,就只有请他们不要不择手段,挂羊头卖狗肉以欺骗民众而已。我现在所要说的话,是要向大多数为想不出办法而极端困闷,即因此而有极易受人利用危险的青年说的。

近日全国各地学生的运动,差不多全是喊出"反内战""要和平""反饥饿"的鲜明口号,这样的口号实在可以代表全国人的心理,其自身毫无可非议。但是自从去年边谈边打、今日专打不谈的可耻战争继续以来,从一个角度看,可说从开始谈时,两边就全没有诚意。可是如果从另一角度看,也很可以说两边全有诚意。他们两边所缺乏的,并不是这些,却因为另外两点大阻碍,使他们的谈判不易成功。

第一点大阻碍,是两方面互相猜忌,互不信任。表示此一点最好的,是去年《大公报》中所载的北平军调部中政府代表及中共代表的私人谈话。中共代表(其大意组):"你们总劝我们把军权交出,你们却不想想,你们剿匪已经有许多年,就是因为我们有一部分武力,所以你们现在也承认我们不是匪,同我们谈判和平。我们今日毫无保障,就把军权交出,那么你们何时想剿匪,就可以再剿匪,我们就一点办法也没有!"他这些话,从共产党的观点看,岂不是颇有理由的老实话? 此后政府代表问他们需要何种保障才能放心,他们举出若干口号后,政府代表却说出一句极有趣味的话。他说:"你们希望蒋先生作林先生那样的总统,我想这是因为不是毛先生作总统,所(行)[以]你们那么主张。如果今日是毛先生作总统,我想也一定反对那样办法!"从政府方面观点来看,他那句话岂不也是一句最有理由的话? 再说的清楚一点,共产党及其与党在政府中如果得不了一种决定权,他们觉得毫无保障。如果他们真正取得此权,国民党的人一定会想着说:"他们一说参加合作,大部分的责任还得由我们担负。如果他们利用此权,使我们一件事不能作,那我们还要负失败的责。我们岂不是太冤枉、太傻瓜?"因为两方面这样互不相信,所以谈判极不容易成功。

这个时候还有第二点大阻碍,就是两方面的武人——或者也有不进步的文人——全相信他们打起来,全很有把握。他们既然不相信对方,而又全相信打起来有办法,这时候却希望他们不对打,真是太不容易了。现在大打又已经大半年,两方面的人如果不太被感情蒙蔽的话,还可以坦白地承认打起来徒苦客民,哪一方面也没有真正的把握。

这两大障碍,现在有一个几乎完全消除,那在今日全国的人起来反对内乱,要求和平,绝不是一件不正当的事情。但要注意的是,仗不是一方面想打就能打起来,也不是一方面想停就能停起来。俗话说一个巴掌拍不响,就是此意。现在如果想用民众力量制止内乱,这就需要联络全国与所谓"解放区"的学生与民众同时行动,一方面强迫政府,一方面强迫中共同时停止斗争,静候谈判的解决,那才有成功的希望。如果觉得所谓"解放区"的学生无法联络,或害怕共产党,不敢去联络,那以上所述的办法,就很有重行考虑的余地。否则冒然(面)[而]起,专与政府起哄,那样的劝架,却像《水浒传》中所谈宋江、吴用向王伦的劝架,名为劝架,实则是封着王伦的手,等着林冲杀。那样不管将来的后果如何,单单名为反对内战,实则是参加一方以助成全战、增长内战的态度,自身也已经变成内战的当事人,还怎么样能反对别人？这一点关系甚为重要,愿今日大多数学生深思之。

(《河南民报》1947年5月23日第1版;摘要转载者有:《中华时报》1947年5月26日第1版;《前线日报》1947年5月26日第2版;《西京日报》1943年5月26日第2版;《世界日报》1943年5月26日第3版;《益世报(上海)》1947年5月26日第2版;《新闻报》1947年5月26日第2版;《纪事报》1947年5月26日第1版;《琼崖民国日报》1947年5月26日第2版;《华北日报》1947年5月26日第2版;《中兴时报》1947年5月26日第2版;《甘肃民国日报》1947年5月26日第4版;《大刚报》1947年5月26日第2版;《新蜀报》1947年5月26日第3版;《中央日报》1947年5月26日第3版;《东南时报》1947年5月26日第2版;《通报》1947年5月26日第2版;《武汉日报》1947年5月26日第2版;《国风日报》1947年5月26日第2版;《和平日报》1947年5月27日第2版)

求内与求外

北平研究院历史研究所所长徐炳昶先生,昨(二十三)日下午三时,应北大哲学系系会之请,在北楼礼堂讲"求内与求外——论人类生活是自由的抑机械的,两者意义在哪里?"徐氏讲演历二小时,五时始散。兹将讲词大意记录如下:

所谓自由,在极端唯心派来说,人类和社会生活的规律性就被否定,因自然界定律是不能变化,当然无所谓唯心。另一极端,即一切是机械的论调,宇宙中一切如打抬球,不会打球的以为球有意志,而善打球的则可完全控制球。球本身毫无意志,而由杆子限制,宇宙也就为机械的"极端自由"。"万法唯心"是绝不会有的,不可相信。宇宙的事物是有规则的,人类绝不能违犯。自十八世纪以来,科学愈发达,这些规则愈显明,也就是学理学愈成功。

习惯律又可称联想律。英国某学者认为心理学不过是联想律的,或称惰性律的。现在的问题是否所有的事皆遵守联想律。可以说一切生活多半千分之九百九十九受它支配。人生可以说机械的,现在要问是否全体都是机械的? 假如宇宙是机械,问题就简单多了,而宇宙事实上是复杂的。愈发展则愈复杂,矿物完全是机械的毫无疑问,由矿物到生物渐渐感到机械不能解释。生物是有生命的,我们把一块石头掷出可预测后果,生物可以把别的东西吸收而扩张自己,一草、一木、一鸟、一兽,皆如此。只要它的生机健全,植物只能就地扩张,动物可以移动扩张,人类更是善于扩张。扩张现象是属于生物界,无生物当然无此现象。低等动物能进展到高等动物,更进展到人类。人们可以感到这种形态变质于近人的高等动物,比如小狗打碎花瓶,人把它抓住的时候,打它两下,人会感到它在惭愧,它似乎也有责任心。低等动物、植物皆没有责任心,越接近人的高等动物,如牛马则有责任心。责任心的大小,可以其记忆力大小看出。人类是禽兽中记忆力最强的,文字的发明更扩张了人类的记忆力,这是一般禽兽所无。所谓圣贤豪杰就是责任心特大,使得人类生活更高超。

我们固然可说负责任也是机械的,但这种责任心是不能放弃的。

在某种情形下，我们明知走第一条路生命可以扩张，走第二条路生命一定毁灭。如文天祥明知降元则活，不降则亡。而结果他从容就义，这绝非生命定律所能解释。所谓自由，就有主动性，一般生物当然皆系千分之九百九十九被动，我们从没有知道生畜知道自然变化定律，然而人类独能知道自然界变化定律，所谓定律当是有一条线索程序的必然性。

近三四千年文化到自然界定律知识是有相当进步，人类既有这种知识，当然会很清楚的扩张，这种扩张成功与否可以预料。这样一来，人类就有相当主动性，如拿破仑、唐太宗的权力扩张也是机械的。但如甘地的一生行为绝不能以动物的扩张来说明，虽然他的日常生活也受机械规则，但总有一点不受机械规则，不如乡人往往牺牲自己而为了家庭。犹如一盆豆浆，一点石膏就成了豆腐，使豆浆变质。甘地的路线未必为所有人赞成，然而所有反对他的人也受感动，这种感动就是由于甘地行为里的那一点特质。

真正所谓自由，应该是有牺牲小我、完成大我的自由，由此可说圣贤豪杰是创造历史的，孔、释等看一般人的自由是可怜的，而无自由、机械的，不过是本能的推动而已。

这种牺牲小我的精神是求内的，而不是求外的。现在不论英、美、苏联，左派、右派，都是求外的。如同想以原子弹毁灭别人，而自己享受整个世界，就是求外而不是求内，这样的人结果非把世界弄得乌七八糟不可。

（《经世日报》1948 年 3 月 24 日第 4 版）

新闻报道中的袁复礼·全面抗战以前编

郭埔嘉 辑

北京大学历史学系

引　言

　　袁复礼,1893 年 12 月 31 日生于北京,1903 年入私塾读书,1913 年,考入清华学校高等科,1915 年毕业后,以庚子赔款赴美深造,学习了地质学、生物学、考古学等科目。1921 年夏天,袁复礼因母亲病重,辍学回国,在北京农商部地质调查所担任技师,1922 年在北平高等师范学校兼课,同年秋天,受邀于北京大学地质系兼课。1927 年,袁复礼以清华教授的身份参加中瑞合作的西北科学考查团,1932 年考察结束返平,继续在清华任教授兼地理系(后改名地学系)主任。1937 年,拟定休假出洋考察的袁复礼,因日本侵华愈剧,选择留在国内,随学校南迁①。

　　本文选择 1903 年 7 月至 1937 年 7 月间多种报刊中与袁复礼相关的 93 篇报道文字,予以辑录②,并按时间顺序排列,旨在展现全面抗战以前袁复礼及其活动的社会影响,为袁复礼生平的研究提供当时的记录。本文所辑录的报道,均以所注报纸出处中最前者为辑录底本,其他出处则标注报纸基本信息与报道题目,供读者查阅。"袁氏三礼"在当时社会上皆拥有影响,新闻报道中偶有混淆三人的情况,有将"袁同礼"误作"袁复礼"的报道诸篇,见于脚注③,正文则不予辑录,特此说明。

---

① 袁复礼生平,参见《袁复礼生平大事年谱(1893—1987)》,杨遵仪主编《桃李满天下——纪念袁复礼教授百年诞辰》,北京:中国地质大学出版社,276—291 页。

② 这一段时间里,袁复礼参加西北科学考查团及后续相关的报道,则单独成编,另见《新闻报道中的袁复礼·西北考察编》,《地质学史论丛》第 8 辑,2024 年待刊。

③ 1903 年至 1937 年间,新闻中将"袁同礼"误作"袁复礼"的报道有:《北平图书馆组织条例　蔡元培任正馆长袁复礼副之》,《大公报(天津)》1929 年 9 月 3 日第 5 版;《北平图书馆组织条例　教部□教育文化基金会合办　蔡元培与袁复礼任正副馆长》,《新闻报》1929 年 9 月 7 日第 6 张;《北平图书馆组织条例　蔡元培任正馆长袁复礼副之》,《山东教育行政周报》第 54 期,1929 年,22—23 页;《北平图书（转下页）

此期袁复礼相关新闻报道主要集中在他的学习、工作、教学情况及学术、社会活动两方面。学习、工作与教学方面,《大公报》《申报》分别刊有袁复礼考入畿辅小学堂,赴美留学的名单及所在批次①;而回国后,袁复礼在北京农商部地质调查所工作,在北平高等师范学校、北京大学兼课的经历也都在报刊中留有痕迹。西北考察结束,袁复礼继续在清华大学任教授,并兼地理系主任一职,报刊上陆续刊载有他即将返校、领导学生地质旅行、指导学生论文写作、讲演说明本系情况、拟定休假出洋考察等等的消息。以上新闻大致勾勒出袁复礼的职业轨迹。

学术与社会活动方面的报道,则足以见出袁复礼在学术界的活跃。1922 年,中国地质学会在北京成立,袁复礼作为学会初创 26 人之一,在多场年会上宣读论文,并担任过学会的论文评议员、《地质评论》编辑,相关报道繁多。他还曾在中国科学社年会、矿冶工程学会、陕西考古会上宣读论文或公开演讲,当时报刊对此多有提及,甚至刊录文稿。此外,袁复礼于 1928 年被聘定为大学院古物保管委员会委员,1933 年被聘为南京中央古物保管委员会委员,1934 年被聘为国立北平研究院特约研究员,1935 年参与发起中国博物馆协会,1937 年当选新成立的清华大学边疆史地学会干事。这些经历多未能被以往讲述袁复礼生平的文章关注,新闻报道恰好能够略补遗缺。

正　文

中外近事:北京

……

小学全榜

畿辅小学堂为榜示事。今将各班学生甄别评定甲乙共七十人,准于六月二十日来堂肄业。须至榜者。

计开:

头班 梁焕鼎(奖二元)　袁承厚(奖一元)　梁大年(奖一元)　梁大成　张金寿　柴汝揖

二班 祥　懋(奖二元)　吉　宾(奖二元)　田振铎(奖二元)　希　敬(奖二元)　刘汝瑶(奖二元)　李式金

(接上页)馆组织条例　教部与教育文化基金会合办　蔡元培与袁复礼任正副馆长》,《申报》1929 年 9 月 22 日第 11 版;《美国广搜中国图书　收藏完备在泰西首届一指》,《大公报(天津)》1930 年 5 月 16 日第 4 版;《平市中小学　唱歌比赛会举行在即　明日开联席会讨论进行事宜　已收到各方大批奖品》,《益世报(北京)》1932 年 12 月 9 日第 6 版。

① 《中外近事:北京》,《大公报(天津)》1903 年 7 月 22 日第 2 版;《清华学校第六次遣派出洋学生》,《申报》1915 年 8 月 1 日第 1 版。

三班　吉　佑(奖二元)　温晋康(奖一元)　庚　绵(奖一元)　张振新(奖一元)　刘汝琪(奖一元)　士杰(奖一元)　袁承惠(奖一元)　袁复礼(奖一元)　□晖(奖二元)　郑启昭　石道宗　汪德元　李振玉　潘厚湛　杨观潮　梁寿仁

四班　郑启聪　张庶常　高冲森　潘厚滋　贾毓椿　洪本枢　魏炳辰　赵上选

新班　……

又新班　陈大昌　袁敦礼　李宗侗　李维屏　周传佑　沈守敏　袁同礼　沈守安

不及格者　秦锡藩　李光潞

二百分以上奖洋二元,一百三十分以上奖洋一元。

(《大公报(天津)》1903 年 7 月 22 日第 2 版)

清华学校第六次遣派出洋学生

北京:清华学校为美国所退还之庚子赔款所立,其宗旨为造就青年子弟预备直接入美国东西各大学肄业。历年遣派学生已五次,男女学生已达三百人。今夏为该校第六次遣派出洋学生之期,计共四十人。近已群集上海,假静安寺路寰球中国学生会为事务所,考验体格,采办行装,公私宴会,颇形忙碌。放洋期为八月七号,由花旗轮船公司波斯号赴美。同行者并有自费学生十许人,所有事务均由该校副校长赵月潭君为之监督,此外更有前电报局督办唐露园君照顾一切。兹将官费生姓氏、年岁及抵美后入何校、修何科,列表如左:

姓氏	籍贯	年岁	入何校	修何科
郑思聪	浙江	二十	柏林斯登大学	天文
王国钧	江苏	二十二	柏林斯登大学	经济及新闻记者
冯　浦	浙江	二十一	墨痕大学	银行
……				
袁复礼	直隶	二十二	白朗大学	教育
廖世承	江苏	二十三	白朗大学	教育
……				

(《申报》1915 年 8 月 1 日第 10 版)

南京快信

农商部派矿务顾问官美人安特生、地质调查员袁复礼会同试探凤凰山铁矿[①]。主任席

---

① 《时报》报道仅作:"商部派顾问安特生,地质调查员袁复礼、席德炯来宁,试探凤□[凰]山铁矿。"

德炯察勘凤凰山铁矿事毕,昨偕实业张厅长晋谒王省长,陈述察勘经过情形。

(《申报》1921 年 12 月 16 日第 11 版;《时事新报》1921 年 12 月 16 日第 2 张第 1 版;《时报》1921 年 12 月 16 日第 1 张)

分组会议记录:第十二地理教学组[①]

(一)地理教授法。　白眉初

(二)调查蒙藏地理。　白眉初

(三)拟请每县择一中学或小学校担任报告雨量及暴风雨案。　中央观象台

……

(六)教授地理应废除以政治区划作主要观念的地理志,应以自然现(像)[象]、人文现(像)[象]及二者互相反应之结果作教授单位,以代政治式的地理志。　袁复礼

(七)地理教学组为中华教育改进社内之一永久机关,由各处研究地理学者组织之,作搜集材料、鉴定书籍、宣传地理新意、印刷新图诸学。　袁复礼

地理教学组　共开讨论会三次　议决案三件

到会者七人:高鲁(社员)、蒋丙然、白眉初、竺可桢、韦润珊、彭国珍、张体方(以上邀请员),旁听员每次三四人。主席竺可桢,书记韦润珊。

……

第六案　教授地理应废除"政治区划作主要观念的地理志"案。　袁复礼提议,刘玉峰附议。

本案原则到会者均极端赞成,盖现世地理学逐渐趋向于人文。一方面,我国研究地理者自不能不顺世界之潮流,但就目下情形论,恐有教材不足不能实行之虑。由到会者公决,留作将来讨论资料。

……

(《新教育》第 5 卷第 3 期,1922 年 10 月,509—512 页)

郑君的精神病与婚姻问题无关

作者:袁复礼

(此篇见本集《袁复礼早年文录》)

中国地质学会年会纪事
改选职员　演讲论文

中国地质学会成立已经过一载,现共有会员七十七人,外国会员约居三分之一。会所

---

① 该会为中华教育改进社第一次年会。

附设在农商部地质调查所图书馆内(北京西城兵马司九号)去年曾开常会五次,讲演著作甚多。本月六日至八日,为该会年会之期。六日上午十时,初有会长评议会及书记、会计等报告,乃由正会长章鸿钊演说中国用锌之历史。演说毕,选新职员及评议员。当选者正会长丁文江,副会长李四光、翁文灏,书记谢家荣,会计卢祖荫,评议员章鸿钊、叶良辅、袁复礼。乃摄影而散。下午二时继续开会,演读论文,听者七十人。晚八时,假坐西车站餐室,开叙餐会,中西会员及男女来宾共四十三人。餐毕,由丁文江主席请诸会员演讲外国地质学者与中国地质之关系,详尽恳切,颇饶兴味,散会已十一时半。

七日上午有瑞典会员斯坦斯克演讲山西保德县之椎脊动物化石,及那琳演讲山西上古界与中古界之植物化石。下午二时至夜间十二时,均继续演讲论文。是日适逢星期,故北大、高师等校男女学生来者较多,共计听者约有九十人。

八号下午,复继续开会演讲论文。晚九时,有美国纽约博物院第三次来华调查团团长安特鲁司试演去年旅行蒙古时所摄之电影。演毕,茶会而散。

统计三日内听演讲者共一百五十人,会员到会者四十二人,演读论文共二十九篇,均系实地观察、悉心研究之新著作(将发表于该会会志中),诚我国学界之盛举也。

(《益世报》1923 年 1 月 11 日第 7 版;《晨报》1923 年 1 月 11 日第 7 版,题目为"中国地质学会之年会")

北京大学国学季刊

每册大洋五角　邮费五分　全年四册　大洋一元八角

第一卷第一号

《发刊宣言》《石鼓为秦刻石考》(马衡)　《火祆教入中国考》(陈垣)　《音译梵书与中国古音》(钢和泰)　《国语问题之历史的研究》(沈兼士)　《萧梁旧考史》(朱希祖)　《郑樵著述考》(顾颉刚)　《五代监本考》(王国维)　《近日东方古言语学及史学上之发明与其结论》(伯希和著,王国维译)

附录:(1)《伦敦博物馆敦煌书目》(罗福苌)　(2)《记新发现的石器时代的文化》(袁复礼)　(3)《国立北京大学研究所国学门重要记事》

总发行所:北京大学出版部

上海总代派处:亚东图书馆

(《民国日报》1923 年 1 月 19 日第 2、3 版中缝;《民国日报》1923 年 1 月 20 日第 2、3 版中缝;《民国日报》1923 年 1 月 21 日第 2、3 版中缝;《民国日报》1923 年 1 月 22 日第 2、3 版中缝;《民国日报》1923 年 1 月 23 日第 2、3 版中缝)

记新发现的石器时代文化

(《国立北京大学国学季刊》1 卷 1 号,1923 年 1 月,188—191 页)

(此篇见本集《袁复礼早年文录》)

中国地质学会年会第一日

前日（星期六）中国地质学会在西城西兵马司开第三届年会。上午十时开会，会长翁文灏主席。次翁君代表评议员报告，书记孙云铸报告，会计钱声骏报告，编辑叶良辅报告。次修改会章，并通过克绥教授为名誉会员，并选举本届职员。王宠佑当选为会长，李四光、葛利普为副会长，孙云铸为书记，李学清为会计。十二时半散会，下午宣读论文，演讲者及题目列下：

安特生——《甘肃地质》

谢家荣、赵亚曾——《宜昌志留纪地层》

袁复礼——《甘肃东部之笔石层》

王竹泉——《陕西北部之地层》

巴布——《桑干河地层》

晚间在中央公园举行年会聚餐。

闻明日下午仍继续宣读论文，晚间为公开演讲，地点在北京大学第二院大讲堂。翁文灏演讲《理论的地质学与实用的地质学》，葛利普演讲《生物进化之误解》。

（《晨报》1925 年 1 月 5 日第 6 版）

地质学会年会第二日

昨日（星期日）下午二时，中国地质学会继续开会。副会长李四光主席，宣读者为袁复礼、李四光、丁文江、翁文灏、叶良辅、王竹泉诸人。晚间八时，在北大第二院大讲堂举行公开演讲，□会者有蔡廷干，金拱北，金叔刀，地质调查所所长丁文江，代理所长翁文灏，北大地质教授李四光，地质系主任王烈，曹胜之、叶左之、谢季适、赵予仁、孙铁仙诸人，及燕京大学地质教授巴布、北大古生物学教授葛利普。八时半开会，王烈主席。次翁文灏会长演讲《理论地质学与实用地质学》，首言理论地质学之重要，与近世对于实用地质学之误解，并述中国理论地质学与实用地质学发达之历史。再次为北大古生物学教授葛利普演讲《生物进化之误解》，由师大古生物学教授孙云铸翻译；首言近世对于达尔文学说天择论之误解，次言古生物之重要，及生物种族发达史学言加速度与迟缓度，以及末合环境诸问题。讲演毕，已十一时，并由北大地质系学生与教员招待来宾，与地质学会会员在宴厅茶会，并参观地质陈列馆。十二时散会。

（《晨报》1925 年 1 月 6 日第 6 版）

注册部启事

顷接袁复礼先生来函云，地质系二三年级诸君经济地质报告及借去之书籍尚未交齐。请于本星期内送来本部以便转交袁先生为荷。　六月十五日

（《北京大学日刊》第 1721 期，1925 年 6 月 16 日第 2 版；《北京大学日刊》第 1722 期，

1925 年 6 月 17 日第 4 版;《北京大学日刊》第 1723 期,1925 年 6 月 18 日第 3 版;《北京大学日刊》第 1724 期,1925 年 6 月 19 日第 4 版)

中国科学社年会日程
二十四日起至二十八日止

中国科学社定于本月二十四日起,至二十八日止,举行第十次年会,兹将开会日程,探志如下:

八月廿四日(星期一):

开会地址　南河沿欧美同学会

上午九时　会员注册开会

(年)〔午〕后二时　社务讨论会

晚八时半　美美同学会欢□茶会

廿五日(星期二):

开会地址　景山东街北京大学第二院

上午九时　宣读论文(分为甲乙二组)

……

二十八日(星期五):

开会地址　西城兵马司地质图书馆

上午九时　宣读论文

Weather Type in China　竺可桢

《近十年之中国气候》　蒋丙然

《近年来扬子江流域之所调查》　叶良辅、谢家荣

《最近云南大理地震述要》　翁文灏

《地壳均衡说》　袁复礼

《中国笔石化石之研究》　孙云铸

午后　参观各科学机关

晚八时　年会聚餐(在欧美同学会)

(《晨报》1925 年 8 月 20 日第 7 版)

中国科学社第十次年会续志

本年度中国科学社在北京开第十次年会已叠志前报,兹悉本年年会到会社员极为踊跃,南自广州,北自国外,均联袂偕来,计社员预会者有八十六人之多。第一日开会情形,已志前报。

二十五日为开会之第二日,上午宣读论文,在北京大学第二院举行。当场宣读者,有过探先之《中美棉种生育状况之比较》……中午北大宴请科学社到会社员,席间由蒋梦麟

致欢迎辞,谓北京大学所最崇拜者有两位先生,一为赛先生,一为德先生。德先生即为德谟克拉西,赛先生即是科学,科学社为我国提倡科学最力之机关,社员皆为我国科学优秀分子,故极为欢迎云云。次胡适之君演说,谓如北京大学对于地质、物理两科已略出成绩,化学正在建设,惟生物尚付缺如,希望科学社对于北大生物一科有所供献。次科学社社长丁在君致谢辞。散席后参观北大理科设备,下午三点赵元任博士在大讲堂演说《你可注意到么》……

二十六日为年会之第三日。是日,北京社友邀外埠到会社员游览名胜,分为两路……中午并有清华学校宴请社友,由清华校长曹云祥及教务长张声春及各教授招待参观。

二十七日为年会之第四日,上午假南池子政治学会宣读论文……中午地质学会、工业化学会、经济学会、天文学会四团体在中央公园来今雨轩公宴科学社社员,席间由工业化学会会长张新吾代表四团体致欢迎辞,后由学社理事会书记竺可桢及社长丁在君致答辞,宾主尽欢而散。下午在政治学会开社务会……晚八时南开大学数学教授钱琢如讲演《中国数码之起源》,极有兴趣……

二十八日为年会最后之一日,上午在兵马司地质调查所宣读论文……此外尚有翁咏霓、袁复礼、孙云铸等之论文,以限于时间不能尽读。晚八时假欧美同学会作年会公宴并请来宾,由丁在君主席,来宾演说者有清华校长曹云祥,中华工业化学会会长张新吾,交通部郑司长,社员演说者有胡适之、翁咏霓、叶企孙、王季梁、赵元任。此次年会论文之盛、人数之多,为历届年会所仅有,而北京社友会翁咏霓、刘季辰、章元善招待极为周到,使外埠莅会者有宾至如归之乐,各社友均称谢不止云。

(《申报》1925 年 9 月 4 日第 11 版)

国内专电

北京:农部技师袁复礼,编《中俄划界地形汇编》及《测量全图》,请交中俄会议[①]。

(《申报》1926 年 2 月 24 日第 6 版;《时报》1926 年 2 月 25 日第 1 张,题目为"各方杂讯")

国学研究会恳亲会
报告赴晋调查情形

北京大学国学研究所,昨日(六日)下午二时,假龙头井公教大学开恳亲会。到胡适之、沈兼士、马裕藻[②]、徐炳昶、袁复礼、日本小林博士及俄人伊凤阁等三十余人[③]。公

---

① 《时报》报道为:"农部技师袁复礼,编订《中俄划界地形汇编》及《测量全图》,呈部请咨送中俄会议,采择施行。(北京二十四日下午二时电)"

② 裕:《社会日报(北平)》作"雨",据《时事新报》改;下同,不具。

③ 俄人:《时事新报》报道作"俄使馆参赞"。

(准)[推]沈兼士主席。首由主席报告开会宗旨,并谓胡适之先生不日赴欧,同人等正好借此机会,对胡先生表示欢送。次由赴山西调查之袁复礼报告调查情形,略谓此次成绩可分两种,一系在各处随时检取之古物可资参考者,一系备价购买者。二者之中,以第一种纯取其自然物质,于考古价值较多;第二种则大率已经过人为之整理修饰,于考古价值上反觉稍逊。次由胡适之发言,谓本人不日将随庚款委员团赴欧,欧洲法意诸邦,为古代文物荟萃之处,决定前往考查,借以供献于诸同人研究。惟研究国学一层,当初本人都亦为热心赞助之一,然近来细加思考,以为其中可资研究者,无非关于历史及文学艺术等。即使为精密之研究,其结果终脱不开一死字,故必须在活的方面注意。所谓活的方面即科学之谓,盖研究古学,必先具有科学知识之基础,方可免去此弊。马裕藻继起发言,谓现在许多青年,对于考古之兴味,颇为浓厚,胡先生此种论调,未免令人扫兴。并对胡所言理由,略加辩诘。复次,徐炳昶及俄人伊凤阁、日本小林博士等相继发言。小林发言时,请周作人翻译,谓本人搜集古代箭镞,已达一万七千余个,大别分为木制、石制、青铜制及铁制四种,现均在扶桑馆寓所,颇足供考古者之研究,诸君如愿到馆参看,非常欢迎云。最后奏古琴助兴,至六时茶点毕,散会。又开会未久,忽有巡警三人到场,谓未曾报区,何以开会,当由何基鸿告以此系研究学术之集会,与政治毫无关系,何必报区。诸位既已来此,不妨稍坐旁听,并请用茶点,本会甚表欢迎。该巡警等在场记录,直至散会始去云云。

(《社会日报(北平)》1926 年 6 月 8 日第 4 版;《时事新报》1926 年 6 月 13 日第 2 张第 4 版,题作"北大国学研究所恳亲会纪 并欢送胡适之赴欧"。)

暑期学校公开讲演

讲者演题已定

北大教育系、中华教育改进社、京师学务局合组之北京暑期学校借北大第三院举行,本月十五日即开课,开课后拟援欧美各国之例,组织公开讲演,发售听讲券,讲者有胡适等十余人。前曾刊登本报,其社会科学,闻(一) 有谢循初讲之社会科学发达史,(二) 陈孺平讲之社会科学与自然科学,(三) 高仁山讲之社会科学分类的研究,(四) 钱端升讲之社会科学图书的参考,(五) 李景汉讲之社会科学与社会调查,(六) 陈翰笙讲之社会科学与社会运动。自然科学,(一) 叶企孙讲之相对论,(二) 薛燊之讲之胶体化学,(三) 陈孺平讲之优生□遗传,(四) 袁复礼讲之中国地质之概况,(五) 罗惠侨讲之数学发达史,(六) 谢循初讲之变态心理。讲期有六星期之久。

(《晨报》1926 年 6 月 9 日第 6 版)

北京暑期公开讲演

须购券听讲　每券售三元　六星期讲毕

北大、中华教育改进社、京师学务局合组之北京暑期学校,已志各报。兹查该项学校除分组授课外,又设公开讲演并已请梁漱溟、胡适、范源(廉)[濂]、张伯苓、陶知行、陶孟和、周鲠生等担任讲演,其题目临时公布。又请高仁山、陈翰笙、袁复礼、罗惠侨等担任社会科学及自然科学两种讲演,预定六周讲完。每周两次,每次两小时。校外听讲,须购券入场,券价六周只售三元云云。

(《社会日报(北平)》1926 年 6 月 19 日第 4 版)

中国科学社编辑《科学》十一卷十一期

《符号学大纲(续)》……赵元任

《电学进化简史(续)》……黎智长

《地球内部密度与物质之分布》……袁复礼

《飞机(续)》……吕谌

《电气漂白术》……孟心如

《部耳氏之原子模》……张辅良

《菱草形段罗草补注》……汤天栋

每月一册二角半　全年连邮费三元

商务印书馆启

(《申报》1927 年 4 月 11 日第 5 版)

大学院古物保管委员与条例

大学院古物保管委员会委员:张继、傅斯年、蔡元培、沈兼士、张静江、陈寅恪、易培基、李济之、胡适、朱家骅、李四光、顾颉刚、李宗侗、马衡、李石曾、刘复、高鲁、袁复礼、徐炳昶、翁文灏等二十人,已经分别函聘,并经议决大学院古物保管委员会组织条例九条,探录于下:

(一) 本会为中华民国大学院专门委员会之一,专管计划全国古物古迹保管研究及发掘等事宜。(二) 本会设委员十一人至二十人,由大学院院长函聘之。(三) 本会设主任委员一人,主持本会会务,秘书一人,商同主任委员处理本会一切进行事宜。(四) 本会设事务员若干人,商承主任委员办理本会一切事项。(五) 本会为便利会务进行起见,得于各省设委员会分会。(六) 本会全体会议每月举行一次,以主任委员为主席。(七) 本会推定常务委员五人至七人,每周开常务会议一次。(八) 本会为研究便利起见,得延聘专家,设分组委员会,其细则另定之。(九) 本大纲经大学院院长核准施行。

(《申报》1928 年 3 月 12 日第 11 版;《民国日报》1928 年 3 月 12 日第 1 张第 4 版,题作"古物保管委员会之组织　组织条例　委员名单";《民国日报》1928 年 3 月 12 日第 1 张第 2 版,题作"大学院聘定古物保管委员　组织条例已议决";《时事新报》1928 年 3 月 12 日第 2 张第 4 版,题作"大学院古物保管委员聘定　保管委员会条例亦经议决"。)

南京关于学术之两项新组织
科学考察团、古物保管会

十日宁函:大学院组织科学调查团,拟先就广西施行科学调查,调查团员计李四光(地质学)、李济(人种学)、颜复礼(民族学)等皆专门学者,此外尚有动植及气象学专家数人,已积极筹备,拟最短期内即行首途。

又大学院十日公布《古物保管委员会组织条例》,原文如下:(一)本会为中华民国大学院专门委员会之一,专管计划全国古物古迹保管研究,及发掘等事宜。(二)本会设委员十一人至二十人,由大学院院长函聘之。(三)本会设主任委员一人,主持本会会务秘书一人,商同主任委员处理本会一切进行事宜。(四)本会设事务员若干人,商承主任委员办理本会一切事项。(五)本会为便利会务进行起见,得于各省设委员会分会。(六)本会全体会议每月举行一次,以主任委员为主席。(七)本会推定常务委员五人至七人,每周开常务会议一次。(八)本会为研究便利起见,得延聘专家,设分组委员会,其细则另定之。(九)本条例经大学院院长核准施行。

又古物保管委员会发表人选如次:张继、傅斯年、蔡元培、沈兼士、张静江、陈寅恪、易培基、李济之、胡适、朱家骅、李四光、顾(资)[颉]刚、李宗侗、马衡、李石曾、刘复、高鲁、袁复礼、徐炳昶、翁文(锱)[灏]。

(《大公报(天津)》1928 年 3 月 16 日第 3 版)

清华大学 今年教授一览

国立清华大学本学年新聘著名学者甚多,兹该大学将其三院教授全部名单发表,想亦全国教育机关及学术界所乐闻也。

国立清华大学十八年度教员一览表

……

(二)理学院

……

(四)地理学系

(教授)翁文灏。(主任)袁复礼。(新聘)王绳祖。(讲师)葛利普。

……

(《华北日报》1929 年 9 月 18 日第 5 版)

清华大学 教授讲师一览

文学院长:杨振声 理学院长:叶企孙 法学院长:陈总

国立清华大学,本学年新聘教授讲师多人,兹将该大学文理法三学院教授讲师全部名单,觅录如左。

……

（二）理学院

……（四）地理学系：（教授）翁文灏，（主任）王绳祖，（新聘）袁复礼①，（讲师）葛利普。……

（《民国日报》1929 年 9 月 23 日第 3 张第 3 版）

公牍（己）

（己）本院已聘请斯文赫丁（Dr. Sven Hedin）、普意雅（Mr. Bouilard）、贝熙业（Dr. Buissière）、铎尔孟（Mr. d'Hormou）、杨公兆（在南京）、王竹泉（在美国）、袁复礼（在新疆考查）、金开礼（在美国）诸君为特约研究员。兹将斯文赫丁、普意雅、贝熙业诸君之复函录次……

（《国立北平研究院院务汇报》第 1 卷第 1 期，1930 年，34—36 页）

学校新闻　袁复礼先生回校消息

袁复礼先生，闻有不久回校之讯，现地理系渴望先生回校，然则袁先生之返校，诚为刻不容缓者矣，敬拭目以视之。

（《清华周刊》第 34 卷第 7 期，1930 年，第 65 页）

实业部指令　总字第一四〇八号

令地质调查所

呈一件　孙云铸辞技师请照准，袁复礼久未到职请免技师，又请派尹赞勋为技师由，呈暨履历均悉。孙云铸、袁复礼、尹赞勋等三员已分别另令任免。此令。履历存。

中华民国二十年七月二十三日

部长孔祥熙（实业部印）

（《实业公报》第 30 期，1931 年，第 24 页）

本院重要纪事（二十一年六月）

收袁希渊先生赠镇西县裴岑碑、西夏文碑、镇西县碑拓片各一种。……

（《河北第一博物院半月刊》第 23 期，1932 年第 4 版）

---

① 上文所录《华北日报》报道《清华大学　今年教授一览》，记袁复礼为主任，王绳祖为新聘，与此处不同。

袁复礼在清华系统讲演周席上　对地理学系内容之报告

（十一）地理学系报告——系主任袁复礼

科目举要　本系研究科目，可分五门类：（一）地形学 Physiography，（二）测绘学 Surveying and Mapping，（三）人文地理 Human Geography，（四）气象学 Meteorology，（五）地质学 Geology。

地形学早年教科书称"地势"，又曰"地貌学"。地形有平原、高原、山地、陵岗、阜、丘、江河、湖海、火山、沙漠，种种的不同；他们生成的原因、分布的状况、位置与面积，都是地形学的研究材料。

测绘学，即制图学。是用地理学的知识，在纸上用一定的缩小方法，具体的表示地形，状绘地貌，为学地理者所应学，即使不能制图，此种制图认识及应用亦极重要。

人文地理初步所讲的是政治区域、国界、分省分县的标准、国都、城市、商埠的位置及交通；工商业农矿、牧畜渔航各种事业的分布、人民职业与天产之关系（如依山者多畜牧造林，沿海者多操渔业是）；进而研究人类之起源、历史、民族之分布；再进而研究地球表面各种形貌影响民族环境与人民之生活。惟气候影响人民生活，虽在人文地理研究之列，但应为心理学之对象，非地理学之专责。

气象学内之科目甚细，研究材料包含有大气气压、温度、云形、云量、风力、风向、雨量、阳光等。若能先明了空气现象上理论的解释，再用仪器作每小时、每日、每月、每年之观测，并整理统计观测结果（所以需整理及统计者，因有的气象五年表现一次，有的十年、十七、二十五甚至三十年表现一次，须持久研究，将历年每日每时观测结果整理或平均，或统计），可知一地或一区域气象变迁之差别，其影响于测报大气，及农林、水利、航空等事项，皆是应用上的贡献。

地学最基本之科目，就是地质学。地质学内分目亦多，简单的说，可分为：（一）先研究地球组织的成分，以矿物学及岩石研究作基础，研究各种各类石头的形状，由何原质组合，含何种矿质，与石头之成因（由火山喷出，或水力冲激而成）。（二）由石状及古代生物之化石，可知地层之先后、上古之历史。（三）由风力、雨力、河流之变更、冰山的活动、潮汐海浪与山川变平地、陆地成海洋等等表面的变动，分析各种地形。（四）由造山力及构造地质上研究地层的错综，表示过去的地壳上的变动历史。其余应用地质方面又包括矿床学及土壤学、地下潜水的供给等。且须明了沙石种类，风、水、山、林等变迁及基本地质学的原则。故此，学由理论到实际的科学，非按（步）[部]就班，逐步研究不可。

于此，本人有一个感想，就是地理学须有特殊目的。前曾有一论调谓人类可以生活的土地与人口比较，简直已不敷用；又因各民族在各大洲分配与环境各异，其文化发展及各民族的努力方向均有不同。欧美地理学者，颇注意此点。譬如人种问题中，研究黄、红、黑、马来、印度、澳洲等有色人种之文化，即其工商业如何，能供给世界之原料多少，能销受商品到何程度，均在研究之列。因此本人想起曾有人问到，为何我国新疆、青海人民稀疏得几百里不见人烟,而同时欧美因人口过多,感受压迫,致发生失业问题呢?此亦与地理有关。再者借地理学我们也能知道:为什么帝国主义的国家要欺凌弱小民族,日本何以要侵略无抵抗能力的中国如此激烈,我国怎么不能将政治及经济的组织提高。国内舆论老说发展边疆,而至今仍未见成效,望学地理者各自努力细细研究,以期能负起上述的责任。中山先生说"知难行易",诸君欲发展边疆救国,亦须先求"知"而后实行,而地理学实"知"中应有的一个重要部分。(未完)

(《世界日报》1932 年 6 月 20 日第 7 版)

袁复礼在清华系统讲演周席上　对地理学系内容之报告(续)

组织经过　本校地理学系已有四五年的历史,开办时,本人在外考查,最近听得梅校长、翁咏霓、叶企孙、谢家荣诸先生口述,始知本系之缘起与内容。听过口述的本系组织经过及目的,我们不能不感谢他们组织地理学系的苦心和努力,及地理系内各同事的合作,能达到现在的境况。四年以前,北平各校均无"地理学系",仅北大有地质学系,专门在地质各方面发展;在师大有史地学系,系地理与历史各科合授(近来才分开,地理学系始能独立)。因为地理学在国内及向外发展很重要,所以本校主张单独计划,设立一地理学系。目的在与其他各校少有重复的课程,多有互助的课程。据翁先生口述,他曾有一种意见,普通地理、区域地理、人文地理都作必修科,而以地质、气象、制图一门为一个三角架之底柱。

本系目的　本系目的有三:(一)绘图。先前的中国地图,常有图上画一片沙,及至身临其境一看,实乃小山;诸如此类,不实不确之处颇多。本系第一目的,即在造就此项绘图人才,至少训练能审定明了制图技术之人才。(二)气象。气象学有关于一切实业及向外发展,前已提及。本校注意此项,期有这种专门人才造就出来。(三)地质及人文地理方面。地质为地理学之基本,人文地理与经济学、政治学、社会学均有密切关系。本系目的在这两方面也要学生特别注意,希望学生在此有所成就。我们若能有上述任何三种技术之一,在国内(若)[偌]大的面积之内,尽有工作与发展的可能,关于必修科内的材料,在实地工作及调查时,亦可以有相当的加入,这样的计划就是说要在一个调查地文地理、地质或气象的时候,同时有一种人文地理材料的搜集。如此作去,则一般民众或读者,关于理论及实用两方面,可以得他们互相关系;对于理论科学在实际应用,可以得一个线索。

设备与计划　据最近三四年来的课程和设备可以看出本系以前的计划,已有一大部份实现;第一是气象台的建设、气象仪器的购置及气象的纪录与整理,在国内各校里总可说是第一等的。其他设备,如地质标本、制图的参考品,多有充分的增加;前此由校中同人采集考古的材料与地质有密切关系的,亦加入陈列,都是值得报告的。

现在我们要商订一个此后的计划,只可以根据大概的目标立论。这大概的计划是要在下学年内第三年级及第四年级课程,能缩小范围使专研究一门之可能为标准。在第一第二年级多加以数学、物理、化学、社会科学的基础课程、能分小组,或是每个学生在第三第四年,或至少在第四年,按各人的兴趣,缩小课目的范围,可以免歧路彷徨的弊病;对于最注意及富有兴趣或技术专长的数门,可以充分研究。第二层是要提到基础的课程,如数学、物理、化学、社会科学,实在是必须修习的;因为地理学素来就有两个趋势,一个趋势是专重地文地理的,一个趋势是加重人文地理的。若是我们加入各人的兴趣及各人技术的准确不同,则在三四年级进入深造时期,各人对选择课程有最易解决的标准。这样,于各人的成就,及将来实际应用上,都可得到完满的结果。

现在世界经济的恐慌、工商的停滞、失业的问题,均使我国对外通商不能发展。我们要对国内发展,更要向边地远方有相当的调查及了解,研究地理的人,都负有重大的责任。所以希望本系有充分的发展的可能,则各人在将来的成就上、在国内学术上及实际应用上,都可以有相当的贡献。

(《世界日报》1932 年 6 月 21 日第 7 版)

清华学生　赴晋测量考察
袁复礼率领前往

清华大学地理系,二三年级学生黄中孚等十二人,由主任袁复礼率领,今日(三十日)上午由西站动身,赴石家庄转正太路到榆次,再乘长途汽车,往晋城北之襄垣,作地形测量及地质考察,约五星期后返平。

(《京报(北京)》1932 年 6 月 30 日第 7 版;《华北日报》1932 年 6 月 30 日第 6 版,题作"清华学生　赴晋测量　袁复礼率领前往"。)

蔡元培将离平南下
蔡谈不愿调解中大学潮

......

本日或离平南下　前晚七时任鸿(寯)[隽]等,在北海董事会宴请蔡氏,并邀美国公使詹森夫妇作陪。昨晚七时,北平教育界名流徐炳昶、袁同礼、袁复礼、李四光、李宗侗、沈尹默、沈兼士、马衡、翁文灏、陶孟和、刘复、钱玄同、顾颉刚、马叙伦、陈垣、黎锦熙、徐鸿宝、傅斯年、马裕藻、罗常培等四十六人在欧美同学会公宴蔡氏,并请任鸿(寯)[隽]、胡适、周诒春、蒋梦麟、金叔初、陈通伯等作陪,颇极一时之盛。蔡氏因任务已毕,定于本日下午七时半乘平津快车南下,临时若无重要事件,即可启行云。

(《华北日报》1932 年 7 月 3 日第 7 版)

各系之组织内容与目的:地理学系
袁希渊先生演讲

(《清华暑期周刊》第 2、3 期,1932 年 7 月 18 日,27—28 页;《清华暑期周刊》第 3、4 期,

1933年8月6日,24—26页)

（此篇见本集《袁复礼早年文录》）

中国地质学会　今日在平开幕

国闻社云：中国地质学会定于本日起假北平兵马司九号地质调查所图书馆,举行第九次年会,兹将今日该会会程披露于后：上午九时半至十一时,主席报告,书记、会计及编辑委员会报告,修改章程。下午二时至四时宣读专门论文共九编,为（一）谭锡畴《四川盆地之油盐矿床》,（二）王竹泉《陕西北部之煤油层带》,（三）李春昱《四川中生代之地层及其与构造地质之关系》,（四）戈乐《黄河之南北谷》,（五）谢家荣《陕北之地文》,（六）斯行健《陕西及贵州之中生代植物化石》,（七）潘钟祥《陕西系之年代》,（八）德日进及杨钟健《中国西北部新石器》,（九）袁复礼《新疆伯科多山冰川》。晚七时半并假欧美同学会举行年会叙餐。

（《大公报（天津）》1932年10月5日第4版）

中国地质学会　年会第二日
上午讲演　下午宣读论文

中国地质学会,（木）[本]日继续在北平西城兵马司九号举行年会。上午九时半起,请国立中央大学地质学校教授、瑞（土）[士]人巴里贾氏公开讲演,讲题为《阿尔卑斯山之地质构造》,讲演后,并参观陈列馆及研究室。下午二时起,继续宣读,专门论文九篇,为：（一）葛利普《最近研究奥陶纪及志留纪之结果》,（二）丁文江《丁氏及谢氏石燕宽高率善之统计研究》[1],（三）（汪）[尹]赞勋《云南与四川之二叶石》,（四）德日进及（汤）[杨]钟（键）[健]《山西东南部之新生代后期地层》[2],（五）计荣森《鞋状珊瑚之研究及四川水磨清之一新变种》,（六）乐森璕《浙江西南风行页岩中一下志留纪珊瑚化石》,（七）黄汲清《确定长身贝之一属》,（八）俞建章《宜昌石灰岩中及艾家山系间之不整合》,（九）袁复礼《新疆之恐龙地层》云。

（《益世报（北京）》1932年10月6日第6版；《华北日报》1932年10月6日第7版,题作“中国地质学会　第九次年会第二日”；《大公报（天津）》1932年10月6日第4版,题作“中国地质学会　今日公开演讲并读论文”。）

中国地质学会　分组旅行　定十日返平

国闻社云：中国地质学会昨日继续开会,上午共宣读论文十篇：（一）王恒升《湖南郴县金县塘之钨锡矿床》,（二）丁道衡《绥远白云鄂博铁矿报告》,（三）孙健初《绥远宝石矿》,

---

① 谢氏,《华北日报》报道作“澥氏”。高率善,《大公报（天津）》报道作“高率普”。

② 《益世报（北京）》“山西”二字重衍,删。

（四）何作霖①《斜长石之双晶》，（五）冯景兰《山西大同云冈切面朱石之成因》，（六）王绍文《察哈尔怀来县夏家清木化石及地质之研究》，（七）梁津石《斧为我国原始货币考证》，（八）乐森璕《栖霞石灰若是否发达于广西》，（九）袁复礼《蒙古之砂坵与石坵》，（十）张（序）[席]禔《广西郁南县连滩笔石页岩之发见及其层位之比较》。

下午二时起继续宣读论文八篇：（一）巴里贾《山东青岛花（国）[岗]岩中之构造形状》，（二）谢家荣《无烟煤显微镜之研究》，（三）尹赞勋《宁安县之地质及镜波湖与吊水楼之成因》，（四）王曰伦《云南本部之志留纪》，（五）新常富及曹世禄《山西南路定山及赵山之碱性侵入》，（六）李学清《浙江杭州西湖之地质》，（七）王恒升《湖南常宁县水口山之黄铁矿床》，（八）袁复礼《松加里之（工）[三]叠纪剖面》。

今日（八日）并举行地质旅行，甲组至北平西山、门头沟、三家店，乙组至南口八达岭，丙组至鹫峰地震研究室，丁组至周口店中国怀人发现地，十日返北平云。

（《大公报（天津）》1932 年 10 月 8 日第 5 版）

谢季骅等 今明在师大讲陕西问题

国立北平师范大学地理系定于本月二十二日（星期六）下午七时，在教理学院西北楼营二十三教室，请谢季骅、王竹泉讲演，讲题临时规定，大概关于陕西之问题。闻两君今年暑期在陕西考察各地情形，所得材料甚多，届时并带有种种照片，供听讲者参观云。又该系学术讲演定于本月二十九日请袁复礼讲演，讲题"陕西之问题"云。

（《燕京报》1932 年 10 月 21 日第 4 版）

平教界宣言 满案真相已明 须谋积极奋斗

国闻社云：北平教育界徐炳昶、傅斯年、沈尹默等五十七人，昨对国联调查报告发表意见宣言如次②：

对于国联调查团报告书意见宣言，自去岁国难起后，吾人即持二义，一为谋自身积极之奋斗，二为谋使九一八暴行真像大明于世界。现国联调查团之报告书已发表，其前八章虽于我国民众经济绝交之论点尚不免有瞻徇暴力之处，而由全体言，已足阐明真相，与吾人所持之第二义相符合，吾人表示满意。至其与前八章精神完全不合之九、十两章，则因今日国际联盟组织之自身，不过为调停国际争端的场所，尚未达到国际法庭的程度，有不得不然之势，和事老人所表示之态度与论调，已极圆到，吾人对其盛意表示感谢。但其所提出之办法，势将割裂吾国三百万方里之土地，三千万之人民，使之陷于国际共管，与人类正谊国家主权完整之大原则均不能并存，吾人根本不能承认，因吾国与友邦人士努力，破

---

① 原衍一"霖"字。

② 本段《华北日报》作"平市教育界名宿沈尹默，袁敦礼、徐炳昶、徐诵明、张贻惠、黎锦熙、钱玄同等五十七人，昨（二十一）日对国联调查报告发表意见宣言，陈述意见，原文如次"。

坏世界和平与中国领土之责任,应完全由日本担负。已为世界之所公认,则吾人之第二目的点,已经达到,今后即当聚精会神于第一目的点,誓死奋斗,吾人相信正谊必能打倒暴力而得最后的胜利也。

丁道衡、王桐龄、王尚颐、白鹏飞、朱希亮、吴文潞、吴祥凤、吴蕴瑞、吴承仕、李麟玉、李宗侗、李建勋、李照、李季谷[①]、沈尹默、沈兼士、何士骥、柯政和、范会国、袁复礼、袁敦礼、袁民宝、徐炳昶、徐诵明、常道直、孙国封、马裕藻、马衡、陆懋德、陈君哲、庄尚严、郭毓彬、陈中平、张贻惠、冯友兰、童德禧、傅斯年、黄文弼、曾仲鲁、杨立奎、杨仲子、杨宗翰、褚保权、黎锦熙、刘复、郑奠、刘拓、刘运蕃、潘渊、蔡钟瀛、刘玉峰、钱玄同、谌亚达、谢似颜、魏建功、顾澄。

(《大公报(天津)》1932 年 11 月 22 日第 4 版;《华北日报》1932 年 11 月 22 日第 7 版,题作"北平教育界名宿　昨发表宣言　对调查团报告书意见";《中国民报》1932 年 11 月 22 日第 2 版,题作"平市教育界丁道衡等发表对报告书意见——绝对维护国家主权完整原则,国人应聚精会神谋自身奋斗,相信正谊必能打倒暴力而得最后的胜利"。)

行政院决议案
设立中央古物保管委会

南京:行政院十日晨开八十二次会,出席罗文干、顾孟余、何应钦、石青阳、陈树人、黄绍雄、陈公博、刘瑞恒、陈绍宽、朱家骅、宋子文,列席邹琳、郭春涛、郑天锡、石瑛、俞飞鹏、甘乃光、曾仲鸣、褚民谊、彭学沛、段锡朋,主席宋子文。决议要案如下:……(九)决议设立中央古物保管委员会,并聘任张继、戴传贤、蔡元培、吴敬恒、李煜瀛、张人杰、陈寅恪、翁文灏、李济、袁复礼、马衡为委员。……(十日中央社电)

(《申报》1933 年 1 月 11 日第 3 版)

行政院会议决　设古物保委会　任张继等为委员
发展航空筑路计划提交政治会

南京十日下午七时发专电:行政院十日晨开八二次会议,主席宋子文,决议要案:(一)设立中央古物保管委员会,任张继、戴传贤、蔡元培、吴敬恒、李煜瀛、张人杰、陈寅恪、翁文灏、李济、袁复礼、马衡为委员。(二)任李文浩为豫省委兼财政厅长。……

(《大公报(天津)》1933 年 1 月 11 日第 4 版)

中国地质学年会　明日起举行共计三日
丁文江十三日公开讲演

市讯:中国地质学会年会,业已定于(昨)[明]日(十一日)起在北平举行,共计举行三

---

① 李季谷,《华北日报》报道作"李秀谷"。

日,出席第十六次国际地质会议之丁文江氏现已返国抵沪,十二日晚可抵北平,故日程略有变更,改于十三日下午由丁氏作公开讲演,报告华盛顿第十六次国际地质会议情形。兹分志详情如次:

……

论文题目 此次在年会中宣读论文题目,已由各会员分别寄平,共计二十七篇,其题如下:……(十四)袁复礼、杨钟健,《新疆兽形类化石群之发见》。(十五)斯可特,《董常地质名词辑要再版之商榷》。……

(《益世报(北京)》1933 年 11 月 10 日第 6 版)

中国地质学会年会　明日在清华开幕

各地专家以外国语宣读论文　丁文江将讲演国际地质会议

中国地质学会年会,定于十一日至十三日在北平清华大学开第十次年会,各省会员于开会前一日赶到北平,理事会积极筹备,第一日举行开幕礼并宣读论文,第二日参观并宣读论文,第三日继续宣读论文,年会日程,因事实之需要,业已变更,据该会理事孙云铸昨对记者谈话如次:

……

改变日程 ……(三) 十三日(星期一)(1) 宣读论文,(子)袁复礼、杨钟健,《新疆兽形类化石群之发见》。……

(《华北日报》1933 年 11 月 10 日第 6 版)

地质学会闭幕　丁文江演词

报告国际地质会议情形　并述考察苏俄地质感想

国闻社云:中国地质学会第十届年会昨为最末一日,上午九时至十二时于地质调查所图书馆,继续宣读论文。

……

此次年会 因多人在外工作,不能来平参加会议,贡献不能满意。再次古植物研究,斯行健《陕西之三叠纪植物与 Glossopteris 区植物,在东亚之发现》一篇,有重要发现。其次中生代,已有爬虫类大动物,美人曾在蒙古发现恐龙及恐龙卵,此次杨钟健及袁复礼二先生在新疆发现兽形类化石,有较恐龙更古老之大动物发现。其次新生代,如周口店之采掘,杨钟健、裴文中《洛阳西安间之新生代地质》及《井陉县地质研究》等贡献尤多。再次李四光、喻德渊先生《(卢)[庐]山水河层之研究》,亦地质学上之革命,冰河与人类初起文化关系甚大,中国未见,故城镇未有冰河,李先生在江西(卢)[庐]山发见,证据甚确。……

……

(《大公报(天津)》1933 年 11 月 14 日第 4 版)

考古会　今日举行成立会

李书华翁文灏昨联袂抵西安　谈保存古物问题待共同商定

……

又讯:考古会正式成立后,对于工作方面积极进行。该会徐炳昶君兹特函邀在北平之地质专学家袁希渊先生来陕襄助一切。袁君业于日昨到省,故今后该会考古工作方面大有贡献云。

（《西京日报》1934 年 2 月 1 日第 7 版）

陕考古会首次会议

南京一日电:陕省府与平研究院合组陕西考古会一日开首次会。研究院推翁文灏、李润章、袁复礼等出席,邵力子因在京不克招待,电胡毓威代为招待,并申谢该会帮助陕省考察之热忱。胡三十一日电邵报告翁等已抵省,会议如期举行,并告西安三十一日获瑞雪,四野欢腾。

（《申报》1934 年 2 月 2 日第 16 版）

陕西考古会　昨开首次会议

春暖解冻后先由宝鸡开始发掘　初期经费由平史学会撙节拨用
翁文灏等参加二次会议后即首途返平

省府消息:陕西考古会于昨(一)日下午二时在省府会议室开成立会,兹将会议纪录分志如后,出席王卓亭、寇遐、徐炳昶、张鹏一、李书华、翁文灏、梁午峰,列席胡毓威、耿寿伯、景莘农,临时主席胡毓威,记录景颐三。（甲）……

邵电胡招待平方三委员　南京一日电:陕省府与研究院合组陕西考古会,今日开首次会,研究院推翁文灏、李润章、袁复礼等出席,邵力子因在京,不克招待,电胡毓威代为招待,并申谢该会帮助陕西考察地质之热忱。（中央社）

……

省府请袁等作公开演讲　又讯:新由平来陕之袁希渊先生,为发现三叠纪恐龙(即爬虫化石)世界有名学者,现任国立北平清华大学教授、北平研究院特约研究员。此次乘寒假之便,与考古会委员李书华、翁文灏两氏来陕考察史迹,因与徐炳昶①君为老友,故特邀其参观考古工作。省府以李君等为有名学者,特敦三氏于今(二)日下午七时,在高中学校公开讲演。翁袁讲地质学,李讲历史,至所讲演之题目,闻在临时始可决定。届时前往听讲者,有省府及各机关之公务员云。

---

① 原衍一"生"字。

......

(《西京日报》1934年2月2日第7版)

三史地专家　昨在高中讲演

李书华述中国科学现状　翁文灏讲陕西的史前史
袁希渊报告发现"三叠纪"经过

北平研究院来陕参加考古会成立会之史地专家李书华、翁文灏及来陕考察古迹之袁希渊三氏,于昨日(二日)下午七时,应省府之邀请,在高级中学校作公开讲演。前往听讲者,政教各界达三百余人。由民政厅长胡毓威对三氏略历逐一介绍后,由李书华讲演《从科学输入中国说到中国科学现状》,翁文灏讲《陕西的史前史》,袁希渊讲述《个人考古之经历》。大意叙述自归国后,即从事地质考查,计赴河南、陕西、甘肃、新疆等省,在天山发现三叠纪(即爬虫化石)经过甚详。兹将李翁二君之讲词略志于后:

......

(《西京日报》1934年2月3日第7版)

翁文灏等在陕讲演

西安:由平来陕考古之史地专家翁文灏、李书华、袁希渊三氏,二日晨承省府邀请,在高中作公开学术讲演,到各界数百人。李书华讲《从科学输入中国讲到中国科学现状》,翁文灏讲《陕西的史前史》,袁希渊讲《个人考古之经验》,并讲发现"三叠纪"之经过。(三日中央社电)

(《申报》1934年2月4日第11版;《益世报(北京)》1934年2月4日第4版,题作"考古团抵陕　翁文灏等公开讲演"。)

翁文灏等　昨赴咸阳

此行系考察古迹　不事勾留即返省

北平研究院来陕参加考古会成立会之史地专家李书华、翁文灏及来陕考察古迹之袁希渊三氏,于昨(三)日上午七时偕考古会工作主任徐炳昶等六人,乘省府特派汽车,前往咸阳考察古迹。闻李氏等在咸不事勾留,即于今(四)日乘原车返省,俟明日参加考古会第二次会议后,即首途返平云。

(《西京日报》1934年2月4日第7版)

袁希渊谈　陕西地质之进化

进化程序分为四个时代分析极详尽　考古会注重周秦文化证明历史真相

(《西京日报》1934年2月5日第6版;《大公报(天津版)》1934年2月10日第4版报

道略同。)

（此篇见本集《袁复礼早年文录》）

陕西考古会规定　发掘古物范围
建议省府筹设博物馆　考古会成立经过详报

西安快讯:北平中央研究院前在陕成立历史研究会,进行以来,颇具成绩,嗣以陕省为中国文化策源地,历代国都所在,古代遗迹颇多研究价值,因由平方与陕省府商定在陕成立考古会,俾易搜掘探讨,以供研究。……李书华、翁文灏两委员俟考古会第二次会议后即离陕返平,省府方面以李翁等俱系史地专门学者,因定二日下午七时请袁希渊、李书华、翁文灏三君在高级中学作公开讲演。又中国科学社西安分社亦将请李翁二君讲演西北科学问题。……

（《大公报（天津）》1934 年 2 月 6 日第 4 版）

三史地专家　昨离陕返平　徐旭生偕行

由平来陕出席考古会之翁文灏、李书华二委员,及来陕考查史迹之地质学家袁希渊先生,于昨(六日)晨偕同考古会工作主任徐旭生,乘省府所备专车,前往潼关返北平,此间送行者有民厅长胡毓威、省府秘书长耿寿伯等十余人。闻徐主任旭生此次系往河南家中料理私事,日内仍行返陕云。

（《西京日报》1934 年 2 月 7 日第 7 版）

陕省考古工作　定春暖后发掘
袁希渊谈陕省地质进化程序

西安快讯:陕省考古会成立后,来陕参加考古会成立会之北平方面各史地专家,连日赴各地考察古迹,极为忙碌,其决定起始开掘地点之斗鸡台,将俟春暖解冻后即着手发掘。记者以陕省大规模之考古工作,此次尚系初次,因特访晤地质专家袁希渊氏。袁氏曾于民十二年经甘陕各地考察地质,在新疆天山发现三叠纪恐龙(爬虫化石),为世界考古学中之最大发明,其最大成功,为证明陕省之延长石油层系在中生代之三叠纪,而非古生代之二叠纪,且推翻西洋学者所持天山并无恐龙化石之论断。袁氏对于陕西地质,尤具实地研究经验,一经谈询,承其逐代分析,异常详尽,兹述袁氏所谈陕省地质进化之状况如下:

袁氏谓中国商代以前之历史,现代史家尚多在怀疑之中,今后陕省考古工作,将致力于新生代第四纪冲积统文化期新石器时代,与有史期间之一段工作,故该会刻正搜集周秦民族文化材料,以证明新石器时代与有史期间之史的真相。至陕省地质进化之程序,就地质学上之原则言之,分元古代、古生代、中生代、新生代四个时期。(一)元古代已发现者为曲线的石条层。(二)古生代之震旦纪,为三叶虫发达期,寒武纪与奥陶纪为无脊椎动物发达期,震旦纪与寒武纪之一段地质,在陕西尚未考证明确,奥陶纪已考证者为陕省之渭河及北山一带,志留纪之前期为造山期,即阴山山脉与北岭山脉是也,此纪之后期与泥盆纪为鱼类与陆产植物之初生期,志留纪与泥盆纪之前期,此段地质亦尚未考证明确,泥盆纪之后期,在陕省所发现者为汉中石炭岩层,石炭纪为造煤初期,二叠纪为中国东部造煤期及恐龙初生期,此纪在陕西所发现者为韩城之煤层,在二叠纪之末期又为造山期。(三)中生代之三叠纪为陕甘新石油生成期,今陕省延长石油层即在此纪生成者,侏罗纪之前期为中国造煤期,今陕北之煤层亦即系此纪之前期造成者,侏罗纪之后期为造山期,白垩纪为恐龙极盛期。(四)新生代第三纪元新统之初期,为造山期,即现在之秦岭是也,经始新统之后,至渐新统之末期与中新统之初期复为造山期,自中生代白垩纪以迄新生代第三纪中新统之前期,此段地质在陕省刻亦尚未考证,中新统与上新统时代为三一趾马(红土)层,在陕省可考证者即府谷县之红土层,多新统之后期与洪积统之前期,在地质学上所发现者有北平之原始人,惟在陕省尚无此项发现,自洪积统之后期至冲积统(即新生代第四纪)是为文化期,在此时期约分旧石器、中石器、新石器三个时代,鄂尔多斯文化层、渭河流域黄土层及渭河流域新石器灰土层,其所造成期即与文化期同一时代,过此以后,即为有史期。今后地质学家若努力从事探讨,发前人所未发明者,以(供)[贡]献于学术界,实吾人一致之希望云云。(四日发)

(《大公报(天津)》1934 年 2 月 10 日第 4 版)

李书华返平谈　陕西无物不古

历史材料随处可考　考古会工作进行顺利

国立北平研究院副院长李书华,偕地质调查所所长翁文灏及袁希渊等,于上月二十八日由平来陕出席该院与省政府合办之陕西考古会成立会,并往泾咸一带参观古迹,印象极佳,旋于二次会议举行后,即联袂返平。……

(《西京日报》1934 年 2 月 17 日第 7 版)

协和医学院　昨日追悼步达生

顾临等九人亲自舁棺　五时安葬于万国公墓

人类学专家,协和医学院解剖系主任步达生病故后,遗骸存在协和医院,昨日(十八日)下午二时半,协和医学院举行步达生追悼会,会后由院长顾临等舁榇至万国公墓安葬,兹分志其情形如次:

会场布置　……与袁复礼等所赠之花篮暨协和医学院解剖系同人与孟廷芳等所赠之花圈……

到会人员　参加追悼会之人,有蒋梦麟、胡适、傅斯年、孙云铸、梅贻琦、周贻春、袁复礼、葛利普、司徒雷登、金淑初、詹森……

(《华北日报》1934 年 3 月 19 日第 6 版)

地学系考察队返校

······

又讯:该校地学系师生二十余人,利用春假前曾赴张家口、宣化一带作地质考察,由教授袁希渊氏带领指导,昨已全体返校。据云结果甚佳,最值得注意者,为宣化北山之龙烟铁矿,其形状分肾形、梨形、鱼子形等,俱各含有百分之五十的铁质云。至于万全坝、张家口以及平绥路各站之地质地形,均有详细之调查报告,不日即可公布云云。

(《华北日报》1934年4月17日第7版)

矿冶工程学会昨行开幕礼
胡博渊请注意滞销问题　下午开事务会选举职员
救济煤业会议今晨举行

中央社讯:矿冶工程学会,昨晨九时在矿展会大礼堂举行第四届年会开幕礼。出席会员有该会副会长王宠佑、胡博渊,年会筹委会副主任王正黼,及会员戴华、张光正、孙昌克、李宜光、孙显惠、刘行谦、朱行中、何熙曾、杨临斋、顾琅、史维新、孙云铸、李陶、陈国士、黄肇修、刘树桐、沈乃菁、刘基盘、李保龄、伍克潜、张名艺、谢树英、严庄、李庭佑、李学清、谭锡畴、谭振雄、褚保三、杨纪琏、陈维、刘锡庆、冯炳曾、林斯澄、张正平、王冕丞、李组绅、李汉屏、胡源深、冯景兰、张铮、顾振、程膺、王德滋、郦英杰、朱谦、徐泽昆、崔洞源、虞和寅、董熙春、李书田、谢季纲、袁复礼,共五十余人。各机关到会者有河北省于主席、实业厅史厅长、王市长等。

······

(《大公报(天津)》1934年7月10日第4版)

矿冶工程学会　昨读论文
年会第二日之情形

(《大公报(天津)》1934年7月11日第4版)

(此篇见本集《袁复礼早年文录》)

袁复礼讲演　投机性的矿业
应先预备采取的程序　发展矿业注意点

······

(《庸报》1934年7月12日第1版;《大公报(天津)》1934年7月12日第4版,题作"发展矿业　应注意之几点　袁复礼在矿展会演词"。)

(此篇见本集《袁复礼早年文录》)

中国地质事业之回顾

作者：谢家荣

……

现在将全国地质调查所及各大学内地质学系的沿革、内容、出版品等等列一简表如左，以供本届参观矿展会诸君的参考。

机关名称	地点	主任人	成立年月	内容	出版品或其他
……					
清华大学地学系	北平	袁复礼	民国十七年成立	注重地文学及地质间相关之课程兼及气象气候	毕业生十余人

（《大公报（天津）》1934 年 7 月 15 日第 13—14 版）

国立北平研究院　聘定特约研究员

均系中西专门学者

国立北平研究院成立于民十六年，迄今已历八载，历来研究工作颇有进展，该院近为便于进行研究，特约定多数中西专门学者，为特约研究员，兹志名单如下：

丁文江、李四光、王烈、汪敬熙、朱恒璧、周太玄、朱家骅、袁复礼、袁瀱昌、孙云铸、陈克恢、章鸿钊、刘季晨、刘厚、严智钟、贝熙业 Dr. Bussiere（法国）、步达生 Davidson（英国）、雁月飞 P. Lejay（法国）、桑志华 R. P. Licent（法国）、陆嘉礼 Charles Roux（法国）、斯文赫丁 Sven Hedin（瑞典）、德日进 R. P. Teilhart（法国）、樊德维 Vandervelde（比国）、龙齐相 E. Cheryi（意大利）、铎尔孟 D. Hormon（法国）。

（《华北日报》1934 年 8 月 27 日第 9 版）

北平研究院聘特约研究员二十五人

平讯：国立北平研究院近公布特约研究员姓名，名单如下。国（藉）[籍]十五人。丁文江、李四光、王烈、汪敬熙、朱（横壁）[恒璧]、周太玄、朱家骅、袁复礼、袁（峻）[瀱]昌、孙云铸、陈克恢、章鸿钊、刘季晨、刘厚、严智钟，以上十五人。外籍十人。贝熙业（法国）、步达生（英）、（膺）[雁月]飞（法）、桑志华（法）、陆嘉礼（法）、斯（夕）[文]赫定（瑞典）、德日进（法）、樊德维（比）、龙齐相（意）、铎尔孟（法），以上共十人。

（《大公报（天津）》1934 年 8 月 27 日第 6 版）

北平研究院　各部会人员名单公布

正副院长仍为李煜瀛、李书华

本报特讯：国立北平研究院本届正副院长，仍由李煜瀛、李书华担任外，至总务，出版，

海外,理化,生物,人地六部部长,各研究所主任,研究院以及各研究会会员,亦均规定公布,兹分志如次:

特约研究员 （一）中籍丁文江、朱家骅、李四光、王烈、朱恒璧、汪敬熙、周太玄、袁澍昌、孙云铸、陈克恢、袁复礼、章鸿钊、刘季（辰）［晨］、刘厚、严智钟、（二）外籍贝熙业（Dr. Bussiere 法国）、步达生（Davidson Black 英国）、雁月飞（P. Lejay 法国）、桑志华（R. P. Licent 法国）、陆嘉礼（Charles Roux 法国）、斯文（嚇）［赫］丁（Sven Hedin 瑞典）、德日进（R. P. Teilhart 法国）、樊德维（Vandervelde 比国）、龙齐相（E. Chergi 意大利）、铎（兰）［尔］孟（D. Hormon 法国）。

（《华北日报》1934 年 9 月 3 日第 9 版）

师大校长李蒸昨北返 地理系定期请袁复礼讲演

...

地理系演讲 该校地理系定本月二十八日下午六时半,在该校教理学院西北大楼该系教室,延聘中国地理学专家袁复礼及斯行健作学术讲演,讲题为《地理学之新趋势》云。

（《益世报（北京）》1934 年 12 月 23 日第 9 版）

中国地质学会 在京兴建会址

年会闭幕会员昨晚聚餐 下届年会将在新址举行
各地会员定今日分别离平

中国地质学会第十一届年会昨（十六日）为第三日,上午九时,全体会员由丁文江、谢家荣率领,先后参观北大新建之地质馆及地质调查所,下午续开作文会,晚七时在欧美同学会聚餐,即行闭幕,据该会会员谈,下届年会决在南京新建之会址举行,昨日详情志次:

...

宣读论文 当日下午二时,继续在地质调查所会场召开论文会,由各会员各别宣读自著之论文,共十二篇,宣读人计:孙云铸、袁复礼、葛利普、寿振黄、孙云铸、计荣森、杨杰、杨钟健、德日进、李之常等人,于五时许宣读完毕。

...

（《华北日报》1935 年 2 月 17 日第 9 版）

中国地质学会年会昨闭幕

昨下午续读论文晚演讲聚餐 授葛利普、丁文江奖章后闭幕[①]

北平通信:中国地质学会第十一届年会昨为第三日。晨无集会,全体会员分别参观北

---

① 据文意,本句当作"授丁文江'葛利普奖章'后闭幕"。

大地质系新教室及地质调查所陈列馆,北大地质系新教室尚未建筑完成,参观者到时仅由该校助教赵金科及金耀华等分别招待,说明将来计划,一部会员并至地质调查所陈列馆参观,各就所学观摩研究,昨日未能参观完竣者,则定今晨九时至十二时继续观览。第三次论文会仍于下午二时开始,首由临时加入论文会之袁复礼氏宣读论文二篇,袁氏为新疆地质研究专家,故颇引全会场之注意。第三篇为孙云铸氏之《中国北部上寒武纪三叶虫化石分带之研究》,继由葛利普氏讲《中国二叠纪初期动物群之比较》,葛氏行走不便,讲演时尚须人搀扶就坐,对地质学研究之忱,实堪钦佩。葛氏讲演较长,第五篇仍为孙云铸氏宣读,题为《冶里石灰岩之峰石化石群》,讲后由计荣森氏报告那林自新疆采集之石炭纪及二叠纪珊瑚化石研究之结果,并对那林氏工作表示感谢。最后一篇杨杰氏报告在山西五台山南台南部回龙底村附近变质石灰岩所发现之锥管状化石,过去均认为无生物遗迹,此次发现,殊出人意料之外,故引起全场绝大之兴奋,杨氏仅报告发现经过,并未报告结果。至五时许论文会宣告结束,该会本定于昨晚七时在欧美同学会举行聚餐会,临时因矿冶学会北平分会要求参加,并由 J. O. Todd 氏讲《历代铜币及铜镜》,朱行中氏讲《河北省煤床储量》,故提前于五时半至七时讲演。七时聚餐会,席间并由该会补行葛氏奖章授予礼。本届奖章获得者,计为丁文江、德日进等二人,至九时许尽欢而散。地质学会年会遂圆满闭幕,来平会员则定今日分返各地云。

(《大公报(天津)》1935年2月17日第4版)

地质学会论文

北平通信:中国地质学会年会昨日论文会中宣读之论文,节要如次:

(一)《新疆古生代后期与中生代间之不整合》　袁复礼
(二)《新疆中生代地层》　袁复礼
　　……

(《大公报(天津)》1935年2月17日第4版)
(此篇见本集《袁复礼早年文录》)

地理学报

中国地理学会于民国二十三年三月由国内地理学界领袖翁咏霓、竺藕舫、顾颉刚等数十人发起,于同年八月开成立会及第一次年会于江西牯岭。《地理学报》即为该会季刊。至现在止已出二期,撰文者大半系各大学地学教授。第一期学报(去年九月出版)目录如下:

　　……

第二期已于上星期发行,内容亦颇丰富,计有初次发表之论文六篇,译述二篇,书评二篇,报告二篇,分配如左:

《划分中国地理区域的初步研究》　洪思齐

《江宁县之耕地与人口密度》 胡焕庸

《飑线雷雨一例之三度观察》 朱炳海

《浙江省风景区之比较观》 张其昀

《陕北盆地和四川盆地》 谢家荣

《黄河上游之地质与人生》 侯德封 孙乾初

《华北之干旱及其前生后果》 竺可桢著 李良麒译

《中国土壤之概述》 李庆逵

《正在制造中之中国模型地图》 曾世英

《中国境内适用之兰勃脱投影表(介绍)》 曾世英

A History of Geographical Discovery and Exploration，by L. N. L. Baker（书评） 袁复礼

《出席第十四届国际地理会议报告》 吕炯

每篇论文均有英文节要，以便国外地理界参考。此外，该刊得地质家合作，为之生色不浅，如本期学报即由北京大学研究教授、中国地质调查所代理所长谢季骅氏任编辑。其所著《陕北盆地和四川盆地》中利用构造地质学与地层说明两盆地之地文，颇奏成效。本刊的第一个书评撰者亦为地质学家：袁希渊氏（清华大学地文学及构造地质学教授）。袁氏为吾国有素之探险家，以他来介绍"探险的历史"是再恰当也没有了。书评一栏在西洋学术刊物上占极重要的地位，《地理学报》对于该栏似宜略加扩充。

（《大公报（天津）》1935 年 3 月 1 日第 11 版）

学人访问记　领导全国图书馆事业的袁同礼

从事图书馆事业已历二十年

袁复礼是他长兄　袁敦礼是他三弟（一）

作者：本报记者茜蘋

图书馆事业，在我国社会里，已经获有最大的效率，虽然这是近数十年来的一种新兴文化事业。努力这种事业的人，自然是很多的，可是他们因为工作的关系，却被一般人所忽视了。现在我介绍一位领导这种事业的袁同礼氏，民国五年他在北京大学文科毕业后，便从事图书馆事业，历二十年，中间除留学美国数年，及去年代表政府参加世界博物院会议，遍游欧美一年外，其余的时间，完全用在他这种事业上。清华大学的图书馆，及北平图书馆，都是袁氏培植长成的，现在那两个图书馆，已经被社会所重视了。

袁氏的身量，比较普通人不见得矮多少，但是也没有他的弟弟袁敦礼那样的"细长"，团团的面孔，同健壮的身体，十足的代表了中国人的本色，他时常的穿着西装，同样的时常是沉默寡言，对人谈话，只是择要紧的说两句，偶然脸上浮笑，也是使人感到森冷，同时他还有一种魔力，使着那些森冷、庄严失掉了作用，你仍是可以去亲近他。

我在北平图书馆袁氏的办公室里同他谈话，大家都知道北平图书馆的设备，在我国文

化机关内是最进步的,对于阅览人的起坐、饮食,都最新式、最完全的设备,可是袁氏虽然是馆长,他的办公室内除去公文橱外,只有一张普通的写字桌、两三把椅子,并没有能够让我们认为奇特的陈设。我访问的时候,他正是忙的时候,一面签着公事,一面回答我的问题。

袁氏是河北徐水县人,今年四十一岁,光绪二十年生在北平,到现在还没有回过原籍,因此我们若是说他是北平人,我想也没有不合道理的。袁氏滞留在北平这样长久的原因是很简单的,他的祖父的时代,便在北平居住,现在已经有七八十年的光景了,中间他父亲虽然在山东做过官,但是卸任后,仍旧回到北平居住。等到袁氏弟兄长成后,因为职业的关系,又都在北平成家立业了。袁氏在弟兄间行第二,地质专家袁复礼是他的长兄,师大体育系主任袁敦礼是他的三弟,弟兄三人对于社会,都领导一种事业,而且同样的有很大的贡献。

(《世界日报》1935 年 5 月 1 日第 7 版)

山西旅行记

作者:李秀洁

就地势、地文、地史、气候、交通、土壤以及其他地质地理的各种问题上说,山西高原在中国是占有特殊地位的。更因为矿产的丰富与黄土层的特殊构造,都是久为世人注意的问题,所以清华大学地学系便将山西定为必修的修业旅行地点之一,本年春假我们就到山西去了。一行十三人,历时两星期,考察地点为石家庄、获鹿、井陉、阳泉、太原、太谷、介休、灵石等地。其余只是在火车上走马观花地经过。关于地质地理各方面比较专门些的问题,我们另有工作报告,在此篇中仅述旅途中一般的印象而已。

一、出发以前

旅行参考书指定的太多了,三四个星期内无论如何看不完的,于是采用分工的办法,除几种必读的以外,其余便每人分几种,约略浏览了一遍。

出发的前一天我们开了一次筹备会,在这会上,我们的指导教授袁希渊、洪思齐两位先生宣布了此次旅行中应注意的事项及注意的方法。我们的团体也便在这会上组织妥当了。

同学八人中又分了两组,地质组四人由袁先生指导,地理组四人由洪先生指导。更有助教一人襄助办理一切事务,工友一人招料行李,此外尚有生物系的一位助教参加,他是预备去采集植物及植物化石的。

……

三、太行山中

……

在淘河北岸,地质组找到许多很好的化石,袁希渊教授喜(的)[得]眉开眼笑,满口"好极啦!""好极啦!"十三日晚上就又有两大箱子石块出运了。

在阳泉(担)[耽]搁了三天,就借住保晋第二矿场。各项工作完成之后,继续西行。阳

333

泉以西,铁路坡度更大了,温度也一步步的变低了。

......

(《大公报(天津)》1935 年 5 月 17 日第 11 版)

中国博物馆协会　今日举行成立会

欧美博物馆展览会　定今晨在团城开幕

北平学术界人士所组织之中国博物馆协会,筹备就绪,定于今日(星期六)假景山绮望楼举行成立会,并参观故宫档案及由北平图书馆所筹备之欧美博物馆展览会,......

博物馆协会发起人　全国学术界鉴于中国博物馆事业之幼稚,特发起"中国博物馆协会",以期促进。发起人名单为马衡、袁同礼、张继、傅汝霖、唐兰、常惠、徐炳昶、沈兼士、陈(恒)[垣]、吴其昌、梁思成、梁思永、王献唐、姚彤、容(康)[庚]、徐鸿宝、叶恭绰、滕固、郭葆昌、洪业、裘善元、刘士能、李济、黄文弼、朱启钤、翁文灏、严智开、钱桐、向达、刘节、吴定良、司徒乔、张炯、徐悲鸿、邓以蛰、傅斯年、袁复礼、张星烺、胡(光)[先]骕、李书华、李麟玉、李蒸、贺昌群、寿振黄、张庭济、叶澜、赵儒珍、黄念劬、虞和初、王季绪、励乃骥、庄尚严等四十余人。机关计故宫博物院、古物陈列所、历史博物馆、北平图书馆。

......

(《华北日报》1935 年 5 月 18 日第 9 版)

北京大学　昨开校务会议

讨论教授休假出洋等案　毕业考试委员名单公布

国立北京大学昨(二十五)日召开校务会议,讨论本年度各院教授休假问题,该校本届毕业考试之校内校外委员名单,业经教部批准,已于昨(二十五)日发表,又该校最近约定教育专家富斯德及生理学专家开农博士讲演,兹志各情如次:

......

考委名单　该校本届毕业考试委员会委员名单,经决定后,已呈请教育部批准,业于昨(二十五)日寄回,名单如下:

......

校外　郑之蕃(清华)、张子高(清华)、袁复礼(清华)、李继(桐)[侗](清华)、冯友兰(清华)、刘崇铭(清华)、朱自清(清华)、李建勋(师大)、浦薛凤(清华)、陈总(清华)。

......

(《华北日报》1935 年 5 月 26 日第 9 版)

北京大学　毕业考试委会成立

北平通信:国立北京大学对本届毕业考试,为郑重起见,加聘校外各大学教授为考试委员,各考委聘书昨已发出,正式成立毕业考试委员会。考委名单如下:蒋梦麟(委员长)、刘树杞、胡适、周炳琳、樊际昌、郑之蕃、冯祖荀、吴有训、饶毓泰、张子高、曾昭抡、袁复礼、孙云铸、李继侗……

(《大公报(天津)》1935 年 5 月 26 日第 4 版)

因学生坚决要求免考　清华教授全体辞职
该校教务处昨发声明　并未公布非常时期教育方案

本报特讯:国立清华大学学生救国会前曾请该校免除本届学期考试,该校曾开系主任会议,决定补课三星期后,于二月二十四日起,再行补考,并取消春假,缩短暑期,以顾全学生学业。兹因考期将届,救国会复以全体学生名义,请求免考。本星期一该校复开系主任会议,决定将此问题提出教授会,(十九)日下午四时教授会在该校科学馆三楼开会,突有学生多人,在楼下呼喊口号,要求免考,并推代表请见教务长潘光旦。潘氏即劝学生退去,学生不听,是时教授会正在讨论,学生代表等屡次要求入会场,均经潘氏劝止。教授会旋议决本届学期考试如期举行,并请潘氏以此议案通知学生代表。学生等当即蜂拥上楼,包围喧嚷,势甚汹汹,有数人闯入会场,经教授会临时主席张奚若氏令其退出,但学生等仍时出时入,扰攘不绝。各教授见此情形,深愧德望未孚,决定全体引咎辞职,个别签名,到场者五十五人,立即签毕,并决定自即日起停止授课,当推举委员七人起草辞职书及宣言,并通知因事未能出席各教授云,(截至发稿时止,补行签名者十三人,共签名者六十八人,按该校现有教授除西籍者外共七十四人。)兹将宣言及签名单录下:

辞职宣言　同人等于本日下午开教授会,讨论补行上学期考试问题,时有学生多人,声称代表全体学生,在外高呼口号,要求免考,继复包围会场,并有代表数人,屡次冲入。同人等在此情形下,既感行使职权之不可能,又愧平日教导之无方,惟有引咎辞职,以谢国人。除向校长辞职外,谨此宣言。

……高崇熙　张子高　袁复礼　任之恭　陈之迈……宣言签名者总共六十八人,在校教授共七十四人(西教授除外)。

……

(《华北日报》1936 年 2 月 20 日第 9 版)

梅贻琦即将返校　常设委会委员决定

……

又讯:该校本年度所设各种常设委员会,计共十七种,昨日业已发表。各会委员人选,亦聘定如次:

……

出版委员会　冯芝生(主席)、陈协三、陈通夫、袁希渊、朱佩弦、顾一樵、闻一多、萧公权、浦逖生、吴正之、陈岱孙。

......

(《华北日报》1936年10月7日第9版)

丁文江逝世周年祭礼

李书华胡适等致词

北平特讯:五日为前中央研究院地质调查所所长丁文江逝世周年纪念,北平中国地质学会、北京大学地质系及实业部地质调查所北平分所三机关团体,发起于五日下午四时在兵马司地质调查所图书馆举行周年纪念。参加致祭者六十余人,至五时半散会,兹分志各情如次:

致祭情形 五日下午届时到丁氏生前好友李书华、胡适、周炳琳、陈垣、葛利普、袁复礼、杨钟健、冯景兰、章鸿钊、魏登瑞、谢家荣及江氏门生等共六十余人。由地质调查所北平分所所长杨钟健主祭,胡适、张鸿钊、葛利普等致词,仪式简单而严肃。会后,并放送胡适携来之丁氏生前讲演片。各致祭人睹像①者,大有丁氏复生之感。至五时半各人参观会场陈列之丁氏遗品后,始纷纷散去。

......

(《申报》1937年1月8日第12版)

中国地质学会

定下月在平举行年会 并改选任期已满理事

中国地质学会,定自下月二十日起至二十四日在北平实业部地质调查分所举行第十三次年会,并改选任期已满之葛利普、李四光、叶良辅等三理事及宣读论文,会后并在北平附近举行地质旅行,昨已分别通知各会员。兹将通知原函及理事候选人姓名,分志于左:

......

候选理事 理事会假定之候选人名单如次(会员可自由选举并不以此为限):李四光、叶良辅、葛利普、德日进、孙云铸、尹赞勋、谭锡畴、朱家骅、田(大)[奇]瑈、李学清、袁复礼、章鸿钊、朱庭祜、斯行健、王竹泉、王宠佑、王正黼。

(《华北日报》1937年1月10日第9版)

中国地质学会 第十三届年会明晨在平开幕

会议日程已公布 论文异常丰富

中国地质学会第十三届年会定明日(二十日)起至二十四日连续在平举行五日,明晨

---

① 原衍一"聆"字。

在西城兵马司实业部地质调查所北平分所图书馆开幕。上午举行开幕典礼，下午宣读论文，二十一日上午继续宣读论文，下午参观地质调查所，二十二日在清华大学地学系举行论文会，清华招待午餐，二十三日在北大地质馆举行论文会，二十四日分赴周口店，及西山门头沟，八大处一带作地质旅行，当日年会即行闭幕。该会本届年会共收到论文六十篇，内容均甚丰富，该会下年度职员业经选举完竣，今日下午四时开理事会，届时开票，结果明日上午年会席上公布。该会书记黄汲清昨日下午一时五十五分，由京乘车到平，兹将昨日详情分志如次：

年会会程

二月二十日……

下午　二时半至五时，（论文会）（1）尹赞勋《含东京石燕岩之年代》。（2）袁复礼《蒙古新疆爬行动物化石地点之详细地层》……

理事会议　该会书记黄汲清及京方会员七人，昨日下午一时五十五分乘车抵平。据黄谈：此次北来专为出席地质学会年会，会后即行返京。该会选举下年度理事及职员，选举票均已收齐，该会定今日下午四时开理事会议，开票选举结果，明日上午年会席中公布。该会上年度职员如下：（一）理事长杨钟健、书记黄汲清、会计冯景兰、助理书记计荣森、助理会计钱声骏，（二）英文会计编辑（主任）翁文灏，谢家荣、尹赞勋、袁复礼，（助理）高振西、赵金科，（三）地质评论编辑谢家荣（主任）、尹赞勋、田奇瑰、李四光、李学清、孟宪民、袁复礼、章鸿钊、斯行健、冯景兰、杨钟健，（四）地质论评发行杨钟健（主任），（五）北平分会办事，谢家荣、金耀华。

（《华北日报》1937年2月19日第9版）

地质学会年会　今日在平开幕

会后将旅行周口[店]等地

北平通讯：中国地质学会第十三次年会，定二十日起在北平分会会所举行。会议日程，今日已公布。该会此次年会，收到论文共六十篇，较已往任何一次为多。但会员到会人数，预计并不甚众。发表论文之各会员，若干人均未能亲自到会宣读，出席会员，除北平分会与地质调查所及清华北大等校地质学会人员外，外埠来平出席者，南京总会有尹赞勋、王钰等，总会书记黄汲清，研究员潘钟祥、许德佑、阮维周等四人，亦于昨日午后二时由京抵平，此外尚有中央大学地理教授奥人维思曼，与中央研究院地质研究员英人鲁干森两人。明日可到，其他通知准备到会者，据昨日所知，尚仅河南开封地质调查所所长张人鉴一人，年会讨论内容，主要概为论文会，宣读论文，事务会因新任理事，业用通信选毕，定今日午后五时开理事会公布。并推选会内理事长、书记、会计等职，及决定葛利普与丁在君学术奖章发给人选等事。故年会中事务会仅属报告性质。兹将年会会程录后：二十日（星期六）上午九时至十二时，事务会及理事长（杨钟健）演说，主席致开会词，书记报告，会计报告，编辑报告。理事长演说《中国脊椎动物化石之新层》，下午二时半到五时论文会，宣读以下诸篇论文：一、尹赞勋《含东京石燕页岩之年代》，二、袁复礼《蒙古新疆爬行动物化石地点之详细地层》……七时全体会员举行聚餐。二十四日分两路作地质旅行。一、周口店、由李悦引导。二、西山门头沟、八大处一带，由杨杰引导，两路均于当日回平。（十八日）

（《大公报（上海）》1937 年 2 月 20 日第 4 版）

中国地质学会　年会今晨开幕

理事会职员　昨已改选竣事　葛利普奖章　赠予翁文灏等

下午为宣读论文会

中国地质学会第十三届年会，今日上午九时半，在西四兵马司实业部地质调查所平分所开幕。上午举行开幕典礼，下午举行论文会，宣读论文十二篇。该会理事会昨日下午四时举行，理事会职员及葛利普纪念奖章受得人均经决定。又该会会员中央大学教授郑厚怀，原拟来平参加，不幸前日在京逝世，该会平方会员，均甚惋惜。兹将昨日详情分志如下：

开幕典礼　该会年会，今日上午九时半，在地质调查所图书馆，举行开幕典礼，礼仪为：（一）主席杨钟（键）［健］致开会词。（二）会务报告(1) 书记黄汲清报告，(2) 会计冯景兰报告，(3) 编辑杨钟（键）［健］等报告。（三）理事长杨钟（键）［健］演说：《中国脊椎动物化石之新层》。下午为论文会，由葛利普、袁复礼、德日进、魏登瑞等宣读论文十二篇。

……

（《华北日报》1937 年 2 月 20 日第 9 版）

清华边疆史地学会　昨已正式成立

选举袁复礼等为干事　议决请学校增设边疆史地学程

特讯：清华大学师生发起组织之边疆史地学会，自上月征求会员后，参加师生七十余人，昨日下午七时在同方部开成立会，出席全体会员，由刘迪生主席，首由主席报告成立意义，次即讨论会章，经逐条通过，决定组织分研究、编辑、交际、总务四部，设干事五人，会员分特别与普通两种。旋选举干事，结果总务刘迪生，研究袁复礼、赵循正，编辑吴吟江，交际高本乐。最后议决下列各案：（一）请求学校添购关于边疆书籍，（二）请学校增设边疆问题论文奖金，（三）要求学校开设边疆史地学程，（四)联络燕大边疆问题研究会，开联席会议。

（《世界日报》1937 年 2 月 20 日第 6 版）

清华边疆问题研究会　昨开成立大会

各部职员选出

本报特讯：清华大学边疆问题研究会，系本年寒假时该校师生注意边疆问题者所发起,特于昨日下午五时假该校工字厅开成立大会,到会者六十余人,由发起人刘迪生主席,讨论报告后议决要案如下:(一)联络燕京大学边疆问题研究会师生,共同努力研究边疆问题。(二)要求学校增购边疆问题丛书。(三)要求学校增设边疆问题论文奖金。(四)要求学校加设研究边疆问题课程。继即举行选举,当选者如下:(一)总务部——刘迪生。(二)研究部——袁复礼、邵循正。(三)编纂部——吴晗。(四)交际部——高本乐。

(《华北日报》1937 年 2 月 20 日第 9 版)

地质学会年会在平开幕

北平:中国地质学会十三届年会,二十日晨十时,在实部地质调查所平分所开幕。到杨钟健、黄汲清、葛利普、袁复礼等四十余人。首由主席杨钟健致开会词,继由黄汲清、冯景兰等报告会务,旋由杨演说《中国脊椎动物化石之新层》,末由葛说明对地质学之意见。至十二时散会。(二十日中央社电)

(《申报》1937 年 2 月 21 日第 4 版)

地质学会十三次年会　昨在平开幕
报告会务宣读论文

北平通信:中国地质学会第十三次年会昨早九时半在平分会会所正式开幕。

……

北平通信:中国地质学会年会昨日午后二时半继续开论文会,出席会员人数较午前增加,计约三十余人。理事长杨钟健主席,预定宣读之论文十二篇,因一部分发表论文会员本人未能到平,仅宣读六篇如下:(1)《含东京石燕页岩之年代》(尹赞勋),(2)《蒙古新疆爬行动物化石地点之详细地层》(袁复礼),(3)《老干寨石灰岩之年代及其动物群》(葛利普),(4)《中国猿人之先驱》(魏敦瑞),(5)《中国北部泥河湾以后之不连续》(德日进),(6)《湖南跳马涧系之几种最古陆地植物》(斯行健)。其经整理发表之论文节要本报自明日起在第十版刊登。

(《大公报(天津)》1937 年 2 月 21 日第 4 版)

科学新闻

……

中国地质学会年会　中国地质学会第十三届年会,定自本月二十日至二十四日,在北平举行,由翁文灏、杨钟健、冯景兰、袁复礼、刘玉峰各年会委员主持之。会务除宣读论文、选举职员外,本届年会对于最近在周口店发现之"北京人"头骨,将有重要讲演与讨论。按此次贾兰坡君所发现之是项头骨较以前者更为完善,预料讨研结果于人类进化史必更有所阐明也。

......

（《大公报（天津）》1937 年 2 月 23 日第 11 版；《大公报（上海）》1937 年 2 月 23 日第 12 版）

中国地质学会年会在北平举行

翁文灏电贺　　会员宣读论文

北平通讯：中国地质学会，第十三次年会，二十日上午九时半，在西四兵马司实业部地质调查所北平分所图书馆开幕。上午举行开幕典礼，到会员葛利普、德日进、魏登瑞、袁复礼、廖世功、黄汲清、张席褆、冯景兰等二十余人[①]。除由各部职员分别报告会务外，并由理事长杨钟健讲演《中国脊椎动物化石之新层》，下午仅宣读论文六篇。清华大学地学系主任张席褆等下午六时在大美番菜馆招待会员[②]，行政院秘书长翁文灏，及中央大学地质系，均有贺电到平。二十一日上午，继续举行论文会，下午参观地质调查所陈列馆，及新生代研究室[③]。兹分志是日详情如次：

......

宣读论文　二十日下午二时半起举行论文会，原提出论文十二篇，但因当时会员多未赶到，故仅宣读六篇，宣读论文者为：（一）尹赞勋《含东京石燕页岩之年代》，（二）袁复礼《蒙古新疆爬行动物化石地点之详细地层》，（三）葛利普《老千寨石灰岩之年代及其动物群》，（四）魏登瑞《中国猿人之先驱》，（五）德日进《中国北部泥河湾以后之不连续》，（六）由袁复礼代斯行健读《湖南跳马涧系之几种最古陆地植物》，即行散会。......

（《申报》1937 年 2 月 24 日第 13 版；《时事新报》1937 年 2 月 24 日第 2 张第 4 版，题作"中国地质学年会代表　宣读论文多篇　收到论文较去年多一倍　翁文灏等均有贺电到平"。）

清华地质旅行团　今晨分三组出发

参加师生七十余人

本报特讯：清华大学地质系地质旅行团，定今晨由北平出发，旅行地点分鲁、晋、绥三处，师生共七十余人，均二周后返校，兹将各组师生名单录次：

第一组　（山）[由]洪思齐及袁复礼领导，团员郭晓岚、刘迪生、李式舍、丁锡祉、胡善恩、苏永煊、邹新垓、陈树仁、孙鸿銮、钟达三、陈鑫、汪家宝、高崇熙、曾繁礽、张时中、张沅

---

①　以上，《时事新报》报道作："北平航讯：集全国专家于一堂之中国地质学会第十三次年会，廿日上午九时半，在西四兵马司实业部地质调查所图书馆开幕。上午举行开幕典礼，到会员葛利普、德日进、冯景兰等廿余人。"

②　《时事新报》报道无此句。

③　《时事新报》报道无"二十一日上午"起至此四句。

恺、何玉珍、任泽雨、彭国庆、苏良赫。

......

(《华北日报》1937 年 3 月 28 日第 9 版)

蒋梦麟等宴傅作义

北平通信:北大、师大、清华、北平研究院、北平图书馆等十二团体昨午十二时在清华同学会联合欢宴绥远主席傅作义。出席主人方面计有北大校长蒋梦麟、清华校长梅贻琦、师大校长李蒸、燕京校长陆志韦、中法校长李麟玉、辅仁校长陈垣、北平图书馆馆长袁同礼、北平研究院副院长李书华、静生生物调查所所长胡先骕、中华教育文化基金会干事长孙洪芬、艺文中学校长查良钊(平大校长徐诵明因赴京未能出席),此外并请各大学院长教授胡适、顾毓琇、曾昭抡、杨立奎、袁复礼等多人作陪。傅依时前往,席间由蒋梦麟代表致欢迎词,傅旋起立作答,宾主欢聚,至二时许始散。

(《大公报(天津)》1937 年 4 月 14 日第 3 版)

万国地质学会大会　我国文化机关分派代表参加
黄汲清裴文中袁复礼等　七月十八日在莫斯科举行

特讯:万国地质学定本年七月十八日在俄国莫斯科举行第十七次大会,该会日前函我国各有关地质机关及学校,推派代表参加,兹闻实业部地质调查所已派黄汲清、(斐)[裴]文中,中央研究院派朱森,清华大学派教授袁复礼,届时代表前往出席云。

(《世界日报》1937 年 4 月 16 日第 6 版;《华北日报》1937 年 4 月 16 日第 9 版,题作"简讯"。)

清华大学地学系近讯

一、袁复礼教授休假赴欧研究

按袁氏于一九三二年秋自新疆返平后,即在清华地学系担任地文学、地图学、构造地质及西北地质地理等科之讲授,并同时研究整理其自西北携归之大量材料,迄今已届五年。兹该校已准袁氏休假,赴欧研究,并代表该校出席万国地质学会。约于本年八月间经由西伯利亚赴俄欧,在俄有较长时间之研究与旅行,俾与西北所见,互相参证发明云。

......

(《地质论评》第 2 卷第 3 期,1937 年,310—311 页)

清华边疆史地学会请学校筹设　边疆课程与论文奖金
会章拟妥　干事聘定

清华大学史地各系教授袁复礼等上月发起组织之边疆史地学会,日前召开第一次全体大会,出席四十余人。除将会章及各部职员经会通过外,并决议要案两件:(一)若欲灌注边疆史地常识于每一国民,非以课本之介绍难以奏效,故自下年度起将请求校当局添授边疆课程。(二)为使学者感到边疆问题之重要,故拟请校当局补助办理边疆课程奖学金。至五时许始行散会。兹将会章原文及各部职员志次:

会章 通过会章。一,定名,清华大学边疆史地学会。二,会员,本会会员分普通会员及特别会员二种,普通会员以本校师生为限,特别会员由本会聘请校友任之。三,本会以研究边疆史地为宗旨。四,本会组织分总务、研究、交际、编辑四部,其系统如下:(甲)大会以下设干事会,(乙)干事会以下为研究部(东北、西北、西南、东南四组),编辑部(出版、调查、翻译三组),交际部(旅行、演讲二股),总务部(文书、会计、庶务),(丙)编辑部、交际部、总务部各设干事一人,研究部设干事二人,各部设若干组,组长由干事会聘任之。五,本会设干事五人,由大会选举之,任期半年。六,本会干事因故辞职时,由得票最多之候补干事递补之。七,本会全体大会日期由干事会决定之,大会主席由干事会推选之。八,本会会费暂定每人每半年纳费国币二角,如有临时事件不敷应用时,得举行募捐。九,本会会章如有未尽事宜得由全体会员三分之一以上之人数请求大会修正之。十,本会章自即日起施行。

干事 (一)研究部干事袁复礼、邵循正,(二)编辑部干事吴晗,(三)交际部干事高本乐,(四)总务部干事刘迪生,(五)文书苏永煊,会计邹新垓,旅行股欧阳琛,讲演股王通远,西北组组长丁则良,西南组组长苏永煊,东北组组长王谦益。

(《华北日报》1937 年 4 月 17 日第 9 版)

清华明晚举行　级际话剧比赛
本科四年各演一出

......

珍品展览

又讯:该校二十五日纪念日,校内各部及教职员将以所藏文玩珍品展览,有潘光旦所藏家谱等物,兹将已收到者探志如次:

(一)中国文学系:郝氏遗稿。(二)历史学系:档案。(三)图书馆:敦煌照片,校友著述,学生所抄书,毕业论文,历年年刊,名画照片。(四)出版事务所出版品:各学系刊物,地学系石器,图书馆代存姚氏所藏书画文玩。(五)陈寅恪所藏台湾巡抚印。(六)袁复礼所藏台湾地图、唐人写经。(七)冯友兰所藏兵器。(八)张子高所藏石。(九)潘光旦所藏朱卷家谱。(十)邓叔存所藏书画。(十一)俞平伯所藏书画。(十二)郑桐荪所藏书画。(十三)钱稻孙所藏朱卷等物。

......

(《华北日报》1937 年 4 月 22 日第 9 版)

国境内各民族的地理分布

作者：洪思齐

这篇短文是作者等编拟的高小地理课本中三课的课文,先借本刊发表以就教于各地学专家及教育名宿。上次披露"中国自然地理的鸟瞰"后,承扬子江水利委员会张技正任、师大地理系黄国璋教授、清大地学系袁复礼教授赐教,至为感铭。此外尚蒙许多读者教正和奖励,兹借此志谢。

一、我国的民族群

……

第四图　蒙古人的马队　图中马队在中央,四围的蒙古包就是他们的兵营,这种马队在高原上动作非常敏捷,所以用兵如神,从前曾经征服过欧亚两洲!(袁复礼先生照此)

……

第七图　哈萨克包　图中帐幕是游牧哈萨克人的住所,随时可以(折)[拆]开带走。(袁复礼先生摄)

……

(《大公报(天津)》1937年5月28日第11版)

袁复礼将由平来绥

考察本省教育状况

本报特讯:北平清华大学教授袁复礼为明了西北教育状况,定日内来绥考察,并游览本省名胜古迹云。

(《绥远日报》1937 年 6 月 20 日第 3 版)

每日画刊

新疆产之(嚇)[赫]氏水龙兽骨架(中国最古之爬行动物,为袁复礼所采)。

(《大公报(天津)》1937 年 7 月 6 日第 9 版)

地理学界消息:清华大学本年度地理组之研究论文

清大地理教学特重研究之训练,本年度毕业生所著论文计有刘迪生之《长辛店之地文发育》(由教授袁希渊指导)及《长辛店小区域之景观》(由教授洪思齐指导);苏永煊之《四川盆地区域地理》(由洪思齐指导)及《四川省自然环境与土地利用》等。吾国地理学界素未互通声气,各校地理论文常有冲突者,希望此后各大学地理组系随时公布研究题目,以免重复,而收分工之益。

(《大公报(天津)》1937 年 7 月 23 日第 11 版;《大公报(上海)》1937 年 7 月 23 日第 12 版)

新闻报道中的丁道衡

徐　姝

北京大学历史学系

引　言

1927 年 5 月，由中国学术团体协会和瑞典探险家、地理学家斯文·赫定共同组建的中国西北科学考查团自北京出发，前往内蒙古、新疆等地进行考古、地质、气象等多方面的考察。丁道衡(1899—1955，字仲良)，时年 28 岁，毕业于北京大学地质系，此时留校担任助教，他与袁复礼一道，在考察团中都承担了重要的地质调查工作。抵达包头后不久，他便发现了举世瞩目的白云鄂博铁矿，引起学界和社会的轰动。1928 年初进入新疆后，他率队前往南疆考察，西行至帕米尔高原，在喀什噶尔发现了第三纪鱼化石，并采集了大量古物。考察前后历经三年，1930 年 9 月，丁道衡随大队返回北平，先后在北平女子师范大学、北京大学任教。1934 年，赴德国柏林大学求学，三年后博士毕业，在抗战的紧张局势中毅然回国，参与国内的地质调查及勘探工作，在大后方的西南地区进行地质矿产调查。1942 年起，任教于贵州大学的前身贵州农工学院，在贵州十年，不仅在组建贵大地质系及培养地质学人才方面付出极大心血，在贵州的矿产勘探方面也有重要贡献，后积极配合解放战争的进程，促进西南地区的平稳过渡。1952 年，院系调整，他调任至重庆大学，担任地质系主任。1955 年，在即将调回北大之际，因突发脑溢血，猝然离世。

丁道衡的学术事业发端于北大，参加西北科学考察是关键节点。在三年的实地勘探中，他不仅发现了著名的白云鄂博铁矿，更采集了大量矿物、古生物标本，为后续古生物、地质学方面的研究提供了重要资料。

本文辑录的是 1929 年至 1949 年期间各大报刊对丁道衡的相关报道。报道内容的即时性，保留了作为学者的他在当时社会中的影响，填补了后世认识其生平重要踪迹的空白。其中既有他在西北考察时的工作及返平后的演讲，也有多次参加中国地质学会及发表的论文，报道记录的论文内容，也多与后来的正式发表互有异同，有值得参考之处。特别是贵州任教十年，他在高校内的学科建设及实地勘探的诸多工作，也有赖于贵

345

州当地报刊的追踪报道。所录报道,均按时间顺序排列,每一则以所注出处中最前者为辑录底本。

正　文

西北科学考查团　讲演冒险探古经过
昨晚在法学第一院公开讲演

　　昨晚七时半,西北科学考查团假象坊桥法学第一院公开讲演,(按西北科学考查团为中国学术团体协会所组织,分子多为各大学教授及考古学家,会址设在北大第三院,即今北平大学研究所。)……八时由该团理事周肇祥主席,恭读遗嘱毕,即报告开会意义,略谓今天西北科学考查团在此地公开讲演,凡关于西北科学讲演事,请刘半侬先生报告;关于二年来西北工作经过,请徐炳昶先生讲演;关于二年来所得科学成绩,请斯文赫定博士讲演;末后尚有电影,将工作实状表演云。

　　……

　　次考查团中国团长徐炳昶讲演云。自民国十六年,组织本团以来,至今年一月十日,始回北平,计出外有二十个月之久,中间时局顿变,青白满飘,团员等所经过之千难万苦,正如国民党建国之一样困难。团员中计中国(藉)〔籍〕十人,外国(藉)〔籍〕十八人,共二十八人,多为地质学家、气象学家、天文学家、考古学家,于前年(民十六)五月九日,自北京出发,乘京绥路,十日到包头,二十日再动身向北。从蒙古草地走,约一五零公里。二十六日到哈喇河,停住,分为三队,一队往北,由丁道衡君领之,一队往南,由袁复礼(清华大学教授)君领之,一队向西,一瑞士人劳温君领之。……

　　　　　　　　　　　　　　　　　　　　　　(《华北日报》1929年1月22日第2版)

科学新贡献
西北考查团重大发明　掘得举世未见之古物
徐炳昶、斯文·赫定在法学院演讲详记

　　北平特讯:西北科学考查团于昨晚(二十一日)假法学院大礼堂,公开讲演。原定七时半开始,未至七时来宾已满,楼上楼下,均无隙地,听众踊跃情况,为历来集会所未有,演讲要点,昨晚业用电话报告,兹更详志如次。

　　……

　　包头以西有大铁矿　次该团中国团长徐炳昶讲演,谓该团团员自十六年五月出发,至今年一月十日始返北平,经长久之时日,艰难之奋斗,今日报告,大有一部二十四史从何处说起之感。该团出发时,系由中国团员十人、外国团员十八人,合组而成。包含地质学、地磁、气象学天文学、人类学、考古学各专家,由五月九日自平出发,乘平绥路车至包头,在包

预备旅行用品、食物,二十日取道蒙草地,行一百四十九公里。二十八日至哈纳河,更由此地前进,即须自备骆驼,耽误至七月二十八日,始分队前进。一队往北,由丁道衡君统率;一队往南,由袁复礼君统率;一队往西,由瑞士人劳温统率。未几,北队发见铁矿之质甚好,且均浮在上层,采掘极易,国人若肯投资,必可成一大矿区。

……

(《大公报(天津)》1929 年 1 月 23 日第 2 版;《申报》1929 年 1 月 28 日第 9 版)

西北科学考察团谈屑

伯　元

轰动一时的"西北科学考察团"自从一年半前北平出发后,正分头在新疆方面工作。最近因该处当局的干涉,所以中国团长徐旭生氏特地回来到国民政府,去接洽一切。日前,他在劳动大学演讲经过的情形,记者躬逢其盛,觉得很有一记价值,所以投刊青光,想是诸位读者所愿意知道的。……一位瑞典人司脑芬氏和北大助教丁道衡君跑路最多,因为他们专门考察地质,所以总是跑路的时候多。总计旅行的路程不过三千多里,而他们最少却跑了一万多里呵!(后略)

(《时事新报》1929 年 3 月 26 日第 1 版)

西北科学考查团

调查马叶谦自杀原因　丁道衡报告最新发现

北平通信:(前略)团员丁道衡有函致徐炳昶,报告最近曾有新发现,原函节录如次。(上略)衡到喀什后,去岁雪大,未克出发,今春曾到安鸠安一带考查,归后又到阿梯斯去调查,此次除采得石炭纪化石二箱,并在第三纪岩石内采得 Paelaceane 时期之鱼化石数块,亦一新发现也。摒挡数日,拟往南山调查。黄仲良于阗一带来信云,五月底可返省,衡亦拟喀区工作完后,返省一行,再定行(正)[止]。希渊月余未来信,想到阿山工作矣。(下略)

(《大公报(天津)》1929 年 6 月 11 日第 4 版)

第三纪鱼化石发现

西北科学考察团之新发现①

中国学术团体协会西北科学考查团理事会昨接该团中国团员丁道衡氏来电称,近年在喀宁革尔地方发现第三纪鱼化石②。惟原文甚简短,发现详情,尚不得知云。

(《益世报(北京)》1929 年 7 月 14 日第 6 版;《华北日报》1929 年 7 月 14 日第 5 版)

---

① 此副标题,《益世报(北京)》无,据《华北日报》补。

② 喀宁革尔:《华北日报》作"Kainger"。

古生物学会
昨开评议会　通过会员

昨日(星期六)上午十一时,中国古生物学会开第一次评议会。出席者为葛利普教授、周赞衡先生(张席禔博士代)、王恭睦博士、杨钟健博士、孙云铸教授。会长孙云铸主席。决议下列各案:(一) 通过特会员十六人,会(友)[员]二十五人。

(甲) 特会员……

(乙) 会员……丁道衡……

(《华北日报》1929 年 9 月 22 日第 5 版;《新中华报》1929 年 9 月 22 日第 7 版)

西北科学考察团发现鲨鱼化石
团长袁复礼自新疆函告

平讯:(前略)日昨得正在新疆工作之代理团长袁复礼六月中自新来函,报告在喀什左近第三纪地层,发现鲨鱼属之化石,兹抄录原函云:

丁仲良仍在喀什左近工作,近有报告,于第三纪地层发现鲨鱼属之化石,实为地质上之新材料,已请其多为追寻,当有极好标本可得。又、复(袁自称)在至三台途中,发现地震颠出红石层颇厚,觅得蜥(蝎)[蜴]化石十处,并在三台南得有完整化石二具。

(《大公报(天津)》1929 年 10 月 23 日第 4 版;《华北日报》1929 年 10 月 25 日第 5 版;《中央日报》1929 年 10 月 27 日第 4 版)

万里长征　西北科学团近状
工作粗告段落渐事结束,荒原发现二世纪鱼化石

迪化特讯:西北科学考查团西征以来,跋涉万里,二年内赖中外团员之努力合作,成绩斐然。近该团以工作大体告一段落,逐渐从事结束。……(王)[丁]道衡君在阿克苏、喀什两区曾掘出第三世纪鱼化石,甚有价值,此外所得亦不少,约十一月中回迪化。……(十月二十六日发)

(《大公报(天津)》1929 年 12 月 20 日第 4 版)

袁复礼在新疆之工作　赴博格达山考查

清华大学地理系教授袁复礼[①],自随西北科学考查团赴新疆等处考查并发现恐龙化石后[②],颇惹中外科学界之注意。最近据确实消息[③],袁君半年来久居迪化,从事于材料之整

---

① 清华大学,《华北日报》作"该校"。

② 并,《华北日报》无此字。

③ "息"下,《华北日报》有"云"字。

348

理,迄未外行,后以(王)[丁]道衡君在阿克苏地方发现第三纪鱼化石,又动发掘之兴,乃于九月间赴迪化东百余里之博格达山西南麓等处考查。闻袁君拟不久仍归迪化工作云。

……

(《庸报》1929 年 12 月 24 日第 7 版;《华北日报》1929 年 12 月 26 日第 5 版,题作"清华大学近讯"。)

西北科考团工作成绩甚多

复旦社云:西北科学考查团自十六年夏赴新疆工作后,屡有重要之发现,曾志报端。近该团团长袁复礼教授在迪化及三台山左近地方,发现由地震颠出红石层蜥(蝎)[蜴]化石多种,为地质学上之新资料。袁君前后发现之(蛮)[恐]龙有三十多具,欧美地质学家均认为极重要之发现。此外团员丁仲良氏发现第三纪地层鲨鱼属之化石,亦极重要。团员黄文弼由库车南行,经大沙漠至于阗,作考古之工作成绩颇多。又该团关于气象学之工作,成绩最优。团员刘衍淮、李宪之、外国团员赫德(德国柏林大学副教授)、安柏尔(瑞典大学教授)均有专门著作,可为气象学之新资料。该团本月四号自迪化来电,已决定返北平者,有黄文弼、袁复礼、丁仲良、崔鹤峰、刘衍淮、李宪之六人,约一月后即可抵平。其第二批团员除由中央研究院派送之陈宗器外,尚有瑞典地质学家步林博士等四人,现在赴新途中,不日可到哈密。又外国团长斯文赫定博士现来北平,正与中国科学家商议组织第三批考查团云。

(《大公报(天津)》1930 年 1 月 9 日第 4 版;《华北日报》1930 年 1 月 9 日第 5 版[①];《时事新报》1930 年 1 月 16 日第 4 版[②];《中央日报》1930 年 1 月 15 日第 1 版[③];1 月 17 日第 4 版[④])

西北科学考查团团员黄仲良君自迪化来函

伯年、幼渔、叔平、兼士、半农、遏先先生钧鉴:

今春至半农先生函,谅邀鉴及。日前返迪,接半农先生致袁希渊先生电,并李子开君致弼函,借悉种切。……现弼与丁仲良先生由俄道东归,正准备一切,日内即可启程。趋领教益之期,当非远也。……

(《北京大学日刊》第 2451 号,1930 年 7 月 12 日第 1—2 版)

---

① 题作"西北科学考察团近况,最近发现红石层蜥(蝎)[蜴]化石多种,第一批团员一月后即可抵平",开篇无"复旦社云"四字。

② 题作"西北科学团在新之新发现,地震颠出红石层蜥(蝎)[蜴]化石",开篇无"复旦社云",作"东南通信社北平通信"。

③ 题作"西北科学团工作成绩甚多,拟再出发内蒙",开篇无"复旦社云",作"北平通讯"。

④ 题作"西北科学团又发现古物",开篇无"复旦社云",作"北平通信"。

西北考查团三批采集品运平

国闻社云:西北科学考查团自十六年五月出发,迄今已三年有余,所获成绩颇为良好。兹悉该团团员黄文弼、丁仲良于七月六日离迪化,由陆路至俄境,改乘西伯利亚火车返平,刻已抵满洲里,不日即可来平。黄君专研究古学,丁君则研究地质学,近在西北均有重要之发现。至该团团长袁复礼教授,现仍在博格达山麓研究地质,近年来发现恐龙及渔产化石有十二处之多,现正测绘总图,考究其相互关系,约今年年底方能返平。又该团第三次采集品七十四箱,已到绥远,不日亦可运平。第四次采集品将由袁君携回云。

(《大公报(天津)》1930 年 9 月 14 日第 4 版)

西北考查团回平
带回采集品九十余箱

国闻社云:西北科学考查团团员黄文弼、丁道衡暨学生龚(文)[元]忠等,自民国十六年五月前赴西北考查,迄今已逾三载。兹于本年八月七日,自迪化起程,转赴塔城,乘西比利亚火车至满洲里,转乘北宁通车,业于前日(十四日)下午二时安抵北平,闻该团理事会方面派多人到站欢迎,该团员等与平中故旧一别数载,相见后异常欢畅。据黄君等云:此次考查成绩,颇为满意,除第一批运回采集品九十余箱,尚有第二批之七十余箱,业由草地运至绥远,不日到平。凡此收获,均系该团历年辛苦所得。该团员等远路归来,精神疲敝,刻拟略为修养,即行从事整理研究,将来成绩发表,必当于学术界放一异彩云。

(《大公报(天津)》1930 年 9 月 16 日第 4 版)

女师院明日开讲演会
黄文弼等主讲

北平大学女子师范学院,定于明日(星期一)下午二时,请西北科学考察团团员黄文弼、丁道衡二氏在该院公开讲演。黄之讲题为"天山南路大沙漠探险谈",丁之讲题为"蒙新探险的生涯",已通知该院各生,届时前往听讲云。

(《世界日报》1930 年 9 月 28 日第 6 版)

黄文弼等昨在女师范院讲演
关于西北探险情形

女子师范学院昨日下午二时半,在大礼堂举行公开讲演会。到该校教职员、学生及来宾八百余人,首由院长徐炳昶致介绍辞,次西北科学考查团团员黄文弼讲演"天山南路大沙漠探险谈",内容如左:大沙漠之位置、大沙漠之组成与形态、旅行大沙漠应备之事项与时令、本人旅行大沙漠经过。次考查团团员丁道衡讲"蒙新探险之生涯",详述蒙人好奇心,及爱宝贝之特性。六时半讲演毕,即散会云。

(《世界日报》1930 年 9 月 30 日第 6 版;《益世报(北京)》1930 年 9 月 30 日第 6 版;《京报(北京)》1930 年 9 月 30 日第 6 版)

蒙新探险的生涯
丁道衡在女师院讲演

女师院院长徐炳昶邀请丁道衡先生讲演《蒙新探险的生涯》,全文觅录如左:[1]。

(《益世报(北京)》1930 年 10 月 3 日第 3 版,10 月 4 日第 3 版[2];《时报》1930 年 10 月 8 日第 3 版[3];《民国日报》1930 年 10 月 8 日第 2 版,1930 年 10 月 10 日第 3 版[4];《大公报(天津)》1930 年 10 月 3 日第 3 版,10 月 4 日第 3 版,10 月 6 日第 4 版;《世界日报》1930 年 10 月 3 日第 3 版,10 月 4 日第 3 版;10 月 6 日第 3 版[5];《京报(北京)》10 月 3 日第 6 版,10 月 4 日第 6 版,10 月 5 日第 7 版,10 月 6 日第 7 版,10 月 9 日第 6 版;《庸报》1930 年 10 月 3 日第 3 版,10 月 4 日第 3 版,10 月 6 日第 3 版,10 月 7 日第 3 版[6];《实事白话报》1930 年 10 月 5、6、8、9、10、12 日第 2 版)

丁道衡演讲
今日在文治中学

《蒙古新人民生活之近况》 文治中学定今日(二十日)下午三时,在该校大礼堂敦请丁道衡讲演《蒙古新人民生活之近况》云。

(《京报(北京)》1930 年 10 月 20 日第 6 版)

蒙新人民生活状况
丁道衡昨在文治讲演

文治中学昨日下午四时请丁道衡讲演《蒙新人民之生活状况》,往听者二百余人,兹志其要点如下:

(一)蒙古人民之生活状况

(1)蒙人之风俗 (2)蒙人之特长 (3)蒙人财产之计算法 (4)蒙之认话不认人 (5)蒙人对汉人之感情

---

① 录文见《女师大学术季刊》第 1 卷第 4 期,1930 年,1—10 页。

②③④ 至"这也是我们所欣快的"为止,全文未完。

⑤ "蒙古人民的宗教观念甚深"后有"迷信尤其利害"一句,为《季刊》所无。题作"蒙新探险的生涯——清泉绿草干牛粪,快枪健马老羊裘"。

⑥ 题作"蒙新探险的生涯——草绿泉清裘重马肥,丁道衡博士在女师学院讲演"。

（二）新疆人民之生活状况

（1）新疆人民之种数（2）新疆之文化（3）汉人在新疆之职业（4）新疆人民的风俗

（《京报（北京）》1930年10月21日第6版）

蒙新人民生活状况

丁道衡昨在北平文治中学讲演

平讯：丁道衡日昨在文治中学讲演蒙新人民生活之状况，兹录其原文如左：

……他们作贼似乎是公开的，对于各方面的情形都很熟习，所以他们是适于环境风俗习惯，大致与汉人相同。汉人在新疆的在农工商方面很少实力经营，开当放债一类事情的倒不少，这自然是受英俄压迫之影响，交通不便的关系了。现在我说一段事情，做这篇讲演的结论。现在我们中国还有一个附庸小国，在新疆的南边，叫作格尔格特。每年秋天，他们到喀什来进贡一次，进贡八哈达（口袋）金子，大约有一小钱多重，我们中国官厅赏赐也很优厚，以示柔远招徕的意思，我相信中国的附庸小国尚很多。不过到现在，都因丰富生活容易的原因，所以每当果实繁盛的时候，他们都不愿做工，在园中食果品茗过活，回民及西北人他们在农工商方面都占一部分势力，因为久居新疆，对于各方面的情形都很熟悉，所以他们适于环境风俗习惯与汉人相似[①]。

（《大公报（天津）》1930年10月31日第4版，11月1日第4版；《华北日报》1930年10月31日第3版；《益世报（北京）》1930年10月31日第3版，11月1日第3版；《世界日报》1930年10月31日第3版，11月1日第3版；《实事白话报》1930年11月4、5、6、7、8、11、12、14、15日第3版[②]）

西北科学考查团

首次展览今日开幕

中国学术团体协会西北科学考查团今日上午九时至下午六时，在女子师范学院研究所举行第一次展览会，该团第一次赴甘肃、新疆作科学考查，系在民国十六年夏季（一九二七年），去年（一九三零年）方返平。所有各种采集品大部分已运归，现已整理一小部分，约十分之一。今日陈列之物品，多半为黄文弼、丁道衡、袁复礼所采集，由卢子权等担任招待。古物分考古、地质、风俗三部，（考古部）有汉简、版书、壁画、泥像、墓砖陶器，（地质部）有恐龙、鱼化石、普通化石，（风俗部）自缠民乐器及书籍，其中有一部《可兰经》，系伊兰、印度、波斯、阿富汉、阿拉伯五种文字所合译。陈列古物共三千（除）[余]件，分六室展览，第一室陈列古物，第二室陈列地质，第三室陈列古物，第四室陈列恐龙，第五室陈列古

---

① 又见于《女师大学术季刊》第1卷第4期，1930年，1—5页。报纸连载与期刊基本相同，唯"他们作贼似乎是公开的"至结尾，报纸省略较多，不及刊物详细。

② 《实事白话报》11月8日、12日之间阙"去收去换得的牲畜……对于你说蛮子话白何归"。

物,第六室陈列风俗。闻该团欢迎学术界之研讨,昨已函送学者参观券云。

(《华北日报》1931 年 2 月 6 日第 6 版)

西北科学考察团昨开首次展览会

黄文弼谈考古经过　丁道衡谈发现铁矿
三千人参观三千件古物

西北科学考查团,昨日(六日)在女师院研究所开第一次展览会,上午九时起至下午六时止,前后参观者共三千余人,展览新疆、甘肃之采集品三千余件,分六室陈列,由采集员黄文弼、丁道衡二博士及女科学专家十余人担任招待,第一室陈列汉简、版书、壁画、泥像,第二室陈列地质,第三室陈列墓砖、陶器,第四室陈列恐龙、鱼化石、普通化石,第五室陈列五种文字合译之《可兰经》及墓砖,第六室陈列缠民乐器及书籍,六室陈列之古物,分考古、地质、风俗三部,黄文弼、丁道衡两博士与记者谈采集经过,兹分志如左:

考古经过

……又由丁道衡先生搜集衣服、器物、装饰各品,于缠族之文化及生活,借此可得一概略。

发现铁矿

丁道衡博士白云鄂博发现铁矿,为西北巨大之富源,丁氏与记者作以下之谈话,绥远白云鄂博巨大铁矿之发现,白云鄂博属心明安旂,在绥远西北约五百里之地,余于十六年七月三日出外调查所发现,矿石为磁铁矿,因断层关系,全部皆显露,产生于石炭岩中,系受正长岩之接触作用而成质,体极生,已分析一次,成分在六十分以上,矿量可能之数,竟达一十三万六千九百五十八万九千吨,确定之数,亦达八千五百一十二万六千四百吨之多,洵为西北巨大之富源。敝团袁复礼先生于十八年率队前往天山、孚远、三台一带,考查地质,于四月间在大东沟红土层内发现恐龙,当由白万玉、龚元忠二位先生(桓)[担]任采集,共采得恐龙骨格四五架,今日陈列此地,俟整理研究后,地质史上又将多增一页云。

(《华北日报》1931 年 2 月 7 日第 6 版[①];《世界日报》1931 年 2 月 7 日第 6 版;《京报(北京)》1931 年 2 月 7 日第 7 版[②];《中央日报》1931 年 2 月 14 日第 2 版[③];《民国日报》1931 年 2 月 11 日第 3 版[④])

---

① 《华北日报》"考古经过"前一段相较于以下诸报更简明,叙及丁道衡部分基本一致。

② 题作"西北科学考查团展览第一日——陈列恐龙化石及考古重要发现,黄文弼丁道衡谈考古采集经过"。

③ 题作"西北科学考察团在平展览——六室陈列观者踊跃,恐龙化石尤为珍奇"。缺少以上诸刊黄文弼、丁道衡分别谈考古经过两部分。

④ 题作"西北科学考查团第一次展览会——分考古地质风俗三类陈列,恐龙化石是该团最大发见,黄文弼丁道衡谈考古经过,丁氏在白云鄂博发见铁矿"。与以上诸刊相比,在记叙黄、丁二人考古情形前介绍会场文末少"昨日参观者自晨至晚,约达千余人,日本侨民前往者亦多云"一句。

353

图

（上）新省一小图，名车排子

（下）迪化同乐公园风景

（图系西北科学考查团丁道衡君摄，坐池边树下者即丁氏。）

（《大公报（天津）》1931 年 4 月 24 日第 4 版）

斯坦因逗留新疆

意图盗窃古物　窥探边防

古物保委会请褚民谊过新交涉勒令其刻日出镜

新疆风景之一（图）

说明：物产丰富，山水秀丽，较内地有过之无不及，徒以远在西陲，交通不便，内地人士，往往误以为必系荒凉之区，此图系省会迪化同乐公园风景，流水清漪，古树幽荫，洵乐土也。此图系西北科学考察团丁道衡君所摄，坐池边者即丁君。

（《华北日报》1931 年 4 月 25 日第 3 版）

中瑞西北考古团之成绩

斯文·赫定颂扬中外科学合作

瑞典通讯：斯文·赫定博士近在瑞典各地演说，极力宣扬中瑞西北考古团之良好结果。对于中国团员之贡献，尤为赞许。据称四年前与中国订立合作契约时，北平外人多抱怀疑态度，以为中外团员长途考古，为时既久，定将发生纠葛。然赫定对于中国要求各条件，均毅然承受，四年以来进行顺利，至今思之，深觉满意。……

赫定对于中国团员之工作，甚感钦佩。谓一俟考察成绩整理宣布后，彼等贡献之价值，将更为显著。中如袁（同）［复］礼博士尤为不可多得之学者，学识丰富，办事勤奋。……尚有古生物学家丁某（T. H. Ting）、古物学家黄某（Huang Wen-Pi）均属少年英发，锐意探求。西行至于喀什噶尔……

（《大公报（天津）》1931 年 8 月 14 日第 4 版）

北大毕业同学会定期召集执委会

北平国立北京大学毕业同学会，前日（十八日）在北大第二院开成立大会，通过简章，选举朱向瑞……丁道衡……等二十三人为执行委员，兹闻该会已定本月二十五日上午九时在北大二院召集执行委员会，讨论进行方针，并将筹划正式会址，积极进行云。

（《华北日报》1931 年 10 月 20 日第 6 版）

北大毕业同学会昨举行第一次执委会

决与各学毕业同学会共起抗日

国立北京大学毕业同学会,前日(二十五日)午前九时,在北大第二院会议室,开第一次执行委员会……议决:……(戊)工作分配,将上次大会选出之执行委员二十三人分为五股……庶务股三人,娄学熙、蔡康甲、丁道衡……

（《华北日报》1931 年 10 月 27 日第 6 版）

贵州旅平学生会清理馆产委员会启事

径启者:年来贵州管产以管理无人,流弊丛生,事关桑梓同仁等谊,难坐视。爰由贵州旅平学生会成立清理管产委员会,办理一切管产清理事宜,并于民国二十年十二月议决清理步骤六项如左:……

赞成诸君台御列后:……丁道衡……

（《华北日报》1932 年 3 月 5 日第 1 版,3 月 8 日第 1 版,3 月 10 日第 1 版,3 月 11 日第 1 版）

袁复礼谈西北考察

注重考古地质　采集成绩极丰　万里壮游五年工作

北平特讯:中瑞合组之西北考察团,于民国十六年离平,在内蒙分三队工作,翌年会于哈密。旋再分成两路考察,担任北疆考察之丁仲良、那林等,业于二十年事毕返平,担任南疆考察之袁复礼等,亦于前日取道蒙绥返抵北平。记者昨晨访袁氏于其南横街私宅,叩以此行经过及收获,承袁氏详告如次:

行程概况　西北考察团于十六年离平,先抵包头,前进逾黑教堂而至呼家图。在呼家图左近已发现石器时代之古物化石等,为数不多。气候测验则无时间断。两个月后,行经海流图地方,发现汉唐古址。再由海流图至三德庙,沿途掘获石器颇多。由此逾乌拉山,全团分三路而行,预定在新疆哈密会齐。赫定、徐炳昶等为中路大队,先抵额济纳河;丁仲良、那林、贝哥等为北路大队,经沙漠至额济纳与中队会齐,北行至哈密;南路大队为本人与詹等四人,由三德庙经大水沟至民勤县(甘肃)绕道至额济纳河,再往哈密。十七年一月,三路在哈密集齐。十七年三四月间,又重新划为两队,分北疆、南疆从事考察。南路事务比较重要,参加人数较多,计有丁仲良、那林、徐炳昶、陶德,以及研究气象之学生等十余人。北路只本人与差役数人,因工作比较单纯也。南路工作则为考古、地质、气候等,大都为补赫定氏前次考察之不足。……

重要发现　全团此行所得结果可分以下数段述之:(一) 关于地质方面,南疆考察之一行,发见极古之地层甚多。瑞典团员那林在罗布淖尔获得志留纪之三页虫,为重要发现之一。北路本人发现侏罗纪恐龙与煤层,其中石油及铁皆有,极为奇特。本人对侏罗纪煤层

355

曾作详细之研究,将来或拟专文论述。我国内部辽吉热各省皆有侏罗纪之煤层,皆应加以讨论。盖此次所得材料,尚感觉不甚充足也。此外丁仲良与那林先后发现第三期地层,并掘获海内生物之贝壳类化石等。发现地点则为由喀什噶尔至和阗之途中。……

(《大公报(天津)》1932年5月12日第4版;《武汉日报》1932年5月17日第4版、18日第4版连载,题作"袁复礼谈考察西北 对地质方面颇多重要发现 借通商怀柔内蒙办法极妥";《南宁民国日报》1932年6月3日第2版,题作"万里壮游五年工作 袁复礼谈西北考察 注重考古地质采集成绩极丰";《北平图书馆书月刊》第1卷第9期,1932年,32—37页,题作"袁复礼谈西北考察 万里壮游五年工作 注重考古地质采集成绩极丰";《湖北教育厅公报》第3卷第7期,1932年,13—15页,题作"袁复礼谈西北考察";《蒙文周刊》第67—72期连载,1932年,题作"袁复礼谈西北考察"。)

中国地质学会分组旅行

定十日返平

国闻社云:中国地质学会昨日继续开会,上午共宣读论文十篇……二、丁道衡《绥远白云鄂博铁矿报告》(后略)

(《大公报(天津)》1932年10月8日第5版)

平教界宣言

满案真相已明,须谋积极奋斗

国闻社云:北平教育界徐炳昶、傅斯年、沈尹默等五十七人,昨对国联调查报告发表意见宣言如次。

关于国联调查报告书意见宣言,自去岁国难起后,吾人即持二义,一为谋自身积极之奋斗,二为谋使九一八暴行真像大明于世界。现国联调查团之报告书已发表,其前八章虽于我国民众经济绝交之论点尚不免有瞻徇暴力之处,而由全体言,已足阐明真相,与吾人所持之第二义相符合,吾人表示满意。至其与前八章精神完全不合之九、十两章,则因今日国际联盟组织之自身不过为调停国际争端的场所,尚未达到国际法庭的程度,有不得不然之势,和事老人所表示之态度与论调已极圆到,吾人对其盛意表示感谢。但其所提出之办法势将割裂吾国三百万方里之土地、三千万之人民,使之陷于国际共管,与人类正谊、国家主权完整之大原则均不能并存,吾人根本不能承认。因吾国与友邦人士努力,破坏世界和平与中国领土之责任应完全由日本担负,已为世界之所公认,则吾人之第二目的点已经达到,今后即当聚精会神于第一目的点,誓死奋斗,吾人相信正谊必能打倒暴力而得最后的胜利也。

丁道衡……

(《大公报(天津)》1932年11月22日第4版;《华北日报》1932年11月22日第7版,题作"北平教育界名宿 昨发表宣言 对调查团报告书意见";《中国民报》1932年11月

22 日第 2 版,题作"平市教育界丁道衡等发表对报告书意见——绝对维护国家主权完整原则,国人应聚精会神谋自身奋斗,相信正谊必能打倒暴力而得最后的胜利"。)

出版界

(前略)《独立评论》四十九期出版

胡适、丁文江先生主编之《独立评论》四十九期业已出版,内容有胡适之《从农村救济谈到无为的政治》,丁道衡之《对于新疆乱事的一个紧急提议》……

(《申报》1933 年 5 月 14 日第 12 版;《时事新报》1933 年 5 月 13 日第 2 版)

宣抚新疆应该注意的几点
并为黄慕松先生进一言

丁道衡

新疆这一次的事变……①

(《大公报(天津)》1933 年 5 月 18 日第 3 版,1933 年 5 月 19 日第 3 版。即《宣抚新疆应该注意的几点》,《蒙藏旬刊》第 52 期,1933 年 5 月 31 日。文章另行刊布,此处不赘。)

中国地质学年会　明日起举行共计三日

市讯:中国地质学会年会业已定于(昨)[明]日(十一日)起在北平举行,共计举行三日,出席第十六次国际地质会议之丁文江氏现已返国抵沪,十二日晚可抵北平,故日程略有变更,改于十三日下午由丁氏作公开讲演,报告华盛顿第十六次国际地质会议情形。兹分志详情如次:

日程更动

中国地质学会年会业已定于本月十一至十三日在北平举行,日程略有更动,共计举行三日。第一日(十一日)上午十时至十二时在清华大学开幕,由理事长李四光在清华大学生物馆致词,并宣读论文,并在清大午宴。下午在燕京大学地理系宣读论文,第二日(十二日)上午十时至十二时,在地质调查所参观地质图展览会,下午二时在地质调查所图书馆举行事务会议,晚八时半并由理事长李四光演说。第三日(十三日)上午九时至十二时,在地质调查所图书馆宣读论文,下午三时由丁文江作公开讲演,报告华盛顿第十一次国际地质会议情形,地点在北京大学第二院礼堂,讲演后并在地质调查所图书馆宣读论文。

论文题目

此次在年会中宣读论文题目,已由各会员分别寄平,共计二十七篇,其题目如下:

①　录文参《宣抚新疆应该注意的几点》,《蒙藏旬刊》第 52 期,1933 年 5 月 31 日,报纸与刊物基本一致。

……（二十六）丁道衡《新疆拜城楚克塔什灰岩中之几种乌拉期珊瑚化石》。……

（《益世报（北京）》1933 年 11 月 10 日第 6 版）

地质学会年会昨开幕

今日参观并开事务会议　各地会员继续宣读论文

国闻社云：中国地质学会第十届年会昨日上午十时假清华大学生物馆举行，该会会员等于九时由兵马司九号地质调查所乘公共汽车出发，于十时前到达。

……

宣读论文

……丁道衡《新疆拜城楚克塔什 Schwagerina 灰岩中之几种乌拉期珊瑚化石》[①]，其发明之处如下：叙述三种化石珊瑚化石，论其与他种珊瑚之关系，并及在层上之位置。

（《大公报（天津）》1933 年 11 月 12 日第 4 版；《华北日报》1933 年 11 月 13 日第 7 版）

"图书副刊·书评"

《我的探险生涯》

斯文·赫定著，孙仲宽译，丁道衡校，西北科学考查团丛刊之一，民国二十二年十月出版，上下二册定价四元。

《探险生涯——亚洲腹地旅行记》

斯文·赫定著，李述礼译，民国二十三年四月上海开明书店出版，定价一元五角。

这两部译本都译自 Dr. Sven Heden 所著 *My Life as an Explorer* 一书；孙译所据大约是英文本，李译所据大约是德文本。孙译校者为丁道衡，前面并附一九三三年斯文·赫定为中译本所特写的英文长序一篇；原序影印附入，并附中译。……（觉明）

（《大公报（天津）》1934 年 6 月 30 日第 11 版）

北大下年度各系教授名单

教授七十一人，助教三十人，名誉教授十六人

北平通讯：北大下年度之教授、副教授、助教已完全聘定，并设名誉教授十六名，教授总数七十一人，较上年度少四人，助教总数三十人，较上年度少六人。兹依院系分志如下：

……

（二）理学院

……

四、地质系

主任李四光，教授王烈、谢家荣、葛利普、孙云铸、斯行健，丁道衡（助教）、赵金科（助

[①] 《大公报（天津）》至此为止，《华北日报》新增"其发明之处……位置"，少题名中"Schwagerina"。

教)、高振西(助教)、金耀华(助教)。

……

(《东南日报》1934 年 7 月 13 日第 6 版)

新疆考察之结果

袁复礼先生讲

王联曾　侯毅　李兆锐记
(十一月八日下午四时讲)

贵校同学:今日很荣幸来到贵校,将吾人在西北考察之成绩报告一点。现在先将西北考察团之组织与经过略为说一说。

西北考察团为一纯粹研究科学之组织。团员共二十余人;有研究天文者,有研究地质者,有研究考古者,有采集植物者,有研究气象者,如空气,压力,水湿风向者。团员之大多数皆为两人。首领斯文赫丁先生及徐旭生先生。徐旭生先生目前仍继续其考古工作,现在西安。同行之北大讲师黄君等,现在亦同斯文赫丁先生赴新疆继续工作。

……

自蒙古至新疆,达于天山,再西进则分为二队:一向天山北路前进,兄弟即在此队中;一向天山南路前进,丁道衡先生即在该队中。南路丁道衡先生之队,成绩颇佳,直至印度边境始返。兄弟则北行至阿尔泰山麓即为新疆驻兵所阻,据云:"政府有令,不准再往前进。"考其原因,盖因其地多金矿,而吾人所绘之地图,及其他行踪,每被疑为秘密侦伺之故也。不得已而返迪化。迪化附近之山,有高达四五千公尺者,其岭每多积雪。成为冰川,更有一高峰,冬季常有浮云二缕凝于其上,因南北风过此高峰时相遇所带之湿气在此即行凝聚成云,浮沉其上有似伞状者,有似烟状者,土人不察,咸传说其上有一道士,已千百岁,终日修炼,未曾离山,此二缕浮云即其炊烟。是昧于自然界之理也:若其上果有道士,亦早为寒气冻僵矣!况其地高岩绝壁亦不能登人。

……

(《中法大学月刊》第 4 卷第 3 期,1934 年,129—134 页)

西北科学考察团昨开全体理事会

袁复礼报告整理工作　决准备欢迎斯文·赫定　推胡适等为常务理事

本报特讯:西北科学考察团理事会于昨日下午四时在沙滩二十一号会址召开本年度第四次全体理事会,出席陈受颐、马衡、袁复礼、沈兼士等十五人。主席袁复礼,记录沈仲章。首由主席报告整理工作,共分点:……(三)地质及史前考古组,由袁希渊先生负责整理,计分下列数点。① 丁仲良先生之珊瑚化石已研究完毕,论文稿亦已缮就。……

(《华北日报》1935 年 2 月 25 日第 4 版)

第十二届中华教育文化基金会年会

通过廿五年度事业预算　确定文化机关补助金额
公布科学补助金候选人　蔡元培氏连任为董事长

中华教育文化基金董事会第十二届年会于昨日上午九时起在本埠沧州饭店举行①。上午各项会务报告，下午讨论各项事业预算，确定教育文化机关补助经费，并改选职员分配职务。其二十五年度科学研究补助金候选名单，亦经公布。上海社记者探志各情如下：

……

科学研究补助名单

……丁道衡，地质学，二二〇〇马克

……

（《申报》1936 年 4 月 19 日第 14 版；《时事新报》1936 年 4 月 19 日第 3 版，正题为"中华教育文化基金会昨举行十二届年会"。）

中国地质学会第十三届年会明晨在平开幕

会议日程已公布　论文异常丰富

中国地质学会第十三届年会，定明日（二十日）起至二十四日，连续在平举行五日。……兹将昨日详情分志如次：

年会会程

……

二十三日

上午九时半至十二时（论文会）在北京大学地质馆举行……

（49）丁道衡：《〈古杯〉之新鉴定》

……

（《华北日报》1937 年 2 月 19 日第 9 版；《大公报（上海）》1937 年 2 月 20 日第 4 版）

新疆蒙古爬行动物化石地点之地层

作者：袁复礼

西北科学考查团在民国十六年至二十一年经过内蒙及新疆，沿途发掘的爬行动物化石地点，共有九处。按地质史上的年代，可以说四处是属于三叠纪，二处是属于侏罗纪，三处是属于白垩纪。

虽然产化石的地层都是红色的砂岩及泥质页岩，从研究化石的种类结果，可以断定它们的年代。只是此外尚有一比较难分年代的是在两个时代接触带的地层。如同侏罗纪的

---

① 二：原文作"六"，据《时事新报》改。

上层与白垩纪的下层,三叠纪的下层与古生代的二叠纪的最上层,都不容易分开的。因为在这些接触带,化石种类虽然不同,然而只是大同小异。若是没有其他地质上的表示,尽量的有推到上层或移到下层的可能。

......

在十九年十一月二十八九日,我到北塔山的东南麓发现了侏罗纪 Hausmannia 植物化石层,这石层是向东南倾斜。更上的一层是粉色的砂岩,在这个砂岩里又发现一个恐龙大骨,现在尚未开箱鉴定。然而按地层不整合与白骨甸南的粉色砂岩均是同样,所以这地方的恐龙暂且定为白垩纪。

此外,尚有两处白垩纪化石地点均在绥远宁夏的北部......

第三个地方是民国十七年秋天丁道衡先生哈拉托罗盖找到的三个鹦鹉喙龙,一为丁氏鹦鹉喙龙,一为奥氏鹦鹉喙龙,一为蒙古原禽龙。前一个是新种,第二个在外蒙乌什,第三个在外蒙昂代赛尔找到过,只是在外蒙未同产一处,现在哈拉托罗盖在同一层找到,更可反证外蒙二处都属于一层。哈拉托罗盖的地,我(各)[个]人亦走过二次,第一次在那里找到植物化石,后来因为绝粮,留一个信给丁先生请他继续发掘,所以他对这个地点特别注意。二十一年我又加作了岩层分(折)[析]的工作,这个分工合作的结果将哈拉托罗盖的岩层更分清楚了。

......

(《大公报(天津)》1937 年 2 月 23 日第 10 版)

中英庚款董事会协助科学工作人员
拨款二十六万三千元　人员审查完毕已发表

重庆特讯:管理中英庚款董事会前卫在非常时期协助科学工作人员,特定办法六项。......经公告手续......兹志录取人名于下:

(一)地质及地理组......丁道衡......

(《申报》1938 年 11 月 26 日第 8 版)

中国地质学会论文提要
明日起分向大会宣读

本报特讯:中国地质学会第十五届年会明日开幕。本届论文甚多,且极重要。兹将其全部依次照录于下,以显示本届年会光辉灿烂成绩之一斑。

第一日

......

第二日

上午:

......

十九、丁道衡:《Staurla 珊瑚[ ]意义》……

下午:

十二、丁道衡:《云南下寒武纪三叶虫个体发生及群体发生的研究》

……

(《大公报(重庆)》1939 年 2 月 28 日第 4 版)

广西省富贺钟区铀矿之发现

南延宗　吴磊伯

一、绪言

吾国自有地质事业以来,对于稀有矿物,少有注意。唯民国二十二年,何作霖先生在丁道衡先生所采绥远铁矿内,发现两种含 Co、La、Yt 之 Baiyinite 与 Qborite,……本矿研究之时,承中央研究院地质研究所李四光所长暨资源委员会锡业管理处徐韦曼处长,给予种种鼓励与援助,又蒙李毅先生用定性分析,予以佐证。野外调查时,复蒙田遇奇、李铭德、刘铭绅诸先生帮同采拾标本。放射性试验,又蒙物理研究所地磁室陈宗器、吴建章诸先生代为冲洗。均堪铭感,特此一并志谢。

……

(《大公报(桂林)》1943 年 10 月 28 日第 3 版)

黔省高等教育近况

顷据赴京述职来沪之贵州大学教务长任泰谈黔省高等教育近况称:

……

教部拨款充实贵大

贵阳大学成立于一九四〇年战时,为贵州唯一大学,设文理、法、商、农工四学院共十五系,并有先修班附属工业职校及文科研究所各一、学生一五〇〇人,教授一四八人,职员八十人,其中有名教授不少,如北大二十年老教授潘家洵,为我国研究易卜生专家。刘福泰为我国研究建筑工程权威,中山陵即为其设计者。丁道衡、乐森璕为著名地质学者,对西南地层测量研究极有贡献。

……

(《东南日报》1947 年 2 月 14 日第 8 版)

贵大矿冶系积极发展中

本市消息:国立贵州大学矿冶工程学系自丁道衡博士主持系务以来,颇多建树,该系除丁道衡博士外,尚拥有谌湛溪博士、乐森璕博士、崔有濂、陈季云、郝新吾等名教授,阵容比平、沪各大学有过之无不及云。

又该系现有一千余□,矿物实验室一所,晶体模型全付,岩石矿物分析仪器药品一付。试金室已于前月兴工建筑,日内即可完成。今后该系之前途,更无限量。

又讯:贵大矿冶工程学会为使各会员能实际明了矿场情形起见,于昨日由丁道衡会长率领全体会员五十余人前往参观筑东煤矿,十一日首途乌当、洛湾等地参观冰川遗迹,闻各会员情绪甚形热烈云。

(《中央日报(贵阳)》1947 年 5 月 4 日第 3 版)

贵州大学

……贵大教务长任东伯先生,是有名的英文诗人。文理学院院长丁道衡博士,是国内有数的地质学大家。法商学院院长□□骅先生,美国密西根大学硕士。工学院院长竺良甫先生,在国内各大学教书二十余年,对于热工及应用力学二科最为精湛。农学院院长罗登义先生,生物化学家,我们常常可以在《新中华》杂志上读到他的文章。

(《大公晚报》1948 年 10 月 8 日第 1 版)

本省锑矿中发现镭铀矿

丁道衡在扶轮社讲

本市讯:贵州向以矿产丰富著称,其前途如何,当为各方所注意,今日贵州扶轮社特约地质学专家、现任贵州大学教授丁道衡氏演讲此项问题,□丁氏称:

(一)本省矿产,属于成水岩方面之煤,铁、锡属于火成岩方面之水银,蓄藏均甚丰富,占西南第一位或第二位。

(二)稀有金属如镭铀等均曾一度在锑矿中发现,地中自必藏有此项矿物。

(三)食盐曾在水城开采,惟成效尚未显著。

(四)就目前调查所□者,各项矿产前途的□□□希望,其中尤以煤矿与铁矿相距极近,在□□上□有优良之条件,又□□所用之低□水电力,以本省可利用作发电之水力遍地皆是,易于兴办,更为难得,惟目前须积极从事准备工作,如矿质之调查研究,人才之□育等,必须早作准备,俾至相当时机,即可大量开采云。

(《贵州商报》1948 年 10 月 8 日第 3 版)

黔省锑矿内发现有镭铀

贵阳十日通讯:贵州大学教(援)[授]、地质专家丁道衡称:本省锑矿中发现有镭、铀等稀有金属。

(《大公报(重庆)》1948 年 10 月 16 日第 3 版)

新闻报道中的陈宗器

王铭汉[1]　　沈　琛[2]

[1] 北京大学历史学系
[2] 南开大学历史学院

引　　言

理学家、科考先驱者陈宗器(1898—1960,字步青)的事迹对于具体充实中国西北科学考查团的学术史研究有着举足轻重的地位。对陈宗器的传记性研究已经十分完善,其后人主编的《摘下绽放的北极星》中的《陈宗器先生生平与成就》一文以及书中后半部分的传记年表《陈宗器先生大事记》为其中的代表①,作者成功地将陈宗器的生平研究归纳进入一个成熟的逻辑中:首先是西北荒原科学考察,其次是开拓中国地磁学科,再后是组织中国地球物理学科。报刊作为一种即时性强、全面而多样的史料来源,可以直接用以充实人物事迹研究。近年来,多种晚清民国报刊数据库的不断问世与更新,为重新发现与整理陈宗器的生平线索提供了丰富的资源。就西北科考团中的灵魂人物——黄文弼来说,早已有研究者有心辑录《新闻报道中的黄文弼(初编)》②,活用报刊研究的新方法。因而对于陈宗器研究来说,便没有理由不跟进。本辑即系 2019 年度国家社会科学基金重大项目"中国西北科学考查团文献史料整理与研究"(批准号:19ZDA215)的子项目"新闻报道中的中国西北科学考查团"的阶段性成果之一。

通过时间顺序爬梳报刊资料,一方面可以充实传记研究,这指的是将已经成熟的传记作为研究的框架,往其中铺设"实际历史";另一方面可以使研究者在传记的框架之外看到一个更鲜活的陈宗器。梳理过的报刊材料以时间顺序串联起一个令人印象深刻又合理的冒险故事:从 1929 年陈宗器随科考团赴西北研究地质,到一路上的反复行踪,被当地政府

---

　　① 陈斯文、陈雅丹主编《摘下绽放的北极星:纪念著名地球物理学家陈宗器先生诞辰 110 周年》,北京:中国科学技术出版社,2008 年。

　　② 王新春、郭桂坤辑《新闻报道中的黄文弼(初编)》,朱玉麒、王新春编《黄文弼研究论集》,北京:科学出版社,2013 年,4—40 页。

猜忌又和解,遇险,获得地质及生物考查成果,侧面反映出的当地情状。学术辩论和交锋,参与和组织学科建设,从抗战到解放前夕的挣扎,名列新中国最重要的科研工作者之一。我们看到了一个学者的成长历程,以及他所处时代的真相。

需要注意的是事件发生地和外地、中央和地方报刊信息之间的时间差,以及多报同文的现象,通过辨证与梳理方可避免讹误,并从可能的错误中反映时代和史料学特征。

本文选择以 1929 年 4 月 3 日陈宗器在南京高等师范学校就读期间的活动(也是陈宗器在纸媒上的初次亮相)为起点,对这一时间点之后的新闻报道中涉及陈宗器的文字进行辑录,并按时间顺序排列。所录报道文字,均以所注报纸出处中最前者为辑录底本。本辑是对陈宗器在新闻报道中记载的初步整理,主要依靠各种电子数据库,其有未曾纳入相关数据库以及通过搜索引擎而遗漏之处,亦复不少,凡此均当在今后的研究中陆续完善,读者鉴之。

正　文

旅绍新昌水灾筹赈会鸣谢诸大善士

······南京高等师范学校陈宗器、祝其乐、梁念萱三君代募:陈鹤琴四元,陆志韦、竺可桢、徐羽卿各二元,郑晓沧、丁康舟、杨季璠、林杏卿、李拔峨、刘润生各一元,金翊文半元,共计十六元半。······

(《申报》1923 年 4 月 3 日第 6 版)

浙教厅委任县立校两校长

浙江教育厅厅长计宗型,日前委任陈宗器充新昌县之中学校校长,又委任陈骚充绍兴县立女子师范学校校长。已填发委任状令,各该县知事转给云。

(《申报》1926 年 8 月 26 日第 10 版)

东大工科学主之复科运动

东南大学工科学生王藻馨等发表复科运动宣言云:国民政府江苏政治委员、江苏省党部改组东南大学委员、各报馆公鉴。年来东南大学屡受军阀、学阀之蹂躏,金壬在位,正义不宣,其尤不法无理者,则为十三年之取消工科是。工科自南高初创,即肇厥成,振刷发皇,日见恢大。以逮十三年秋,设置渐完,学科都备。诸教授又皆一时彦硕,师生融融。方庆有成,乃少数校董,以诸师持论异己,不利私图,竟创议裁撤之。虽经全校师生再三抗争,终置不顾,十年建树,一旦沦灭。慨自把持垄断之局成,凡吾同学中之愤懑郁结,无可告语者久矣。今者化日重光,魑魅匿迹,同人等谨敢掬诚协力,为恢复工科之运动,爰将当日情况,约略书陈。按东大组织大纲,凡取消系系,须由教授会提议,始由校董会决定,乃言次取消工科。教授会初未提及,仅由少数校董径行决定,虽经教授会之再三争辩,终不得直。此其不法无理者一也。东大校董共十六人,而取消工科之议案,仅由黄炎培、沈恩孚、郭秉文三人议决,出席人数,不及五分之一。此其不法无理者二也。东大为国立大学,取消科系,自须呈部核准,始得执行。乃取消工科,初未呈部。此其不法无理者三也。工科既无理取消,全校师生群起力争,而黄沈等持学阀之势力,谓吾等议决案无人可以更改。迹其用心,盖藉此节省江苏经费,以献媚于当时之军阀。司马之心,路人皆知。此其不法无理者四也。总之,黄沈等恃学阀之威,权谋私人之禄利,竟将艰辛缔造之工科擅自取消,公理何存? 道路共愤,徒以军阀压迫、学阀把持,郁积迄今,愤恨何极? 同人等誓将棉力所及,合谋工科之恢复。敬请政府主持,并祈各界援助。东南大学工科学生王藻馨、厉德寅、孙宗堃、张济翔、朱福炘、陈宗器、潘德钦、施汝为、葛正权、郑京元、龙征桃、吴体仁、金章、尹锡骏、万颐祥、庆善骙等六十八人同叩。

(《时事新报》1927 年 4 月 7 日第 4 版)

西北科学考查团

两团员赴新研究地质

平讯:西北科学考察团外国团长斯文赫定,前因病已赴美国医治;尚有步林、陈宗器二人因候外部发给护照,迄未起行。兹以护照业已领到,二人当于前日起身,由西比利亚铁道赴新。步前在北平地质调查所,此次赴新系专研究地质。陈宗器系上海地质调查所助手,赴新研究地质物理云。

(《大公报(天津)》1929 年 6 月 1 日第 4 版)

西北科学考察团近讯

新疆省当局拒绝团员入境　中央研究院将接收气象台　最近将赴甘肃作科学考察

中国学术团体协会两年前与瑞典斯文赫定合组西北科学考察团,前往新疆作科学考察,关于气象学、古生物学、地质学等,成绩极佳。该团先后发现恐龙及第三纪鱼化石,引起全世界科学界注意。

该会原与赫定所订考察条约,系定一年为期。后见成绩甚佳,且工作一时不能结束,团长徐炳昶及西人团长赫定特于今春回平,商定延长考察工作二年,并决定种种扩大之计划,以期于各种困难情形之下得最大之收获。其余中西团员十余人,尚留新省考察研究。赫定以病赴美就医,现已痊可,正在回返瑞典途中,一二月后即可来平。学术团体方面,续派往新省考察之学者,有中央研究院之陈宗器及瑞人步林,月前绕道西伯利亚入新,事先由行政院及外交两部送电新省当局,请其妥为保护。讵陈等于上月二十二日行抵新俄边界新疆管辖之塔城,竟遭新省当局拒绝入境。陈等不得已,仍由原路折回,旬日前行抵北平。闻新省当局并有电致中央,称以种种原因不愿考察团入境。按国人年来注意于学术上之研究考察,关系我国文化及国家发展甚巨。地方政府本应协助进行,今新省竟不接纳,致学术前途蒙其影响。或系该省当局对于考察团有种种误会,故出此举。闻协会方面已呈请国府派人随同前往,以便向地方当局解释一切,考察目的如愿达到,陈宗器氏已于前日离平赴京,向研究院报告。闻学术团体协会并拟于最近派人到甘肃考察。

(《华北日报》1929 年 7 月 18 日第 5 版)

西北考察团之行踪

北平:新疆拒绝中央研究院之陈宗器及瑞典西北考察团员步林等,折回北平。陈赴京请中央派员随同再赴新疆考察,步林则不日赴甘肃考察,刘治洲日内赴太原。(十八日专电)

(《申报》1929 年 7 月 19 日第 8 版)

西北科学考查团
得新疆当局谅解
教部电知抵境团员一律放行

平讯:西北科学考查团自在新疆考查以来,屡有科学上重要贡献,其中尤以袁复礼教授在天山北路发现之恐龙卵(Dinosaur Eggs)为最重要。本年六月间,该团曾派瑞典地质家三人前往新疆考查,国立中央研究院亦派助教陈宗器氏加入该团,经西伯利亚铁路同往迪化,不意行抵俄境巴赫提地方,新疆当局即拒绝入境。该团员等不得已只得转回北平,近由国府行政院之斡旋,新疆当局已允其入境考察,教育部昨曾电陕西北考察团知照。其原电云:(上略)案查该团在新工作,前以地方颇有反感,保护恐感不便,经本部电饬停止工作,并电请金主席负责保护出境在案。兹准金主席鱼电内开:此次瑞典团员三人抵境,因未奉中央明令,且新省民众对该团多所误会,尚待疏解,故暂令在边卡停留。自奉行政院鱼电并外交部养电,饬将在新团员准予入境并饬嘱保护等因,遂即转电长官及各卡一律放行,并妥为保护。除民众团体误会仍设法疏通外,所有抵境团员已一律放行。等因,到部。查该团入新工作,金主席既允热心赞助、设法保护,并疏通民众团体误会,该团自可仍行继续工作。除电覆外,仰即转饬知照教育部。又闻该团团员报告,新疆民众团体对该团极表欢迎,并无误会。电文中所称各节,或别有用意云。

(《大公报(天津)》1929 年 8 月 14 日第 4 版)

西北科学考察团
在新疆屡被当局误会
下月将转赴甘肃考察

西北科事考察团自前年五月赴新疆工作,成绩极佳,今春该团团长徐炳昶与西人团长斯文赫定先行返平,商定再延是考察期间二年。该团即派地质学家布林、中央研究院陈宗器等,经西比利亚铁道入新,加入原团工作。殊新省当局借口未奉中央命令,拒绝入境,布等只得远道折回。最近该省当局始电教部,准予入境调查。同时该团科学家瑞人布格满自欧携运到新工作之仪器百五十余件、工作用具三百余件,到新疆北境,在边卡候三月之久,终未蒙允许入新,随即携带物品,绕海参崴来平,本周内即可到达。据熟习新省情形者云,科学考察团到新两年,团员均系纯粹学者,对地方人士恒出以和蔼态度,且终日在一定范围以内工作,绝无引起民众误会之处。该省电呈中央,屡称引起民众误会,或未奉明令等语,而于该团工作上,亦未克充分尽鼓励扶持之能事。事实上乃该省对于考察有所误会。最近中俄事件发生,该省始电中央,准予入境,当系因边患日亟,始借此作内向之表示。至于考察团方面,以时机延误,所派工作人员已无法再往新疆,决转向往甘肃考察。工作范围,仍属气象、地质、考古、生物诸门,期间定为二年,目的地在甘肃西部。刻正办该项手续,如购买骆驼、交涉护照等事,将来如无意外障碍,则月内准可成行。至斯文赫定氏,预定下月即自欧首途,再行入新,继续其科学考察之生活云。

(《益世报》1929 年 8 月 16 日第 3 版;《民国日报》1929 年 8 月 24 日第 4 张第 1 版;《华北日报》1929 年 8 月 16 日第 5 版;文字略有不同。)

西北考察团发现鲨鱼化石
团长袁复礼自新疆函告

平讯:西北科学考察团理事会今春与斯文赫定博士订约,延长考察工作二年,中央研究院即派陈宗器与瑞人布琳经西伯利亚铁道入新,加入该团考察。将至塔城,新省当局因误会不让入境,陈等复折回北平,当决定转往内蒙、甘肃一带考查。几经周折,始将护照办妥,本月二十日出发,乘平绥车到归化考查,将来再西往甘肃。又该团理事会日昨得正在新疆工作之代理团长袁复礼六月中自新来函,报告在喀什左近第三纪地层发现鲨鱼属之化石。……

(《大公报(天津)》1929 年 10 月 23 日第 4 版)

西北科学考查团近况
最近发现红石层蜥(蝎)[蜴]化石多种
第一批团员一月后即可抵平

西北科学考查团自十六年夏赴新疆工作后,曾有重要之发现,曾志报端。近该团团长袁复礼教授在迪化及三台山左近地方发现由地震颠出红石层蜥(蝎)[蜴]化石多种,为地质学上之新资料。袁君前后发现之(蛮)[恐]龙有三十多具。欧美地质学家均认为极重要之发现。此外团员丁仲良发现第三纪地层鲨鱼属之化石亦极重要。团员黄文弼由库车南行,经大沙漠至于阗,做考古之工作成绩颇多。又该团关于气象学之工作成绩最优,团员刘衍淮、李宪之,外国团员赫德(德国柏林大学副教授)、安柏尔(瑞典大学教授)均有专门著作,可为气象学之新材料。该团本月四号自迪化来电,已决定返北平者,有黄文弼、袁复礼、丁仲良、崔鹤峰、刘衍淮、李宪之六人,约一月后即可抵平。其第二批团员除由中央研究院派送之陈宗器外,尚有瑞典地质学家步林博士等四人,现在赴新途中,不日可到哈密。又外国团长斯文赫定博士现来北平,正与中国科学家商议组织第三批考查团云。

(《华北日报》1930年1月9日第5版)

平津要讯

北平:西北科学考查团第一批郝德等七日离迪化返平,第二批陈宗器等不日可抵哈密,斯文(郝)[赫]定在平正组第三批考查团。(八日专电)

(《申报》1930年1月9日第9版)

西北科学考查团
又发现前汉各朝竹简及石器时代刀斧箭头
该团现在祁连山脉一带　秋后天凉再赴新疆考查

国闻社云:西北科学考查团第二次采集队自去年十月出发后久无消息,各界均甚悬念。该队除有瑞典团员四人外,并由中央研究院派定研究员陈宗器前往考查。近陈君有函致考查团理事袁守和氏,兹录原函如左:

守和先生:考查团全体于七月十八日平安抵肃,勿念。原预定本年三月间可抵此,因沿途考查材料多,行程极缓慢。考查路线自归化西北三百二十里之贝勒庙西行,抵额济纳河,在居延海考查后,即沿河西南行抵肃州,全程凡二千六七百里,计行八月有余。此次考查成绩之主要者约略述如次:

考古方面,有石器时代之刀斧箭头等用具,及前汉元始、元康、地节、始元诸年间之隶书竹简,为二千年前之古物。

在古生物学方面,在 Macharch 地方发掘古代化石甚多,鲍林博士谓系世界尚未发现之新种。

在地质学方面,有贺兰山山脉构成及居延古代海岸之考察。

在地文方面看,计新测定路线地图九百公里约图,为器所测定。地形测量因工作需要之不同,比例尺且"五万分之一"至"二百分之一"不等,总计器一人所测者约八百方里。至经纬度,因内蒙一带位置多为第一次考查时所测过,以是新测定者较少,计新测者有经度十处、纬度十三处。于本年四月间,始接斯文赫定博士专差送来 Chlononutin 二枚,经度测定方较准确。中国出版地图多不准确,且于西北一带每多空白,即英人斯坦因所测考查详图,经度亦不可靠,黑河沿岸位置相差在二十六里以上。此次器所测定,虽不敢云绝对准确,但比较的差误当较少也。

现因日用品多用罄,在肃购办尚需时日;盛暑炎日,骆驼须在水草丰茂之处长期休息,方可成行。现拟购驴马赴祁连山一带考查,待秋后再赴新疆。西北连年荒旱,未可以一概论。肃属五六年前曾有一度大旱,近年来出产良好。交通梗阻,谣传每多失实。气候变迁殊甚,考查期中温度冬季最低摄氏表冰点下三十八度,夏季最高摄氏表四十度。去冬十二月间大雪中进行,在 Mlgochik 地方,团员多冻创,迄本年三月始愈。现在又闷热异常,急欲往高山去可凉快些。但农事正忙,驴马一时不易购得。上山非驴不办,而考查团(只)[至]少须四十匹。肃南二三百里外祁连山脉,积雪终年不消,风景如画,炎暑中想不会受冻吧?现考查团团员多壮健,堪慰锦注。崇上,敬候大安。晚陈宗器。七月二十七。

(《大公报(天津)》1930 年 8 月 29 日第 3 版;《民国日报》1930 年 9 月 4 日第 1 张第 4 版)

考古队在肃州发现石器时代古物

本报北北电:西北科学考察团学考查团在肃州发现石器时代刀斧、箭头及前汉隶书、竹简。团员陈陈宗器并测定经纬度多处,且证明所有西北一带地图均不准确。

(《民国日报》1930 年 8 月 29 日第 1 张第 4 版)

西北科学考查团
在甘工作近况
刘复所获之详细报告

西北科学考查团第二次团员陈宗器前曾函致该团理事袁守和,报告发见石器时代刀斧箭头及前汉历朝隶书竹简。兹将该团常务理事刘复昨日又接其来函,报告考查之成绩甚详,原函录左:

半农先生并转西北科学考查团理事会公鉴:第二次考查团全体于七月十八日平安抵肃,其成绩之主要者略述于下:

(一)考古学方面。考古学由 F. Bergman 担任。a、石器,古代石箭头、石斧、石刀等采集不少,以 Haetologoruz Tokhoj 及狗畜语二处为最多,总计约有十余箱。b、竹简,为我国纸类尚未发明以前之文字记载物,在额济河沿岸古墩子均有发现,但以距河约二百里之 Bowochnch 地方为最多。此处遗迹颇为壮大,想为当时重镇,即以深掘出者有大小二百五十余片。其记载范围颇广,于中国历史方面想有多少补遗之价值。文字均为隶书,记载中有元始、元康、地节、始元等年号,为前汉遗物,距今约二千年。因其地干燥无雨,故能保管不坏。此外尚有丝织品、麦粟及鼓板、铜箭、古钱等等。(二)古生物学方面。古生物学由 B. Bohlin 担任考察动物化石,G. Bexell 担任考察植物化石,在 Vlanche-nch 地方发掘古代动物化石(俗称龙骨)有十三箱之多,据云为世界尚未发现之新种。在煤窑地方发现小动植物化石,亦不少。(三)地质学方面。地质学为 N. Hovnel 所担任。(a)贺兰山地层构造,此山由陇北阿拉善旗,东延为河套以北之平原与内蒙沙漠之分界,其厚度有二三百里,中有山口七八处,现曾跨过四次,于地质构造甚为明显。(b)古海岸遗迹,在额济纳河北口居延海(即 Sogo(u)[N]or 与 GushgnNor)沿岸一带。古海岸构成深掘各地层之贝壳等,以为断定时代之证据并推论变迁之情形。(四)Geodesy 方面为器所担任,并由各团员协助。(a)路线地图在行程一千八百公里中除前次已测定者外,此次所测定者约九百公里,其中约十分之四为器所测定,其余为各团员所测之总和。(b)平面测量地图,因工作需要之不同,其比例尺自五万分之一至二百分之一不等,总计器所测定者约八百方里。(c)经纬度,内蒙沿途一带之位置多为前次考查团所测定,以是所测定者较少,计新测定者有经度十处,纬度十二处。自本年四月中始接赫定团长送来 Cbronometenl 枚亦能作经度测定,较为准确也。西北连年荒旱,未可以一概论,肃州五六年前曾大旱,近年来殊良好,交通阻梗,遥传每致失实。入肃境后与地方官极洽,可勿悬念。现一切日用品等多已用罄,现在肃置办尚需时日,在暑天骆驼须在水草丰茂之处休息,二月方可成行。在此二月中,各团员拟分队用驴马赴祁连山一带考察。约九月底,器将偕步林 Bollin 贝克三尔 Bexell 二人西行赴新疆考察,Bergman 回额济纳河上考察,于年底回平。Horner 回 Guspan Nor 考察完成未了之工作。

(《大公报(天津)》1930 年 9 月 4 日第 4 版;《庸报》1930 年 9 月 4 日第 3 版;《京报(北京)》1930 年 9 月 4 日第 6 版;《中央日报》1930 年 9 月 12 日第 3 张第 4 版,题作"西北科学考查团在甘工作之成绩——陈宗器之详细报告"。)

中央研究院政治工作报告书
十九年三月至十月

……

此外调查事项:一、派员陈宗器参加西北科学考察团,于上年十月底由北平出发,今年九月中前往新疆。其工作:甲、测定经纬度及子午线;乙、测量地形及绘图;丙、到新疆有仪器后,测定重力及地磁。

……

(《民国日报》1930 年 11 月 22 日第 1 张第 3 版)

西北科学考查团将赴新疆
团员陈宗器来函报告考察情形

西北科学考查团常务理事刘复昨接该团第二次由平出发之团员陈宗器来函,报告在肃州考查情形,不日即出发赴新疆,兹录原函如次:

半农先生台鉴,抵肃后分队在附近考查,兹已先后返肃。勿念。此间地方新闻纸特为考查团出一专号,附奉一份,即希台阅。器与 Dr. Hornes 二人在祁连山约二月,H 研究 Grnuier,我测绘精密地图。山路崎岖难行,驴骡购自城市,不惯山行,多失足坠崖下,略有损失,乃添雇(犁)[犏]牛,始得峻岭如履平地。我等所至最远处,离肃州约三百五十里,距青海仅五天路程,地名土鲁川,土著局"蕃子"为藏族之分支,所经山径之最高处,高出海面约四(十)[千]米突,以是空气极稀薄,工作较在平原为费力。山中气候,白天有太阳时,极炎热,若天阴,如在云雾中,至夜间,则无夜不冻,最低温度为摄氏零下 16。每十天约有三四天下雪,但天一晴朗,便溶化了。因今年夏季骆驼没有好好休息,死亡二十二头,现已重新购买,一切行装均在赶办中。此后考查计划与以前所定者略有变更,大概 Dr. Bohlin And Begele 均在陇西富有化石之山野中考查。器将偕 Dr. Hornes 赴新,沿途戈壁人迹绝少,据现在所得消息,涂中有六天无水,十天无草无燃料的所在,以是骆驼及工役等,均不得不选择最上等者率之前往,否则恐难胜其任也。Mr. Bceginaes 已赴额济纳河继续搜寻竹简,Dr. Bohlin 亦在关外工作。我们迨笔记等整理好,不日即须出发。此后情形如何,容再奉达。尚上,敬候大安。晚陈宗器拜。

(《华北日报》1930 年 12 月 9 日第 6 版;《民国日报》1930 年 12 月 13 日第 2 版)

西北科学考查团

在新疆百余日不见人影
罗布泊废墟里获古物不少

国闻社云:西北科学考查团团员陈宗器自出发后屡有报告。现考查团理事会理事刘半农,又接陈氏来函报告工作情形,原文云:

刘半农先生:考查团西行一队现已从罗布泊考察归来,途中困难,较预先想象中之情形为尤甚。途中十四日始得水草,九日后始得燃料,沿路行程困顿,而调查时期短促,每天行程至多不过四十余里。斯文赫定急于要我们到罗布泊去的原因,是因为斯坦因说"中国地图上罗布泊的位置错误,自汉代以来没有真的罗布泊存在过",赫定对于此点不同意,而且急于要知道自塔里木河,迁徙以后新的罗布泊的位置(不过四五年内的事)。另一原因,是与他在一九〇二年所发见的楼兰古国有密切的关系,所以急急使我们到那边去,要赶在斯坦因他们前头。现在从各时代的海岸、冲积层并僵石加以深切的研究,已得到显著的成绩。在此区域内废墟极多,我们无意中沿途收集的古物,殊为不少。气候不如蒙古之寒,去冬在此区域内没有下过雪,最低温度不过摄氏表二十五度。风闻多取 NNE 和 SS (M)[W]的方向,从原地所斜的方向可以看出来,实在也是如此。十日里面大概总有五天刮风沙,二三天刮风,所以清明之日绝少。我们在此区域考查二个多月,霍勒博士和我分担着各项的工作。此行仅丧失一头骆驼,至今已一百多天,没有见到人影。我们将向东慢慢一路考查去,大约二个月后,可返离此尚有六百里的敦煌。即此,尚颂公安! 晚宗器顿首。

(《大公报(天津)》1931 年 6 月 26 日第 4 版)

中瑞西北考古团之成绩

斯文赫定颂扬中外科学合作

瑞典通讯:斯文赫定博士近在瑞典各地演说,极力宣扬中瑞西北考古团之良好结果。对于中国团员之贡献,尤为赞许。据称四年前与中国订立合作契约时,北平外人多抱怀疑态度,以为中外团员长途考古,为时既久,定将发生纠葛。然赫定对于中国要求各条件,均毅然承受,四年以来进行顺利,至今思之,深觉满意。……

赫定对于中国团员之工作,甚感钦佩。谓一俟考察成绩整理宣布后,彼等贡献之价值,将更为显著。中如袁(同)[复]礼博士尤为不可多得之学者,学识丰富,办事勤奋。……此外尚有随同立尔博士(Dr. Nils)在罗布沙漠考察之晶石学、天文学家之陈君……均属年少好学,贡献甚富。……

(《大公报(天津)》1931年8月14日第4版)

西北考查团在甘
测量居延海工竣
二海之冬尚有居延泽一
陈宗器正测量额济纳河
陇西军事尚未解决稍受影响

国闻社云:西北科学考查团理事会昨接团员陈宗器函报告现在额济纳河工作情形,兹录其原函如次:

(上略)器等返额济纳河流域已二月有余,因气象考查队在此有长期观测,并自记仪器等,于我们工作很为方便。因而比较气压、所得地面高度,较为准确,于Dr. Horner研究古代海岸更为重要也。来此后分为二队工作,Dr. Horner已将三个海子绕测完竣,在中国地图上仅有二个海子,总名居延海,蒙名GashunNwdsgo Nir。其另一海在其东约十里,名居延泽,早已干涸,在黑城(为元代之额济纳城,即Marcopolo东来时之Etzina)兴旺时代恐必有水,以城之位置离其南岸不远也。器则已将额济纳河测量至离海百三十里处,其支流凡十,已一一沿河测竣。共计路线凡一千里,所得结果与Stein地图比较,发现其差误之处颇多。彼等留此不久,无怪其然也。现在河水正已溶化,约有二三个月不能过河,乘此天气尚未真热的时候,拟即赶往干海子作详细考查。因为那边水极缺少,陇西军事尚未解决,即在极平静的额济纳也受败兵逃窜的影响,受了不少虚惊,幸而尚没有意外的事情发生。我们很希望常此一样的平安。庶我们能安心的工作。(下略)

(《大公报(天津)》1932年4月29日第4版;《京报》1932年4月29日第6版)

袁复礼谈西北考察
注重考古地质采集成绩极丰
万里壮游五年工作

中瑞合组之西北考察团于民国十六年离平在内蒙分三队工作,翌年会于哈密,旋再分成两路考察。任北疆考察之丁仲良、那林等业于二十年事毕返平。任南疆考察之袁复礼等亦于前日取道蒙绥返抵北平。记者昨晨访袁氏于其南横街私宅,叩以此行经过及收获,承袁氏详告如次:

行程概况。西北考察团于十六年离平。……又考察团第二批由平发者为陈宗器与三瑞典人,共四人,抵西北先后在额济纳、肃州、敦煌、罗布淖尔各地工作,目前在何地,本人已不详知。彼等工作尚未完毕,大约须今年秋季始能返平。

(《大公报(天津)》1932 年 5 月 12 日第 4 版)

西北科学考察团

汉纳尔等昨抵绥
遍至青新甘历时三年余
陈宗器谈考察经过

归化社:中国西北科学考察团一行,瑞典地质学博士汉纳,及中央研究院物理研究所所员等,于昨日(六日)下午二时四十分,由甘、宁取道包头,乘车来绥,并带有采得标本八箱。拟作一二日勾留,即行返平。记者闻讯,往访旅次,承陈君接见,其谈话如次:

组织情形。中国西北科学考察团为中国学术团体,系与瑞典斯文赫定博士及中瑞法三国科学专家所合组。自民十六及民十八两次出发考察以来,对于中国西北方面文化学术,均有很大贡献。此项关于考古、地质、化石(俗称龙骨)、气象、地磁等之新发现,于科学史上尤有价值。本团自民十八秋由平出发以来,在西北考察,迄今三载有余,在额济纳、青海、新疆、甘肃一带工作,曾目睹罗布淖尔新海之变迁情形,及黑城瀚海之遗踪等,采得关于考古地质方面标本甚富,拟不日即返平南下云。

考察经过。本团第一次出发,系民十六春,至民十八秋,即行返平。当因工作未了,去秋有第二次之组织,其团员为格满(考古)、汉格尔(地质)、步林(古动物)、斐克三尔(古植物)、陈宗器(地文地理)、杨汉生、生德本等。民十八冬,由平出发,至民十九夏五月,始抵额济纳河,到酒泉后,始分途考察。其结果(一)考古学方面,于婆罗墩地方,发现前汉元始、元康、地节诸年隶书竹简。此项竹简,为二千年之遗物。较之赫定博士于楼兰发现者尤古。(二)古生物学方面,步林博士在嘉峪关黑山湖一带,搜得动物化石,为三千万年之动物遗骸。(三)地质学方面,汉纳尔博士在南山大海子皇爷海一带,研究冰河,亦有良好结果,夏季结冰高出海面五千米突,可证此地古代雨量必多。(四)地文物理学方面,陈宗器测定肃州城位置在东经九十九度十三分三秒,北纬二十九度四十三分五十八秒,平原高出海面一千三百六十米突。至气象学方面,亦有详密测定云云。

(《绥远日报》1933 年 5 月 7 日第 3 版)

筹筑通新公路铁部组查勘队

南京:铁部前奉行政院决议,主办建筑通新疆公路事宜,先拨五万元作开办费。该部以该公路对发展西北交通极为重要,现在组查勘查队,先勘路线,并经函聘熟悉绥新两省交通情形之瑞典考古家赫定斯文为顾问,殷格门、苏特彭、赫美尔及天文家陈宗器等组查勘队,办理查勘绥新公路,正筹划进行中。又该部十二日派李亮恭为大潼路经济调查队主

任,李丽莹为株韶潼西两路主任,各队即将出发工作。(十二日中央社电)

(《申报》1933 年 9 月 13 日第 3 版;《大公报(天津)》1933 年 9 月 13 日第 3 版,题作"绥新公路　铁道部筹划查勘路线";《四川晨报》1933 年 9 月 14 日,题作"发展西北交通　铁道部筹筑　通新疆公路"《华北日报》1933 年 9 月 13 日第 4 版,题作"筹筑通新公路已查勘队先勘路线"。)

绥新公路查勘队铁部聘专家为顾问

本报南京廿三日电:铁道部筹设绥新大路查勘队,即将出发,已聘请熟悉绥新两省交通情形之瑞典考古家赫丁斯文、及我国天文学家陈宗器,为该部顾问,领导前往查勘。

(《时事新报》1933 年 9 月 24 日第 1 张第 3 版)

完成绥新路
铁部组织查勘队
斯文赫定等日内出发

南京二日下午八时发专电:铁部为积极完成绥新公路,已派定顾问斯文赫定、般格门、苏特彭、赫美尔、陈宗器等组织路线查勘队定日内出发,将由归化往哈密、镇西至迪化,再至塔城、伊犁、疏勒,回程则由迪化经吐鲁番、哈密、安西、肃州、甘州、兰州、靖远、海原、化平、平凉、邠县,以达西安。

(《大公报(天津)》1933 年 10 月 3 日第 3 版)

铁部派员查勘绥新公路路线

南京:铁部为发展西北交通,特派顾问斯文赫丁及般格门、(兰)[苏]特彭、赫美尔、陈宗器等,查勘绥新公路路线,并定龚(断)[继]成、尤寅照为工程司,定日内出发。将由归化经哈密、镇西至迪化,再至塔城、伊犁、疏勒。回程拟由迪化经吐鲁番、哈密、安西、肃州、甘州、兰州、靖远、海原、化平、平凉县以达西安。因所经路途遥远,行旅困难,已由部咨请新宁甘绥陕等省,饬属保护。(二日专电)

(《申报》1933 年 10 月 3 日第 10 版)

铁部请保护
绥新查勘队

中央社:省府消息。铁道部为发展西北交通起见,近组织绥新公路查勘队,委派般格门、苏特彭、赫美尔、陈宗器为该队队员,龚继成、尤寅照为工程司,由该部顾问赫丁斯文率领,从归化经哈密、镇西,至迪化,再至塔城、伊犁、疏勒。回时由迪化经吐鲁番、哈密、安西、肃州、甘州、兰州、靖边、海原、化平、平凉、邠县、川辽、西安。该部恐因地方不靖,致碍其工作进行,近特咨达关系省份妥为保护,并予以便利。省府昨已准咨令,饬东西大路各县遵照矣。

(《西京日报》1933 年 10 月 4 日第 6 版)

查勘绥新公路
绥省府饬属保护查勘队

绥远通信:铁道部现为发展西北交通起见,昨咨绥省府略云,现已组织绥新公路查勘队,委派班格门、苏特彭、赫美尔、陈宗器为队员。龚继成、尤寅照为工程师。由本部顾问赫丁斯文率领,从归化经哈密镇,西至迪化再至塔城、伊犁、疏勒,回时经吐鲁番、哈密、安西、肃州、甘州、兰州、靖远、海原、化平、平凉、邠县,以达西安。核计该队所经路途遥远,行旅困难,相应咨请饬属保护等因,绥省府准咨后,饬属于该队到达时,妥为保护云。(一七)

(《新天津》1933 年 10 月 10 日第 9 版)

察勘绥新公路
斯文赫定等抵绥情形

国闻社云:绥远二十二日快讯。国府铁道部顾问兼绥新公路察勘队队长瑞典人斯文赫定博士,二十二日乘平绥一次车附挂包车一辆,由京到绥。同行者有队员陈宗器、赫美尔,暨铁道部工程司尤寅照、龚(维)[继]成、教育部派考查新疆教育专员黄文弼,届时由日前来绥之该队队员苏德邦驾驶汽车往站迎接。尤、龚二工程司系随博士察勘关于沿途修筑桥梁,设立界石、车站等事。陈为天文家,系察勘沿途气候。黄系至新考查教育。该一行下车后,除斯文博士及其队员赫美尔下榻汉瑞洋行外,余均寓绥远饭店。又该队队员苏德邦日前来绥时原带有铁部载重汽车三辆、小汽车一辆,现因小汽车损坏,该一行复电铁部补发,一俟拨车到绥,始行首途察勘云。

......

赫定谈称先勘北路 绥远二十四日快讯云:斯文赫定谈。敝团此次察勘绥新公路,系依照中国西北科学考查团自一九二七年以来考查所得之路线,此路计分南北两线:北路由绥远经贝勒庙、大戈壁、哈密等地而至新疆;南路由西安、兰州、肃州而至迪化。现定先由绥远起察勘北路,然后由迪化起察勘南路,本人负察勘两路总责。所有沿途工程,如修筑道路、桥梁、站口、设立界石等事,由铁道部所派之尤(寅照)、龚((维)[继]成)二工程司负责。至两线之经纬度气象等事,由铁部工程司天文家陈宗器负责。察勘预计往返须八个月,始能竣事。至于察勘经费,敝团离京时由铁道部暂发五万元,然此数当不足用。敝团原拟到绥即日首途察勘,不幸前日敝团所带之小汽车被平车撞毁,并将驾驶汽车之蒙人轧毙,至堪愤惜。前日敝团已电请铁道部补拨汽车一辆,约计一周后拨车到来,即行启程云云。

(《大公报(天津)》1933 年 10 月 27 日第 3 版)

绥新公路查勘队向吐鲁番继续西行

南京:铁道部组织之绥新公路查勘队上月到哈密,续向吐鲁番出发,该队队员瑞典人般格门、苏(时)[特]彭、(赤而)[赫美]尔三人、华人陈宗器一人外,龚继成、尤寅照为该队工程司。另聘瑞典人斯文赫丁率领之,由归化经绥远、宁夏北边,再经哈密、镇西至迪化,以达塔城,或伊乌、疏勒,回时则由迪化、吐鲁番、哈密经甘肃以至西安。于上年十月初出发,是月底到额一济纳区之拔伊来尔,渡过额济纳河。路线据报已得一线,较绕索果诺尔海之线可短五十三英里。该线渡过额济纳河,所需桥梁木材,可在就近采运施行。二月五日到哈密,并于十二日向吐鲁番出发,继续西行。(三日专电)

(《申报》1934 年 3 月 4 日第 8 版)

绥新公路察勘团
冒险工作
队员陈宗器函平报
告现已折回库尔勒

本市消息:铁道部绥新公路察勘队于二十二年十月出发,参加者有西北科学考查团团员陈宗器、黄文弼。陈近有函到平,略谓:察勘队自去年十一月十日离归绥西行,于本年二月六日抵新疆哈密,但自离开哈密,经吐鲁番、焉耆、库尔勒,往轮台,再行折回库尔勒,在此一个月之行程内,经过种种周折,与□恐,为此行最紧张之一段,所幸察勘队与军事政治均无关系,乃得安然无恙。

……

按:平新交通不便,陈宗器来函,尚系叙述三月间盛马战事剧烈时情形。据最近新疆情报:马仲英部早已溃往疏勒,东北两路,业被盛世才军肃清。

(《世界日报》1934 年 6 月 16 日第 5 版)

尤寅照等在新被掳

邑绅尤桐(干臣)之次子尤寅照(长子名乙照,现任平绥铁路机务处正工程师)系南洋大学土木科学士,美国康乃尔大学土木科硕士。历充京绥铁路、北宁铁路工程师,在山海关工厂计划全路桥梁加固及实施方案等事颇著劳迹。去秋,铁道部派令与龚继成二人随同世界著名之瑞典科学旅行家斯文海亭博士及天文学家陈宗器等九人同赴蒙古新疆测勘西北公路路线,当自绥远至拜爱莱时,逐日均有日记寄锡。今春二月十一日在哈密连寄两函到锡后,即音信杳然。嗣悉系被马仲英部扣留,反绑两手,枪抵胸口,几濒于危。迨至本月六日尤又托友人山莫斯科致其乃弟巽照(现任南京市政府技正)一电,文曰:寅及全队均安等语。乃前日《字林西报》北平专电,谓该队一行九人又为马仲英旧部所掳,挟往阿克苏

377

等语。乃父尤桐及其亲友等[闻]讯后,莫不忧虑万分。

(《申报》1934 年 7 月 15 日第 11 版)

尤寅照等在迪化 电铁部增拨旅费

无锡:铁道部前为查勘我国西北交通起见,特派工程师尤寅照、无锡人龚继成及天文测(候)[候]家陈宗器,随同世界著名瑞典科学家、旅行家斯文赫定、般格门、苏特(斯)[彭]、郝美尔等一行九人,分任探险、蒙文、缠回语以及医务等事宜,前曾一度误传在新疆被掳。兹悉医师郝美尔中毒,无药可用,由般格门护送返瑞典治疗。迪化生活,超京十倍,经费异常支绌。业由尤工程师电部追加。前日南京江东门中央广播无线电台接尤寅照迪化无线电云"南京市政府工务局尤(巽)[寅]照,寒电计达,油未起运,队尚未到(即测量队仍留罗布泊)。经费支绌,电部追加。郝医中毒,无药可用,由般护送返瑞治疗。迪化生活,超京十倍,寅安(忽)[勿]念,乞慰双亲,并转津寓。寅陷"等语。按斯文赫定博士等一行,共仅九人,今般、郝两人俱回瑞典,必感组织之不(建)[健]全矣。迪化生活既高,经费又极支绌,万一铁道部不能从速接济,亦至可虑也。

(1934 年 8 月 5 日《申报》第 10 版)

陈宗器昨日参观气象所

中央特派考察西北公路天文家陈宗器君,于昨日赴东郊处气象测候所参观一周,拍摄该所院景,对所内布置整洁,颇极称赞云。

(《甘肃民国日报》1935 年 2 月 1 日第 3 版)

绥新公路勘察队
斯文赫定等抵省
俟人员到齐即返京
并将赴平整理图形

绥新公路查勘队队长斯文赫定、工程师尤寅照、天文家陈宗器等一行八人,于昨(八日)午由兰来抵西安,下榻西北饭店。据谈:绥远、新疆间之交通,全恃骆驼,既费时日,复多不便。铁道部拟筑绥新公路,以利交通,故组织绥新公路察勘队,先往察勘路线及沿途地形,俾资设计修筑。全队共计十二人,于二十二年十月由北平出发,乘平绥路车至归化,再由归化向西开始察勘,经蒙古而至新疆之哈密、迪化,迄至库车,于二十三年秋间始行竣事,此系绥新公路之北路。旋又由哈密东返,经甘凉肃等地,于去年十二月始抵兰州,此系绥远公路之南路。惟两路相较,以北路之线路线既短,工程亦省,盖北路系由归化经蒙古而至哈密,全线仅长一千零六十公里,且多经沙漠,亦有旧道,工程殊甚经济。至南路则系由归化经宁夏、青海而至哈密,路线既长,且经山岭,沿线耕地亦多,工程较巨,故将来修筑,以探取北路路线为宜。本队因察勘完成,乃由兰东返,除工程师龚继成等四人因修理汽车,日内方可由兰东下外,其余八人于本月三日由兰首途,今日抵陕,拟勾留数日,俟龚工程师等到陕后,即同行晋京,向铁道部报告此次勘察经过,再由京前往北平,俾在平整理此次勘察该路之图形等。最后并谈新省政局,刻颇安谧,惟因连年天灾人患,人民生计颇感困苦云云。

(《西北文化日报》1935 年 2 月 9 日第 5 版)

国府准予佩戴瑞政府所赠勋章

中央二十九日南京电:瑞典政府赠与我国中政会汪主席一等北星勋章、国立清华大学教授袁复礼三等北星勋章、国立北京大学教授徐炳昶三等瓦萨勋章、国立中央研究院地磁观测台陈宗器四等北星勋章。外部接到该国通知后,即转呈国府请示,可否准予收受佩带,业经国府指令准许,闻外部现已复知该国政府。

(《东南日报》1936 年 4 月 30 日第 3 版;《大公报(上海)》1936 年 4 月 30 日第 4 版;《申报》1936 年 4 月 30 日第 8 版)

萧铮先生《中国的土地与人口问题》辨误
李旭旦

本年四月初旬京沪津各报同时刊登了一篇惊人的文章,就是萧铮先生的《中国的土地与人口问题》,笔者在读了这篇文字后,怀着满腹疑虑,即请教于吾师胡焕庸先生,经胡先生查考的结果,才恍然大悟,原来萧先生在数字单位上,犯了一个绝大的错误!……最近《地理学报》三卷一期,刊载陈宗器著《罗布淖尔与罗布荒原》一文(陈宗器先生亲临西北考察前后二二次),以在西北实地所见,作深切之描写,可见自然环境对于人生活动有怎样严酷的限制,今引陈氏数语如下:"罗布荒原除两极外,可称世界最荒凉之区域,在沿罗布淖尔四围六十万方里以上差与江浙二省相等之面积以内,绝无居民,因水量缺少不能耕种及畜牧之故,使人类不能生存"。又曰:"区域虽广,风景极为单调,余等在此中旅行四月不足二天,并未遇见一人!"又罗布淖尔东部碱滩之困难云:"日暮驻地帐幕不易支起,因碱滩过硬,述铁钉不易击入,并不能得平放铺盖之处,平日骆驼经长途旅行之后自然倒地休息者,至此虽使其下躺,亦立即起立,以碱滩锐利坚硬,不胜其痛苦之故"。陈氏最后云:"就实在情形论,在如此无水(即有水亦味苦不可饮)之荒原旅行,仅冬季数月以内,用骆驼作交通工具,运冰雪以作饮料,方不至于渴死。然在此中旅行者,心中不定,前进缓慢,而步行艰苦,触目无尽处,亦不知其目的地之何在……"这里引录陈氏的话,目的不外想使国人明了沙漠荒原是怎样一个艰苦的环境,在这无水无草无生命的荒原上,除科学家作偶一冒险的探险旅行外,实绝无垦发农事移殖人民之可能。我们在可能范围内虽可运用政治力、经济力来适应环境,改良环境,但我们却无从超脱或逃避环境的势力……

(《大公报(天津)》1936 年 5 月 28 日第 11 版)

中央研究院派员赴甬测量地磁,在甬有一周勾留

鄞县通讯:中央研究院物理研究所地磁台观测员陈宗器、鲁廷姜,于廿八日由温州来甬,测量地磁。据陈氏谈,测量地磁一事,于廿年前曾有外人在我国境作一度测量,至我国人绝少研究及此。而地磁之效用甚大,指示方向,较指南针为正确,能测知真正之北方。盖地磁学有偏角、倾角、水平分力三种作用,依地磁学测量,与指南针相较结果,姑以广州论,相差一度弱;再以温州论,相差二度余。将来航空航海,采用地磁学探求经纬度,较今之用指南针辨别方向者可正确多多。而各处地磁年年有变动,地磁台不能全国遍设,故有此次出发测量地磁之举。余与鲁先生于三月底奉命由京出发,已经测量地点为上海、广州、汕头、厦门、福州、温州,每处测量一星期。今日由温来此,在甬亦有一星期之测量,地址在宁波中学。查甬埠地磁,昔经外人测量,乃在江北岸草马路修道院,惟所立测量之标记物日遭毁灭。吾人现经测量之处,均立石碑,有十字为记。在甬事毕,即转赴海州、青岛、烟台一带测量,七月中旬可回京。下半年拟再赴西南测量云。

(《东南日报》1936 年 5 月 31 日第 2 张)

地理论文提要

……《额济纳河流域与额济纳旗之蒙民》,陈宗器:额济纳在宁夏之西北部,为蒙民游牧之所,由勒统治之,有肃州之白河与甘州之黑河所汇成之额济河流贯其间。入其北部之居延海。著者于其地先后考察一载有半。于本区域测有详细之地图及精确之经纬度。河流分支凡十,一一加以测量,并于黑域东北。发见古代之盐湖。名居延泽。于当地蒙古人有下列各项详细之调查:(1)他们是怎样人。(2)他们所有的。(3)他们所需要的。(4)他们所生产的。(5)其他。并有买卖。税卡。喇嘛庙等情形之实际观察。本文所述有下列诸项:(一)自然环境。(二)政治组织。(三)宗教与教育。(四)经济及产。(五)生活状况。(六)商业与税卡。(七)移民与垦殖。(八)古迹与古物。(九)交通并与外界之关系。(十)居民之希望与环境改善之可能。

……

(《大公报(天津)》1936 年 8 月 21 日第 11 版)

桂市点滴

科学实验馆近与西大合作,于该校矿冶系内增设电探法一科。又:今日该校请陈宗器讲演电探法。

(《大公报(桂林)》1941 年 5 月 16 日第 3 版)

今年九月日蚀

观测会决组织两观测队出发赴西北及东南工作

今年九月二十一日我国日蚀，甘、陕、鄂、赣、浙、闽、六省得见全蚀，为数百年来罕见之天象。中国日蚀观测委员会特于七日举行临时会议，由会长李书华主席决议组织西北及东南两观测队，西北队地点定甘肃天水及陕西，由中央研究院天文研究所及金陵大学理学院担任观测，东南队地点定福建崇安及江西，由国立中山大学天文台、中央研究院物理研究所、中国天文学会担任观测。西北队由张钰哲任队长，魏学仁任副队长，陈遵妫任干事，定八月底自昆出发。东南队由张云任队长，陈宗器任副队长，邹仪（濮）[新]任干事，定八月初自两粤出发。观测工作，为摄取日蚀影像，研究日蚀光度，及日全蚀时对天空亮度，则定接蚀时刻，观测地磁，摄取电影等。两队并携有日蚀展览品及影片，预备在各地展览演映，并举行学术讲演，以便宣传，并提高国民对于科学智识。

（《大公报（桂林）》1941 年 6 月 10 日第 2 版；《申报》1941 年 6 月 10 日第 4 版）

今年九月廿一日八省得见日全蚀

陪都着手筹组两观测队

及东南两观测队，西北队地点定甘肃天水及陕西，由中央研究院天文研究所及金陵大学理学院担任观测。另队地点定福建崇安及江西兴国，由中央研究院物理研究所及天文学会担任观测。西北队由张钰哲任队长，魏（官）[学]仁任副队长，陈遵[妫]任干事，已于八日自昆出发。东南队由张云任队长，陈宗器任副队长，邹仪（莘）[新]任干事，定八月初自两粤出发。观测工作为摄日蚀影像，研究日蚀亮度及全蚀时天空亮度。两队均携有日蚀展览品及影片，预备在各地展览演映，并举行学术讲演，以便宣传，并提高国民对于科学之智识云。

（《大公报（香港）》1941 年 6 月 11 日第 3 版）

本月日全蚀崇安盛况空前

中外观测队赴闽在十队以上中大天文台助教谈观蚀工作

韶关六日航讯：今年九月二十一日，中国可见之日全蚀，瞬将届临，机会难得，早已引起各方人士注意。中山大学天文台所组织之东南观测队，业于上月出发赴闽省崇安工作。记者为明了观测之内容，及曲江届时见蚀情况起见，特访晤中大天文台张助教，承告此次日蚀之意义甚详。据谓日蚀之产生，乃于缘于观测者在太阳光线射月所成之影锥内，见月面将太阳所掩蔽而成之现象也。此种现象年年均有，本无足奇，但此影锥横扫地面之阔，仅百余公里，且年年移动，故就一地而言，能见全蚀之机会诚属难得，大约三百余年而一遇；今次日全蚀带（即此影锥所扫之地）起始于我国西北部，而东南行抵闽北出海，全蚀带横贯我国腹部，且发生时刻不偏于早晨或傍晚，而近乎中午，具观测最佳之条件，更属难能可贵。故我国学术界中人,虽在抗战艰苦之时期,犹不惜耗费多资,千里跋涉,纷纷组队至全蚀带内,作数分钟(三分余钟)之宝贵观测,亦不过把握机会,谋推进中国科学之发展而已。该队一行员生五人,原由本台主任张云领队,后以张氏接掌校政,校务纷繁,无暇抽身,改由邹仪新教授领队,观测项目较重要者如:(一)摄影日蚀时全部活动电影,(二)蚀时天空亮度测定,均由邹领队担任,(三)接触时刻之精确测定,由张冠助教担任,(四)(略),(五)日蚀时气温气压等气象方面之观测,由古学林与石淑仪二君担任,并负上数项观测协助之。此外尚有日影移动及倍星珠之观察和摄影等工作。最后记者询以将来曲江见蚀情形如何?据称:"曲江虽离全蚀带颇远,但尚能见大部分偏蚀,机会亦算难得,不过观测价值,远逊全蚀带内各地,曲江于该日上午九时五十四分;月面开始在日面顶点,在反时钟方向三零七、八度处接触,为整个偏蚀之始,以后渐渐增加至十时二十五分则为日面被掩最甚之时,达百分之八十八,太阳高度为六十六度,以后日面被蚀减少,迄十二时五十四分,月面在百一十一度处离日面,于是偏蚀乃告终结。蚀甚时,煦育众生之太阳忽然暗晦,仅及平日十分之一,颇呈异状,此乃天体运行之常理,可得预先知之届时一般民众,当不再以为大难将临,铿锵金玉以拯日于厄运也。"记者又探悉桂林之中央物理研究所,亦携有大帮仪器抵此,由陈宗器领队赴闽,作地磁之观测。闻悉在崇安一地,准备观测之中外科学队伍,有十队以上,届时群贤毕集,盛况当属空前,想能为中国科学界放一异彩也。

(《大公报(香港)》1941 年 9 月 9 日第 5 版)

物理年会旁记

(一)蒸蒸日上

提倡国防科学运动,已成为抗战第六年代中一个普遍的口号。近年来,无论那一个纪念日,在中央颁布的纪念办法中,都以国防科学运动为宣传中心;因此,工程师学会、化学会、物理学会等学术团体,一届比一届蓬勃有生气,研究的人一届比一届热烈。中国物理学会第十届年会桂林区出席人员,本来包括广东、福建、湖南、江西、广西各省,但因交通不便,和时间匆促,所以参加的都是在桂林,尤其在中央研究院物理研究所服务的会员。……

(二)一年的心血

参加的人数虽不多,而交到大会的洋洋数万言和十数万言的论文却是这些人中不少的再目——十六篇。当然,每篇的作者在一年中所研究的不仅是这一个问题,而只不过是自己认为最满意的一个。报告时间每篇规定十五分钟,讨论三分钟;结果没有一个人能够做到遵守时刻,超出的时间有时等于原定的一倍。奔放的热情,怎末肯受刻板时间的限制?虽然看表的人不断地按铃制,说的人仍旧滔滔不绝。广西大学物理系的十几个旁听者也兴奋地张开了口。十六篇文章的内容,都是专门的而且也不是三两句话可以说得完,请容许我先介绍一个题目:《三感应偶合电路之共振频》(吴敬寰),《民国三十年九月二十一日全食崇安地磁观测之结果》(陈宗器、陈志强、吴干章),《铁管磁化时对起磁力场之影响》(林树棠),《直线的反馈电路》(朱恩隆),《立体几何正立体图四十对》(丁绪宝),《广西省地磁测量之结要》(陈志强、周寿铭、林树棠),《一个新的准距望远镜》(赵元),《真空管长方形屏极之电压定律》(吴敬寰),《福建省地磁测量之结果》(陈志强、吴干章、舒盘铭),《测定矿石磁化系数的简易替换法》(丁燮林),《福建崇安之地磁一般情形》(陈宗器、陈志强、吴干章),《袖珍式透明体应变检验镜》(丁绪宝),《圆柱体之反磁化因》(施汝为),《丙种放大器屏极调节电路之飞轮效应》(吴敬寰),《永久磁钢之热处理》(施汝为、潘德钦),《普通物理数学之方法与设备》(丁绪宝)。每人都呕出了一年来的心血,学理方面,林树棠实验铁管内外磁场强度之减低系由分布于全铁管中磁极之反磁作用,证明华尔氏的发现和结论不正确。陈志强等在福建观测地磁六个月,确定该省的地磁水平分力"等力线"朝北和北东方向推移,地磁赤道也照这方向推进,它的速率大约每十年地磁纬度减少一度。仪器制造方面,丁绪宝已研究出好几种利用本地材料自己配制重要仪器的方法,如立体镜等等。每人有每人的发现和贡献。这里所介绍的不过做个例子而已。……

(《大公报(桂林)》1942 年 9 月 28 日第 3 版)

天文年会在闽举行

到东南各地会员四十余人　重要论文及提案甚多

永安通信:中国天文学会二十周年纪念暨东南区年会二十日起在永开会。全国性学术团能在此集会,尚属首次。晨七时行开会式总会长高鲁亲主持,到团体会员陆地测量总局天文组,中山大学天交台,省气象局等代表及东南各地会员王渭灏、吕济、姚景权、舒盘铭、沈文侯等四十余人,省府各厅处局,中国工程师学会永安分会,福建地政学会,省研究院及沙溪工程处及各界代表共二百余人,会场情绪,高洁热烈,行礼后,高会长首先致词,对学会之成立、宗旨、沿革及二十年来工作概括之述;同时殷切期望并指示今后会中国天文学会务之推进。次由干事石延汉宣读贺电数报告会年来会务。省府张秘书长代表刘主席致词,表示欢庆,旋申述提倡科普及科学知识之重要,希望会对本省学术事业多予襄助,末盼本省学术团体今后在高会长领导之下,切实连系,共谋发展俾能突飞猛进。来宾高登艇、郑怛、董家溓、项朝壬等演说,会员马飞扬答词,十时礼成。午后二时,续开大会,到全团会员及来宾百余人,干事石延汉主席,首由团体会员中研院天文所、陆测总局、中大天文台、省象局及永安分会五单位报告工作;嗣乃宣读论文,计有陈宗器之《日食电离层及地磁之相互系》,会员沈文侯代读石延汉之《各级视星等平均色之计算》,徐延懃之《暗星云之分布理论究》全场□心倾□,迄六时始毕。晚省气象局招待全体会员餐,二十一日上午继续开会,讨论提案,午后二时高会长公开讲演《二十年来之气象学》。(十一月二十日寄)

(《大公报(桂林)》1942 年 12 月 2 日第 4 版)

物理学会桂林区年会

下月中举行

良丰消息：中国物理学会十一届年会，决在昆明、重庆、桂林三区分别举行，桂林区包括桂、粤、闽、浙、赣、湘六省，顷由该会昆明总会函请丁燮林、颜任光、施(如)[汝]为、郑建宣、丁绪宝五人为本届年会筹备委员。本届桂林区年会，已由筹备委员会决定十一月十三、十四两日，假良丰国立广西大学数理馆举行，各部负责人员名单如后：主席，郑建宣；文书，吴敬寰；会计，雷瀚；会程组，丁燮林、颜任光、萨本栋、施(如)[汝]为、丁绪宝、陈宗器；论文组，潘祖武、卢鹤绂、顾静微、赵元、朱恩隆、蔡锦涛；招待组，蒋葆增、潘德钦、冯钟泰、林树棠。昨已向各地会员及有关方面发出通知。

（《大公报(桂林)》1943 年 10 月 14 日第 3 版）

广西省富贺钟区铀矿之发现

南延宗　吴磊伯

一、绪言

吾国自有地质事业以来，对于稀有矿物，少有注意。唯民国二十二年，何作霖先生在丁道衡先生所采绥远铁矿内，发现两种含 Co、La、Yt 之 Baiyinite 与 Qborite……本矿研究之时，承中央研究院地质研究所李四光所长暨资源委员会锡业管理处徐韦曼处长，给予种种鼓励与援助，又蒙李毅先生用定性分析，予以佐证。野外调查时，复蒙田遇奇、李铭德、刘铭绅诸先生帮同采拾标本。放射性试验，又蒙物理研究所地磁室陈宗器、吴建章诸先生代为冲洗。均堪铭感，特此一并志谢。

……

（《大公报(桂林)》1943 年 10 月 28 日第 3 版）

物理学会桂区年会闭幕

良丰消息：中国物理学会桂林区第十一届年会于十四日晚闭幕，本届年会收到论文十五篇、题目如次：

（一）Akulov 之矫顽磁力理论（施汝为，中央研究院物理研究所）。（二）顽磁性与矫顽磁性上应力效应之初步报告（施汝为，中央研究院物理研究所）。（三）中国境内磁工作之检讨（陈宗器）（中央研究院物理研究所）。（四）在桂林雁山村地磁之最近观察结果之报告（陈宗器）。（五）中国地磁百年变度之初步研究（陈宗器）。（六）矿石碎粉之磁化系数（丁燮林、陈志强）。（七）关于水平磁强记录仪之装置及其尺度值之测定（陈志强）。（八）直角偏转扭力磁仪（吴干章）。（九）圆杆之退磁化因数（林树棠）。（十）线网络电路之稳定度（朱恩隆）。（十一）测距仪之内校正（赵元）。（十二）低气压放电电游子之产生

（卢鹤绂）。（十三）何种情形下,感应圈之副圈,可产生直流电压?（吴敬寰）。（十四）电阻偶合放大器,电压放大之一般公式（吴敬寰）。（十五）表面涨力新论（葛旭初）。会务讨论议决案三件:（一）桂林区会员数自己超过分会会员数额二十五人,为更具体研究物理学术及联络感情起见,拟在桂林成立中国物理学会分会。（二）战后工业建设,物理、化学实为其基础,教育方针不应重工而轻理,年会决请总会转请教育当局以后教育应理工并重。（三）函请总会转请教育部从速在国内设立物理仪器制造工厂,以便大规模出产物理仪器。

（《大公报（桂林）》1943 年 11 月 16 日第 3 版）

中国地球物理学会
昨开会通过章程草案

中国地球物理学会,昨日（三日）下午三时在长宁路八六五号中央研究院大礼堂举行成立大会。计到地球物理学专家、会员等三十余人。推选翁文波为临时主席。首由该会筹备会委员陈宗器报告筹备组织经过,继由社会局卢专员致词,旋即讨论通过该会章程草案。次选举翁文波、赵仁寿、王子昌、王子卓、顾功叙、傅承义、李善邦、陈宗器、方俊等九人为理事,张宗璜、赵九章、吕炯等三人为监事,并互推陈宗器为理事长,最后讨论临时提案,决议首先组织中国地球物理学报委员会及地球物理学名词审查委员会,至各委员会委员由理事会聘请担任,大会至六时许告成。据该会理事长陈宗器称:该会组织宗旨,在谋地球物理学之进步与普及。盖因过去我国科学不但落后,且在研究部门方面亦包罗万象,目前时代进化,因此我国科学专家在各种学理方面,遂有渐次由复杂而进化至单纯,并专门于一种学理上作深切之研究与实验。我国过去已有物理学协会组织,该会今后将与之取得联系,共同为学科理论研究及实验应用而努力,至于该会工作,当联络中央研究院、北平研究院、中央地质调查所、中国石油公司、中央气象台及资源委员会、矿产勘测处等机关从事地球物理学或其他有关学科之研究及教学各种问题,其次出版地球物理学报刊物并参加国际间学术工作,俾互相交换参考。

（《东南日报》1947 年 8 月 4 日第 8 版）

物理学会年会通过要案多起
授权审查委会修订物理学名词

本市讯:中国物理学会京沪杭区年会,已于前日上午九时在本市中央研究院揭幕。到教育部代表吴学周、中央研究院总干事萨本栋、中央大学校长吴有训、中国科学社代表任鸿隽、中华自然科学社代表沈其益,暨来宾与会员刘咸、周均时、张季言、陆学善、施汝为、裘维裕、丁绪宝、颜任光、周昌寿、陈岳生、周同庆、李国鼎、陈宗器、翁文波、郑昌时等共百余人。由萨本栋任大会主席。行礼如仪后,萨氏致开幕辞,强调度量衡单位名称之确定,及大数记法之纠正。继由吴学周、任鸿隽、卢于道、沈其益、葛正权,相继致词。最后由吴有训演讲。下午讨论提案,由陆学善任主席,报告筹备经过及经费来源。复由裴维裕报告名词审查委员会工作,计已审查名词四千二百余条,尚有一部分正在搜集待审。继即开始讨论,在和睦空气中通过重要议案如下:

① 教育部高等教育司交议厘订大学物理实验教程案,先就普通物理实验及示教实验着手,然后再分门各订,并于规定最低限度外,再详定最完全之计划。

② 出版应用物理学期刊案,由上海分会拟定具体办法,送总会核定。

③ 修订物理学名词案,由大会授权名词审查委员会办理。

④ 裴维裕提用万、亿、兆、京(兆兆)、垓(兆垓)等记大数,用分、厘、毫、丝、忽、微、纤(微微)、沙(微纤)等记小数案,由上海分会综合意见送总会。

⑤ 中国科学社交议组织科学团体联合会案,请原提案人详细说明后散会。昨日上午宣读论文,重要者有束星北《"力"虚构之概念》,吴学周《双氰分子吸收光谱之讨论》,陆学善《氧化钠晶体构造初步报告》与《从粉末照相求晶体构造之新图解法》,陈宗器《中国东南部地磁》,及刘庆龄《四川省地磁之长期变化》等篇[①],均系在国内精心研究所得。

(《大公报(上海)》1947 年 10 月 12 日第 8 版;《申报》1947 年 10 月 12 日第 6 版;《东南日报》1947 年 10 月 12 日第 8 版)

物理学年会追记
陈岳生

今年的十月十日,虽然看不见什么特别热闹的迹象,听不见什么特别愉快的欢声,但是上海却有中国物理学会年会的盛举,点缀了我们胜利后第三度的国庆佳节。……地磁专家陈宗器手中常提大皮包一个,未知内藏什么宝贝。……论文中重要的有陆学善《氧化铀晶体初步报告》,施汝为《胁强对矫顽力之影响》,陈宗器《中国东南部地磁》篇,都是在国内外精心研究而得的结果。……

(《申报》1947 年 10 月 27 日第 8 版)

探测积石山合约昨签字
正式工作待政府核准后开始　政院曾开临时会讨论

本报南京七日专电:中美积石山探测团合作约文,七日下午四时十五分在南京中央研究院签字。代表甲方中国积石山探测团委员会的是中央研究院总干事萨本栋,代表乙方雷诺波士顿科学博物院中国探测团的是华士本。此外在合约上签字的还有两位证人,一位是中国教育部的代表韩庆濂,一位是美国大使馆的代表哈里斯,签字地点就在中央研究院总干事的办公室。除了二十几位新闻记者外,并无其他人等在场,也没有任何仪

---

① "陈宗器《中国东南部地磁》,及刘庆龄《四川省地磁之长期变化》",此句《大公报》无,据《申报》、《东南日报》补。

式。……下午二时,萨氏又在中央研究院召集了一次商讨雷诺波士顿博物院中国探测团来华探测问题会议,出席的有中央大学地理系胡焕庸,中国地理研究所林超,地质研究所俞建章、束承三,中央地质调查所李春昱,气象研究所陈宗器,教育部宋铭钟,国防部张德清,国防部第二厅张更,空军总部林曾昌,外交部于彭,交通部赖逊岩,测量局吴焯、袁伯人等。

(《大公报(上海)》1948 年 2 月 8 日第 2 版)

双十节全国分六区盛大举行

十科学团体联合年会
京沪杭区在京召开会程四日

本报讯:本年度十科学团体联合年会决于双十节起,分京沪杭、华中、华北、华西、西南、华南六区举行,各情已志本报。兹据中国科学社总务主任于诗鸾谈称,目前各区筹备工作均已就绪,计:(一) 京沪杭区方面年会日程决定自十月八日起至十一日止,会场在南京中央大学,邀请翁文灏为名誉会长,朱家骅、沈怡为正副会长,主席团已就自然、物理、数学等学科分别推定吴有训、任鸿隽、陈遵妫、陈宗器、竺可桢、胡焕庸、王家楫、萨本栋、孙光远、范谦衷等十人。会期中主要工作为专题讨论,及宣读论文,所有各会员论文均限十月三日前交筹备会论文组,并先期由各团体征集。……

(《申报》1948 年 9 月 28 日第 5 版)

中国地球物理学会概况

地球物理学为研究地球海陆空三界物理现象及其应用之科学,国内工作人员为谋斯学之进步及普及起见,于三十六年春发起组织中国地球物理学会,于同年八月正式成立,并呈准政府立案。

本会现有会员五十四人,理事长为陈宗器,并刊行《中国地球物理学报》一种,年出两期,第一卷第一期业已出版,该刊依照各国专门学报惯例,用英、德、法三种文字之任何一种发表。

(《申报》1948 年 10 月 9 日第 8 版)

反南迁迎光明

沪科学工作者年会席上会员呼吁团结集体应变

上海四日消息:中国科学工作者协会上海分会,于二月六日在国立中央研究院大礼堂举行第一届年会。到会会员有侯德榜、吴有训、钱临照、裘维裕、吴觉农、张孟闻、赵九章、伍献文、陈宗器、张辅忠、任鸿隽、勾适生、周昌寿、黄宗甄、余长望、吴磊伯、裴鉴、陆禹言、胡永畅、薛葆鼎、朱壬葆、王进英等百余人。裘维裕任主席(交大教授)作简略的报告,继之由张孟闻(中国科学社总编辑)报告一年来的会务……会场的情绪至此而更热烈,吃完午点,四辆大卡车,将一百数十位的会员,送至沪西纺联大厦,继续开会,讨论一年来的会务。由吴觉农担任主席,各位会员发言极为踊跃。下午三时起开始"今后的农工建设"的专题讨论,先由侯德榜会员报告近年来民族工业界所遭遇的困难和今后的展望,语多辛酸沉痛。继续发言的会员,更见踊跃,不时掌声雷动,最后选举本届上海分会的理监事,开票结果,吴觉农、黄宗甄、张孟闻、胡永畅、裴维裕等九人,当选为理事,金月石等三人当选为候补理事。侯德榜、卢作孚、任鸿隽当选为监事。这个年会的举行,在上海的科学界里,可说是几年来,破题儿第一遭的创举。

(《大公报(香港)》1949 年 3 月 5 日第 2 版)

建立人民的科学

中央研究院昨接管
李亚农致辞希望科学工作者
为广大人民服务接管方针是
维持现状通过民主方式改进

本报讯:军管会昨下午接管国立中央研究院。军管会军事代表李亚农、高教处副处长唐守愚、李正文等于下午二时到达,先在会客室接见了该院驻沪办事处主任陈宗器、化学所所长吴学周……等,略谈即赴大礼堂,举行接管仪式。

……

(《大公报(上海)》1949 年 6 月 18 日第 1 版)

全国首次自然科学会议　筹委会今开全体会
中共中央统战部昨茶会招待

平市讯:中华全国第一次自然科学会议筹委会全体会议定于十三日在北平举行。此次会议将讨论及通过该会筹委会简章、报告及各方面的工作经验,选举筹委会常务委员会,推选自然科学界参加新政协的代表,准备提交新政协的提案,及筹备召开全国第一次自然科学会议事宜。该会筹备委员共二百八十五人(名单附后),到平参加此次会议者,截至十二日止,已有一百六十九人。中共中央统一战线部特于十二日下午七时半假北京饭店举行茶话会,招待参加此次会议的全体筹委,会上李维汉部长致欢迎词后,吴玉章曾被邀讲话。

筹委名单(尚未解放地区筹委名单暂予保留)

丁仲文……陈宗器……顾敬曾。

(《人民日报》1949 年 7 月 13 日第 3 版)

沪区中研院院委名单公布

李亚农兼主任委员
吴学周王家楫等为常委

本报讯：军管会昨天公布沪区中央研究院院务委员名单：李亚农（兼主任委员）……陈宗器（驻沪办事处主任）……孙宝琳为国立中央研究院院务委员。其中李亚农、吴学周、王家楫、陈宗器、倪达书、黄宗甄为常务委员。除分会各新任人员即日到职视事外，并责令该院原有负责人克日办理移交。

（《大公报（上海）》1949 年 8 月 8 日第 4 版）

沪中研院院委选定

南京大学取消边政系体育系上海女新闻工作者组联谊会

新华社北平十三日电：文化教育简讯：

（二）沪市军管会七日公布上海区中央研究院院务委员名单，由军管会文教管理委员会高等教育处副处长李亚农兼主任委员，陈宗器为该院驻沪办事处主任。

（《大公报（香港）》1949 年 8 月 14 日第 1 版）

请读者注意

饶漱石、法捷耶夫、刘长胜、张耀祥、李昌、倪斐君、熊佛西、周予同、陈宗器等在上海各界欢迎苏联文化艺术科学工作者代表团大会上的欢迎词及讲话见第二版。

（《大公报（上海）》1949 年 10 月 16 日第 1 版）

欢迎苏联友人大会上本市各界代表热烈致词

一直感谢苏联对于中国革命的帮助
并号召学习苏联的经验来建设我们的新中国新上海

……陈宗器：科学代表团来到上海，敬以科学工作者的身份表示热诚的欢迎和敬礼。在社会主义的苏联和新民主主义的国家里面，科学是为广大人民服务的；相反地在美国帝国主义以及其他帝国主义国家里面，科学的成果往往为少数人所利用。三十年来，苏联在伟大的列宁、斯大林领导下，发展生产、科学和文化，已有了异常丰富的经验和伟大的成就，一天一天地走向繁荣的道路，这是我们中国人民很好的榜样，我们中华人民共和国刚才成立，一切建设工作正在开始，我们必须要向苏联人民学习过去建国的宝贵经验。这次苏联文化艺术科学工作者代表团的到来，给我们很好的指教，我们表示热诚的欢迎。

（《大公报（上海）》1949 年 10 月 16 日第 2 版）

沪各界人民代表两千人集会　欢迎苏联文化代表团

饶漱石欢迎词中指出：苏代表团出现上海表示亚洲和世界已走上新轨道

上海十六日电：上海各界人民代表于十五日下午集会，欢迎苏联文化艺术科学工作者代表团。到会者有饶漱石、曾山、舒同、潘汉年、陈望道、冯定、夏衍、郭化若、刘长胜、张耀祥、李昌、章蕴、倪斐君、熊佛西、周予同、陈宗器、荣毅仁等两千多人；留沪的苏联外交工作人员符拉基米洛夫等亦被邀参加。当法捷耶夫、西蒙诺夫等一行步入会场时，全场代表热烈鼓掌欢迎。会议首由中共中央华东局书记兼上海市委会书记饶漱石致欢迎词，（演词全文另发）此时全场鼓掌欢呼，经久不息。法捷耶夫讲话毕，上海民主妇联筹委会妇女代表十余人各捧鲜花一束送到法捷耶夫等每一位苏联代表的胸前，献花者与受花者的脸上呈现着喜悦的友情的光辉，全场频频爆发巨浪似的掌声。接着上海工人代表刘长胜、市郊农民代表张耀祥、青年代表李昌、妇女代表倪斐君、文艺界代表熊佛西、教育界代表周予同、科学界代表陈宗器等相继致词，一致表示对苏联友人的热忱欢迎。最后由苏联艺术演出队和我国出国文工团表演精彩的节目，至七时半散会。会后市府并欢宴苏联代表团全体代表。

（《人民日报》1949 年 10 月 18 日第 1 版）

第三十三次政务会议通过任命的各项名单

新华社二十日讯：中央人民政府政务院第三十三次政务会议通过任命的各项名单如下：

一、中央人民政府水利部工务司司长名单

工务司司长刘钟瑞，曾任陕甘宁边区政府农业厅水利局局长。

二、中国科学院工作人员补充名单

计划局局长竺可桢（兼）

副局长钱三强，现任清华大学物理系主任。

地球物理研究所所长赵九章，前中央研究院气象研究所所长。

副所长陈宗器，前中央研究院气象研究所研究员。

（《人民日报》1950 年 6 月 22 日第 3 版）

中国民主同盟北京市支部邀请在京从事自然科学工作的盟员

座谈苏联原子能发电站建设成功的伟大意义

中国民主同盟北京市支部曾在十三日邀请在京从事自然科学工作的盟员举行座谈会，座谈苏联第一个原子能发电站建成的伟大意义。会议由中国民主同盟北京市支部委员、中央人民政府高等教育部副部长曾昭抡主持，会上先后发言的有中央人民政府地质部副部长许杰、北京大学物理系主任褚圣麟、中央人民政府交通部海运管理总局副总工程师张九成、中国科学院办公厅副主任陈宗器、北京铁道学院教务长刘景向、华北农业科学研究所编译委员会主任叶笃庄、中国科学院植物研究所副所长张肇骞等……

（《人民日报》1954 年 7 月 20 日第 3 版）

后　记

　　《古道西风——袁复礼教授诞辰130周年纪念文集》是北京大学中国古代史研究中心和新疆师范大学黄文弼中心共同承担的国家社科基金重大项目"中国西北科学考查团文献史料整理与研究"(批准号：19ZDA215)的阶段性成果，也是我们奉献给中国西北科学考查团成员、著名地学家袁复礼教授(1893—1987)诞辰130周年的纪念文集。

　　我们从事袁复礼先生的学术研究，是缘于"新疆师范大学黄文弼中心"的建设。2012年5月，为了纪念黄文弼先生在新疆这片热土上奉献的一生心血，其后人将黄先生生前使用和珍藏的图书文献，无偿捐赠给新疆师范大学。经新疆师范大学校党委会决议，将该校温泉新校区的图书馆命名为"黄文弼图书馆"，并成立了"黄文弼中心"，开辟黄文弼与中瑞西北考查团的永久性展览，以纪念西域研究的开创者们，并在时机成熟的时候，建立"中国西北科学考查团博物馆"；而将"黄文弼与中瑞西北科学考查团研究"作为该校重点科研项目，进行持续的西北学术史研究，也成为该校独特的学术方向。

　　黄文弼一生心血所系的新疆考古工作，缘于他作为北京大学教师参加1927年的中国西北科学考查团，这也是以北京大学为核心的中国学术团体协会呼吁成立的学术团体；首批10位中方团员，北京大学的参加者多达7人。其时农商部地质调查所技师袁复礼先生也受聘兼任北京大学地质系的教职。他们从红楼出发，开启了北京大学丝路考察与研究的征程，也拉开了中国学术界以科学方法从事丝绸之路研究的序幕。缘此，北京大学中国古代史研究中心与新疆师范大学黄文弼中心从2012年起，即开始了中国西北科学考查团学术史的合作研究。

　　2018年，在"中国西北科学考查团"进疆九十周年之际，新疆师范大学黄文弼中心举办了系列纪念活动。在9月举行的"中国西北科学考查团进疆九十周年高峰论坛"期间，西北科考团成员袁复礼先生的女儿袁刚女士等代表全体后人，将袁复礼当年在内蒙古和新疆考察的部分材料无偿捐赠给了黄文弼中心保存和从事研究。围绕着这些文物、文献相关的整理和研究工作，在北京大学中国古代史研究中心和新疆师范大学黄文弼中心的合作下，有条不紊地开展起来。

　　2023年12月，中国地质大学召开了"高山仰止，精神永存——纪念袁复礼先生130周年诞辰座谈会暨学术研讨会"，项目团队应邀参加，提交了部分阶段性成果9篇，受到了与会专家的好评。会议结束后,部分论文也在今年的《地质学史论丛》《敦煌学辑刊》等学术刊物上分批先期发表。

为了比较全面地提供本项目组在中国西北科学考查团特别是关于袁复礼先生研究方面的阶段性成果,我们在会议论文的基础上,又进行了不同程度的修订,并增补了其他相关研究资料,结集为《古道西风——袁复礼教授诞辰 130 周年纪念文集》。收录在这里的17 篇文章,按照主题分为三组:第一类是对于袁复礼在中国西北科学考查团和其他科学活动期间经历的学术研究;第二类是对袁复礼、徐炳昶早年在报刊和学术期刊上发表的相关文章和讲演等资料的辑录;第三类是对于民国时期新闻报道中的部分中国西北科学考查团成员如袁复礼、丁道衡、陈宗器的资料辑录。对于这些湮没在历史故纸堆中的零散材料汇总和研究,希望能有所裨益于中国西北科学考查团的时代影响及其学术史研究。

我们的工作也得到了袁复礼先生后人的全力支持。在去年我们完成了袁复礼先生西北考察纪(《蒙新五年行程纪》《三十年代中瑞合作的西北科学考察团》)的初步整理之后,袁复礼先生的哲嗣袁方先生就远道从新西兰寄来他为考察纪写的序言,以及纪念其父亲诞辰的长文《读懂父亲的一生》;袁复礼先生的外孙刘卫东先生也在去年写下了《教育救国和科学救国》的纪念文章,我们将两位先生的文章收入本集,作为对袁复礼先生诞辰的共同纪念。

本书所收各篇文章的作者,主要是北京大学和新疆师范大学参加这一项目整理的教师和研究生,而作为一个开放的项目,当时在北京大学访问的成都师院杨玲老师和嘉兴大学汪娟老师,也都深度参与了我们的课题,对于她们的贡献,谨表谢忱。

"古道西风"的名称,采自去年新疆师范大学黄文弼中心在北庭研究院和新疆师范大学图书馆举办的"袁复礼旧藏中国西北科学考查团摄影集萃"的标题。慷慨的词句,也确实体现出近百年前袁复礼教授及其同行筚路蓝缕、开启中国西北现代科学考察的历程。我们愿意将它奉献给西北科学考查团的先行者,也勉励我们自己,追踪前辈的足迹,继续丝绸之路的漫漫征途。

朱玉麒　刘长星

2024 年 7 月 22 日